KB090306

Janet A. Courtney 편저
유미숙, 이영애, 김미경, 이은수, 류승민 역

Σ 시그마프레스

영아 놀이치료

발행일 | 2022년 6월 10일 1쇄 발행

편저자 | Janet A. Courtney
역　자 | 유미숙, 이영애, 김미경, 이은수, 류승민
발행인 | 강학경
발행처 | ㈜ 시그마프레스
디자인 | 김은경, 이상화, 우주연
편　집 | 윤원진, 김은실, 이호선
마케팅 | 문정현, 송치헌, 김인수, 김미래, 김성옥

등록번호 | 제10-2642호
주소 | 서울특별시 영등포구 양평로 22길 21 선유도코오롱디지털타워 A401~402호
전자우편 | sigma@spress.co.kr
홈페이지 | http://www.sigmapress.co.kr
전화 | (02)323-4845, (02)2062-5184~8
팩스 | (02)323-4197

ISBN | 979-11-6226-388-4

Infant Play Therapy

역자 서문

놀이치료의 역사도 100년이 지났다. 1909년 어린 한스의 사례에서 Freud는 아동을 이해하기 위해 놀이를 관찰하고 분석하여 정신분석을 아동에게 적용하는 역사를 만들어냈다. 그 후 놀이치료는 발전되어 각 심리학 이론에 따른 방법과 기법들로 다양해지고 많은 영역에서 효과를 거둔 실증적 심리치료 방법으로 자리매김하였다.

우리나라에서도 1975년 숙명여자대학교에서 주정일 교수님이 놀이치료를 가르치고 실시한 출발점에서 1987년 최초의 전문 놀이치료 기관으로 원광아동상담센터가 문을 열며 아동을 대상으로 하는 심리치료 방법으로 놀이치료가 적용되었다. 이후로도 놀이치료는 굳건한 자리를 지키고 있으며 많은 대학에서 놀이치료자를 양성하고 있다.

자유놀이를 기반으로 한 놀이치료는 4세 이상의 유아와 초등학생이 주 대상이었으며 중고등학생 역시 놀이를 활용하여 상담을 하기도 한다. 놀이의 치료적 힘을 믿기에 가능한 작업이다. 여기서 한 발 더 나아가, 3세 미만의 영아를 대상으로 적극적인 놀이 개입을 통해 미리 발달을 촉진할 수 있는 방법을 제공하는 것은 필수적이라는 생각이 등장했다.

0세에서 3세에 이르는 영아의 놀이를 제대로 이해하고 개입하는 전략은 절실해졌다. 더 나아가 태내에서의 태아의 행동에 놀이를 통해 접근하는 방법까지 발전되고 있다. 이에 앞서가는 전문가가 바로 Janet A. Courtney이다. Courtney 박사는 놀이치료를 통해 아동과 가족의 트라우마를 치유하는 전문가이고 특히 어린 아동의 치료에 관심이 높은 임상가이다. 그가 저술한 *Infant Play Therapy*를 발견한 순간, 역지들에게는 우리나라에도 이 책을 빨리 소개하고 싶다는 욕구가 꿈틀거렸다.

　이 책은 0세에서 3세 영아의 놀이를 제대로 이해하도록 돕는다. 이 책은 관찰되는 놀이의 모습에서부터 그것이 뇌에 어떻게 연결되는지를 과학적으로 증명하며 설명하고 있다. 놀이를 어떻게 관찰하고 평가하며 어떻게 개입하여야 하는지를 깊이 있게 설명하고 있어 놀이치료자 외에도 많은 영역에서 이 책의 도움을 받을 것이라고 확신한다. 영아의 발달을 뇌 발달과 연결하여 연구하는 연구자, 3세 미만의 영아를 돌보는 발달 및 심리 전문가들, 나아가서 3세 미만의 자녀를 키우는 부모들과 발달을 촉진하는 방법을 필요로 하는 임상 전문가들에게 모두 큰 도움이 되리라 기대한다.

　번역에 참여한 역자들은 대학에서 학생들을 가르치고 있는 교수이자 임상가들이다. 그러나 빨리 이 책을 소개하고 싶은 마음에 서둘러 출간하다 보니 매끄럽지 못한 부분이나 부족한 부분이 있을 수 있음을 고백한다. 이에 대해서는 계속 수정하여 전달력이 좋은 역서로 만들고자 한다. 독자 여러분의 질정을 기다린다.

　마지막으로, 이 책이 나오기까지 기다려주신 강학경 사장님과 (주)시그마프레스 여러분의 노고에 깊이 감사드린다.

2022년 5월 역자를 대표하여
유미숙

추천사

영유아 정신건강이라고 하면, 문장 하나가 떠오른다. 사람은 평생 기억에 남는 많은 인용문을 우연히 발견하게 되는데, 어떤 것은 다른 것들보다 더 오래 기억에 남는다. 어린 시절을 귀중하게 여기는 놀이치료사이자 아동 옹호자로서 부모들이 오래된 가르침에 빠지지 않도록 촉구하는 다음과 같은 문장에 더욱 주목할 만하다. 하루에 2,000번 키스 : 시대를 통한 부드러운 양육(*Gentle Parenting through the Ages*)과 시대를 통한 단계와 속삭임(*Stages and Whispers through Time*)의 저자인 L. R. Knost는 다음과 같이 썼다.

> 요즘 어머니들은 아기를 먹이고, 트림시키고, 아기의 모든 욕구가 충족되었기 때문에 아기가 울면 스스로 달래도록 아기를 내버려두어야 한다고 종종 알고 있다. 언젠가는 모든 어머니들이 자신 있게 웃으며 이렇게 말하기를 바란다. '나는 소화 기관이 아니라 아기를 낳았다. 나의 아기에게는 신뢰를 배워야 하는 뇌와 사랑이 필요한 마음이 있다. 나는 아기의 감정적, 정신적, 신체적인 모든 욕구를 충족시켜 줄 것이고, 아기의 울음은 나를 조종하려는 것이 아니라 대화의 시도이기 때문에 나는 모든 울음에 반응해줄 것이다.'

이 글에서 내가 언급한 오래된 가르침은 "모든 욕구가 충족되었기 때문에 아기가 울면 스스로 달래도록 아기를 내버려둔다."이다. 그렇다면 "모든 욕구가 충족되지 않으면 어떻게 될까?"라는 의문이 들 수 있다. 종종 아동 발달에 대한 접근 방식은 아동 발달 연구가 초기 단계였을 때의 정보를 기반으로 하는데, 우리는 이제 이 초기 연구가 많은 중요한 영아 정신건강 요인을 해결하지 못했음을 알 수 있다.

우리는 100년 전 아동 발달 연구가 뇌, 자기, 성격 발달, 심지어 애착의 중요성에 대해 오늘날까지도 거의 이해하지 못했다는 것을 깨달아야 한다. 20년 가까이 되는 나의 놀이치료 경력에서 애착의 중요성은 John Bowlby와 Mary Ainsworth의 핵심 저술에서 Charles Zeanah, Allan Schore 등의 포괄적이고 쉽게 적용할 수 있는 연구로 건너뛰었다. 여러 면에서 우리는 아동 발달의 암흑기를 지나 아동 발달의 발견과 탐구의 시대에 들어섰다.

그렇다. 아동에게는 생존에 필요한 신체적, 기본적인 욕구보다 더 많은 욕구가 있다. 간단히 말해서, 매슬로의 욕구 단계는 생리적, 안전, 사랑과 소속감, 존중, 자아실현의 범주를 나타낸다. 따라서 아동의 생리적인 욕구를 충족시키는 것은 기본으로 놓을 수 있지만, 게슈탈트를 해결하려면 훨씬 더 많은 것이 필요하다. "모든 욕구가 충족되지 않으면 어떻게 될까?"라는 질문으로 돌아가서 나는 "모든 단계적 욕구가 충족되는 것이 모든 욕구를 해결하는 것보다 선행되어야 하며, 건강하고 탄력적인 아동의 발달을 지원하는 것이 무엇보다 중요하다."라고 말할 수 있다. 일부 욕구가 충족되지 않을 때 아동들은 평생에 걸쳐 어려움을 겪는다.

어떤 상황에서는 아동의 욕구가 충족될 수 있지만, 아동의 발달은 가정 내에서의 학대, 가정 폭력 또는 약물 사용과 같은 문제의 영향을 받는다. 이제 여기에 집 안팎의 환경 부조화까지 고려하면 아동의 발달적 잠재력은 더 많은 영향을 받는다. 요컨대, 아동에게 일어나는 일뿐 아니라 일어나지 않는 일로 인해서도 유해 환경이 형성될 수 있다. 본질적으로 이는 정신건강이라는 훨씬 더 큰 문제에 대한 밑바탕이 되기 시작한다.

영아에게 정신건강 문제가 있을 수 있다는 생각을 하는 것은 쉽지 않다. 영아기는 신체와 뇌가 여러 면에서 빠르게 성장하고 생존하는 극적인 변화의 시기이다. 영아기에는 뇌가 신경 연결을 과도하게 생성하여 영아가 자신의 주변에 대해 빠르게 이해할 수 있도록 유도한다. 우리가 영아기 때 취약했던 것처럼 영아는 취약하다.

영유아와 함께 일하는 사람들은 초기 아동기의 정신건강이 얼마나 중요한지에 대해 오랫동안 인식해왔다. 그러나 지난 10년 동안은 그 외 분야들에서도 더 깊이 들여다보기 시작하였다. 이렇게 초기 아동기의 정신건강에 대한 정보에 접근할 때 연관성이 낮은 자료들을 포함하곤 했는데, 종종 이 정보는 지나치게 전문적이거나 실용성이 부족했다. 부모들은 비슷한 정보를 찾을 때 보편적 증거에 기반한 자료를 찾기보다는 전문가의 조언에 귀 기울인다. 여기에서 '기초 · 모델 · 프로그램과 실제 적용'을 기반으로 하는 영아 놀이치료와 같은 책의 필요성을 발견하였다. 이 책의 또 다른 목적은 영아 및 영아 정신건강의 중요성을 놀이치료사와 아동치료사들에게 교육하는 것이다. 이 책을 읽다 보면, 발달 문제에서부터 외상 또는 약물 사용과 같은 가족 문제에 이르기까지 다양한 주제를 접하게 된다.

또한 이 책은 우리와 같은 조력자 공동체가 아닌 그 외부에 있는 사람들을 교육하는 기초가 된다는 점에서 이점이 있다. 즉 이 책은 부모, 조부모, 아동의 삶에 중요한 역할을 하는 다른 사람들을 지도하는 청사진이 된다. 통합 의료팀 구성원 간의 일관성을 위한 의사소통 도구가 된다. 그 유용함을 확장하지 않으면서 이 책은 영유아와 함께 작업하거나 작업하기를 원하는 놀이치료사를 훈련시키는 데 필요한 포괄적 자원이 된다. 이것은 우리가 알고 있는 영유아의 건강과 정신건강에 도움이 되는 것을 더 많이 연구하고 더 잘 적용할 수 있게 문을 열어준다.

Edward F. Hudspeth 박사(NCC, LPC-S, ACS, RPh, RPT-S, CPC)
서던뉴햄프셔대학교 상담 프로그램 부학장
국제놀이치료학회지 편집위원

저자 서문

1980년대에 전문가로서 활동을 시작했을 때 나는 입양 및 위탁 가정에 대한 일을 하였다. 만족스럽지만 가끔은 가슴 아픈 직업이었다. 우리 기관에서 돌보고 있는 많은 어린 아동들은 다양한 유형의 외상을 겪은 '특별한 욕구'가 있는 입양이 고려되었다. 일부 영아들은 당시 유행하던 위험한 약물인 코카인 양성 반응을 보였다. 학대와 방임으로 인해 부모의 집에서 나오게 된 아동도 있고 입양을 위해 부모가 자발적으로 보낸 영아도 있었다. 이 시기에 나는 영아 정신건강의 세계와 외상이 어린 아동들에게 미치는 영향에 대해 배우기 시작하였다. 하지만 내가 진행 중인 임상 작업을 끝까지 지속할 수 있었던 이유는 다음과 같은 가슴 아픈 사례 때문이었다.

플로리다 남부의 무더운 한여름 날 늦은 오후였다. 1920년대 초에 지어진 건물 2층의 나의 사무실에서 에어컨이 사무실을 시원하게 하려고 고군분투하고 있었고 내가 막 사무실을 나서고 있던 그때, 동료 비서인 메리에게서 전화가 왔다.

"재닛, 빨리 내려와요." 메리가 긴장된 목소리로 말했다.

"메리, 뭐가 잘못됐어요?" 나는 물었다.

"지금 여기로 내려오세요, 빨리요." 메리가 요청했다.

나는 계단을 내려갔고, 문을 열자마자 긴급함을 알 수 있었다. 로비에는 땀에 젖은 젊은 어머니가 팔에 아기를 안고 있었고 옆에는 남자아이가 자신의 팔을 어머니의 다리에 감고 서있었다. "안녕하세요, 저는 이곳에서 입양 관련 일을 하고 있는 재닛입니다." 나는 그들에게 더 가까이 걸어가며 말했다. 그 어머니는 약하고 피곤한 목소리로 "자녀들을 입양 보내고 싶어서 여기에 왔어요."라고 대답했다. 나의 마음을 가라앉히니 깊은 동정심이 느껴졌다. "제 사무실로 가서 더 이야기 나누시죠." 나는 걱정을 숨기려고 침착하게 말하였다. 그 일은 내가 단체에서 2년간 일하면서 처음 일어난 일이었고, 나는 당황스럽고 약간 불안했다.

일단 나의 사무실로 갔다. 어머니는 자녀를 돌보는 책임감에 압도되어 더 이상 그들을 돌볼 수 없다고 말하였다. 나는 그녀를 도울 수 있거나 자녀들을 돌볼 수 있는 가족이 있는지 물었다. 그녀는 그럴 만한 가족이 없다고 하였다. 나는 또한 아이들의 아버지에 대해 물었고, 그녀는 그가 떠났다며 어디에 있는지 모른다고 했다. 그들은 결혼하지 않았다. 그녀는 다른 곳으로 시선을 돌리며 간결하고 모호하게 말하였고, 나는 그녀의 목소리에서 두려운 고통을 느낄 수 있었다. 그녀는 25세라는 실제 나이보다 훨씬 더 들어 보였고 힘든 삶을 살아온 것 같았다. 그녀는 떠나고 싶어 하는 것처럼 보였고 너무 많은 질문에 대답하고 싶어 하지 않았다. 그녀는 신속하게 연락처를 작성하고 서류에 서명한 후 15분 안에 일어났는데, 더 자세한 이력과 의료적인 배경을 제공하기 위해 아침에 돌아오겠다고 약속하였다. 그녀는 아기를 내 무릎에 두고, 나와 아이들에게 아무 말도 하지 않은 채 계단을 내려가서 건물 밖으로 나갔다.

나는 이제 여자 아기를 무릎 위에 안고 있었고, 두 살짜리 남자아이는 내 옆에 앉아 바닥을 멍하니 보고 있었다. 사회복지사로서의 훈련 초기에 우리는 부모의 애착 관계의 중요성에 대해 배웠다. 그러나 외상이 아동에게 미치는 영향에 대한 이해는 거의 없었으며, 이와 관련된 교육이나 문헌도 거의 없었다. 하지만 그날 잊지 못할 한 가지가 있었다. 어머니가 떠났을 때, 아이들은 울지 않았다. 아이들은 어머니가 방을 떠나는 것에 대해 저항하지 않았고, 그 후 어머니를 찾거나 쫓거나 어머니가 없어진 것을 놓쳤다는 징후가 없었다.

대신 아이들은 어머니가 떠나고 자신들이 남겨진 것이 흔한 일인 것처럼 침울한 얼굴로 가만히 앉아있었다. 포기한 것 같았다. 나는 이것이 정상이 아니라는 것을 알고 있었다. 그리고 그 당시 외상의 영향을 이해하지 못했지만, 아이들이 정서적으로나 심리적으로 고통받고 있다는 것을 알았다. [나중에 깨달았는데, 그들의 우울한 상태는 Bowlby의 상실 단계에서 위축과 정서적 분리로 확인되었다(Bowlby, 1969).] 그 순간 아이들에 대한 책임감이 생겨 즉시 먹을 것을 확보하고, 저녁에 아이들을 데려갈 수 있는 위탁 가정을 찾았다. 나는 옷장에서 두 개의 카시트를 꺼내 움켜잡고 가는 중이었다. 안타깝게도 어머니는 다음 날 돌아오지 않았다. 그 후 몇 달 동안 부지런히 아이들의 어머니와 아버지를 찾는 동안, 아이들은 첫날 그들을 데려간 위탁 부모이며, 마침내 아이들을 입양하도록 승인받은 양부모와 함께 지냈다.

수년 동안 나는 다양한 놀이치료 접근법에 대한 광범위한 훈련을 통해 영아, 아동, 가족들과 함께 일하는 것을 전문으로 하였다. 그러나 놀이치료의 선구자인 Viola Brody가 개발한 발달 놀이치료(DPT), 상징놀이 단계 이전의 놀이(장난감 없이 관계를 맺는 놀이)를 하는 외상을 입은 어린 아동들과 작업하는 데 있어서 건강한 접촉이 중요함을 강조한 치료에 대해 수련을 받는 중이었다. 이러한 이해는 결국 DPT와 접촉에 대한 박사 과정 연구로 이어졌고, 결국 FirstPlay®라는 나만의 영아 놀이치료 모델을 개발하게 되었다. 수년에 걸쳐 놀이치료학회, 영유아 가족을 위한 국립 센터(Zero to Three), 플로리다 영아정신건강협회, 세계영아정신건강협회의 회원이 되었다. 여기에서 나는 놀이치료와 영아 정신건강의 두 분야에 걸쳐 나의 독특한 관점과 지식 기반을 제공하였다. 놀이치료 분야는 전통적으로 3~4세 이상의 아동을 대상으로 한 치료법을 제공했기 때문에 영아를 다루는 놀이치료 문헌 자료는 거의 없었다. 따라서 이 책의 목적은 문헌의 이러한 차이를 해결하기 위해 노력하고 영아 정신건강과 관련하여 '영아 놀이치료'라는 용어가 의미하는 것이 무엇인지 개념화를 제공하려는 것이다.

이 책 전체의 사례와 삽화는 출생부터 3세까지의 어린 아동을 위한 다양한 발달 단계, 치료 설정, 이론적 접근 방식, 영유아 및 가족 문제를 보여주고 있다. 그러나 모든 사례를 식별할 수 있는 정보는 비밀로 보호된다. 저자는 다음 영역에서 이론적 전문 지식과 관련된 자신의 임상적 관점을 적용하였다. (a) 아동 발달 및 복지, (b) 영유아 상담과 놀이치료 분야에서 수년간의 임상 경험, (c) 결혼 및 가족, 사회사업, 놀이치료, 심리학 및 학교 상담에서 영유아와 관련된 대학원 및 학부 수준의 교육, (d) 다학제적인 환경에서의 슈퍼비전 제공, (e) 놀이 주제에 대한 문헌 및 기타 자원에 대한 광범위한 연구.

이 책은 여섯 부분으로 나뉜다. 제1부의 제목은 '근거(Foundations)'이다. 첫 번째 장(Janet A. Courtney)은 영아 정신건강과 관련하여 영아 놀이치료(출생부터 3세까지로 정의)의 주제에 대한 광범위한 개요를 제공하고 다음 장에 대한 준비를 한다. 2장에서는 Emily Jackson과 신경과학자 Francis McGlone이 사회적 두뇌 발달에 놀이가 미치는 영향과 관련된 접촉의 신경생물학적인 이해를 우리에게 알려준다. 3장에서 Ken Schwartzenberger는 영아와 부모의 감각 신경 놀이의 발달적 관점을 제공한다. 제2부 '어린 아동과 함께 하는 평가'는 영아 평가의 중요성을 강조하는 두 가지 다른 장을 제공한다. 4장에서 Judi Parson, Karen Stagnitti, Bridget Dooley 및 Kate Renshaw는 어린 아동들을 위한 고유한 놀이 평가 방법을 보여준다. 그리고 5장에서 Eva Nowakowski-Sims와 Danna Powers는 영아에 대한 외상에 대해 논의한다. '영아 놀이치료에 대한 새롭고 수정된 이론적 접근 및 모델'이라는 제목의 제3부는 영아를 위한 새롭고 적응된 놀이치료 모델과 관련된 세 개의 장으로 구성된다. 6장(Karen Baldwin, Meyleen Velasquez, Janet A. Courtney)에서는 'FirstPlay® 영아 이야기-마사지(Infant Story-Massage)'라는 새로운 애착 기반 유아 놀이치료 모델을 제공한다. 7장에서 Kate Renshaw와 Judi Parson은 부모 놀이치료가 영아 집단에 어떻게 적용될 수 있는지 보여주고, 8장에서 Hanna Lampi는 영유아와 함께 작업할 때 치료놀이를 사용하는 방법에 대해 설명한다. '영아(Infant)와 걸음마기 아동(Toddler) 집단을 대상으로 한 영아 놀이치료 및 놀이 기반 중재'라는 제목의 제4부에서는 놀이 중심의 개입을 강조한다. 즉 9장

Becky Bailey의 Baby Doll Circle Time®, 10장 Esther Hess의 'DIR/플로어 타임(Floor Time) : 걸음마기 아동의 발달/관계 놀이치료 모델', 11장 Chelsea Johnson의 'TEACUP Preemie Program®에서의 사랑의 반영'이다. '놀이치료의 실제를 활용하는 증거 기반 영아 정신건강 모델'이라는 제목의 제5부는 아동-부모 심리 요법을 소개하는 두 장을 포함하여 유아 정신건강 분야에서 잘 알려진 증거 기반 모델인 세 장으로 구성된다. 12장 Harleen Hutchinson과 13장 Allison Golden과 Veronica Castro가 있고, 신뢰를 기반으로 한 관계적 개입은 14장(Montserrat Casado-Kehoe, Casey Call, David Cross, Henry Milton)에서 다룬다. '특정 집단에 대한 영아 놀이치료의 적용'이라는 제목의 마지막 제6부는 영아와 관련된 특정 문제 영역에 중점을 둔다. 15장에서 Athena Drewes는 자궁 내 아편 노출에 양성 반응을 보이는 신생아와 관련된 영아의 외상에 대해 다룬다. 16장에서 Renee Turner와 Christina Villarreal-Davis는 출산 전후 슬픔의 민감한 문제와 '무지개 아기(rainbow babies)'와의 애착 관계에 미치는 영향에 대해 설명한다. 마지막으로 17장에서 Janet A. Courtney, Viktoria Bakai Toth 및 Carmen Jimenez-Pride는 'FirstPlay® 운동 감각 스토리텔링'을 통해 반응성 애착 장애의 치유에 대해 다룬다.

이 책을 읽을 때는 저자들이 가장 취약한 인구 집단인 영아와 걸음마기 아동에 대해 깊이 존중하는 마음을 가지고 전문 지식과 경험을 공유했다는 것에 주목하기 바란다. 그렇게 하면서 그들은 이 집단에 영향을 미치는 다방면의 임상적, 문화적, 윤리적 도전에 대해 고민하고, 가장 최근의 신경과학을 탐구하고, 사례를 제시할 때 취약성의 위험을 감수하고, 창의성과 사고의 유연성을 보여주는 등 긴 시간 동안 심사숙고하며 헌신하였고, 놀이의 힘이 아주 어린 아동들과의 애착 관계 치유에 어떻게 영향을 미칠 수 있는지 보여준다. 제시된 주제에 대한 저자들의 헌신에 깊이 감사드린다.

참고문헌

Bowlby, J. (1969). *Attachment and loss*, Vol.1. New York, NY: Basic Books.

차례

제6부 **특정 집단에 대한 영아 놀이치료의 적용**

제1부

근거

제 1 장

영아 정신건강의 측면에서
영아 놀이치료의 개념

Janet A. Courtney

영아 정신건강 분야는 기하급수적으로 성장하고 있으며, 다양한 전문 분야의 많은 전문가들이 어린 아동들과 함께 작업할 수 있는 전문성을 키우고 싶어 한다. 이들 가운데, 놀이의 치료적 힘을 주요한 개입 방법으로 활용하는 많은 놀이치료사들과 아동상담가들은 이러한 어린 아동들에게 자신의 기술을 제공하고 있다. 그러나 출생 후 3세까지의 영유아와 함께 일하려면 아동상담, 놀이치료, 더 나아가 대학원 교육 과정에 대부분 포함되지 않는 특수한 전문 지식과 훈련이 필요하다. 이 장에서는 영아의 외상과 관련된 토론, 영아 정신건강에 대한 소개, 조기 개입의 중요성을 포함하여 영아와 작업하는 것에 대한 개요를 간략하게 제공하고자 한다. 그런 다음 영아 놀이치료를 영아 정신건강과 관련된 맥락에 적용할 뿐 아니라, 영아 정신건강 분야의 중요한 '틀' 선택을 강조한다.

영아 정신건강의 필요성 : 영아와 외상

영아들은 외상을 경험한다. 불행하게도, Osofsky, Stepka와 King(2017)이 언급한 것처럼, 많은 사람들은 영아가 외상에 대해 의식적으로 기억을 유지하지 않기 때문에 외상 경험의 영향을 받지 않는다고 생각한다. 영아기에 대한 이러한 사회적 믿음은 영아기의 중요한 욕구를 간과하게 하였다. 이제 우리는 이러한 외상 경험이 암묵적 기억의 일부임을 알고 있다(Cozolino, 2014; Osofsky & Lieberman, 2011; Schore, 2012, 2019; Siegel, 2012). 태아와 영아는 어린 시절의 외상에 영향을 받지 않는다는 오래된 믿음은 다행스럽게도 이제 사라지고 있다. 이는 특히 1990년대의 신경과학 분야의 주장, 영아 정신건강 분야의 부상, 카이저 병원에서 수행된 부정적인 아동기 경험(Adverse Childhood Experience, ACE)에 대한 연구와 같은 엄격한 연구에서 기인하였다(Felitti et al., 1998). 이 연구는 그 참여자가 18,000명이었으며, 초기 외상이 어린 시절과 성인기에 해로운 영향을 미칠 수 있다는 증거를 제공하였다. 요약하면, ACE 연구는 영아가 노출된 수많은 위험 요소들은 이후의 스트레스와 가족 내 역기능과 관련하여 강력한 상관관계가 있다고 밝혔다. 미국 질병통제예방센터(CDC)의 홈페이지에는 다음과 같은 아동학대 보고서가 있다(참고 : 이것은 미국에만 해당되는 내용이며, 전 세계적인 수치를 보려면 WHO 홈페이지를 참조).

- 2016년 아동보호서비스(CPS)의 보고에 따르면 아동학대와 방임을 당한 아동은 676,000명이다.
- 아동 4명 중 1명은 평생 동안 어떤 형태로든 아동학대나 방임을 경험하고, 2016년에 아동 7명 중 1명은 학대나 방임을 경험한 것으로 추정된다.
- 2016년에 약 1,750명의 아동이 학대나 방임으로 사망하였다.

(출처 : https://www.cdc.gov/violenceprevention/childabuseandneglect/index.html)

영아는 아동, 청소년, 성인, 노인과 다르게 누군가가 자신에게 해를 끼치는 경우 달아나거나 도망가거나 때리거나 때리는 것을 막을 능력이 없으며, 해를 입었다고 하더라도 이를 누군가에게 말할 수 없는 가장 취약한 집단이다(Courtney, Velasquez, & Bakai Toth, 2017). 아동(영아)학대는 신체적, 정서적 학대, 성적 학대, 방임, 가정 폭력 노출 등 신체적이거나 정서적인 피해의 위험으로 인식된다. 우리는 또한 이러한 외상이 어린 아동들에게 미치는 해로운 영향에 대해 알고 있다(Gil, 2017). Terr의 획기적인 저서 너무 무서워서 울음이 안 나와요(*Too scared to Cry*, 1990)에서 저자는 학대와 방임으로 인해 철회된 유아의 성격을 관찰하는 것에 대해 논의하였다. 다음의 가슴 아픈 이야기에서 그녀는 병원 환경에서 학대받는 영아를 어떻게 도와주려고 했는지 설명하였다.

> 내가 대학병원에서 돕고자 했던 8개월 된 클리블랜드의 소녀 한 명은 심각하게 우울한 어머니로부터 무시당하고 때때로 구타를 당했다. 병원 침대에서 그 아기는 작은 손으로 침대 난간 보호대를 움켜쥐고 등을 대고 누워있었다. 그 작고 고정된 손가락을 떼어내기가 어려웠다. 아기는 침대 위에 놓인 밝은색의 모빌을 무시했다. 보통의 아동이라면 저항하는 소리를 질렀을 병원의 치료 과정 동안 그녀는 거의 관심을 기울이지 않았다. 뇌 손상은 없었다. 손상은 오직 아기의 아직 초보적이지만 마비된 성격 형성에만 있었다(Terr, 1990, p. 85).

외상은 온몸의 감각 기반의 경험이며, 영아는 그들이 보고 듣고 맛보고 만지고 냄새 맡는 감각을 조율한다. 영아의 미성숙한 신경계는 매우 민감하여 종종 과각성 또는 저각성 상태로 촉발될 수 있으며, 영아는 공포, 혼란, 우울, 철회, 분노의 다양한 감정 상태에 취약하다. 신경과학 문헌은 영아와 아동기의 발달 외상이 뇌를 변화시키고 실행 기능 기술과 정서적, 행동적, 인지적, 사회적, 신체적 문제와 관련된 문제를 지속적으로 초래한다고 결론 내렸다(Badenoch, 2018; Cozolino, 2014; Hudspeth, 2016a; Humphreys & Zeanah, 2015; Perry, 2006; Porges, 2018; Schore, 1994, 2019; Siegel, 2012). Van der Kolk(2014)는 "아기에게 무슨 일이 일어나든, 이것은 발달하는 두뇌가 만드는 정서와 세상에 대한 인식을 나타내는 지도를 만드는 데 기여한다."라고 하였다(p. 56). 이 정서적인 지도 또는 Bowlby(1988)가 말한 내적 작동 모델은 임신 초기부터 시작된다. 아기의 각성 상태를 안정시키고 최적의 정서적, 신체적 안전과 건강을 보장하는 외부 규제자가 되는 것은 양육자의 책임이다.

조기 개입 : 초기 외상 경험 치유의 핵심

놀이치료의 선구자인 Virginia Axline(1969)은 다음 문장에서 인본주의 관점에서의 건강한 시작의 중요성을 언급하였다. "각 개인 안에는 완전한 자아실현을 위해 끊임없이 노력하는 강력한 힘이 있는 것 같다. 이는 완성되기까지 끊임없이 진행되지만, 균형 잡힌 구조로 발전하기 위해서는 좋은 '성장 기반'이 필요하다"(p. 10).

여기에서 핵심 단어는 '성장 기반'이다. Axline이 인식한 바와 같이 최적의 정서적, 심리적 기반이 주어지면 우리(인간)는 자연적으로 내적 추동(innate drive)을 활용하여 최고의 잠재력에 도달하고자 한다.

고위험 요인을 이해하고 선별하는 것은 조기 개입의 첫 번째 단계가 될 수 있다. 광범위한 연구를 통해 인지와 언어 발달에 명백히 방해가 되는 한 가지가 밝혀졌는데, 빈곤의 영향을 받는 아동의 발달이 종종 더 풍족한 환경의 아동에 비해 뒤처진다는 것이다(Fernald, Marchman, & Weisleder, 2013; Hart & Risley, 2003; Piccolo & Noble, 2019; Votruba-Drzal, Miller, & Coley, 2016). 연구 및 관심이 증가함에 따라 확인된 기타 위험 요인은 어머니의 우울증, 어린 자녀를 둔 부모의 약물 남용, 조산아, 폭력 노출, 학대와 방임이다(Boris, Renk, Lowell, & Kolomeyer, 2019; Murray, Halligan, & Cooper, 2019; Shah, Browne, & Poehlmann-Tynan, 2019).

분명한 사실은 영아와 가족에 대해 문화적으로 민감하고, 강점에 기반을 두고 회복력에 중점을 둔 조기 개입과 예방이 효과적인 것으로 나타났다는 것이다(Zeanah & Zeanah, 2019). Schaefer, Kelly-Zion, McCormick과 Ohnogi(2008)는 아주 어린 아동들을 위한 놀이치료라는 그들의 저서에서 다음과 같이 주장하였다. "어린 아동들이 환경과 가족에 성공적으로 적응할 수 있도록 적절한 놀이 기반 개입을 제공하는 것은 결코 이른 일이 아니다"(p. ix). 이상적으로는, 각 영아와 가족은 특정 가족이나 양육자에 가장 적합한 치료 모델을 분별할 수 있도록 규모를 조절할 필요가 있다. 이 "규범적"(Schaefer, 2003) 또는 "통합적"(Gil et al., 2015) 접근 방식은 현재의 문제, 관련 연구, 다문화 및 다양성 요인을 고려해야 하는 각 가족 체계의 독창성을 인식하고, 그런 다음 긍정적 치료 결과를 얻을 수 있는 가장 높은 잠재력에 영향을 미치는 가장 적절한 치료 방식이다.

상황에 맞는 영아 놀이치료

영아 놀이치료란 무엇인가? 놀이치료 분야에서는 전통적으로 4세 이상의 아동을 주요 치료 집단으로 하는 것으로 알려져왔다. 대부분의 놀이치료 개입의 초점은 상징놀이의 치유력을 통해 아동과 작업하는 것이다. 아동들이 타고난 능력으로 걱정, 외상, 분노 등을 놀이로 표현하여 해소할 수 있도록 신중하게 계획된 놀이치료실을 사용한다. 발달 놀이치료(Brody, 1997; Courtney & Gray, 2014)와 치료놀이(Booth & Jernberg, 2010)와 같이 상징놀이 이전 단계의 아동과 작업하는 놀이치료의 이론적 접근도 있다. 그러나 상징적 모델과 같은 이러한 모델에서는 다시 전통적으로 치료사가 주로 3~4세 이상의 아동과 작업할 수 있도록 훈련하였다.

영아 놀이치료의 개념은 최근 몇 년 사이에 영아들을 치료할 수 있는 성공적인 방법을 찾기 위한 놀이치료사 및 기타 수련생들의 수요가 급증하면서 생겨났다. 문제는 치료사가 부모 없이 개별 놀이치료 회기를 하는 전통적인 유형의 놀이치료 방식이 말도 안 되는 (또한 매우 비윤리적인) 시나리오가 된다는 것이다. 예를 들어, 부모가 대기실에 앉아있는 동안 생후 5개월 된 영아를 치료한다고 생각해보자. 치료사가 놀이치료실에서 치료사와 영아 사이에 있었던 일에 대해 '비밀'이라고 부모에게 말한다. 지혜를 실천하는 길은, 모든 영아 정신건강의 개입은 관계 지향적이기 때문에 치료 회기에 부모나 양육자를 포함해야만 한다는 것이다. Zeanah와 Zeanah(2019)는 "영아 정신건강의 관계적 틀과 나이 많은 아동 및 청소년과의 작업은 구별된다."(p. 6)라고 하였다. 따라서 놀이치료사가 일반적으로 영아 집단에 고유한 기술을 제공하고자 하는 경우, 다음과 같이 할 수 있다. 1) 현재 알려진 증거 기반 놀이치료 방법(부모놀이치료, 치료놀이)을 영아 집단에 적용(예 : Schaefer et al., 2008)하거나, 2) 새로운 영아 기반의 놀이치료 모델을 개발하거나(예 : FirstPlay®), 3) 놀이 원칙을 활용하는 기존의 영아 정신건강 모델을 학습하고 교육을 받을 수 있다(예 : 부모-자녀 심리치료). 이 책에는 영아 놀이치료를 구상하는 세 가지 다른 방법이 포함되어 있다.

'아동 정신건강'이라는 가장 중요한 우산 아래에는 아동에 대한 수백 가지 이론과 개입이 있다. 마찬가지로 '영아 정신건강'은 영아 집단을 가장 잘 지원하는 개입의 포괄적인 용어라고 할 수 있다. 이러한 점을 염두에 두고, 이제 영아 놀이치료를 다양한 놀이치료 접근 아래에 있는 부차적인 것으로 생각할 수 있다. 영아 놀이치료 모델이 만들어지고 조정됨에 따라, 신경과학 및 영아

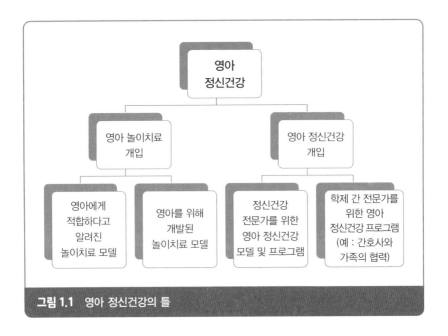

그림 1.1 영아 정신건강의 틀

정신건강 분야에서 확립된 방대한 문헌과 연구들을 통합해야 한다. 또한 새롭거나 수정된 놀이치료 개입은 전체적인 효과를 확립하기 위해 질적 및 양적 연구 설계를 엄격히 해야 한다.

다음과 같은 질문이 제기된다. "놀이치료 분야에서 어린 아동들과 작업하는데 도움이 되는 전문 지식은 무엇인가?" 분명한 대답은 놀이치료사의 전문 지식은 놀이를 통해 본질적으로 치유된다는 이해에 기반을 두고 있다는 것이다. 그들은 놀이가 아동의 의사소통과 자기표현의 자연스러운 언어라고 생각한다(Schaefer & Drewes, 2014). 또한 놀이치료사는 신경과학/신경생물학 분야에서 나타난 결과를 포함하여 최신 연구를 고려한다(Badenoch, 2018; Hudspeth, 2016a; Kestly, 2014). 이 책의 목적과 영아 놀이치료가 의미하는 '실용적인' 정의를 제공하기 위해 다음의 내용을 제공한다. 영아 놀이치료는 신경과학 및 영아 정신건강 분야의 정보를 제공하고, 문화적으로 민감하며 놀이의 치유 능력을 활용하여 영아 및 부모(또는 양육자)의 관계 시스템과 사회적 환경의 긍정적 변화에 영향을 미친다.

아동 놀이의 일반적인 유형

아동들은 어린 시절의 발달 단계에 걸쳐 다양한 유형의 놀이를 하며, 놀이치료사들은 3세 미만의 아동을 위해 관계적이고 놀이를 기반으로 한 개입을 한다(Schaefer & DiGeronimo, 2000; Schaefer et al., 2008). 어린 아동에게서 관찰할 수 있는 아동 놀이의 몇 가지 일반적인 유형은 다음과 같다.

a. 거친 신체놀이(예 : 걸음마기의 아기는 아버지와 활동적으로 신체놀이를 할 때 아버지의 등에서 장난스럽게 튕길 수 있음)
b. 상징놀이 이전 단계(예 : 장난감을 사용하지 않고 영아와 양육자 간에 일어나는 즐겁고 신나는 상호작용 — 까꿍놀이, 노래하듯 말하는 운동 감각 놀이)
c. 병행놀이(예 : 다른 영아와 물건을 공유하지만 상호작용은 일어나지 않음)

d. 운동-활동놀이(예 : 걸음마기 아기가 쫓아가거나 달리는 활동, 숨기고 찾기 등)

e. 대물놀이(예 : 딸랑이와 같은 장난감을 사용하는 개별적 놀이)

f. 탐색적 놀이(예 : 영아가 환경을 탐색하기 위해 기어 다니는 것)

g. 상상 또는 환상놀이(예 : 약 18개월 이상의 아동들이 인형을 "엄마"라고 하는 놀이)

h. 숙달놀이(예 : 블록 쌓기)

© Canstockphoto.com / Flashon (2007337)

그림 1.2 즐겁게 놀이하는 어머니와 아기

영아 놀이치료는 영아 정신건강과 관련된 문헌 및 연구를 고려해야 하므로 영아 정신건강에 대한 소개와 이 분야를 형성하는 개인 및 조직 중 선별된 그룹에 대해 다음 절이 독자에게 제공된다.

영아 정신건강 분야

'영아(infant)'라는 단어는 '~이 아닌(not)'의 뜻을 가진 라틴어의 'in'과 '말하는'의 뜻인 'fant'에서 비롯되었다. 따라서 영아라는 단어의 문자 그대로의 뜻은 '말하지 않는'이다. 전통적으로 영아 정신건강은 태어나서 세 살까지 발달하는 정신 단계로 묘사되었다. 그러나 Zeanah와 Zeanah(2019)가 지적했듯이, 이제 우리는 임산부의 정서적, 심리적 환경이 태아의 발달에 영향을 미치고 영유아기에 영향을 미칠 수 있다는 것을 이해하고 있으므로, 태아기의 경험은 영아 정신건강 분류에 포함되어야 한다. 또한 일부 영아 정신건강 전문가들은 영아 정신건강의 정의를 5세까지 확장한다. 따라서 **영아와 영유아기의 정신건강 및 발달 장애 진단 분류** 매뉴얼이 0~3세에서 0~5세로 업데이트되었다(Zero to Three, 2016). 그러나 우리는 이 책에서 출생부터 3세까지를 다룬다.

영아와 관련된 전문적인 참여가 이루어지면 이 분야는 강력한 '학제 간'이 된다(Lillas & Turnbull, 2009; Zeanah & Zeanah, 2019). 즉, 다른 어떤 발달 단계보다 소아과 간호사, 물리 및 작업치료사, 언어치료사, 산부인과 의사, 외상 전문가뿐만 아니라 정신건강 전문가들, 사회복지사, 정신건강 상담사, 심리학자, 결혼 및 가족치료사, 아동 생활 전문가, 영아 정신건강 전문가, 놀이치료사, 놀이치료 전공 교수, 아동 발달 과정을 가르치는 여러 학교 및 배경의 교수와 같은 다양한 전문가가 영아의 요구사항을 다룬다.

0~3세의 영아 정신건강 운영위원회는 다음과 같이 영아 정신건강을 정의하였다. 감정을 경험하고, 조절하고, 표현하고, 긴밀하고 안전한 관계를 형성하고, 환경을 탐색하고 배우는 어린 아동의 능력. 이러한 모든 역량은 가족, 지역사회 및 아동들에 대한 문화적 기대를 포함하는 돌봄 환경

의 맥락에서 가장 잘 달성될 것이다. 이러한 역량을 개발하는 것은 건강한 사회 및 정서적 발달과 밀접하다(Zero to Three, 2001. Zeanah & Zeanah, 2019, p. 6에서 인용).

영아 정신건강 분야의 틀

영국의 소아과 의사이자 정신분석가인 Donald Winnicott은 그의 가장 잘 알려진 인용문과 함께 '영아 정신건강의 아버지'로 불린다. "아기를 찾을 때마다 어머니의 보살핌을 찾을 수 있으며, 어머니의 보살핌 없이는 아기도 없다"(Winnicott, 1960, p. 587). Selma Fraiberg는 '영아 정신건강'(Fraiberg, 1980)이라는 용어를 처음 만든 것으로 알려져있으며, '유치원의 유령'이라는 개념과 함께 세대 간 영향을 강조하였다. [참고로, 일부는 영아 정신건강이 원래 영국에서 만들어졌다고 공언한다(Horton, 2016).] Bowlby(1988), Brazelton(1973), Stern(1977) 등의 초기 연구는 부모의 보살핌이 영아의 행동에 미치는 영향(초기의 관점)뿐만 아니라 영아의 반응이 어떻게 양육자의 행동과 반응을 이끌어내고 변화시킬 수 있는지 영아-부모에 대한 이해의 패러다임 전환을 제시했다. 따라서 진화하는 부모-영아 상호관계를 강조한다. 또 다른 측면에서 Escalona(1967)는 영아의 발달에 영향을 미치는 것은 본성 대 양육 특성에 관한 것뿐만 아니라 타인과의 관계에서 영아의 삶의 경험에 초점을 맞추는 것도 필요하다고 생각하였다. 1990년대 이후로 많은 신경과학자들은 후성유전학에 대한 우리의 이해와 초기 경험과 관계가 뇌의 회로 발달에 어떤 영향을 미치는지에 대한 이해를 증진시켰다(Cozolino, 2014; Dismukes, Shirtcliff, & Drury, 2019; Berens & Nelson, 2019; Porges, 2018; Schore, 2019; Siegel, 2012; Allan Schore가 1994년에 출판한 획기적인 책, 정서 조절과 자기의 기원 : 정서 발달의 신경생물학을 포함한다).

이미 언급한 것 외에도 다음은 Charles Zeanah(2019)와 1993년에 처음 출판된 그의 주요한 저서, 영아 정신건강 핸드북(제4판)을 포함하여 영아 정신건강 분야에서 일부 주요한 대표자들이 선택한 것들이다. 저명한 소아과 의사 Berry Brazelton은 신생아 평가 척도를 개발하였고, '접촉점'으로 알려진 개입의 발달 모델을 구상하였다(Brazelton & Sparrow, 2006). 발달심리학자인 Edward Tronick(2003)은 '무표정 실험(The Still Face Experiment)'이라는 연구로 가장 잘 알려져있다. 이 (매우 어려워 보이는) 실험은 영아와 부모 사이의 연결이 끊어지면 영아는 부모와 다시 연결되려는 행동을 하는데, 부모가 아무런 반응이 없을 때 영아는 몸을 뒤로 젖히며 신체적, 정서적으로 고통스러워하는 것이 관찰되었다. 영아 정신건강의 또 다른 저명한 인물은 헝가리의 소아과 의사인 Emmi Pikler로, 영아 및 보육에 대한 혁신적인 접근 방식으로 유명하다. 1946년에 그녀는 헝가리 부다페스트의 Pikler® 연구소에 가정 보육 시설을 설립하였는데, 이곳의 초점은 출생부터 6세까지 유아의 능력, 자율성, 진실성을 보존하는 것이었다(Pikler 웹사이트 참조. https://pikler.org/?v=7516fd43adaa). Alicia Lieberman과 Patricia Van Horn(2005)은 잘 알려진 증거 기반 영아 정신건강 치료 접근법인 부모-자녀 심리치료(Child Parent Psychotherapy, CPP)를 개발했다. Lieberman과 Van Horn과 동료들은 유치원에도 '천사'가 있다는 것을 관찰했다(Lieberman, Padron, Van Horn, & Harris, 2005).

　많은 대학에서 최첨단 연구를 수행하고 영아 정신건강에 대한 고급 인증 교육 과정을 제공하고 있다. Joy Osofsky(Osofsky, Stepka, & King, 2017)는 루이지애나주립대학교의 보건과학센터 정신과의 영아 정신건강을 위한 해리스 센터를 개발하는 데 중요한 역할을 했다.[1] 메사추세츠 보스턴대학교는 심리학과를 통해 제공되는 국제적으로 인정받는 2년제 부모-영아 대학원 인증 프로그램을 제공한다.[2] 2006년에 설립된 하버드대학교 개발센터는 최첨단

----

1 https://www.medschool.lsuhsc.edu/psychiatry/lsu-psychology-harris-program
2 https://www.umb.edu/academics/cla/psychology/professional_development/infant-parent-mental-health

연구 및 정책 발전을 위한 훌륭한 자원이다.[3] 1989년부터 플로리다주립대학교(FSU)는 영아 정신건강 정책에 영향을 미치는 연구, 지역사회의 연구 및 훈련에 초점을 맞추고 예방 및 조기 개입을 위한 FSU 센터를 지원했다.[4]

또한 여러 기구들이 영아 정신건강의 발전을 주도하고 있다. 1977년에는 영유아 가족을 위한 국립센터가 설립되었다(현재는 Zero to Three로 알려짐). 이곳은 현재 160명 이상의 직원을 보유한 영아 정신건강 분야의 선두 주자이며 영아와 영유아기의 정신건강 및 발달 장애 진단 분류(DC : 0~5)를 발행한다(현재 DC에 대한 소개는 다음 링크를 참조. https://mi-aimh.org/wp-content/uploads/2017/11/2017-01-Zeanah-S.-intro-article.pdf). 1970년대에 Selma Fraiberg 연구팀의 연구에서 영감을 받은 미시간의 수련자들은 미시간 영아정신건강협회(MI-AIMH)를 결성했다. 그들은 영아와 일찍 부모가 된 이들의 정신건강 발달과 관계적 어려움을 다루고 식별하기 위한 서비스 모델을 설계하였고, 반영적 슈퍼비전을 포함하는 지침을 개발하였다. 미국 전역의 많은 영아정신건강협회는 MI-AIMH의 역량과 보증 표준을 채택하고 있다. 세계 영아정신건강협회(WAIMH)는 전 세계 전문가를 위한 연구 및 교육을 장려하고 매년 콘퍼런스를 개최한다. 다음은 WAIMH 웹사이트(https://waimh.org)에 있는 그들의 사명 선언문이다.

> WAIMH의 사명은 영아와 양육자들과 함께 과학적, 교육적, 임상적으로 작업하는 것이 기여하는 국제 및 학제 간 협력, 간행물, 제휴 협회, 지역마다 격년으로 열리는 회의를 통해 영아기의 정신적, 정서적, 사회적 발달의 효과에 대한 교육, 연구를 촉진하는 것이다.

---

3 https://developingchild.harvard.edu/about/
4 https://cpeip.fsu.edu/about.cfm

세계영아정신건강협회

1980년대부터 UN은 아동의 권리를 인정하는 보편적인 원칙을 수립하기 위해 노력해왔다. 세계영아정신건강협회는 UN의 규정에서 영아들의 고유한 권리가 완전히 다루어지지 않은 것으로 여기고 아동들에게 필요한 내용을 추가하였다. 결과적으로, 세계영아정신건강협회는 영아권리의 기본 원칙 목록을 개발하였고(다음 단락 참조), UN 아동권리협약에서 제정한 아동권리 원칙을 지지하였다(1989년 UN 총회 통과, 1990년 9월 활성화, 총 54개 조항). Edwards, Parsons와 O'Brien(2016)은 아동 전문가들이 UN 아동권리조항이 어떻게 놀이치료의 실제에 적용되는지 알고 있어야 하며, 아동권리에 대한 교육이 대학 교육 과정에 포함되어야 한다고 주장하였다. (유니세프 아동권리의 '아동 친화적인' 버전을 읽으려면 다음 링크를 참조. https://www.unicef.org/southafrica/SAF_resources_crcchildfriendly.pdf)

영아권리의 기본 원칙(출생부터 3세까지)(WAIMH, 2016, p. 4, 의역)은 다음과 같다.

1. 영아는 절대적으로 의존해야 하는 존재이기 때문에, 법적 보호의 필요성을 포함하여 적절한 시기 또는 장소에서 필요한 보호를 받기 위하여 다른 사람에게 의존해야 한다.
2. 영아는 건강한 애착과 유대 관계를 가질 권리가 있으며, 특히 분리 또는 상실의 경우에 건강한 애착 환경이 연속되어야 한다.
3. 영아는 성별이나 장애에 관계없이 가족의 소중한 구성원으로 간주되고, 시민으로 등록될 권리가 있다.
4. 영아는 적절한 영양과 수면을 취하고 사랑받고 양육될 권리가 있으며 안전한 환경을 누릴 권리가 있다.
5. 영아는 방임, 신체적·성적 학대, 영아 불법 매매로부터 법적 보호를 받을 권리가 있다.

6. 영아는 기본적인 의료 서비스를 받고, 정서적 · 심리적 외상에 대한 전문적인 도움을 받을 권리가 있다.
7. 생명이 위협받는 상태의 영아는 더 나이 많은 아동들이나 성인을 위해 사회에서 적용되는 동일한 기준에 따라 서비스를 이용할 권리가 있다.

다문화 및 다양성에 대한 고려사항

영아 정신건강에서 다문화 및 다양성 요인은 복합적이며, 여러 가지 상황적 요인을 고려해야 한다. 어린 아동들과 가족들 간의 대화에서 가장 중요한 것은 인종, 성별, 편견, 계급, 빈곤(경제적 불평등), 불평등한 권력 분배, 사회 정의에 대한 우려, 생식 정의, 환경 및 기후가 가족에게 미치는 영향, 난민 및 모국 상실로 인한 외상, 익숙하지 않은 사회에 들어가는 것, 다양한 가족 시스템과 세대 간 역사적 외상에 문화적 가치와 규범을 부과하는 것에 대한 관심과 함께 다문화 및 사회적 태도와 가치의 광범위한 영향을 인식하는 것이다(Hudspeth, 2016b; Michiko & Ippen, 2019; Piccolo & Noble, 2019; Zeanah & Zeanah, 2019). 앞서 언급한 다문화 및 다양성 요인에 대해서는 문화적으로 적절한 평가 및 선별 도구를 사용해야 한다. 또한 모든 분야의 배경을 가진 전문가는 자신의 잠재적인 문화 및 다양성의 편견과 인식을 알고 있어야 하며, 이는 종종 반영적인 슈퍼비전 회기의 일부가 될 수 있다(Tomlin, Weatherston, & Pavkov, 2014).

요약

이 장에서는 영아 정신건강이라는 맥락에서 영아 놀이치료를 검토하였으며, 이 책 전체의 장들에 대하여 소개하는 내용을 다루었다. 놀이치료 분야가 오랜 이론적 접근 방식을 채택하거나 가장 취약한 인구 집단에 대한 새로운 영아 놀이 기반 양식을 만들 때, 우리는 윤리적이고 성공적인 치료와 긍정적 결과를 확립하기 위하여 연구 설계를 엄격히 해야 한다. 또한 이 책에서는 질적 사례 연구를 통해 이 목표를 달성하기 위한 시작 단계를 설명하였다. 이제 2장으로 넘어가서 영아의 발달하는 사회적 뇌와 관련된 접촉과 놀이에 대하여 알아보자.

토론 질문

동료들과 또는 집단에서 다음 질문에 대해 토론합니다.

1. 영아의 경험 및 외상에 관련된 문화적, 사회적 인식을 공유합니다. 인식이 변화한다고 생각하나요? 미래에 영아 인구에 관련된 정책에 영향을 미칠 수 있다고 생각하나요?
2. 이 장에 있는 '아동의 놀이의 일반적인 유형' 목록을 다시 한번 봅니다. 다음으로, 여러 유형의 놀이에 참여하는 어린 아동을 보았던 것을 떠올려보고 이에 대해 이야기를 나눕니다. 놀이를 볼 때 어떻게 느꼈고 반응했는지 말합니다. 어린 아동의 놀이를 이해하는 것이 영아들과 작업하는 것과 어떻게 관련될 수 있는지에 대해 토론합니다.
3. 유니세프의 아동권리에 대해 살펴봅니다. 아동권리에 대한 큰 그림을 염두에 두고, WAIMH가 발표한 영아권리의 기본 원칙을 읽고 각 요점을 생각해봅니다.

참고문헌

Axline, V. (1969). *Play therapy* (Rev. ed.). New York, NY: Ballantine Books.

Badenoch, B. (2018). Safety is the treatment. In S. W. Porges & D. Dana (Eds.), *Clinical applications of polyvagal theory: The emergence of polyvagal-informed therapies* (pp. 73–88). New York, NY: Norton.

Berens, A. E., & Nelson, C. A. (2019). Neurobiology of fetal and infant development: Implications for infant mental health. In C. H. Zeanah (Ed.), *Handbook of infant mental health* (4th ed., pp. 41–62). New York, NY: Guilford Press.

Booth, P. B., & Jernberg, A. M. (2010). Theraplay®: *Helping parents and children build better relationships through attachment-based play* (3rd ed.). San Francisco: Jossey-Bass.

Boris, N. W., Renk, K., Lowell, A., & Kolomeyer, E. (2019). Parental substance abuse. In C. H. Zeanah (Ed.), *Handbook of infant mental health* (4th ed., pp. 187–202). New York, NY: Guilford Press.

Bowlby, J. (1958). The nature of the child's tie to his mother. *International Journal of Psycho-Analysis*, 39, 350–373.

Bowlby, J. (1988). *A secure base: Parent-child attachment and healthy human development*. New York, NY: Basic Books.

Brazelton, T. B. (1973). *Neonatal behavioral assessment scale*. Clinics in Developmental

Medicine, No. 50. London: Heinemann.

Brazelton, T. B., & Sparrow, J. D. (2006). *Touchpoints: Birth to three*, 2nd ed. Cambridge, MA: Da Capo Press.

Brody, V. A. (1997). *The dialogue of touch: Developmental play therapy* (2nd ed.). Northvale, NJ: Jason Aronson.

Courtney, J. A., & Gray, S. W. (2014). A phenomenological inquiry into practitioner experiences of developmental play therapy: implications for training in touch. *International Journal of Play Therapy*, 23(2), 114–129. http://dx.doi.org/10.1037/a0036366

Courtney, J. A., Velasquez, M., & Bakai Toth, V. (2017). FirstPlay® infant massage storytelling: Facilitating corrective touch experiences with a teenage mother and her abused infant. In J. A. Courtney & R. D. Nolan (Eds.), *Touch in child counseling and play therapy: An ethical and clinical guide* (pp. 48–62). New York, NY: Routledge.

Cozolino, L. (2014). *The neuroscience of human relationships: Attachment and the developing social brain*, 2nd ed. New York, NY: Norton.

Dismukes, A. R., Shirtcliff, E. A., & Drury, S. S. (2019). Genetic and epigenetic processes in infant mental health. In C. H. Zeanah (Ed.), *Handbook of infant mental health* (4th ed., pp. 63–94). New York, NY: Guilford Press.

Edwards, J., Parsons, J., & O'Brien, W. (2016). Child play therapists' understanding of the united nations convention on the rights of the child: A narrative analysis. *International Journal of Play Therapy*, 25(3), 133–145. http://dx.doi.org/10.1037/pla0000029

Escalona, S. (1967). Patterns of infantile experience and the developmental process. *Psychoanalytic Study of the Child*, 22, 197–244.

Felitti, V. J., Anda, R. F., Nordenberg, D., Williamson, D. F., Spitz, A. M., Edwards, V., Marks, J. S. (1998). Relationship of childhood abuse and household dysfunction to many of the leading causes of death in adults: The adverse childhood experiences (ACE) study. *American Journal of Preventive Medicine*, 14, 245–248. Retrieved 15 July, 2019 from: https://www.ncbi.nlm.nih.gov/pubmed/9635069

Fernald, A., Marchman, V. A., & Weisleder, A. (2013). SES difference in language processing skill and vocabulary are evident at 18 months. *Developmental Science*, 16, 234–258. doi: 10.1111/desc.12019.

Fraiberg, S. (1980). *Clinical studies in infant mental health: The first year of life*. New York, NY: Basic Books.

Gil, E. (2017). *Posttraumatic play in children: What clinicians need to know*. New York, NY: Guilford Press.

Gil, E., Konrath, E., Shaw, J., Goldin, M., & McTaggart Bryan, H. (2015). Integrative approach to play therapy. In D. A. Crenshaw & A. L. Stewart (Eds.), *Play therapy: A comprehensive guide to theory and practice* (pp. 99–113). New York, NY: Guilford Press.

Hart, B. B., & Risley, T. R. (2003). The early catastrophe: The 30 million word gap. *American Educator*, 27, 4-9. Retrieved 16 July, 2019 from: https://www.aft.org/sites/default/files/periodicals/TheEarlyCatastrophe.pdf

Horton, E. (2016). Counseling babies. *Counseling Today: A Publication of the American Counseling Association*. Retrieved July 31, 2019 from: https://ct.counseling.org/2016/07/counseling-babies/

Hudspeth, E. F. (2016a). Neuroscience influences in International Journal of Play Therapy articles. *International Journal of Play Therapy*, 25(1), 1-3. http://dx.doi.org/10.1037/pla0000021

Hudspeth, E. F. (2016b). Introduction: Play therapy applications with diverse cultures. *International Journal of Play Therapy*, 25(3), 113.

Humphreys, K. L., & Zeanah, C. H. (2015). Deviations from the expectable environment in early childhood and emerging psychotherapy. *Neuro-psychopharmacology*, 40, 154-170. doi: 10.1038/npp.2014.165.

Kestly, T. A. (2014). *The interpersonal neurobiology of play: Brain-building interventions for emotional well-being*. New York, NY: Norton.

Lieberman, A. F., Padron, E., Van Horn, P., & Harris, W. (2005). Angels in the nursery: The intergenerational transmission of benevolent parental influences. *Infant Mental Health Journal*, 26, 504-520. https://doi.org/10.1002/imhj.20071

Lieberman, A., & Van Horn, P. (2005). *Don't hit my mommy!: A manual for childparent psychotherapy for young witnesses of family violence*. Washington, DC: Zero to Three Press.

Lillas, C. & Turnbull, J. (2009). *Infant/child mental health, early intervention, and relationship-based therapies: A neurorelational framework for interdisciplinary practice*. New York, NY: W. W. Norton & Co.

Michiko, C. & Ippen, G. (2019). Wounds from the past: Integrating historical trauma into a multicultural infant mental health framework. In C. H. Zeanah (Ed.), *Handbook of infant mental health* (4th ed., pp. 134-153). New York, NY: Guilford Press.

Murray, L., Halligan, S., & Cooper, P. (2019). Postnatal depression and young children's development. In C. H. Zeanah (Ed.), *Handbook of infant mental health* (4th ed., pp. 172-186). New York, NY: Guilford Press.

Osofsky, J., & Lieberman, A. (2011). A call for integrating a mental health perspective into systems of care for abused and neglected infants and young children. *American Psychologist*, 66(2), 120-128. DOI: 10.1037/a0021630.

Osofsky, J. D., Stepka, P. T., & King, L. S. (2017). *Treating infants and young children impacted by trauma: Interventions that promote healthy development*. Washington, DC: American Psychological Association.

Perry, B. D. (2006). Applying principles of neurodevelopment to clinical work with maltreated and traumatized children: The neurosequential model of therapeutics. In N. B. Webb (Ed.), *Working with traumatized youth in child welfare* (pp. 27-52). New York,

NY: Guilford Press.

Piccolo, L. R., & Noble, K. G. (2019). Poverty, early experience, and brain development. In C. H. Zeanah (Ed.), *Handbook of infant mental health* (4th ed., pp. 157–171). New York, NY: Guilford Press.

Porges, S. (2018). Polyvagal theory: A primer. In S. W. Porges & D. Dana (Eds.), *Clinical applications of polyvagal theory: The emergence of polyvagal-informed therapies*, pp. 50–72. New York, NY: Norton.

Schaefer, C. E. (2003). Prescriptive play therapy. In C. E. Schaefer (Ed.), *Foundations of play therapy* (pp. 306–320). Hoboken, NJ: Wiley.

Schaefer, C. E., & DiGeronimo, T. F. (2000). *Ages and stages: A parent's guide to normal childhood development.* New York, NY: John Wiley & Sons, Inc.

Schaefer, C. E., & Drewes, A. A. (2014). *The therapeutic powers of play: 20 core agents of change* (2nd ed.). Hoboken, NY: Wiley.

Schaefer, C., Kelly-Zion, S., McCormick, J., & Ohnogi, A. (2008). *Play therapy for very young children.* New York, NY: Jason Aronson.

Schore, A. N. (1994). *Affect regulation and the origin of the self: The neurobiology of emotional development.* Hillsdale, NJ: Lawrence Erlbaum Associates, Inc.

Schore, A. N. (2012). *The science of the art of psychotherapy.* New York, NY: Norton.

Schore, A. N. (2019). *Right brain psychotherapy.* New York, NY: W. W. Norton & Company.

Shah, P. E., Browne, J., & Poehlmann-Tynan, J. (2019). Prematurity: Identifying risks and promoting resilience. In C. H. Zeanah (Ed.), *Handbook of infant mental health* (4th ed., pp. 203–218). New York, NY: Guilford Press.

Siegel, D. J. (2012). *The developing mind: How relationships and the brain interact to shape who we are* (2nd ed.). New York, NY: Tarcher/Penguin.

Stern, D. N. (1977). *The first relationship.* Cambridge, MA: Harvard University Press.

Terr, L. (1990). *Too scared to cry: How trauma affects children and ultimately all of us.* New York, NY: Basic Books.

Tomlin, A. M., Weatherston, D. J., & Pavkov, T. (2014). Critical components of reflective supervision: Responses from expert supervisors in the field. *Infant Mental Health Journal*, 35(1), 70–80. DOI: 10.1002/imhj.21420.

Tronick, E. Z. (2003). Of course all relationships are unique: How co-creative processes generate unique mother-infant and patient-therapist relationships and change other relationships. In *New Developments in Attachment Theory: Applications to Clinical Practice*, proceedings of conference at UCLA, Los Angeles, CA.

Van der Kolk, B. (2014). *The body keeps the score.* New York, NY: Penguin Group.

Votruba-Drzal, E., Miller, P., & Coley, R. L. (2016). Poverty, urbanicity, and children's development of early academic skills. *Child Development Perspectives*, 10, 3–9. http://dx.doi.org/10.1111/cdep.12152

Winnicott, D. W. (1960). The theory of the parent infant relationship. *International Journal of Psycho-Analysis*, 41, 585–595. Retrieved 13 July 2019, from: http://icpla.edu/wp-content/uploads/2012/10/Winnicott-D.-The-Theory-of-the-Parent-Infant-Relationship-IJPA-Vol.-41-pps.-585-595.pdf

World Association for Infant Mental Health (2016). WAIMH Position Paper on the Rights of Infants, Edinburgh, 14–18 June, 2014. *Perspectives in Infant Mental Health* (Winter-Spring), 1–5. Retrieved 14 July 2019 from: https://perspectives.waimh.org/wp-content/uploads/sites/9/2017/05/PositionPaperRightsInfants_-May_13_2016_1-2_Perspectives_IMH_corr.pdf

Zeanah, C. H. (2019). *Handbook of infant mental health* (4th ed.). New York, NY: Guilford Press.

Zeanah, C. H., & Zeanah, P. D. (2019). Infant mental health: The clinical science of early experience. In C. H. Zeanah (Ed.), *Handbook of infant mental health* (4th ed., pp. 5–24). New York, NY: Guilford Press.

Zero to Three (2001). *Definition of infant mental health*. Washington, DC: Zero to Three Infant Mental Health Steering Committee.

Zero to Three (2016). *Diagnostic Classification of Mental Health and Developmental Disorders of Infancy and Early Childhood: DC:0–5*. Washington, DC: Author.

제2장

사회적 뇌 발달에서 놀이의 영향

접촉에 대한 신경생물학의 새로운 통찰

Emily Jackson, Francis McGlone

> 많은 사회적 동기가 신체접촉의 즐거움에서 나오고, 놀이의 즐거움은 촉
> 감에 의존한다고 믿는 것은 타당하다. 실제로 포유류의 피부는 사회적 접
> 촉을 감지하기 위한 특수 수용체이다(Panksepp, 2004, p. 271).

소개

신체접촉은 우리 주변 세계에서 경험하는 첫 번째 자극으로, 출생 전 12주부터 시작한다. 신체접촉이 영아기에서 유아기(및 그 이후)까지 아동의 신체적, 인지적, 정서적 성장의 필수조건이라는 사실은 오랫동안 인정된 사실이지만, "왜?" 그리고 "어떻게?"에 대한 물음은 거의 없었다. 이 장에서는 신체 피부에서 기계 감각 신경이 어머니의 양육이나 또래와의 놀이와 같은 친밀한 신체접촉 중에 경험하는 촉각 유형에 우선적으로 반응한다는, 특정한 사람들을 구별하는 신경생물학의 최근 발견에 대하여 보고한다. 최근에 발견된 C-촉감구심성신경(C-tactile afferents, CT)이라는 인간 신경은 자극을 받으면 친밀한 신체적 접촉을 수반한 행동을 촉진하는 보상 감각을 일으킨다. 이 보고서의 핵심 메시지는 CT의 자극은 임의적이지 않으며 건강한 몸과 마음의 발달

에 필수적이고, 이 주장을 뒷받침하는 과학은 반론의 여지가 없다는 것이다.

아동권리에 관한 UN 협약 31조, 아동에게 보편적으로 허용되는 권리를 정한 국제 조약에는 다음과 같이 명시되어 있다. "모든 아동은 휴식과 여가 생활을 즐기고, 자신의 나이에 맞는 놀이와 오락에 참여하며, 문화 생활과 예술 활동에 자유롭게 참여할 권리가 있다." 놀이는 아동의 사회 정서적 안녕에 기본적으로 중요하며 인지 기능 발달에 신경 수준의 영향을 미치는 것으로 알려져있다(Tamis-LeMonda et al., 2004; Singer & Singer, 2009). 동물 연구를 통해 알려진 것처럼 어미와 새끼가 아주 가깝게 자라도록 강화된 환경은 다수의 학습 과제에 향상된 수행을 나타내며 두뇌의 성장과 발달을 촉진한다(그림 2.1).

특히 흥미로운 점은 이 향상된 수행이 해마(기억 및 공간 탐색에 수반된 뇌의 영역)의 생화학적 및 구조적 변화와 연결되어 있다는 것이다(Kuzumaki et

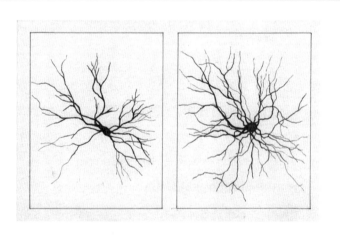

그림 2.1 표준 환경(왼쪽)과 강화된 환경(오른쪽)에서 쥐의 체성감각피질 피라미드 세포의 수지상 형태. 강화된 환경은 수상돌기가시의 수로 알려진 수지상 조직의 가지화를 현저히 증가시킨다(Johansson & Belichenko, 2001).

삽화 제공 : Francis McGlone

al., 2011). 아동기 놀이는 뇌가 신경세포를 연결하도록 자극한다. 놀이할 수 있는 충분한 기회가 극단적으로 박탈된 아동 또한 뇌 발달 및 인지 유연성이 손상되는 경험을 한다(Else, 2009; Johansen-Berg & Duzel, 2016). 아동기 놀이는 아동이 대근육 운동 기술(걷기, 달리기, 점프, 움직임의 조정)과 소근육 운동 기술(쓰기, 작은 도구 조작, 섬세한 손 작업)을 발달시키는 데 도움이 된다. 10대 동안, 그리고 성인기까지의 놀이는 뇌가 연결성을 발달시키는 데 도움이 되는데, 특히 계획을 세우고 좋은 결정을 내리는 데 중심이 되는 전두엽에서 연결성을 발달시키는 데 도움이 된다.

배경과 정의

Jaak Panksepp(1991)는 학습 및 발달에서 놀이(또는 '사회적 즐거움')의 중요성을 인식한 최초의 위대한 신경과학자 중 한 명이다. 이 장의 첫 문장은 Panksepp가 자신이 관찰한 놀이 행동을 이해하기 위해 필요했다고 인식은 했지만 결국 밝혀내지 못했던 기전을 인용하고 있다. 전기 자극, 약리학적 도전, 그리고 대부분의 포유류 척추동물의 뇌 병변을 통해 Panksepp는 추구, 보살핌, 욕망, 두려움, 슬픔, 분노, 그리고 이것이 하나가 되는 놀이라는 일곱 가지 주요 감정 체계를 만들어냈다. 후에 Panksepp는 그의 중요한 저서 정서 신경과학 : 인간과 동물 정서의 기초(*Affective Neuroscience : The Foundations of Human and Animal Emotions*)에서 이렇게 썼다.

> 놀이 또한 학습이다. … 놀이는 아동에게 즐거움을 주지만 그것은 아동에게 좋은 것, 필요한 것 그 이상이다. … 놀이는 아동에게 보상 추구 행동을 장려함으로써 지능과 정서, 그리고 상상력을 발달시킬 수 있는 기회를 제공한다(Panksepp, 2004, p. 280).

Panksepp는 놀이/사회적 즐거움이 어린 동물이 레슬링, 달리기, 쫓기와 같은 신체 활동에 규칙적으로 참여하도록 자극하는 복잡한 시스템이며, 그들을 사

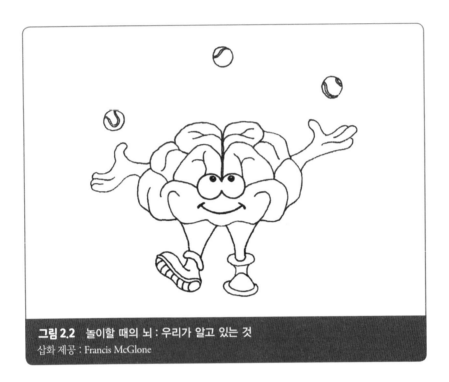

그림 2.2 놀이할 때의 뇌 : 우리가 알고 있는 것
삽화 제공 : Francis McGlone

회적으로 연결하고 그들이 사회적 한계를 배우는 것에 도움을 준다는 것을
알았다. 인간과 동물 문화에서 알려진 놀이의 몇 가지 형태로는 감각운동놀
이, 관계놀이, 구성놀이, 상징놀이, 규칙이 있는 놀이, 그리고 '거친 신체놀이'
─거칠게 밀고 때리는 장난, 야단법석 놀이, 싸우는 놀이─가 있다. 그것은
걸음마 시기에 시작해서 초등학교 저학년 혹은 중학교 시기까지 점점 흔해진
다. 이 놀이의 마지막 형태는 인간이 아닌 포유류에 의해 보이며 모든 형태 중
에 가장 재미있어 보인다. 그러나 인간 대상 연구에서는 이것이 거의 주목받
지 못했다. 여기에서는 그의 놀이 관찰 견해에 따라서 추측되는 인간 피부에
있는 특수 수용체를 설명한다.

놀이의 적응 본성

놀이에 대한 욕구는 모든 동물의 고유한 기능으로 보이며, 포유류의 뇌에 보존되었던 것으로 보인다. 거친 신체놀이 유형은 가장 기본적인 놀이 형태이며 연구하기 쉽다. 재미있게도, 실험실 쥐는 이러한 행동을 체계적으로 연구하기 위하여 Panksepp가 그의 작업 대부분을 기반으로 하고 있는 최고의 종(種)이다. 실험실 쥐는 사회적 박탈 변수를 조절할 수 있고 놀이성 수준을 효과적으로 측정할 수 있기 때문에 뇌의 놀이 메커니즘을 체계적으로 분석하는데 유용한 모델을 제공한다.

대부분의 영장류에게 초기의 사회적 격리는 놀이 본능에 치명적인 영향을 미친다. 며칠간 격리된 후, 어린 원숭이와 침팬지는 낙담하고 활기가 없으며 다시 돌아갔을 때 상대적으로 적은 놀이를 보여준다. 한편 어린 쥐는 반대되는 반응을 보이는데, 체계적인 사회적 격리 이전에 거친 놀이가 증가하며 사회 만족도가 감소한다. 설치류는 다른 포유류와 비교하여 사회적 격리에 잘 대처하는데, 그들의 사회적 연결 메커니즘이 비교적 약하기 때문인 것 같다. Panksepp는 어린 쥐가 사회적 상호작용 없이 최대 25일까지 놀이에 참여하지 못하다가 기회가 주어지자마자 격렬하고 거친 신체놀이 행동을 보여준다는 사실을 발견했다. 설치류가 보여준 증거는 놀이가 신경계에 내재된 충동을 유전적으로 반영하고 있으며, 거친 신체놀이에 참여하려는 욕구가 과거 경험에서 생성된 것이 아니라는 사실을 말한다.

놀이의 목적 : 왜 재미있나?

놀이는 종종 형제자매, 부모, 또래 사이에서 관찰되며, 우리가 좋아하는 어린 시절 추억에 많이 있는, 튕기거나 흔들거나 들어올리거나 레슬링을 하거나 간지럼을 태우거나 쫓는 것과 같이 신체적으로 격렬한 활동을 포함한다. 정확한 특성은 다양한 포유류 종에 따라 광범위하게 서로 다르다. 그러나 일반

적인 분위기, 경쟁적이면서도 즐거운 사회적 교류는 동일하다. 다른 유형의
놀이와 마찬가지로 거친 신체놀이는 건강한 아동 발달을 위해 중요하며 취학
전 연령부터 초기 청소년기까지 적응 행동을 발달시키는 데 필요하다는 점이
다양한 문화에서 관찰되고 있다(Frost, 1998; Paquette et al., 2003; Paquette et
al., 2006). 놀이에는 학습이 필요하지 않으며 이는 우리 유산에 본능적으로
구축된 진화적 행동이다.

　뇌는 발달하는 동안 특히 사회적 정보에 민감하고 거친 신체놀이 과정 동
안 많은 학습이 발생하는 것으로 보인다. 아동 자신의 능력에 대하여 다른 사
람들과 비교하여 가르치고 경쟁과 자기 조절, 사회적 제한과 같은 사회적 기
술이 발달하도록 돕는 것은 사회적, 정서적, 인지적 행동의 범위를 형성하는
것을 돕는다(McArdle, 2001). 게다가 후속 학습 과제에서 취학 전 아동의 주
의력을 향상시킨다는 것이 확인되었다(Holmes, Pellegrini & Schmidt, 2006).
그러나 떠들썩하고 시끄러운 특성 때문에, 거친 신체놀이는 종종 공격성이
나 잘못된 행동으로 오해되어 파괴적인 행동으로 여겨져서 처음에는 미국 유
아교육협회로부터 저항을 받았다(Bredekamp & Copple, 1997). 여전히 거
친 신체놀이가 실제 싸움이 될 거라는 믿음을 가지고 있는 많은 성인과 학
교 교사가 거친 신체놀이를 반대하고 있다(Tannock, 2008). 그러나 Scott과
Panksepp(2003)는 이러한 문제는 1% 미만에서 발생한다는 사실을 발견했고,
거친 신체놀이에 참여한 아동이 실제 싸움과 싸우는 놀이를 더 잘 구별해낼
수 있다는 증거를 제시했다. 이는 또한 학습 장애를 가진 아동에게도 적용된
다(Nabuzoka & Smith, 1999).

　전 세계적으로 스크린을 보는 시간과 전자기기 사용이 증가하고 아동이 사
회적 놀이의 형태를 즐길 안전한 공간과 시간이 점점 줄어든다는 사실은 현
재와 미래 세대의 놀이를 줄어들게 하고 그 존재를 위협한다. 거친 신체놀이
는 아동에게 경쟁과 협력이라는 두 가지 상반되는 사회적 기술의 균형을 맞
출 수 있는 기회를 제공한다(Paquette et al., 2003). 그 기회가 감소하면 자녀
세대는 사회적으로 고립되어 다른 사람들과 일하지 못하거나 자신을 주장 또

는 방어하지 못하는 특성을 너무 많이 갖게 된다. 예를 들어, 미취학 아동의 인기와 거친 신체놀이에 참여할 가능성 사이의 직접적인 상관관계를 발견했고(McDonald, 1987), 그뿐만 아니라 유아기에 놀이 싸움의 개념을 완전히 이해하는 데 성공하지 못한 아동은 사회적 기술이 부족하고 공격적인 청소년이 될 가능성이 더 높다는 사실을 발견했다(Orobio et al., 2005).

　놀이는 특정 종류의 학습과 다양한 신체 기술을 촉진하는 것을 포함하여 뇌와 신체에 여러 유익한 영향과 함께 많은 사회적 기능을 제공한다. 이는 어린 동물로 하여금 그들보다 높거나 낮은 서열을 식별하는 것을 가능하게 함으로써 협력적인 관계를 발전시키거나 피해야 하는 그들의 사회 구조를 효과적으로 통합하도록 촉진한다. 놀이는 어린 동물이 언제 그리고 어떻게 패배를 받아들여야 하는가에 대한 지식을 주입시킴으로써 적대적인 상황에서 효율성을 높일 뿐만 아니라, 효과적인 구애와 양육 기술을 개발하도록 한다. 이는 사회적으로 전파되는 과정으로 보인다. 놀이에 대한 욕구가 한 동물에게서 생길 때, 감각/지각 영향의 일부 유형을 통하여 다른 동물에게 퍼지는 것으로 보인다. 이러한 모든 중요한 기능을 볼 때, 감정적, 신체적, 인지적으로 발달하고 원만한 사회적 존재가 되기 위해서 인간과 동물이 경험해야 하는 행동인 놀이가 매우 재미있다는 사실은 놀랍지 않다.

놀이와 부모

놀이의 완전한 표현은 올바른 환경을 필요로 한다. 대부분의 포유류에게 놀이 행동은 주거/가정 환경(부모의 지원이 가능한 안전 기지)에서 일어나고, 이미 형성되어 있는 사회적 유대감의 맥락에서 가장 거친 놀이가 발생한다. 자연에서 아버지는 대체로 양육에 대한 열정이 어머니보다 덜한 것으로 보이므로 영아-어머니의 사회적 유대감이 영아-아버지의 사회적 유대감보다 강한 것이 일반적이다. 어머니와 자녀 간 놀이는 영아기, 청소년기, 심지어 성인기 동안 흔하게 나타나며 인간, 침팬지, 쥐에게서 놀이 행동을 안내하는 어머니의 역할은 분명하다. 하지만 아버지가 어머니보다 대부분의 자녀 양육 측면에서 덜 개입한다 하더라도 신체놀이에서는 예외가 보인다(Bokony & Fortney, 2009).

아동은 어머니와 아버지 모두와 함께 하는 놀이에서 이익을 얻는다. 인간의 경우, 더욱 조심스럽고 보다 많은 가장놀이와 대상놀이를 하는 어머니와의 놀이보다 아버지와의 놀이가 보통 더 예측할 수 없고 격렬하다(Paquette et al., 2003). 같은 연구에서 아동은 남성의 놀이가 더 신나고 놀라운 경향이 있기 때문에 어머니와 놀이할 때보다 아버지와 함께 거친 신체놀이를 하는 동안 더 많은 즐거움을 경험한다는 사실을 발견했다(Paquette et al., 2003). 예를 들어, 아버지는 종종 자녀를 공중에 던지거나 몰래 다가가 들어올린다(그림 2.3).

이런 이유 때문에, 아버지와의 야단법석 놀이는 아동에게 예상하지 못한 사건을 어떻게 다루는가를 가르침으로써 문제 해결을 촉진하는 데 특히 중요하고(Bokony & Fortney, 2009), 어떻게 감정과 행동을 조절하는가를 남자아이에게 가르치는 데 있어 특히 중요한 것으로 보인다(Canfield, 2002). Roggman과 연구진(2002)은 어머니가 놀이에 참여할 때 일반적으로 아버지보다 더 많은 언어를 사용함에도 불구하고 아버지-걸음마기 아동의 신체놀이가 걸음마기 아동의 인지와 언어 발달을 향상시킨다는 것을 확인했다.

아동의 놀이성은 부모의 반응성과 관련이 있다(Chiarello, Huntington, & Huntington, 2006). 민감하고 유능한 아버지는 안전감과 안도감을 유지하면서, 놀이하는 동안 자녀를 자극하고 도전하게 하고, 아동이 좌절하거나 지나치게 흥분하는 것을 피하게 한다(Paquette, 2004). McArdle(2001)은 안정 애착을 가진 아동이 불안정 애착을 가진 아동보다 놀이에서 더 유연성과 복잡성을 보인다는 것을 발견했다. 아동 놀이에 참여함으로써 성인은 놀이를 협력적으로 하고, 갈등을 해결하고 우정을 만들어가는 기술을 개발할 수 있는 안정 애착, 자기 조절, 사회적 기술을 촉진한다. 예를 들어, 인기 있는 소년의 부모는 자녀의 놀이에서 자극이 지나치고 통제가 부족한 징후에 대해 더 민감

그림 2.3 자녀, 아버지, 어머니가 본 놀이의 세 가지 관점
삽화 제공 : Francis McGlone

하고 반응적인 경향이 있다(Chiarello, Huntington, & Huntington, 2006).

애착 이론의 문제점

초기 상호작용이 이후 발달에 미치는 영향에 관한 많은 연구는 Bowlby(1973)
의 애착 이론의 관점으로 보았다. 최근까지 영아의 사회적 발달에서 양육적 접촉은 애착 이론의 지배로 인해 부분적으로 간과되어 왔다. 대신 영아가 그들의 양육자와 '안전한' 애착을 형성해야 한다는 것을 강조해왔다. Harlow는 아기 원숭이들이 먹이를 제공하며 철사로 만들어진 인공 대리모보다는 먹이는 제공하지 않지만 안락함을 제공하며 천으로 만들어진 인공 대리모를 더 선호한다는 사실을 처음으로 발견했다(Harlow & Zimmermann, 1958; Harlow & Harlow, 1965). 신체적 접촉에 대한 타고난 욕구는 영아가 그들의 첫 번째 정서적 유대감을 형성하고 자기 · 타인 · 세상을 이해하기 위한 '내적 작동 모델'을 형성할 수 있게 한다고 여겨진다(Bowlby, 1973; Waters et al., 2000; Hazan & Shaver, 1987). 애착 이론에 따르면, 정서 조절과 사회적 관계를 위한 내부 스키마는 영아-초기 양육자 관계에서 모든 다른 사회적 관계로 전이된다(Hazan & Shaver, 1987). 그러므로 불충분한 모성 지원을 받은 개인은 부적응적 스키마를 갖고 '불안정'해진다(Hazan & Shaver, 1987). 연구자들이 애착 유형은 시간에 따라 변화할 수 있고 어떤 관계/환경에서는 '안정'하고 다른 관계/환경에서는 '불안정'할 수 있다는 것에 동의하였음에도 불구하고, 사람들은 바꿀 수 없는 방식으로 불안정 애착 표현형을 지속하는 경향이 있다(Bowlby, 1973; Crowell et al., 2002; Fraley, 2002).

이 믿을 수 없을 정도로 단순한 이론은 수년간 많은 연구자들에 의해 채택되어 이후의 많은 영아 발달에 관한 이론의 기초가 되어왔다. 지지적인 모성 행동에 대한 명백한 중요성을 인정함으로써, 애착 이론은 아동의 건강을 촉진하고 이해하기 위한 가치 있는 도구라는 찬사를 받아왔다. 애착 유형 분류가 어떠한 과학적 데이터에 근거하지 않았다는 사실에도 불구하고 애착 이론에 의문을 제기하는 사람은 거의 없다. 대신에 공유된 행동이 '애착 유형'의 정의/진단 방식으로 범주화된 결과, 현저히 환원적인 구분이 되었다.

애착 관찰은 어느 정도 (Harlow가 처음 말한 것과 같이) 진실성이 있다. 예를 들어 성인 애착에서의 개인차는 심리사회적 · 신체적 건강에 영향을 미치는 것으로 밝혀졌고, 불안정 애착과 심리 적응 문제, 약물 남용 및 정신병리 사이의 관련성이 광범위하게 보고되었다(Brennan & Shaver, 1995; Griffin &

그림 2.4 초년기의 접촉 경험이 성인이 되었을 때 스트레스에 대처하는 방식을 결정한다.
삽화 제공 : Francis McGlone

Bartholomew, 1994; Mikulincer & Shaver, 2007). 게다가 애착 관계는 스트레스 억제 반응을 확립하는 데 중요한 것으로 확인되었다(Main, Kaplan, & Cassidy, 1985; DeVries et al., 2003).

그러나 본래의 애착 이론은 애착 표현형 발달에서 신경생물학적 메커니즘의 중요성, 특히 접촉의 역할에 대해서 고려하지 않는다. 애착의 본질은 영아가 '애착'되어 있다는 것, 즉 어머니와 영아 사이의 신체적 접촉이 영아의 심리-사회적 뇌를 형성하는 데 결정적 단계라는 인식이 부족한 것이다. 전반적으로 스트레스를 많이 받고 신체접촉을 받지 못한 영아는 연령에 비해 낮은 발달을 나타내는 분자 프로파일을 그들의 뇌세포에 가지고 있다. Harlow의 원숭이처럼 접촉이 없거나 손상된 경우, 애착 이론에 의해 나중에 사후 합리화된 모든 기준이 관찰된다. 어미 쥐의 핥기와 털을 손질하는 행동(접촉)에 대한 최근의 통찰은 핥기와 털 손질하기가 적은 어미의 새끼는 불안하게 자라는 반면, 핥기와 털 손질하기 행동이 많은 어미의 새끼는 안정적인 성인 쥐로 자란다는 사실을 발견했다(Weaver et al., 2004)(그림 2.4). 이러한 차이는 사회적으로 풍요로운 환경과 놀이와 같은 변화하는 환경 조건에 어떻게 후성유전 코드가 민감하게 반응하는지 기술함으로써 후성유전학 ― 유전자와 환경의 과학(G×E) ― 으로 설명된다. 아동기 경험이 성인의 정신건강과 신체건강에 미치는 영향은 아직 완전히 파악되고 있지 않지만, 이러한 결과는 부모의 접촉이라는 단순한 행동과 또래 놀이에 참여할 기회가 유전자 발현에 깊고 잠재적으로 장기적인 영향을 미치게 되는 방식을 조명한다.

'애착' 형성 과정에서 접촉의 역할

앞에서 신체접촉은 다양한 형태로 사회적 의사소통에 중요한 역할을 하는 것이 명확해졌고 '신체접촉의 위대함'에 대한 믿음과 관찰 결과를 해석하기 위한 몇몇 이론이 제시된 바 있다. 인간의 접촉에 대한 연구는 저역치기계수용기(Low-Threshold Mechanoreceptors, LTMs)에 가해진 자극의 결과로 발생하는 감각과 인지에 대한 기술에 중점을 두고 있으며, 인간의 피부 감각은 크게 촉감, 온도, 가려움 및 통증의 네 가지 하위 분류로 나뉜다.

이러한 각각의 채널(촉감, 온도, 가려움 및 통증 ― 역자 주)은 고유한 감각/인지적 특성을 만들어낼 수 있으며, 이러한 특성은 대뇌피질로 정보를 보내는 자극별로 분류된 신경세포를 통해 처리된다. 최근 C-fibres 가운데 역치가 낮고 수초화되지 않은 C-촉감구심성신경(CT)이라는 기계수용기가 발견되었는데, 주로 털이 있는 피부에 분포하며, 놀이 행동에서 경험한 바와 같이 촉각의 정서적인 측면 및 보상 기전 관련 측면에 대한 신경생물학적인 기반이라고 할 수 있다. CT(인간 외의 포유류에서는 CLTM이라고도 한다)는 신경전달속도가 다른 수초화된 LTMs에 비해 50분의 1 정도로 느리며(Löken et al., 2009), 따라서 어떠한 즉각적인 대처가 필요한 정보를 제공하지 않는다. 미세신경검사법이라는 전기생리학적 기법을 이용하여 CT가 부드럽거나 애무와 비슷한 정서적인 신체접촉에 특별히 반응하도록 설계되어 있다는 것을 확인하였고(Nordin, 1990; Essick et al., 1999; Vallbo et al. 1999; McGlone et al., 2007; Löken et al., 2009; Ackerley et al., 2014; McGlone et al., 2014), 이는 일반적인 촉감을 인식하는 수초화된 기계수용기와 CT가 확연히 다른 부분이다.

신경섬유 분류 유형의 하나인 C-fibres는 상행 말초 감각신경의 주요한 비중(약 70%)을 차지하고 있으며(Willis & Coggeshall, 1978; Griffin et al., 2001), 빠르게 전달하는 수초화된 신경 이전부터 존재해왔다. C-fibres는 '보호'라는 단 하나의 핵심 생명과 관련된 특성을 가지고 있다. C-fibres의 이러한 특성의 중요성에 대한 가장 명확하고 대표적인 예는 통증신경의 통각수용기라고 할 수 있는데, 통각수용기는 신체 내외부에서 이미 발생했거나 혹은 잠재적으로 유해한 자극이나 상황을 감지하여 방어 행동을 촉발하게 한다. 선천적으로 통각을 느끼지 못하는 아동의 매우 드문 사례를 보면, 아동은 신체적 통증(예를 들어 혀를 델 정도로 뜨거운 음료를 마시는 등)을 인지하지 못하고 이는 건강 관련 인식을 부족하게 하여 자주 부상을 입는 결과를 가져오는 등 기대수명을 줄이는 결과를 야기하였다. CT는 C-fibres와 '보호'라는 생명적인 기능을 수행하는데, 이러한 부분은 우리가 CT의 기능적 역할과 생명의 발달에 대해 더 많은 것을 알게 되면서 최근에야 밝혀진 내용이다. 사회적 촉감 가설(Morrison et al., 2010)은 CT가 촉감의 쾌락적이고 보상적인 측면을 처리하여 즐거운 촉각 자극을 전달하는 말초 경로로 작용하고, 이는 사람 간의 신체접촉 ─ 애착 행동 또는 친밀 행동으로 ─ 이 일어나도록 하며, 긍정적인 사회적 신체접촉의 정서적이고 보상적인 측면을 매개할 수도 있다고 제시하였다. 애착 이론과는 다르게 사회적 촉감 가설은 잠재적 원인에 대한 관찰 결과를 연결함으로써 양육적인 신체접촉이 중요한 역할을 한다는 것을 강조하는 기전을 제시하였다.

놀이에서 체성감각계의 조절

사회적 놀이에서의 감각의 중요성을 다룬 연구에서는 시각과 후각을 선택적으로 제거하여, 최소한 쥐의 경우는 시각을 제거한 쥐가 정상 쥐와 같이 활발하게 놀이하는 것을 보여 시각이 놀이성을 이끌어내는 데 필수 요소가 아님을 확인하였다. 또한 후각을 제거한 경우에도 거친 신체놀이가 줄어들지 않았음을 관찰할 수 있었다. 이러한 가운데 촉각은 일반적인 놀이를 유발하고 유지하는 가장 중요한 감각계라고 할 수 있다. 동물의 체표면을 마취하는 경우에 근위부에서 놀이 신호(상대의 등에 접촉하는 행위 횟수로 측정)를 감지하는 능력이 감소하게 됨을 관찰하였으며, 추가로 일부 영역은 다른 영역에 비해 놀이를 유발하는 신호에 예민함을 알 수 있었다. 어린 쥐에서 뒷목과 어깨에 시행한 국소마취는 놀이 활동의 수준을 매우 효과적으로 감소하게 하였으나, 놀이를 조르는 행동(예 : 상대의 등을 접촉하는 행동)이 감소한 것은 아니어서 놀이에 대한 동기나 욕구가 감소한 것은 아님을 알 수 있었다. 이러한 결과는 놀이에 대한 원초적 욕구는 내부로부터의 일련의 과정을 통해 발생하지만, 피부로부터의 감각 피드백이 없다면 놀이 행동은 중단된다는 것을 말하고 있다. (또한 놀이를 유발하는 영역에 대해, 뒷목과 어깨와 비교할 때 ― 역자 주) 엉덩이에 마취를 가한 쥐의 경우에는 마취가 놀이에 미치는 영향이 유의하다고 서술하고 있으며, 복측면(예 : 동물의 복부)에 마취를 했을 경우에는 놀이 행동에 아무런 영향을 주지 않았다. 이는 쥐에서 '놀이/간지럼 영역'에 해당하는 피부 영역이 배측면 ― 놀이를 조르는 상대의 등을 접촉하는 것과 같은 행동이 (항상은 아니지만) 주로 향하는 ― 에 존재함을 시사한다.

Panksepp 등(2003)은 동물 사이에서 놀이를 요청하기 위한 소통의 방법으로 신체접촉이 일어날 때 그 특정 영역(놀이/간지럼 영역)은 특정한 감각수용기가 지배하고 있으며, 이 감각수용기는 놀이와 관련된 뇌/신경계 회로로 특히 강한 체성감각 신호를 보내게 될 것이라고 추측하였다. 여기서 재미있는 점은 쥐에서 발견한 '놀이/간지럼 영역'이 사람에서도 뒷목과 흉곽 주변(옆구리)에 상응할 뿐 아니라, 어미 쥐가 새끼의 털을 손질해주는 부위 또한 공통되는 영역이 많다는 것이다. 또한 쥐를 장기간 추적관찰(Continuous Long Term Monitoring, CLTM)한 결과 몸통, 목 그리고 머리는 가장 집중적으로 자극하는 피부 영역으로 관찰되었고(Liu et al., 2007), 이는 사람에서 부드러운 접촉이 일어나는 부위이기도 하다(Walker, Trotter, Woods, & McGlone, 2017). 놀이에 대한 신경학적 과정을 이해하기 위해서는 '놀이피부'에 가해지는 체성감각 자극에 대한 분석이 필요하다고 할 수 있다. 피부에 '놀이 신경 회로'가 존재한다는 것을 통해 간지러움이라는 현상과 우리가 스스로를 간지럽태우지 못하는 이유를 설명할 수 있을 것으로 보인다(Blakemore, Wolpert, & Frith, 2000). 따라서 놀이 상대를 인식하고 구분해내는 능력은 강력하고 뿌리 깊은 (자폐에서는 어딘가로 사라졌을 수 있는) 중추신경계가 가지고 있는 개념이라고 할 수 있다.

놀이의 신경해부학적 측면 : 뇌 안의 놀이 네트워크(신경망)

대부분의 종에서 거친 신체놀이가 발달하는 것은 시간에 따라 거꾸로 된 U 자 패턴(놀이가 초기 아동기에 증가하였다가 아동기 내내 증가 상태를 유지하고 사춘기가 되면서 감소하게 되는)을 보인다. 비록 우리가 이 거꾸로 된 U 자 패턴의 발달이 발달 과정에 따라 발생하는 신경화학적 변화뿐만 아니라 뇌가 성숙하는 양상에 따르는 것이라고 추측할 수 있으나, 실질적으로 현재 이를 조절하는 신경학적 인자에 대해서는 밝혀지지 않았다. 놀이의 기저에 깔려있는 뇌 내 기전을 이해하는 것은 자폐나 주의력 결핍 장애와 같은 유년기의 정신과적인 문제에 대한 중요한 통찰을 제공할 수 있다.

지난 20여 년간 과학자들은 뇌 내 놀이 회로를 자극한 후 많은 희열 반응이 발생하는 것에서 놀이가 포유류 뇌가 가지는 일차 정서적 기능임을 알게 되었다. 이는 다양한 뇌 기능을 동시에 사용하게 하는데, 예를 들자면 대부분의 원초적 감정계는 놀이 중에 한 번 이상 작용하게 되고 이는 다양한 신경 회로가 여기에 관여하고 있음을 시사한다. 움직임을 관장하는 전정핵, 소뇌 및 기저핵과 같은 신경계는 놀이에 있어 핵심적인 역할을 한다고 볼 수 있으나 이를 지지하는 납득할 만한 근거가 제시되고 있지 않은데, 이는 해당 영역에 손상을 일으킬 경우 일반적인 모든 운동 능력 가운데 일부를 같이 상실하게 되기 때문이다. 예를 들어 새끼 쥐의 양측 꼬리핵에 손상을 주게 되면 놀이를 하지 않게 되지만 또한 식욕, 호기심 또는 움직이고자 하는 의지마저 소실되는 것이 보고된 바 있다(Panksepp, 2004). 소뇌, 측두엽, 편도체, 외측 시상하부와 같은 다른 뇌 영역에 발생한 손상 또한 놀이 행동을 감소하게 하지만 이 역시 전반적인 행동에 장애를 일으키게 되어 특정한 놀이 관련 신경계와의 연관성을 해석할 수 없게 된다.

전두엽 손상의 증상은 일반적으로 주의력 결핍 과잉 행동 장애(ADHD)와 유사하며, 특히 오른쪽 반구에 있는 전두엽 손상은 쥐의 놀이성을 유의하게 증가하게 하였다(Panksepp et al., 2003). 설치류 모델에서의 실험은 전두엽 손상이 ADHD와 관련되어 있음을 시사하고 있으며, 동물이 성장함에 따라 전두엽과 같은 뇌 영역이 발달하는 것이 놀이 행동을 감소하게 하는 데 기여하는 것으로 추측할 수 있다. 이에 대해 저자들은 사회적 놀이의 장기적 기능의 하나로, (종종 ADHD 환자에서 충동적인 행동으로 반영되기도 하는 놀이에 대한 과도한 욕구나 행동을 조절하는 것과 관련 있는) 전두엽의 피질을 포함하는 뇌의 고차원 영역을 성숙시키는 기능이 있는 것은 아닐까 하는 추측을 하고 있다(Panksepp et al., 2003).

그러나 쥐를 이용한 신생아 대뇌피질 박리(수술적으로 대뇌피질을 제거하는 방법) 동물 모델에서는 놀이에 대한 욕구가 소멸하거나 놀이 행동에 큰 영향을 주지 않았으며(Panksepp et al., 1994), 이와 같은 연구 결과는 놀이의 가장 근본적인 부분이 포유류 뇌의 가장 깊은 곳에 박혀있을 것이라는 생각을 하게 한다. 물론 이러한 연구 결과와는 별개로 놀이가 가장 영향력을 미치는 부위는 대뇌피질이라고 할 수 있다. C-fos 발현은 말초에 가해진 자극이 신경축을 따라 전달되는 과정에서 신경이 활동하는 것을 확인하게 하는 지표로 사용되는데, 놀이는 다발 곁 핵이나 해마와 같은 중간 시상 영역과 다양한 뇌 영역, 특히 체성감각피질에서 C-fos 발현을 증가시키는 것이 관찰되었다. 이러한 근거는 놀이가 다양한 대뇌피질 기능을 발달시키는 데 기여한다는 주장

을 뒷받침한다고 볼 수 있다. 작은 뇌 영역일수록 놀이가 미치는 영향을 긍정
적으로 해석할 수 있지만, 현재 놀이의 동기를 만들어내는 효과와 관련해서
보고된 것은 양측 시상 부위의 망상핵 주변에 발생한 비특이적 손상(다발 겹
복합체, 후부 시상핵 등을 포함하는)에서 관찰된 바가 있을 뿐이다. 쥐의 시상
에 있는 다발 겹 영역을 손상한 경우에 놀이를 조르는 행동(들러붙거나 등을
건드리는)이 감소하였고, 이는 대조군에 비해 놀이에 대한 동기가 감소하였
다는 것을 의미한다. 그러나 그 외에 먹이를 찾는 것과 같은 복합적인 동기 부
여 행동은 감소하지 않았다(Siviy & Panksepp, 1985a, 1985b). 이는 비특이적
인 망상핵이 분명하게 놀이에 대한 욕구를 조정한다는 것을 의미한다.

　다발 겹 시상핵 또한 바늘로 찌르는 것과 같은 유해한 자극에 반응하는 신
경세포를 포함하고 있기 때문에 통증을 인지하는 역할을 할 것으로 생각되
어 왔다. 그러나 다발 겹 시상핵과 관련된 감각은 기존에 생각했던 통증보다
는 에는 듯한 감각이나 간지러운 감각에 더 가까울 수 있다. 이는 왜 사람이
심하게 간지럽히거나 오래 간지럽히는 것을 견디지 못하는지를 설명할 수 있
다. 또한 사람이 웃는 것과 관련된 시스템 또한 이 원초적인 피질하 영역과 관
련되어 있다. 인간의 경우, 놀이 회로 작동의 특징은 웃음이며 일부는 이것이
놀이에 대한 동기로 나타날 수 있다고 주장한다. 근위축성측색경화증은 젤라
스틱 발작과 마찬가지로 운동신경에서 수초가 벗겨짐으로 인해 뇌간에 영향
을 주어 발생하는 질환이며, 이 두 질환 모두 어떠한 긍정적인 자극이 없이 간
헐적인 웃음 발작을 보인다는 공통점이 있다. 흥미롭게도 두 질환의 또 다른
공통점은 질환 초기에 슬픈 감정이 없이 병리적으로 울음을 터트린다는 것이
다. 웃음과 울음이 보이는 이 명확한 관계는 스트레스를 없애주는 우는 능력
과 사회적 결합의 기전에서 필수 조건으로 전제되는 웃음이 뇌 내에서 무언가
(아마도 놀이)를 중간에 두고 연관되어 있음을 추론할 수 있다. 이와 같은 추
론은 울음 또한 신경층의 낮은 층에서 나온다는 사실로 지지된다.

　우리가 혼자 있을 때 편안함을 느끼게 하고 선뜻 놀이를 시작하게 하는 가
장 우세한 감각은 촉각이다. 따라서 진화적 관점에서 정서적인 촉감의 즐거

움은 놀이가 출현하기 위한 신경망의 기틀이 나타나게 하였을 수 있다. 그렇다면 우리는 놀이와 웃음이 모두, 타인에게서 가족과 친구를 구분할 수 있도록 하는 사회적 유대 기능에 도움이 될 것이라고 추론할 수 있을 것이다.

놀이의 신경생화학적 측면

Panksepp에 따르면 "놀이는 견고한 동시에 깨지기 쉬운 현상이다." 놀이라는 맥락에서 두려움, 분노, 분리로 인한 스트레스 등 부정적 감정을 야기하도록 환경을 조절하는 것은 놀랍게도 매우 효과적으로 놀이를 감소하게 한다. 또한 배고픔이나 신체 불균형 상태(예를 들면 질병)와 같은 항상성 부조화 상태 역시 매우 강력한 놀이 억제 요소이다. 이러한 많은 부정적인 요소들은 신경생화학적 기전을 밑바탕에 두고 있으며, 따라서 약물을 이용해서 놀이를 억제하는 것은 굉장히 쉬운 일이다. 그러나 이 약물의 억제작용이 놀이의 밑에 깔려있는 조절 기전에 대한 특이적인 변화를 이끌어내는 것인지, 아니면 단순히 정신이나 행동 전반을 저해하는 것인지 확인하는 것은 매우 어렵다. 그럼에도 불구하고 저농도 아편계 작용제가 놀이 행동을 증가시키고 길항제는 놀이 행동을 줄이는 것으로 보아, 현재로서는 아편계가 놀이의 동기에 대한 부분을 특이적으로 조절한다고 볼 수 있다. 놀이를 가능하게 한다는 분명한 목적에 따라 복용량은 낮은 수준을 유지하였는데, 이는 아편제로 인한 흥분이 일정 수준이 넘어가게 되면 긴장증을 유발하고 놀이를 포함한 모든 종류의 사회적 관계 형성에 대한 욕구를 제한하게 되기 때문이다. 자가방사선술을 이용한 연구에서 획득한 간접적인 증거는 놀이를 하는 중에 광범위한 신경계에서 아편제를 분비하고 있으며, 특히 성적이거나 모성과 관련된 행동에 관여하는 신경 회로가 있는 뇌의 내측 시삭전야나 전방시상하부와 같은 부분에서 두드러진다.

부드러운 접촉에 관해서도 내인성 아편제가 관여하는데 엔도르핀은 영장류를 비롯한 포유류에서 남녀의 결합과 애착 형성을 조절한다. Keverne 등

(1989)은 히말라야 원숭이를 이용한 실험에서 털을 고르고 몸단장하는 시간이 아편계 시스템과 연관되어 있음을 확인하였고, Johnson과 Johnson, Dunbar(2016)는 인간이 지닌 엔도르핀 수용체의 밀도가 개개인의 사회관계망 크기와 상관관계가 있음을 확인하였다. CT를 이용한 연구에서 사람도 부드러운 접촉이 있을 때 원숭이가 몸단장을 할 때와 유사한 신경 경로가 활성화되며, 또한 유사하게도 엔도르핀, 세로토닌 및 옥시토신과 내인성 아편계 물질 분비를 촉발함을 확인하였다(Keverne et al., 1989; Walker et al., 2017).

대조군 및 저농도 모르핀 투여군과 함께 두었을 때 날록손(아편계 길항제) 처치 동물은 순종적인 태도를 보이며 몸싸움을 하는 상황에서도 지게 된다. 그러나 같은 동물(날록손을 놀이가 감소할 정도의 용량으로 투여한)을 스코폴라민(콜린계 차단제, 되갚아주거나 위협하는 행위를 일절 하지 못하게 만든다)을 처치한 동물과 같이 두었을 때는 오히려 놀이를 조르거나 몸싸움에서 이기는 양상을 보였다. 이는 날록손을 투여한 동물이 스코폴라민 또는 모르핀을 투여한 동물을 만났을 때, 혹은 정상 동물이 날록손을 투여한 동물을 만났을 때 사회적(상대적) 자신감이 상승하게 되고 사회적인 우월함을 느끼게 되기 때문이다. 따라서 뇌 내 아편제는 사회적 관계를 정서적으로 제어할 수 있는데, 이는 뇌 내 아편제가 없는 경우 동물은 보다 쉽게 분리불안이나 정신적인 강도가 약해지는 것과 같은 부정적인 영향을 받거나 부정적인 감정을 느끼게 되기 때문이며, 우리가 아편성 길항제 처치에 따라 놀이를 조르는 행동이 감소하는 것을 관찰할 수 있게 되기 때문이다. 여기에는 또 다른 해석이 있는데, 아편제는 사회적 상호작용에서 오는 즐거움을 강화하며 아편성 수용체 길항제는 이를 줄이거나 제거할 수도 있다는 것이다. 모르핀이 놀 때 생기는 찰과상에서 비롯된 통증을 경감시키고 아편성 길항제는 이러한 통증을 증가시키는 것을 볼 때, 그러한 해석도 가능하다.

그러나 늙은 쥐나 충분히 놀이에 만족한 상태의 젊은 쥐에서 낮은 농도의 아편성 작용제나 길항제가 놀이성을 다시 불러일으키지 못하는 것을 볼 때, 아편제가 놀이에 관여하는 유일한 물질이 아님을 알 수 있다. 다수의 신경화학 시스템이 놀이에 분명한 영향을 준다는 것이 밝혀지고 있다. 예를 들어 아세틸콜린은 놀이를 촉진하는데, 쥐에서 스코폴라민을 이용하여 콜리너직 시스템을 차단하는 경우 놀이를 조르는 행동이 눈에 띄게 감소하는 것으로 알 수 있다. 그러나 아직까지는 누구도 콜리너직 시스템을 활성화하는 것이 놀이를 촉진한다는 것의 직접적인 근거를 제시하지 못하고 있다. 신경전달물질인 세로토닌과 노르아드레날린 또한 놀이를 감소시킬 수 있는데, 이들 물질의 수용체를 차단하게 되면 놀이를 어느 정도는 증가시킬 수 있다. 반면 도파민 수용체를 차단하는 것은 놀이를 감소시키는데, 이는 도파민 작용제를 처치하는 경우에도 놀이가 감소하여 동물이 놀이를 하기 위해서는 시냅스 내 도파민 농도가 정상치로 유지되어야 한다는 것을 시사한다. 놀이 시에 부모에게 일어나는 호르몬 분비에 대한 연구는 충분히 많이 수행되었다. 특히 아버지가 아이와 하는 활동적이고 '거친' 상호작용은, 감정이입과 관련 있는 양육 행동과 테스토스테론 분비가 부적 상관관계를 보이는 것(Fleming et al., 2002; Mascaro et al., 2014; Weisman et al., 2014)과는 반대로, 옥시토신(Feldman et al., 2010)과 테스토스테론(Rilling & Mascaro, 2017) 분비와 정적 상관관계를 가지는 것이 확인되었다.

 Panksepp는 약물을 이용하여 놀이성의 '스위치를 켜는' 연구에 많은 시간을 할애하였으나, 모든 신경화학계는 동시에 매우 많은 수의 뇌 및 행동이 작용하는 데 관여하고 있기 때문에, 사실상 필요한 경우 약물을 뇌 내의 시냅스에 직접 주입해야 했다. 현재까지 우리는 놀이에 관여하는 신경 회로를 정확히 어떻게 해야 관리할 수 있을지 모른다. 뇌는 놀이를 촉진하는 매우 분명한 물질을 가지고 있을 수 있지만, 아직 어떠한 물질도 밝혀지지 않았다.

결론

뇌에는 모든 종류의 놀이를 만들어내며 시상과 대뇌피질을 잇는 별개의 신경계─중뇌에 있는 체성감각계 처리 중추라고 할 수 있다─가 있다. 뇌에서 적정한 수준의 아편제로 인한 흥분은 놀이를 촉진하고, 놀이를 진행하는 것은 아편제의 분비를 촉진하며, 이러한 과정을 통해 한바탕의 놀이는 서서히 끝을 향하게 된다. 거친 신체놀이가 다양한 형태의 학습과 관련된 신경계의 강력한 신경 활동으로부터 일어나기 때문에 이에 대해 완벽하게 연구하는 것은 어려우며, 거친 신체놀이 자체의 운동 양상의 복잡성으로 인해 체계적인 방법으로 이러한 놀이가 발생하는 핵심 기전을 추적하기는 어렵다. 동물 모델에서 약물을 이용하여 놀이 '스위치가 켜졌을 때'만이 우리가 놀이성에 대한 신경학적 기반을 이해했다고 할 수 있으나, 적응에 대한 기능에 대해서는 명확하지 않다. 접촉이 가지는 명확한 사회적 의미와 애착이 신체적으로 드러나는 것이 접촉이라는 사실을 고려할 때, 전형적인 사회화 발달 과정을 촉진하고, 더 나아가 '안정적인' 애착 행동을 발달하는 것과 관련된 진화적 기전을 CT 시스템을 이용하여 드러내는 것은 가능성이 있어 보인다. 또한 신체접촉에서 오는 즐거움이 놀이를 발생하게 하는 신경학적 기반을 구축했을 것이라는 가설 또한 인정할 만하다.

토론 질문

1. 피부에 가해지는 자극은 뇌에 어떻게 전달되나요?
2. 루마니아 고아원에 있는 영아에게 양육적 돌봄이 부족한 것이 어떤 영향을 주는지 논의합니다.
3. 애착은 신경계와 관련이 있는데, 최근에 발견한 C-촉감구심성신경 관련 근거를 고려하여 신경계와 애착에 대한 타당성에 대해 토론합니다.

참고문헌

Ackerley, R., Wasling, H., Liljencrantz, J., Olausson, H., Johnson, R. D., & Wessberg, J. (2014). Human C-tactile afferents are tuned to the temperature of a skinstroking caress. *Journal Neuroscience*, 34(8), 2879-2883. doi:10.1523/JNEUROSCI. 2847-13.2014.

Blakemore, S, J., Wolpert, D., & Frith, C. (2000). Why can't you tickle yourself? *Neuroreport*, 3; 11(11), R11-16. Review. Retrieved September 2, 2019 from: https://stanford.edu/~knutson/ans/blakemore02.pdf

Bokony, P., Patrick, T., & Fortney, S. (2009). *What the experts say*. Retrieved September 2, 2019 from: https://ecep.uark.edu/_resources/pdf_other/pre-k_sel/wes-play.pdf

Bowlby, J. (1973). Attachment and loss, Vol. II: *Separation*. New York, NY: Basic Books.

Bredekamp, S., & Copple, C. (1997). *Developmentally appropriate practice in early childhood programs* (Revised Edition). Washington, DC: National Association for the Education of Young Children, 20036-21426.

Brennan, K. A., & Shaver, P. R. (1995). Dimensions of adult attachment, affect regulation, and romantic relationship functioning. *Personality and Social Psychology Bulletin*, 21, 267-283. https://doi.org/10.1177/0146167295213008

Canfield, K. (2002). *Horseplay advantages: Challenging ideas for action-oriented dads*. Missouri: National Center for Fathering.

Chiarello, L. A., Huntington, A., & Huntington, A. (2006). A comparison of motor behaviors, interaction, and playfulness during mother-child and father-child play with children with motor delay. *Physical & Occupational Therapy in Pediatrics*, 26(1-2), 129-151. https://doi.org/10.1080/J006v26n01_09

Crowell, J. A., Treboux, D., & Waters, E. (2002). Stability of attachment representations: The transition to marriage. *Developmental Psychology*, 38(4), 467-479. http://dx.doi.org/10.1037/0012-1649.38.4.467

DeVries, A. C., Glasper, E. R., & Detillion, C. E. (2003). Social modulation of stress responses, *Physiology & Behavior*, 79(3), 399-407. https://doi.org/10.1016/S0031-9384(03)00152-00155

Else, P. (2009). *The value of play*. London: Continuum.

Essick, G. K., James, A., & McGlone, F. P. (1999). Psychophysical assessment of the affective components of non-painful touch. *NeuroReport: For Rapid Communication of Neuroscience Research*, 10(10), 2083-2087. http://dx.doi.org/10.1097/00001756-199907130-00017

Feldman, R., Gordon, I., Schneiderman, I., Weisman, I., & Zagoory-Sharon, O. (2010). Natural variations in maternal and paternal care are associated with systematic changes in oxytocin following parent-infant contact. *Psychoneuroendocrinology*, 35(8), 1133-1141. https://doi.org/10.1016/j.psyneuen.2010.01.013

Fleming, A. S., Corter, C., Stallings, J., & Steiner, M. (2002). Testosterone and prolactin are associated with emotional responses to infant cries in new fathers. *Hormones and Behavior*, 42(4), 399-413. https://doi.org/10.1006/hbeh.2002.1840

Fraley, C. R. (2002). Attachment stability from infancy to adulthood: Meta-analysis and dynamic modeling of developmental mechanisms. *Personality and Social Psychology Review*, 6(2), 123-151. https://doi.org/10.1207/S15327957PSPR0602_03

Frost, J. L. (1998). *Neuroscience, play, and child development*. Retrieved September 2, 2019 from: https://files.eric.ed.gov/fulltext/ED427845.pdf

Griffin, D. W., & Bartholomew, K. (1994). The metaphysics of measurement: The case of adult attachment. In K. Bartholomew & D. Perlman (Eds.), Advances in personal relationships, Vol. 5. *Attachment processes in adulthood* (pp. 17-52). London: Jessica Kingsley Publishers.

Griffin, J.W., McArthur, J. C., & Michael, P. (2001). Assessment of cutaneous innervation by skin biopsies [Review]. *Current Opinion in Neurology*, 14(5), 655-659.

Harlow, H. F., & Harlow, M. K. (1965). The affectional systems. In A. M. Schrier, H. F. Harlow, & F. Stollnitz (Eds.), *Behavior of nonhuman primates*, Vol.2. New York, NY: Academic Press.

Harlow, H. F., & Zimmermann, R. R. (1958). The development of affectional responses in infant monkeys. *Proceedings of the American Philosophical Society*, 102(5), 501-509.

Hazan, C., & Shaver, P. R. (1987). Romantic love conceptualized as an attachment process. *Journal of Personality and Social Psychology*, 59, 511-524.

Holmes, R. M., Pellegrini, A. D., & Schmidt, S. L. (2006). The effects of different recess timing regimens on preschoolers' classroom attention. *Early Child Development and Care*, 176(7), 735-743.

Jarvis, P. (2006). "Rough and tumble" play: Lessons in life. *Evolutionary Psychology*, 4(1), 147470490600400128.

Johansen-Berg, H., & Duzel, E. (2016). Neuroplasticity: Effects of physical and cognitive activity on brain structure and function. *NeuroImage*, 131, 1.

Johansson, B. B., & Belichenko, P. V. (2001). Environmental influence on neuronal and dendritic spine plasticity after permanent focal brain ischemia. *In Maturation phenomenon in cerebral ischemia* IV, pp. 77-83. Berlin: Springer.

Johnson, K. V. A., & Dunbar, R. I. (2016). Pain tolerance predicts human social network size. *Scientific Reports*, 6, 25267.

Keverne, E. B., Martensz, N. D., & Tuite, B. (1989). Beta-endorphin concentrations in cerebrospinal fluid of monkeys are influenced by grooming relationships. *Psychoneuroendocrinology*, 14, 155-161.

Kuzumaki, N., Ikegami, D., Tamura, R., Hareyama, N., Imai, S., Narita, M., Torigoe, K., Niikura, K., Takeshima, H., Ando, T., Igarashi, K., Kanno, J., Ushijima, T., Suzuki, T., Narita, M., & Igarashi, K. (2011). Hippocampal epigenetic modification at the brain-derived neurotrophic factor gene induced by an enriched environment. *Hippocampus*, 21(2), 127-132.

Liu, Q., Vrontou, S., Rice, F. L., Zylka, M. J., Dong, X., & Anderson, D. J. (2007). Molecular genetic visualization of a rare subset of unmyelinated sensory neurons that may detect gentle touch. *Nature Neuroscience*, 10(8), 946.

Löken, J. L. S., Wessberg, J., Morrison, I., McGlone, F., & Olausson, H. (2009). Coding of pleasant touch by unmyelinated afferents in humans. *Nature Neuroscience*, 12(5), 547-548. Published online April 12, 2009. https://doi.org/10.1038/nn.2312

MacDonald, K. (1987). Parent-child physical play with rejected, neglected, and popular boys. *Developmental Psychology*, 23(5), 705.

Main, M., Kaplan, N., & Cassidy, J. (1985). Security in infancy, childhood, and adulthood: A move to the level of representation. In I. Bretherton & E. Waters (Eds.), *Monographs of the society for research in child development*, 50 (1–2, Serial No. 209, pp. 66–106).

Martin, C. L., & Fabes, R. A. (2001). The stability and consequences of young children's same-sex peer interactions. *Developmental Psychology*, 37(3), 431.

Mascaro, J. S., Hackett, P. D. & Rilling, J. K. (2014). Differential neural responses to child and sexual stimuli in human fathers and non-fathers and their hormonal correlates. *Psychoneuroendocrinology*, 46, 153–163. https://doi.org/10.1016/j.psyneuen.2014.04.014

McArdle, P. (2001). Children's play. *Child: Care, Health and Development*, 27(6), 509–514.

McGlone, F., Vallbo, A. B., Olausson, H., Loken, L., & Wessberg, J. (2007). Discriminative touch and emotional touch. *Can. J. Exp. Psychol.*, 61, 173–183.

McGlone, F., Olausson, H., Boyle, J. A., Jones-Gotman, M., Dancer, C., Guest, S., & Essick, G. (2012). Touching and feeling: differences in pleasant touch processing between glabrous and hairy skin in humans. *Eur. J. Neurosci.* 35, 1782–1788.

McGlone, F., Wessberg, J., & Olausson, H. (2014). Discriminative and affective touch: sensing and feeling. *Neuron*, 82, 737–755.

Mikulincer, M., & Shaver, P. R. (2007). *Attachment patterns in adulthood: Structure, dynamics, and change.* New York, NY: Guilford.

Morrison, I., Loken, L. S., & Olausson, H. (2010). The skin as a social organ. *Exp. Brain Res.*, 204, 305–314. http://dx.doi.org/10.1007/s00221–00009–2007–y. Epub Sep 22, 2009.

Nabuzoka, D., & Smith, P. K. (1999). Distinguishing serious and playful fighting by children with learning disabilities and nondisabled children. *The Journal of Child Psychology and Psychiatry and Allied Disciplines*, 40(6), 883–890.

Nordin, M. (1990). Low-threshold mechanoreceptive and nociceptive units with unmyelinated (C) fibres in the human supraorbital nerve. *J Physiol. (Lond.)*, 426, 229–240. [Published correction appears in *J. Physiol. (Lond.)* (1991), 444, 777.] http://dx.doi.org/10.1113/jphysiol.1990.sp018135

Orobio de Castro, B., Merk, W., Koops, W., Veerman, J. V., & Bosch, J. D. (2005). Emotions in social information processing and their relations with reactive and proactive aggression in referred aggressive boys. *Journal of Clinical Child & Adolescent Psychology*, 34(1), 105–116. http://dx.doi.org/10.1207/s15374424jccp3401_10

Panksepp, J. (1991). Affective neuroscience: A conceptual framework for the neurobiological study of emotions. *International Review of Studies on Emotion*, 1(59–99), 57.

Panksepp, J. (2004). *Affective neuroscience: The foundations of human and animal emotions.* New York, NY: Oxford University Press.

Panksepp, J., Burgdorf, J., Turner, C., & Gordon, N. (2003). Modeling ADHD-type arousal with unilateral frontal cortex damage in rats and beneficial effects of play therapy. *Brain and Cognition*, 52(1), 97–105. https://doi.org/10.1016/S0278-2626(03)00013–00017

Panksepp, J., Normansell, L., Cox, J. F., & Siviy, S. M. (1994). Effects of neonatal decortication on the social play of juvenile rats. *Physiology & Behavior*, 56(3), 429–443. http://dx.doi.org/10.1016/0031-9384(94)90285-90282

Paquette, D. (2004). Theorizing the father-child relationship: Mechanisms and developmental outcomes. *Human development*, 47(4), 193–219. http://dx.doi.org/10.1159/000078723

Paquette, D., Carbonneau, R., Dubeau, D., Bigras, M., & Tremblay, R. E. (2003). Prevalence of father-child rough-and-tumble play and physical aggression in preschool children. *European Journal of Psychology of Education*, 18(2), 171–189. http://dx.doi.org/10.1007/BF03173483

Rilling, J. K., Mascaro, J. S. (2017) The neurobiology of fatherhood, *Current Opinion in Psychology*, 15, 26–32. https://doi.org/10.1016/j.copsyc.2017.02.013

Roggman, L. A., Boyce, L., Cook, G. A., & Hart, A. D. (2002). Observational data on father play with infants: Challenging to get but valuable to have. Poster presented at a workshop at World Association of Infant Mental Health, Amsterdam, Netherlands.

Scott, E., & Panksepp, J. (2003). Rough-and-tumble play in human children. *Aggressive Behavior: Official Journal of the International Society for Research on Aggression*, 29(6), 539–551. https://doi.org/10.1002/ab.10062

Singer, D. G., & Singer, J. L. (2009). *Imagination and play in the electronic age.* Harvard University Press.

Siviy, S. M., & Panksepp, J. (1985a). Dorsomedial diencephalic involvement in the juvenile play of rats. *Behavioral Neuroscience*, 99(6), 1103.

Siviy, S. M., & Panksepp, J. (1985b). Energy balance and play in juvenile rats. *Physiology & Behavior*, 35(3), 435–441. https://doi.org/10.1016/0031-9384(85)90320-90328

Tamis-LeMonda, C. S., Shannon, J. D., Cabrera, N. J., & Lamb, M. E. (2004). Fathers and mothers at play with their 2-and 3-year-olds: Contributions to language and cognitive development. *Child Development*, 75(6), 1806–1820.

Tannock, M. T. (2008). Rough and tumble play: An investigation of the perceptions of educators and young children. *Early Childhood Education Journal*, 35(4), 357–361.

Vallbo, A., Olausson, H., & Wessberg, J. (1999). Unmyelinated afferents constitute a second system coding tactile stimuli of the human hairy skin. *Journal of Neurophysiology*, 81, 2753–2763. https://www.physiology.org/doi/full/10.1152/jn.1999.81.6.2753

Walker, S. C., Trotter, P. D., Woods, A., & McGlone, F. (2017). Vicarious ratings of social touch reflect the anatomical distribution & velocity tuning of C-tactile afferents: A hedonic homunculus?. *Behavioural Brain Research*, 320, 91–96.

Waters, E., Merrick, S., Treboux, D., Crowell, J., & Albersheim, L. (2000). Attachment security in infancy and early adulthood: A twenty-year longitudinal study. *Child Development*, 71(3), 684–689.

Weaver, I. C. G., Cervoni, N., Champagne, F. A., D'Alessio, A. C., Sharma, S., Seckl, J. R., Dymov, S., Szyf, M., & Meaney, M. (2004). Epigenetic programming by maternal behavior. *Nature Neuroscience*, 7, 847–854. https://doi.org/10.1038/nn1276

Weisman, O., Zagoory-Sharon, O. & Feldman, R. (2014). Oxytocin administration, salivary testosterone, and father-infant social behavior, *Progress in Neuro-Psychopharmacology and Biological Psychiatry*, 49, 47–52. https://doi.org/10.1016/j.pnpbp.2013.11.006

Willis, W. D., & Coggeshall, R. E. (2004). *Sensory Mechanisms of the Spinal Cord*. New York, NY: Springer. https://doi.org/10.1007/978-1-4757-1688-7

제 3 장

영아와 부모의 감각 신경 놀이

발달적 관점

Ken Schwartzenberger

태아의 감각 신경 발달

신경과학 및 발달심리학 연구는 자궁 내 태아의 초기 경험에 대한 지식을 발전시켰다. 태아는 6주에 심장이 뛰기 시작하고 첫 8주 동안 뇌의 발달이 시작된다. 태아의 뇌는 뇌간에서 시작하여 변연계와 신피질 시스템이 차례로 조직화되고 발달한다. 뇌는 전기 및 신경화학적 신호를 서로 주고받으며 뇌가 자극될 때마다 새로운 연결망과 신경 패턴을 형성하는 특수 신경세포(뉴런)로 구성된다(Perry, 2006).

감각과 움직임을 포함한 정보 처리의 감각 운동 단계는 주로 뇌간에서 시작된다. 감각 운동 수용체는 구심성 신경을 통해 들어오는 자극을 받아들이고, 이를 원심성 신경을 통해 시상으로, 시냅스를 통해 편도체 및 변연계로 보낸다(Lillas & Turnbull, 2009). 변연계는 감정, 동기 부여, 학습, 기억에 관여한다. 영아의 신체적, 정서적 욕구는 뇌간과 변연계의 뇌 체계에 의해 지배된다(Lillas & Turnbull, 2009).

신경계는 자궁에서 가장 먼저 발달하는 시스템 중 하나이며, 중추신경계와 감각신경계로 구성된다. 중추신경계는 감각에 대한 반응을 제어하는 여러 가지를 포함한다. 이러한 신경 회로에는 심박수와 호흡을 조절하는 뇌간의 자율신경계가 포함된다.

자율신경계에는 교감(활성화)신경계와 부교감(억제)신경계가 있다. 부교감신경계에는 복측 미주신경계(감속)와 배측 미주신경계(정지, 멈춤)가 있다. 미주신경은 영아가 주의력을 유지하고, 감정을 조절하고, 심박수의 변동성을 조절하고, 사회적, 정서적 놀이 상호작용에 참여하는 데 중심적인 역할을 한다(Porges, 2011; Kestly, 2014).

영아의 감각신경계 발달과 능력에 대한 기준선은 유전자와 자궁 내 감각 경험에 의해 정해진다. 이러한 감각 체계에는 촉각, 후각, 청각, 시각, 미각, 균형(전정), 신체 움직임 및 자세(고유 수용 감각), 감정이 포함된다. 뇌와 신경계 발달의 75%는 유전이다. 그러나 나머지는 감각 경험의 결과이다(Lillas & Turnbull, 2009).

태아

이제 우리는 임신에서 출생까지 태아의 생리적 발달에 대해 자세히 알게 되었다. 연구에 따르면, 자궁에서 물리적인 감각은 약 28일 후에 시작된다. 6~8주에 발달적인 움직임이 시작되고, 태아는 촉각에 반응한다. 12주가 되면 냄새를 맡을 수 있고, 22주가 되면 맛을 보고, 소리를 들을 수 있다(Nixon, 1983).

태아는 귀를 기울여 들으며, 자궁 내부 및 외부의 소리와 끊임없이 함께한다. 그들은 어머니의 심장 박동과 호흡의 리듬을 듣고, 탯줄을 통해 부글부글 흐르는 피의 소리를 감지한다. Verny와 Weintraub는 이러한 소리를 "교향곡, 진정시키는 자궁 내 자장가"(2014, p. 98)로 설명한다.

태아는 자궁 내에서 어머니의 움직임, 말하고 노래하는 것, 만지는 것을 통해 지속적으로 촉각과 운동 감각적 자극을 경험하고, 표정, 움직임, 돌기, 밀기, 발차기로 반응한다. 소리, 촉각, 리드미컬한 움직임, 기타 감각 자극은 태아기 삶의 경험의 일부이며, 태아의 뇌에 각인된다(Chamberlain, 2013).

약 10주부터 태아는 활동하고 휴식하는 주기의 리듬을 발달시키고, 양수 안에서 구부리고 펴기, 스트레칭하기, 하품하기, 발로 차기, 돌기, 재주넘기와 같이, Chamberlain이 "태아의 발레"(1998, p. 14)라고 묘사한 자발적인 발달적 움직임과 활기찬 놀이를 한다.

태아는 움직임을 통해 감정을 표현하는데, 첨단 초음파 기술을 통해 태아의 얼굴 표정과 미소, 찡그린 표정과 같은 자궁 내 움직임을 8~12주 사이에 볼 수 있게 되었다. 발달적 움직임은 감정적 표현을 수반한다(Chamberlain, 2013).

태아 외상

연구에 따르면, 자궁에서 경험한 초기 생물학적, 심리적 사건은 태아의 뇌 구조를 형성한다(Verny & Weintraub, 2014). 어머니는 스트레스 호르몬, 엔도르핀, 감각 경험 및 정서적 감각을 태아와 공유한다(Manrique et al., 1998). 자궁 내 환경에는 외상을 입히고 신생아의 발달에 부정적 영향을 미치는 수많은 감각 경험이 있다. 여기에는 화학 독소, 신경 독소, 노르아드레날린, 탯줄과 태반을 통과하는 스트레스 호르몬, 과도한 코르티솔 수치, 약물, 알코올, 담배 연기, 가정 폭력, 부적절한 영양 섭취, 양수를 채취하여 태아의 질병 여부를 알아보는 과정, 태아기의 수술, 의료 절차, 산모의 사고, 부상 또는 질병에 대한 노출이 포함된다(Emerson, 1995; Lillas & Turnbull, 2009; Chamberlain, 2013).

태아와 신생아의 놀이 개입

태아의 감각 체계가 조기에 발달하는 것은 임신 2기 동안 감각 신경 놀이 활동을 시작할 수 있게 한다. 이 단계에서 태아의 신경계와 감각 체계는 완전히 형성되고 발달적 움직임이 시작되며 태아는 감각 자극에 반응한다.

태아기의 놀이 개입에서, 부모는 발달의 각 단계에 적합한 일련의 구조화되고 자발적으로 상호작용하는 감각 자극 놀이 활동을 하게 된다. 태아는 이러한 장난기 넘치는 감각 자극 활동 및 부모와의 상호작용에 적극적으로 참여한다. 그들은 자궁 내에서 잠을 자고 쉬는 기간과 함께 깨어있고 활동하는 기간 동안 감각 신경 놀이에 참여할 가능성이 가장 높다. 다음과 같은 감각 신경 놀이, 놀이 상호작용은 임신 2기, 3기에 권장된다.

발차기 이 놀이 상호작용은 부모가 태아의 발차기(빠르게 하는)를 알아차리는 것으로 시작되고, 손을 배에 올려놓거나 태아가 발로 찬 부위를 가볍게 두드리며 "아가야 안녕." "발로 차, 차, 차."라고 말하면서 태아가 다시 발로 차도록 한다. 발차기가 끝날 때마다 부모는 배를 부드럽게 두드려서 태아는 촉감과 진동을 느끼게 되고, 이 술래잡기에서 부모가 반복적으로 "네가 거기 있구나."라고 말하는 것을 들을 수 있다. 태아는 자신의 움직임을 부모의 반응과 연관시키는 법을 배우고 자신의 행동이 부모의 다른 반응을 이끌어내는 것을 발견하며 태아와 부모의 양방향 의사소통이 시작된다.

음악놀이 태아는 어머니의 배 근처에서 헤드셋이나 소형 스피커를 사용하여 낮은 볼륨으로 재생되는 음악을 듣는다. 연구자들은 태아가 브람스의 자장가와 같은 클래식에 반응한다는 것을 발견하였다. 낮은 데시벨(40~50dB)로 연주하면 심박수를 분당 60회까지 줄이고 태아의 발달 중인 신경계를 진정시킨다(Van de Carr & Lehrer, 1997).

북 두드리기 놀이 이 놀이는 어머니의 배 위에 놓인 작은 북을 활용하는 것으로, 부모는 간단한 박자와 리듬으로 북을 두드린다. 연구에 따르면, 박자와 리듬을 반복적으로 변경하는 것은 뇌를 성장시키는 뉴런 연결을 자극한다(Van de Carr & Lehrer, 1997). 북의 박자와 리듬, 운율, 진동과 기타 다른 음악 소리는 자궁 내의 외상 경험에 지나치게 민감한 태아의 신경 체계 발달을 진정시킨다.

보살피는 촉감놀이 부모는 태아의 등에서 평평한 표면을 찾고 부드럽게 배를 문지르는 '보살피는 촉감놀이'를 한다. "쓰담, 쓰담, 쓰담."이라고 말하거나 태아의 등을 한 손으로 가볍게 두드리면서 "톡톡 두드려, 두드려, 두드려."
라고 말한다. 한 손으로 배의 옆쪽을 살짝 밀었다가 빠르게 떼면서 "흔들, 흔
들, 흔들." 하고 말하며 움직임, 촉각, 진동 자극이 활성화된다. 이러한 감
각 신경 놀이 상호작용을 통해 태아는 반복되는 자극에 패턴과 의미가 있음
을 인식하고 배우기 시작한다(Manrique et al., 1998; Van de Carr & Lehrer,
1997).

　부모는 하루에 두 번, 한 번에 5분에서 10분 동안 태아와 놀아주고 과도한
자극을 피하기 위해 감각 활동의 빈도를 제한함으로써 자극놀이 활동과 휴
식 시간의 균형을 유지한다. 부모는 신생아를 쓰다듬고, 흔들고, 그들에게 노
래하면 더 쉽게 진정이 된다고 보고한다. 그들은 더 잘 자고, 더 쉽게 모유를
먹고, 초롱초롱하고 행복하며, 옹알이를 더 일찍한다(Manrique et al., 1998;
Van de Carr & Lehrer, 1997). 예비 부모를 위한 연구 기반의 태아 및 신생아
의 감각 신경 놀이 개입은 정서적 발달을 향상시키고, 주의력과 기억력을 높
이며, 말하기 및 언어 능력의 습득을 촉진하며 태아의 학습 능력을 발전시키
는 것으로 입증되었다(Manrique et al., 1998; Arenas, 1997; Van de Carr &
Lehrer, 1997).

신생아 감각 신경 발달 : 출생부터 생후 3개월까지

신생아는 생각하고, 사람을 느끼고, 항상 인식하고, 의식하고, 표현한다
(Vernallis, Landsberg, & Highsmith, 2001). 그들은 인간의 상호작용에 반응하
도록 태어나기 전부터 유전적으로 준비된 감정 체계와 함께 모든 범위의 감
정과 감각 능력을 가지고 있다(Tronick, 2007; Van de Carr & Lehrer, 1997).
신생아는 얼굴 표정과 발달적 움직임을 통해 행복, 슬픔, 놀람 등의 감정을 명
확하게 표현한다. 연구자들은 빠르면 생후 4주에 신생아의 감정적 반응은 전
체 언어가 되는 것을 발견하였다(Klaus & Klaus, 1998; Stokes, 2002).

　영아는 감각 자극을 화학적으로 바꿀 준비가 된 수백만 개의 신경 연결을

가지고 태어난다. 그들의 감각 체계는 태어날 때 완전히 기능하며, 청각, 시
각, 미각, 촉각 및 후각을 포함한 다양한 자극에 즉시 반응할 수 있다. 그들은
지각, 학습, 의사소통에 매우 유능하다. 발달할수록 자극에 반응하는 감각적
존재에서 정신적 각성, 의식, 인지를 갖춘 감각적으로 조율된 존재로 바뀐다
(Verny & Weintraub, 2014).

각 영아는 식별 가능한 감각 선호도와 스트레스 요인이 있는 고유한 감각
프로필을 가지고 있다(Lillas & Turnbull, 2009; Beil & Peske, 2005). 그들은
강한 감각 선호를 보이며, 자신의 어머니의 목소리와 모유 및 체취를 구별할
수 있다(Klaus & Klaus, 1998). 출생 후 첫 몇 시간 동안 신생아는 시각적 자극
에 집중할 수 있고, 눈으로 사물을 추적하고 어머니의 목소리가 들리는 쪽으
로 머리를 돌릴 수 있다(Klaus & Klaus, 1998).

신생아는 하루에 12시간에서 16시간을 자고, 24시간을 평균 여섯 부분으
로 나누어서 깨어있는 상태가 왔다 갔다 한다. 그들은 여섯 가지 행동 패턴 또
는 의식 상태를 나타낸다. 세 가지 각성 상태(조용한 경보, 적극적인 경보, 울
음), 두 가지 수면 상태(조용한 수면과 활동적인 수면), 졸림, 수면과 각성 사
이의 전환(Klaus & Klaus, 1998) 등이다.

사람의 얼굴은 신생아에게 고유한 자극값을 가진다. 조용한 경보 상태에
서 그들은 눈을 맞추고, 얼굴에 시선을 고정하고, 손을 뻗어 부모의 얼굴을 만
질 것이다. 이렇게 서로 눈을 맞추는 것은 놀이에 참여할 준비가 되었다는 신
호이며, 이는 시각적 대화의 첫 번째 형태이다(Klaus & Klaus, 1998; Verny &
Weintraub, 2014). 신생아는 자신이 보는 것을 모방하는 복잡한 능력을 가지
고 있으며, 출생 후 처음 36시간 이내에 부모와의 발달적 움직임 대화로 설
명될 수 있는 미소, 찡그림, 혀 내밀기를 포함한 얼굴 표정을 모방할 수 있다
(Winnicott, 1987; Klaus & Klaus, 1998; Verny & Weintraub, 2014).

부모는 표정과 몸짓을 통해 정서적 메시지를 전달하고, 시각적 언어를
통해 신생아와 의사소통한다(Stokes, 2002). 태아는 스트레스, 불안, 두려
움, 분노 및 기쁨의 감정을 포함하여 부모의 생각과 감정을 감지할 수 있는

데, 이러한 신생아의 직관적 감각 지각에 대한 과학적 증거가 있다(Verny & Weintraub, 2014).

신생아 외상

외상은 신생아의 뇌와 스트레스 반응 체계의 발달에 부정적 영향을 미치고 애착을 방해할 수 있다(Lillas & Turnbull, 2009). 신생아는 난산, 보호받고 있던 자궁으로부터 나오는 것, 출산 합병증, 제왕절개, 겸자 및 진공흡입 분만, 목에 감긴 탯줄, 제대 탈출증, 역아, 조산, 인큐베이터 사용, 정맥주사, 모니터하기 위해 신체에 연결된 선, 태아 두피 전극, 발뒤꿈치 천자(태아의 발뒤꿈치 혈관에서 채혈하는 것 — 역자 주), 주삿바늘, 영양을 공급하는 튜브, 온도 변화, 비강을 깨끗하게 하기 위한 흡입 장치 사용, 신생아 수술, 내과적 처치를 포함하여 여러 위험과 외상을 경험한다(Emerson, 1995; Lillas & Turnbull, 2009).

신생아는 고통과 외상을 겪을 때 자신을 효과적으로 달래는 능력이 제한적이다. 그들은 시선을 피하는데, 가해지는 자극을 조절하기 위해 시선을 피하고, 스트레스가 되는 자극으로부터 떨어지려 하거나 자극에 익숙해지려고 시도한다. 연구자들은 놀이 상호작용의 리드미컬하고 주기적인 측면을 관찰한 후, 부주의한 패턴을 관찰하였다. 이러한 패턴은 자극을 조절하려는 영아의 노력이며 부모와의 놀이에서 상호작용을 유지하는 데 중요하다(Tronick, 2007).

연구에 따르면 출생의 외상기억은 신체와 뇌에 감각과 이미지로 새겨진다 (Van der Kolk, 2014; Emerson, 1995). 신생아와의 감각 신경 놀이는 스트레스 반응 체계를 형성하고 외상에 의해 영향받는 중추신경계를 진정시키며, 새로운 신경 패턴 형성을 위한 신경 활성화를 제공하며, 유대감과 애착의 기초가 된다(Schwartzenberger, 2011).

신생아 감각 신경 놀이 개입

감각 신경 놀이는 신생아의 복측 미주신경계를 활성화하고 영아와 부모 간의 사회 정서적 참여 상태를 촉진하며, 신생아의 신경계와 뇌 전반에 걸쳐 감정의 신경화학을 형성하고, 심장의 신경 조절을 감정 표현과 연결한다(Porges, 2011). 모든 감각 자극은 사회적, 정서적 연결을 전달하고 변연계와 사회적 학습 센터에서 기억 회로를 생성한다(Graven & Browne, 2008). 다음과 같은 감각 신경 놀이 상호작용과 게임은 발달 단계의 첫 3개월에 권장된다.

보살피고 돌보는 접촉   신생아의 촉각은 태어나기 훨씬 전부터 활성화되며, 뇌와 신경계 발달에 매우 중요하다(Field, 2014). 돌보는 접촉은 영아와 부모의 첫 놀이 상호작용에서 필수적인 요소이다(Courtney & Nolan, 2017). 이는 Brody가 접촉의 대화라고 불렀던 상호 의사소통의 형태로 정서적인 메시지를 전달한다(Brody, 1997, p. 13).

부모는 아기를 달래고 진정시키기 위해 본능적으로 신생아를 만지고, 안고, 데리고 있고, 껴안고, 흔들고, 걷거나 놀아준다. 영아를 마사지해 주며 접촉하면 영아의 뇌에서 스트레스 호르몬인 코르티솔을 낮추며 영아의 신경계를 진정시키는 데 도움이 되는 옥시토신, 세로토닌 및 도파민을 포함한 신경화학물질이 방출된다(Field, 2014; Perry, 2006).

나를 보고 목소리를 들어봐 게임   이 게임에서 부모나 신생아는 서로의 표정, 움직임, 몸짓을 따라 하며 놀이를 시작한다. 사람의 목소리는 신생아가 가장 좋아하는 소리로, 정확하게 들으면 음높이, 음색, 리듬, 운율에서 부모 목소리의 미묘한 차이를 듣게 된다. 신생아는 움직임, 표정, 몸짓, 발성으로 반응한다. 신생아가 부모의 말에 맞춰 리듬을 타고 동시적으로 움직이는 것을 관찰할 수 있다(Klaus & Klaus, 1998). 부모는 자연스럽게 영아의 소리와 옹알이, 혀를 딸깍하는 소리, 그르렁거리는 소리, 킥킥 웃기, 웃음과 같은 리드미컬한 움직임을 따라 하고 모방한다(Winnicott, 1987). 부모는 영아의 소리를 흉내 내고, 영아가 외치고 응답하는 놀이 또는 보내고 돌아오는 게임이라고

도 하는 놀이에서 응답하기를 기다린다(Stokes, 2015, p. xxiv). 부모는 고음을
사용하여 교감(활성화)신경계를 활성화하고, 영아의 주의를 끌기 위해 저음
의 음성을 사용하여 부교감신경계와 복측 미주신경계(억제)를 활성화하여 영
아를 진정시키고 달랜다(Porges, 2011).

음악과 움직임 영아를 안고 있는 동안 부모는 노래를 부르고 춤을 추고 음
악의 리듬에 맞춰 움직이며 청각, 전정(평형 감각을 관장함 — 역자 주), 촉각
및 운동 자극을 제공하여 고통받는 아기를 진정시키고 달래준다.

영아의 감각 신경 발달 : 4~6개월

어머니와 아버지는 과학자들이 발견한 것, 즉 부모와 영아 간의 관계가 상
호적이고 때로는 마법과도 같다는 사실을 가장 잘 알고 있을 것이다(Pearce,
1977). 영아는 감각 자극을 적극적으로 추구하고, 영아와 부모의 상호적이
고 동시적인 소통으로 감각 신경 놀이 상호작용에 참여한다. 이러한 상호작
용은 영아의 신경 리듬을 형성하고, 호르몬 수치, 심혈관 기능, 수면 리듬, 면
역 기능 및 스트레스 반응 체계를 조절하는 데 도움이 된다(Lillas & Turnbull,
2009).

뇌 발달은 유전적으로 발전하는 경향이 있지만, 신경생물학자들은 영아
의 감각 경험이 신경 발달을 형성한다고 주장한다. 영아의 뇌는 대인 관계
경험에 의해 형성되고, 수천 개의 영아-부모 감각 신경 상호작용을 반영하
여 발달하는데, 이를 대인 관계 신경생물학이라고 한다(Schore, 1994; Seigel,
1999). 영아-부모 놀이 상호작용은 사회 정서적 참여와 안정적인 애착을 위
한 신경 회로를 구축하고, 뇌는 놀이의 감각 자극에 반응하여 조직화된다.
영아는 기쁨, 흥미, 슬픔, 분노, 두려움, 놀람, 고통을 포함하여 적어도 일곱
가지 기본 감정을 표현할 능력이 있다(Porges, 2011; Tronick, 2007; Kestly,
2014).

영아 외상

영아기의 외상 경험은 뇌와 신경계의 여러 영역에 영향을 미치며, 영아-부모 간의 애착과 발달에 부정적 영향을 미칠 수 있다. 이러한 감각 기반 외상 경험에는 의료 절차, 포경 수술, 예방 접종, 혈액 검사, 질병, 사고, 부상, 가정 폭력, 감각 상실, 불충분한 접촉 및 촉각 자극, 부모의 산후 우울증 및 정신 질환, 방임 및 학대(신체적, 정서적 학대), 영양실조, 영아의 신호를 알아차리고 반응하지 못하는 부모(조율 부족), 분리 및 애착 대상의 상실이 포함될 수 있다(Lillas & Turnbull, 2009; Van der Kolk, 2014; Perry, 2006).

영아는 외상 경험과 관련된 감각 유발 요인에 정서적, 행동적으로 반응한다. 코르티솔 수치 및 스트레스 호르몬과 같은 주요 신경화학 체계가 변경되고 영아는 미소를 멈추고 시선을 피할 수 있다(Tronick, 2007). 영아의 반응은 저각성(예 : 멍하게 응시함), 과각성(예 : 눈을 부릅뜸) 또는 넘치는 반응(예 : 달래지지 않는 울음)의 형태를 취할 수 있으며, 이는 '부하 상태'라고도 한다(Lillas & Turnbull, 2009, p. 137).

감정의 생리학은 조절 체계 및 신경계의 각성과 밀접하게 연결되어 있다. 침착하고 경계 상태를 유지하며 스트레스 반응 후 경계 상태로 다시 회복하는 능력을 '자기 조절'이라고 한다(Lillas & Turnbull, 2009). 정서적 상태를 조절하고 자기 조절을 하는 능력은 반복되는 감각 진정 놀이와 영아-부모 간의 상호 조절에 의해 형성된다(Stern, 1974). 외상을 입은 영아는 또한 기분 조절 장애, 공포, 불안, 안절부절함, 수면 및 수유의 어려움, 복통, 면역 장애, 놀람, 감각 처리 문제, 울음 폭발, 진정시키고 달래는 것의 어려움, 발달 지연 및 애착 장애를 나타낼 수 있다(Lillas & Turnbull, 2009).

영아 감각 신경 놀이 개입 : 4~6개월

4~6개월이 되면 영아의 발달적 움직임의 레퍼토리가 확장되고 척추와 머리

의 발달에 따라 움직임이 증가한다. 그들은 앞에서 뒤로 몸을 구르고, 옆으로 누운 자세를 유지하며 놀이하고, 30초 이상 놀이에 집중할 수 있다. 옆으로 누운 자세로 놀이하는 것은 몇 가지 주요 신경계 및 감각 시스템을 활성화한다. 영아는 손가락으로 가리키는 기술이 발달하기 시작하는데, 의사소통할 장난감과 물건을 집게손가락으로 가리킬 수 있다. 가리키기, 뻗기, 구르기를 통해 장난감에 주의를 집중하여 놀이 상호작용을 시작하고 이끌 수 있다.

영아는 감정에 의해 동기가 부여된 자기 주도적 학습자이며, 놀이에서 목표와 문제 해결 전략을 만들어낼 수 있다(Stokes, 2015). 보행운동 전 단계에서 그들은 (배 위에서) 엎드린 자세로 놀 준비가 되어있다. 그들은 머리를 들기 시작하고, 균형과 신체에 대한 자각을 달성하기 위해 밀고 움직이는 법을 배울 수 있다. 목을 젖히고 돌릴 수 있는 힘이 생긴 것과 마찬가지로 시력이 향상되어 물체가 수평으로, 좌우로 움직이는 것을 눈으로 좇으며, 이러한 놀이에 가장 좋은 위치는 등을 대고 바로 누운 자세이다.

다음의 감각 신경 놀이 상호작용은 4~6개월 영아에게 권장된다. 이 놀이는 시각, 청각, 촉각, 고유 수용 감각, 운동 감각을 포함하는 다양한 감각 체계를 활성화한다. 영아는 쉴 때, 지루할 때, 먹을 때, 그리고 조용하거나 활동적인 경계 상태일 때 놀이에 가장 잘 참여할 수 있기 때문에 타이밍이 중요하다.

배 위에서 놀기   이 놀이는 영아를 엎드리게 한 자세로 부모의 배에 올려놓고 얼굴을 마주 보고 부드러운 허밍 소리를 내어 이 울림으로 영아의 신경계를 진정시킬 수 있게 한다(Stokes, 2015, p. 59).

까꿍놀이와 숨바꼭질   부모는 손이나 담요 뒤에 얼굴을 숨기고 "아기가 어디 있지? 아기가 보이지 않네~"라고 말하면서 시작한다. 그런 다음 "까꿍~ 찾았다~ 여기 있네~"라고 말하며 얼굴을 드러낸다. 과도한 자극을 방지하기 위해 부모는 놀이 중 얼굴 및 목소리의 자극 수준을 조절한다.

접촉하고 이름 부르기 놀이   부모가 영아를 가볍게 만지면서 "여기 너의 코가 있고 귀가 있네~", "여기에는 너의 손과 손가락이 있네~", "여기는 너의 발과 발가락이네~"라고 말하면서 시작되는 재미있고 감각을 자극하는 놀이

상호작용이다. 간지럼은 영아의 신경계를 과도하게 자극할 수 있으므로 주의
해야 한다(Brody, 1997).

자전거 타기 놀이   자전거 타기 놀이는 영아와 함께 (등을 대고) 누운 자세
에서 하는 것으로, 부모는 영아가 자전거 페달을 밟는 것처럼 영아의 다리를
부드럽게 움직이며 "자, 간다~"라고 말한다. 부모는 다양한 발달적 움직임이
있는 놀이들을 즉흥적으로 할 수 있고, 영아와 자발적인 놀이 상호작용을 시
작할 수 있다.

영아 감각 신경 놀이 상호작용의 부조화

영아의 신경계는 놀이 상호작용과 동시에 신경생리학적으로 안정되고, 리듬
을 조절하고, 감정을 상호 공동 조절한다(Lillas & Turnbull, 2009). 놀이 상호
작용은 영아와 부모가 감각적, 정서적으로 서로 조율된 상태에서 동시에 시
작된 다음 동시에 일어나지 않을 수 있다. 이러한 부조화는 영아와 부모가 서
로의 표정, 신호, 몸짓 및 감정적 메시지를 정확하게 읽지 않고, 서로 놀이에
계속 참여하도록 하는 방식으로 정확하게 신호를 보내고 반응하지 못할 때
발생한다(Stokes, 2002).

영아에 대한 관찰 연구에 따르면, 놀이 상호작용 중에 영아와 부모의 상호
작용 시간은 전체의 70%는 부조화로 동시에 일어나지 않으며, 30%만 조율되
고 일치된다. 상호작용이 불일치되는 것에 적응하는 것은 영아가 감정과 행
동의 자기 조절을 발달시키는 핵심 요소이며, 부모가 장난스럽게 바로잡아
주는 것이 필요하다. 부모와의 이런 상호작용으로 보상을 받는 것은 부정적
감정 경험을 긍정적 감정 경험으로 전환되게 하며, 이는 안정적 애착을 발달
시키는 데도 중요하다(Tronick, 2007; Stern, 1974).

영아 감각 신경 놀이 개입 : 7~9개월

7~9개월이 되면 영아는 할 수 있는 동작이 많아지는데, 스스로 앉을 수 있고, 몸을 일으켜 손과 무릎으로 기어다니고, 이 자세에서 앞뒤로 반복적으로 흔들고, 부모나 물건에 다가가기 위해 앞으로 나아가고, 리드미컬한 협응을 연습하고 스스로 움직일 수 있다. 영아는 몸의 중앙으로 두 손을 모을 수 있는 능력이 발달하여 팔과 다리의 균형이 잡힌 움직임이 증대된다. 눈과 손의 협응 능력, 장난감과 물건을 만지고 잡고 다루는 능력이 빠르게 발달한다. 이제 똑바로 안정적으로 앉을 수 있게 되며, 1분 이상 주의를 집중할 수 있다. 다음 감각 신경 놀이에서 영아는 동기 부여, 목표 달성, 자기 주도적 움직임 및 문제 해결 기술을 연습한다.

마주 보고 말하기 놀이 각 영아는 고유한 표현 방식을 가지고 있다. 얼굴을 마주 보고 말하고 보는 놀이는 영아의 표정, 소리 및 움직임을 모방하는 것으로 시작한 다음, 영아가 주도할 수 있도록 잠깐 멈춘다. 부모는 영아의 소리와 표정을 가까이에서 지켜보고 그 의미를 익힌다.

박수놀이 이제 영아는 몸의 중앙에서 손을 모으고 손뼉을 칠 수 있다. 영아는 부모와 함께 박수 치거나 바닥을 두드리는 동안 부모가 리드미컬한 목소리를 내는 놀이에서 리드미컬한 움직임을 연습할 수 있다.

장난감 고리 놀이 영아는 장난감 고리를 쥐고, 잡고, 흔들고, 잡아당기는 놀이를 할 수 있고, 시각, 촉각, 관절압박 감각 체계를 활성화할 수 있다. 놀랍게도 고리의 크기, 모양, 질감 및 색상도 구별할 수 있다(Stokes, 2002).

'하나, 둘, 셋에 놓기' 놀이 영아는 손가락으로 장난감을 잡고, 한 손에서 다른 손으로 장난감을 옮기고, 공을 굴리고, 단단히 쥐고, 바닥이나 그릇에 장난감을 떨어트릴 수 있다. 장난감을 다루고 '하나, 둘, 셋에 놓기' 놀이를 하는 것은 재미있고, 시각 및 촉각 감각 체계의 발달을 향상시키며, 신경계에 통합되고 뇌를 형성하는 새로운 신경 패턴을 생성한다.

영아 감각 신경 놀이 개입 : 10~12개월

10개월에서 12개월 사이에 영아는 서거나 걸을 수 있고, 발달적 움직임의 변화가 더 많이 나타나며, 최대 5분 동안 놀이에 주의를 기울일 수 있다. 영아가 사회적 놀이를 하기 위한 표현 동삭이 확상뇌며, 부모와 너 많은 놀이 상호작용을 시작하고, 성인 언어와 유사한 리듬과 타이밍으로 상호 의사소통에 참여할 수 있다. 다음의 감각 신경 놀이 상호작용은 10개월에서 12개월의 영아에게 권장된다.

리듬 맞추기 놀이   연구에 따르면 영아는 리드미컬한 신체 메시지를 시작하고 이에 반응한다. 영아는 손을 평평하게 펴고 바닥을 찰싹 때리는 놀이를 하는 것을 좋아하고, 부모를 모방하거나 주도적으로 놀이한다. 이 놀이에서 부모는 움직임과 표정을 일치시켜 반응하며 놀이 상호작용에서 영아의 정서적 흥분 수준을 음성으로 표현함으로써 영아가 표현하는 리듬 뒤에 있는 감정에 반응한다.

북을 치며 율동하고 노래하기   영아와 부모는 부엌 바닥에 함께 앉아 부모는 냄비와 프라이팬을 북처럼 치며 촉각 및 청각 감각을 자극하기 위해 리듬에 맞는 노래를 율동과 함께 부를 수도 있다.

손가락과 얼굴 그리기 놀이   이 놀이는 페이스 페인트나 로션을 이용하여 손가락과 얼굴에 촉각 자극과 다채로운 시각적 자극을 제공한다. 이는 영아의 교감신경계를 활성화하고, 촉각, 운동 감각, 청각, 고유 수용 감각 자극을 제공한다.

미끄러운 손 놀이   부모는 로션을 사용하여 두뇌 발달과 애착에 중요한 촉각 자극을 제공하는 미끄러운 손과 발 놀이를 한다(Brody, 1997). 욕조나 세면대에서 장난감을 가지고 물놀이를 하고, 용기 안팎으로 물을 튀기고 붓는 것은 재미있고, 영아를 진정시킨다.

쓰러트리기 놀이   블록을 쌓아서 영아에게 손이나 발로 쓰러트리게 하면 시각, 촉각이 활성화되고 영아는 블록이 모두 쓰러지는 것을 보며 신나 한다.

까꿍놀이, 숨기고 모두 사라지는 놀이 연구에 따르면 영아의 실행 체계인 전전두엽피질은 12개월에 더 활성화된다(Lillas & Turnbull, 2009). 까꿍놀이의 변형으로, 부모는 숨기기 놀이를 할 수 있다. 모두 사라지는 놀이에서 부모는 영아의 시야에서 장난감을 없애고 "모두 다 사라졌네."라고 말한 다음 장난감을 다시 영아의 시야에 가져와 흥분된 목소리로 "여기 있네~"라고 말한다. 영아는 5~10초 동안 숨겨진 장난감의 이미지를 기억해야만 한다. 이 놀이는 행동과 사고의 복합적인 통합을 수반하며, 영아는 부모나 장난감을 볼 수 없지만 그것이 다시 나타날 것임을 배우며(대상영속성), 이는 상상적이고 상징적인 놀이의 시작이 된다(Pearce, 1977; Winnicott, 1987).

요약

태아, 신생아 및 영아와의 감각 신경 놀이 상호작용은 뇌와 신경계 및 감각 체계 발달에 중요하다. 감각 자극이 풍부한 놀이 상호작용은 영아의 건강한 신체적, 정서적 발달을 촉진하고 영아-부모 간의 애착을 강화한다. 뇌 체계를 대상으로 하는 감각 신경 놀이 활동을 포함하는 외상 치유는 고통받는 영아의 중추신경계를 진정시키는 자극을 제공하고 감정과 행동의 자기 조절을 돕는다(Lillas & Turnbull, 2009). 연구에 따르면 외상에 의해 부정적 영향을 받는 뇌와 신경계는 재구성되고 새로운 신경계를 형성하는 데 필요한 뇌 하부 영역의 신경 활성화를 제공하는 패턴화되고 리드미컬하며 반복적인 감각 신경 활동으로 변할 수 있다(Perry, 2006).

토론 질문

1. 태아의 신경계는 자궁에서 매우 일찍 발달하며, 신경과학은 촉각, 청각, 시각, 후각 및 미각을 포함한 감각 체계가 임신 8주부터 시작되는 것을 확인하였습니다. 그러한 초기 감각 발달에 대하여 생물학적, 정서적으로 어떻게 설명할 수 있나요?

(계속)

2. 신생아는 본능적으로 사람의 얼굴을 보고 미소와 찡그린 표정을 모방하는 능력이 있습니다. Winnicott은 어머니가 아기의 거울이라고 합니다. 영아는 자신의 감정을 표현하거나 어머니의 감정을 반영하나요?

3. 영아는 감각 자극을 적극적으로 추구하고, 영아-부모 간에 서로 동시에 일어나는 소통에서 감각 신경 놀이 상호작용에 참여합니다. 그러한 자발적인 사회적 놀이의 의미는 무엇이며, 이는 영아와 부모 모두에게 어떤 이점이 있나요?

참고문헌

Arenas, C. (Producer). (1997). *Make way for baby: Talking your way through pregnancy while improving your baby's mind.* [DVD]. Available from Amphion Communications, Pompano Beach, FL. amphionweb.com. Phone: 954.782.8668. Email: sales@forimage.com

Beil, L. & Peske, N. (2005). *Raising a sensory smart child.* New York: Penguin Group.

Brody, V. A. (1997). *The dialogue of touch: Developmental play therapy* (2nd ed.). Northvale, NJ: Jason Aronson.

Chamberlain, D. (1998). *The mind of your newborn baby.* Berkeley, CA: North Atlantic Books.

Chamberlain, D. (2013). *Windows to the womb: Revealing the conscious baby from conception to birth.* Berkeley, CA: North Atlantic Books.

Courtney, J. A., & Nolan R. (2017). *Touch in child counseling and play therapy: An ethical and clinical guide.* New York, NY: Routledge.

Emerson, W. (1995). The vulnerable prenate. Paper presented to the APPPAH Congress, San Francisco. Available at http://karenmelton.com/articles-and-media/

Field, T. (2014). *Touch* (2nd ed.). Cambridge, MA: MIT Press.

Graven, S. & Browne, J. (2008). Sensory development in the fetus, neonate, and infant: Introduction and overview. *Newborn and Infant Nursing Reviews, 8*(4), 169–172. doi:10.1053/j.nainr.2008.10.007.

Kestly, T. (2014). *The interpersonal biology of play: Brain-building interventions for emotional well-being.* New York, NY: W. W. Norton.

Klaus, M. & Klaus, P. (1998). *Your amazing newborn.* Cambridge, MA: Da Capo Press.

Lillas, C. & Turnbull, J. (2009). *Infant/child mental health, early intervention, and relationship-based therapies: A neurorelationship framework for interdisciplinary practice.* New York, NY: W. W. Norton.

Manrique, B., Contasti, M., Alvarado, M., Zypman, M., Palma, N., Ierrobino, M., Ramirez, I., & Carini, D. (1998). A controlled experiment in prenatal enrichment with 684 families in Caracas, Venezuela: Results to age six. *Journal of Prenatal and*

Perinatal Psychology and Health, 12(3/4), 209-234. doi:1P3-1381123831/acontrolled-experiment-in-prenatal-enrichment-with-638-families-in-caracas-venezuela-results-to-age-6.

Nixon, B. (Producer). (1983). *Miracle of life* [DVD]. Available from WGBH Educational Foundation, Boston, MA. https://www.wgbh.org

Pearce, J. C. (1977). *Magical child*. New York, NY: Plume/Penguin Books.

Perry, B. D. (2006). Applying principles of neurodevelopment to clinical work with maltreated and traumatized children: The neurosequential model of therapeutics. In: N. B. Webb (Ed.), *Working with traumatized youth in child welfare* (pp. 27-52). New York, NY: Guilford Press.

Porges, S. W. (2011). *The polyvagal theory: Neurophysiological foundations of emotions, attachment, communication, self-regulation*. New York, NY: Norton.

Schore, A. N. (1994). *Affect regulation and the origin of the self: The neurobiology of emotional development*. Hillsdale, NJ: Erlbaum.

Schwartzenberger, K. (2011). *Neurosensory play interactions and state regulation in play therapy*. California Association for Play Therapy Newsletter, October.

Seigel, D. (1999). *The developing mind: How relationships and the brain interact to shape who we are*. New York, NY: Guilford Press.

Stern, D. (1974). Mother and infant at play: The dyadic interaction involving facial, vocal, and gaze behaviors. In Lewis, M., Rosenbloom, L., (Eds.). *The effect of the infant on its caregiver*. New York, NY: Wiley Publishing.

Stokes, B. (2002). *Amazing babies: Essential movement for your baby in the first year*. Toronto, ON: More Alive Media.

Stokes, B. (2015). *Your self-motivated baby: Enhance your baby's social and cognitive development in the first six months through movement*. Berkeley, CA: North Atlantic Books.

Tronick, E. (2007). *The neurobehavioral and social-emotional development of infants and children*. New York, NY: Norton.

Van de Carr, R. & Lehrer, M. (1997). *While you are expecting: Creating your own prenatal classroom*. Atlanta, GA: Humanics.

Van der Kolk, B. (2014). *The body keeps score*. New York: Penguin Group.

Vernallis, M., Landsberg., & Highsmith, S. (2001). [DVD]. *Babies know: Seven principles of prenatal and perinatal psychology*. Santa Barbara Graduate Institute. Available from the Association for Pre- and Perinatal Psychology and Health (APPPAH). www.birthpsychology.com

Verny, T. & Weintraub, P. (2014). *Nurturing the unborn child: A nine-month program for soothing, stimulating, and communicating with your baby*. New York, NY: Open Road Integrated Media.

Winnicott, D. W. (1987). *Babies and their mothers*. Cambridge, MA: Perseus Publishing.

제2부

어린 아동과 함께 하는 평가

제 4 장

놀이 능력

어린 아동을 위한 관찰 · 개입 · 순서의 놀이 기술

Judi Parson, Karen Stagnitti, Bridget Dooley, Kate Renshaw

소개

놀이치료는 매우 어린 아동을 포함하여 인생 전반에 걸친 다양한 연령과 단계를 수용해 광범위한 분야의 다양한 영역에서 발달적으로 민감하게 접근하는 임상의 실제이다. 전문 지식의 증가는 임상 모델의 유효성이 연구 및 면밀히 조사되고 있다는 것을 의미한다. 그러나 Winnicott은 다음과 같이 말했다 (1971, p. 55). "환자는 놀이를 할 수 없다. 치료사는 단편적인 행동을 해석하기 전에 그 사람의 중요한 증상에 주목해야 한다." 이 인용문은 모든 아동이 스스로 놀이를 시작하거나 놀이에 참여할 수 있는 것은 아니므로, 어떤 아동은 '놀이를 학습하는 것'이 필요하고 이를 통해 성장과 발달을 향상시키는 기회에 완전히 접근할 수 있어야 한다는 것을 나타낸다.

부모 놀이 학습 프로그램(Parent Learn to Play Program)은 아동의 상상력 풍부한 놀이 기술을 발달시키기 위하여 아동과 가족이 함께 작업하는 새로운 접근이다. 이 프로그램은 매우 어린 아동을 대상으로 할 수 있으나, 관찰과 개입 및 순서가 필요하고 특정한 놀이 기술의 비계를 설정하는 것을 특별히 고려해야 한다. 중요한 것은 놀이 기술 발달을 모니터링하고 비계를 설정하기 위한 목표 출발점을 정의하는 데 평가가 필수적이라는 것이다. 먼저 이 장에서는 초기 놀이 발달과 가상놀이의 평가를 정의한다. 그다음, 이론적 기초와 주요 용어를 정의하여 부모 놀이 학습 프로그램의 개요에 대해 처음부터 끝까지 설명한다. 사례 연구는 개인 치료 개입에서 가상놀이 능력 평가의 사용을 적용하는 것에 대한 이해를 돕는다.

초기 놀이 발달

가상놀이는 아동이 놀이하고 있는 것에 스스로 의미를 부여하는 놀이의 한 종류이다. 몇몇 문헌에서는 가상놀이를 공상놀이나 상상놀이라고도 한다. 가상놀이는 2세부터 시작된다(Stagnitti, 1998). 예를 들어 아동은 전화 통화하는 척을 하는 것과 같이, 아동이 모방한 단일한 가상 행동에 참여하기 시작하는 것을 관찰할 수 있다.

　이러한 형태의 복잡한 놀이에 참여하기 위해서는 상당한 노력이 필요하기 때문에 가상놀이를 하는 것이 뇌 손상을 입은 아동에게는 도전적이고 특히 피곤한 일이다(Dooley, Stagnitti, & Galvin, 2019). 그들은 종종 놀이에서 상징적 표현을 이해하는 데 어려움을 겪는다. 그리고 그들과 같은 나이를 가진 또래와 사회적인 교제를 하는 능력에 영향을 미치는 다른 결핍들이 있는 가운데 이야기를 만들어내기 위해 생각하고 순서대로 행동하는 능력이 제한적이다. 이러한 어려움을 겪는 아동의 경우, 정확한 치료 계획이 요구된다. 아동의 구체적인 치료적 필요에 대하여 결정하는 첫 번째 단계는 종합적인 접수 면담과 평가를 완성하는 것이다.

가상놀이 능력 평가

가상놀이에서 부족한 것을 개선하고 해결하기 위해서는 놀이 능력을 평가하는 것이 필수적이다. 놀이 능력 평가는 그들의 현재 가상놀이 능력에 근거한 아동의 근위부 발달 영역 내에서 개입이 시작되는 것을 보장한다. 이 사례 연구에서 '가상놀이의 즐거움-발달 체크리스트(PPE-DC)'를 사용하여 기준값을 구했다. PPE-DC는 아동의 가상놀이 능력에 대한 비표준화된 평가 방법이다. 이것은 12개월에서 5세까지의 발달 연령 아동의 가상놀이를 관찰하기 위한 구조를 제공한다. PPE-DC는 전형적인 가상놀이 능력에 기초하여 여섯 가지 기술을 검토하는 발달 체크리스트이다. 체크리스트는 또한 놀이에서 아동이 놀이를 즐기는 것과 아동의 자기 표현에 대한 평가 척도를 포함한다. 〈표 4.1〉은 PPE-DC의 측정 기술을 개괄적으로 보여준다. 아동의 자연스러운 놀이에 기초한 판단을 기록하는 책자는 치료사용과 부모용 두 가지가 있다.

평가는 가상놀이 참여를 목적으로 하는 일반적으로 창의적이고 상징적인,

표 4.1 가상놀이의 즐거움-발달 체크리스트 : 놀이 기술에 대한 평가 설명

놀이 기술	설명
놀이 대본	예컨대 의사, 동물원 가기, 생일 파티와 같은 아동 놀이의 이야기 주제
놀이 행동 순서	아동이 놀이 장면이나 이야기를 구성하기 위해 얼마나 많은 행동을 연속으로 할 수 있는지에 관한 것
사물 대체	예컨대 상자를 자동차라고 하는 것같이, 어떤 것을 묘사하기 위해서 사물을 변형하는 것
인형/곰인형 놀이	예컨대 곰인형/인형/피규어를 마치 살아있는 것처럼 아동이 탈중심화하는 것
역할놀이	놀이 중 누군가가 되고, 또는 다른 어떤 것으로 가장하는 것
사회적 상호작용	놀이에서 또래와 사회적으로 상호작용하고 협력하는 수준
즐거움 점수	아동이 놀이하면서 경험하는 기쁨과 몰입도
놀이에서의 자기 표현	아동의 자기 표현과 정신 상태에 대한 통찰을 제공하는 놀이 행동을 설명하는 것

참고 : Stagnitti(2017b)에서 수정함

예를 들면 차 세트나 동물, 역할놀이 소품과 상자나 천 같은 비구조화된 놀잇감과 같이 다양한 놀잇감을 가지고 놀도록 아동을 초대하여 이루어진다. 평가자는 아동이 성인의 설명이나 안내 없이 보여주는 자발적인 가상놀이 기술을 관찰하기 위하여 수동적이면서도 주의 깊게 참여하는 태도를 유지한다. 평가 결과는 아동의 기술을 쌓기 위해 목표로 하는 개입을 설계하는 기준으로 사용된다. 만약 놀이 활동이 복잡성과 속도 측면에서 설계나 전달이 적절하게 연결되지 않으면, 아동은 그 과정에서 빠져나와서 놀이가 아닌 행동과 활동을 시작할 수 있다.

부모 놀이 학습 프로그램

부모 놀이 학습 프로그램(Stagnitti, 1998, 2016)은 가상놀이에 참여하는 아동의 자발적인 능력을 기르는 것에 초점을 둔 놀이 학습 프로그램의 연장선이다. 발달에 어려움이나 장애를 가진 아동에게는 종종 놀이를 스스로 시작할 수 있는 능력을 찾아내고 회복하기 위해 전문적인 지원이 필요하다(Stagnitti & Pfeifer, 2017). 스스로 시작하는 가상놀이는 사회적 능력(Stagnitti, O'Connor & Sheppard, 2012) 및 이야기를 만들고 참여하는 능력(Stagnitti, Bailey, Hudspeth-Stevenson, Reynolds & Kidd, 2016) 증가와 정적 상관이 있다. 부모 놀이 학습 프로그램(Stagnitti, 2014, 2017a)에서 치료사는 부모와 자녀에게 놀이 및 부모-자녀 관계를 최적화하기 위한 양육자의 능력을 기르는 것에 대한 심리교육적인 지식을 제공한다.

Axline(1969)은 놀이치료에서 부모를 포함하는 것의 중요성을 처음으로 강조했다. Bernard Guerney와 Louise Guerney는 부모 놀이치료(Filial Therapy)로 알려진 체계적인 실제 방법으로 이 개념을 확장했다(Guerney, 2003). 놀이 학습 프로그램은 자녀와 부모 관계가 아동의 발달과 건강에 기초가 된다는 사실을 인식하고(Stagnitti, 2014), 지속적인 결과를 달성하기 위해서 체계적으로 작업할 필요성을 인정한다.

이론적 토대

부모 놀이 학습 프로그램의 이론적 토대는 Carl Rogers의 작업에 기초하고 있다. Carl Rogers의 제자 Virginia Axline(1969)은 인간 중심 접근 방식을 아동과의 작업에 적용하였다. Axline(1969)의 원칙은 부모가 배우는 놀이 프로그램에서 치료사의 접근 방식을 안내한다(Stagnitti, 2014). 놀이 학습 프로그램에서 치료사의 원칙은 다음과 같다.

1. 부모와의 따뜻한 관계를 발전시키고 무조건적으로 아동과 부모를 수용한다.
2. 부모가 치료사와 함께 작업을 할 때 회기에서 놀이 아이디어와 활동을 자유롭게 제안할 수 있는 관대한 분위기를 조성한다.
3. 부모가 자녀의 놀이에 대한 지식을 쌓고 자녀의 참여를 지원할 수 있는 능력을 존중한다.
4. 부모를 회기의 한 부분으로 초대하고 부모와 자녀 모두에게 반응한다.
5. 자녀의 놀이에 대한 지식과 그들의 자녀를 어떻게 참여시킬 것인가에 대한 지식을 습득한다.
6. 부모가 자녀에게 개입할 때 더 적합한 활동으로 놀이하도록 전달한다.

부모의 놀이 학습 프로그램은 부모의 가상놀이에 대한 지식과 역량을 키우는 것에 중점을 두고 있으므로, 인지 발달 놀이 이론가인 Vygotsky(1966, 1934/1986)의 이론에 두 번째로 영향을 받았다. 그는 놀이를 통해 아동의 정신 능력이 증가하는데, 유능한 부모가 있을 때 더욱 증가하므로 이에 따라 아동의 놀이가 증가하고 발달이 최적화된다고 믿었다. "따라서 부모에게 발달장애를 가지고 있는 자녀와의 놀이 방법을 향상시키면 자녀의 사회적 맥락과 발달이 풍부하게 될 것이다"(Stagnitti, 2014, p. 152).

전달의 유연성을 위하여 부모 놀이 학습 프로그램에는 1) 정보 전달 회기, 2) 소집단 교육, 3) 개별 일대일 개입의 세 가지 다른 형식이 있다.

부모 놀이 학습 프로그램 : 정보 전달 회기용

이 형식에서는 부모가 자녀를 동반하지 않고 부모 대상 정보 전달 회기에 3시간씩 2회 참석한다. 회기에서는 부모에게 자녀의 가상놀이에 참여하는 방법에 대한 일곱 가지 기술과 원칙을 설명한다. 일곱 가지 기술은 PPE-DC(표 4.1 참조)에서 측정한 항목과 일치하며, 부모가 전체적인 가상놀이 능력을 향상시키기 위하여 비계가 되는 방법에 대하여 배우는 놀이 능력 영역이다. 부모들은 토론과 질문을 위해 제공되는 시간에서 놀이 활동을 실습함으로써 그들의 능력을 강화한다. 〈표 4.2〉는 교재를 구성하는 일곱 가지 프로그램 기술을 개략적으로 보여준다.

표 4.2   프로그램 기술 설명

프로그램 기술	설명
아동과 조율하기	아동의 정서 상태, 신체 언어, 초점화된 에너지를 관찰하고 아동과 유사하면서도 존중하고 배려하는 자세를 가지고 아동에게 접근하는 방법을 배운다.
놀이 순서 이해	놀이 장면이나 이야기를 구성하기 위하여 얼마나 많은 행동을 연속으로 하는지 관찰하는 방법을 배운다.
놀이 묘사하기	놀이 안에서 놀이하는 동안 일어나는 일을 언어로 묘사하기 위하여 관찰하는 방법을 배운다.
사물 대체 이해	아동에게 어떤 것을 묘사하기 위해서 사물을 변형하는 것 — 예컨대 상자를 자동차라고 하는 것 — 을 가르치는 방법을 배운다.
탈중심화 이해	아동에 탈중심화를 할 때 — 예컨대 곰인형/인형/피규어를 마치 살아있는 것처럼 대할 때 — 관찰하고 촉진하는 방법을 배운다.
놀이 대본 이해	아동이 놀이하는 이야기의 주제 — 예컨대 의사, 동물원 가기, 생일 파티 — 를 상기하고 관찰하는 방법을 배운다.
아동의 역할놀이에 참여하기	놀이 중 누군가 또는 무언가가 되는 가상놀이를 함으로써 어떤 인물을 구현해내는 방법을 배운다.

참고 : Stagnitti(2017a)에서 수정함

부모 놀이 학습 프로그램 : 소집단용

두 번째 형식은 부모 소집단을 위해 설계되었다. 소집단 과정을 만들 때, 부모가 자녀를 데리고 오는 집단 또는 자녀 없이 부모만으로 구성하는 집단으로 만들 수 있다. 부모 놀이 학습 소집단의 형태는 7회기 또는 12회기의 단기 집단으로, 12주 과정은 7회기 과정보다 심층적이고 확장된 과정이다.

7회기 과정은 가상놀이에서 발생하는 기본적인 기술에 관한 지식을 다룬다. 놀이 활동을 하는 자녀를 담은 짧은 영상은 각 회기 사이에 부모가 촬영하고 회기 내에서 토론에 참여한다. 부모 놀이 학습 프로그램 12회기 과정에는 여기에 5회기가 더해진다. 이 회기에서는 더해진 네 가지 기술을 다루고 일곱 가지 기본 기술을 정교하게 확장하여 사용할 수 있도록 부모를 가르친다. 〈표 4.3〉에는 12회기 프로그램에서 교육을 구성하고 있는 네 가지 확장된 기술이 요약되어 있다.

표 4.3 확장된 프로그램 기술 설명

확장된 프로그램 기술	설명
속성 만들기	놀잇감과 인형/곰인형에 특성 ─ 예컨대 배고픔, 피곤함, 더움 ─ 을 더해서 놀이를 확장하거나 촉진하는 것을 배운다.
없는 대상 언급하기	놀이에서 물질적인 실제 아이템으로 표현되지 않아 보이지 않는 대상이나 공간을 언급함으로써 놀이를 확장하고 발견하는 법을 배운다.
대체한 사물 확장하기	놀이에서 정교함을 더하기 위하여 비구조화된 대상을 포함함으로써 놀이 장면을 확장하는 법을 배운다.
놀이 내에서 문제를 창조하기	문제 해결을 촉진하기 위하여 놀이 장면과 이야기에 문제 상황을 더함으로써 놀이를 강화하는 법을 배운다.
다음에 일어날 일 예상하기	놀이 장면과 이야기에서 다음에 일어날 일에 대하여 생각하도록 촉진하는 법을 배운다.

참고 : Stagnitti(2017a)에서 수정함

부모 놀이 학습 프로그램 : 개인용

세 번째 형식은 부모, 아동, 치료사가 함께 일대일로 개입하는 개별 형식이다. 이 형식에서는 아동의 놀이 발달 수준을 평가하고 아동의 놀이 능력을 확장할 수 있는 구체적인 목표와 개입을 설계하기 위해 치료사가 프로그램을 시작하기 전에 부모와 아동을 만나는 것이 필요하다. 놀이에서 아동이 현재 경험하는 즐거움의 정도 또한 관찰하고 고려한다. 다음 문단에서는 치료사가 자녀에게 개입하는 부모의 능력을 높이기 위하여 부모와 작업하는 방법을 간략하게 설명한다.

개별 회기의 원칙과 과정

개별 회기에서 치료사는 목표한 놀이 기술 개입을 처방하는 것뿐 아니라 부모가 이를 실행하는 데 공동치료사로서 역할을 할 수 있도록 지원한다. 게다가 치료사는 부모가 놀이에서 최적화된 개입을 위한 치료적인 환경을 만드는 방법에 대해 지도한다. 추가되는 임상적 고려사항은 다음과 같다(Stagnitti & Casey, 2011).

- 필요한 만큼의 놀잇감과 놀이 재료만 사용하세요.
- 너무 많은 놀잇감과 지나친 속도나 복잡성에 아동이 압도되지 않도록 주의하세요.
- 아동의 신체 수준에 맞게 아동의 곁에서 놀이하면서 함께하는 느낌, 수용, 안전감을 전달하세요.
- 놀이에서 비계를 모델로 아동의 놀이에 참여하세요.
- 장난스럽게 아동의 관심을 끌도록 하세요.
- 아동의 아이디어를 환영하며 미리 계획한 활동에 통합하세요.
- 놀이를 묘사할 때 발달적으로 적절한 언어를 사용하세요.
- 치료적 변화를 증폭시키도록 즐거움과 기쁨이 있는 긍정적인 정서 공간에

서 아동을 만나세요.

다음의 사례 연구는 아동-부모-치료사에 맞춘 부모 놀이 학습의 치료적 개입을 보여준다.

사례 연구

담당자의 소견서 및 초기면접에 따라 두 살 반 소녀 오스티나를 비지시적 놀이치료 회기에서 관찰하였다. 다음 사례는 개별화된 부모 놀이 학습 개입을 처방하기 위해 PPE-DC 평가가 어떻게 사용되었는지를 보여준다. 아이가 어떻게 놀이치료를 받게 되었는지에 대한 구체적인 이미지를 그릴 수 있도록 그녀의 가족과 치명적인 사고에 관한 배경지식을 먼저 제공하겠다.

가족 배경

접수 당시 스테이시는 오스티나와 다니엘라(15개월)라는 두 아이를 키우는 한부모 어머니였다. 가족은 호주 빅토리아주의 한 지역에 사는 전통적인 호주 백인 중산층이었다. 친척으로는 외할머니, 외할아버지, 이모, 친할머니가 있었다. 친할아버지인 오스틴은 오스티나가 태어나기 전에 이미 돌아가셨고, 오스티나가 그 이름을 물려받았다. 사고 직전에 오스티나는 놀이를 포함한 모든 발달에서 양호하였다. 스테이시의 보고에 의하면 가족 간의 유대가 강하고 오스티나는 충분히 사랑받으며 보살핌을 받고 있었다고 하였다.

자동차 사고

오스티나가 18개월일 때 온 가족이 큰 교통사고를 당하며 심각한 외상을 경험했다. 사고 결과 오스티나는 복합적인 외상을 입었는데, 외상성 뇌 손상(ABI), 갈비뼈 2개 골절, 왼팔에 나선형 골절 및 양쪽 종아리뼈, 정강이뼈와 대퇴골 골절을 포함한다. 그녀는 4주간 입원해있었다.

조수석에 타고 있던 스테이시 또한 외상성 뇌 손상으로 고통받고 있었다. 이 사고로 그녀는 단기 기억에 문제가 생겼고, 오스티나와 다니엘라를 보살필 수 없었다. 그녀는 6개월간 입원을 하였고, 일상생활에 필요한 다양한 작업을 하기 위해서 강력한 재활치료를 받아야 했다. 그녀의 남편인 네드는 자동차를 운전하고 있었고, 이 사고로 사망하였다. 생후 3개월이었던 다니엘라는 카시트의 보호를 받아 아무런 상처도 입지 않았다.

오스티나는 스테이시가 입원 및 재활치료를 하는 12개월 동안 친족 돌봄 제도의 도움하에 베스와 브라이언의 양육을 받았다. 사고로부터 12개월 후에 스테이시는 아이들과 다시 만날 수 있게 되었고 오스티나에게 나이에 맞는 정신건강 서비스를 받도록 해야 한다는 것을 알게 되었다. 오스티나의 정신건강과 안녕을 위해서는 퇴화한 놀이 능력을 회복시키기 위하여 비계 설정된 개별 치료적 놀이 개입이 필요했다. 이를 위해서 스테이시는 놀이에서 오스티나에게 비계 설정을 제공하도록 지원할 필요가 있었다. 또한 양육의 단절과 아버지와의 사별로 인해 어느 정도의 애착 행동은 표현될 필요가 있다는 가설이 제기되었다.

외상성 뇌 손상을 입은 결과 오스티나는 같은 연령의 아동과 비교했을 때 기대되는 놀이 능력에서 18개월간 결핍을 보이고 있어, 12개월 연령 아동의 발달 수준이었다. 당시 오스티나는 놀이 순서를 시작하는 데 어려움을 보이고 있었다. PPE-DC는 놀이치료사가 오스티나의 놀이 회기를 구성하고 스테이시가 가정 기반 놀이 회기를 구성할 수 있도록 가르치기 위한 정보와 기준을 제공하였다. 스테이시는 딸의 발달적 필요를 지원하고 가족 구조와 관계를 재정립하고자 하는 높은 동기에 매우 의욕이 넘쳤다.

2개월이 지나고 오스티나와 스테이시는 베스와 브라이언의 도움을 받아 8시간의 부모 놀이 학습 회기에 참가하였다. 첫 회기는 오스티나가 놀이에 참여하려는 중요한 노력을 수용한다는 의미에서 30분간만 계획하였다. 놀이치료 회기는 점차 30분에서 45분, 1시간으로 늘어났다. 이후 오스티나를 재평가하였고, 오스티나는 2세에 맞는 논리적 순차 행동, (집 안팎 모두에서) 놀이 대본, 놀이 안에 등장하는 인물 설정과 같은 놀이를 보여주었다. 결과적으로 (단기간에도 불구하고) 아동의 놀이 능력에서 유의한 발달을 보여 부족한 놀이 능력을 18개월분에서 6개월분으로 따라잡았다.

또한 이러한 회기는 그녀가 정서적, 신체적 외상을 극복하고 애착 관계를 형성할 수 있도록 도와주었다.

평가

스테이시와 오스티나는 그들을 담당하고 있는 일반의가 전화를 통해 설명하는 것으로 내원 의뢰가 되었다. 스테이시의 외상성 뇌 손상과 기억 손실로 인해 그녀는 부모로서 가상놀이의 즐거움–발달 체크리스트(Stagnitti, 2017b) 설문 양식을 채울 수 없었다. 따라서 치료사(제1 저자)는 전문가용 평가 책자를 이용하여 PPE-DC 설문을 완성하였다(Stagnitti, 2017b).

PPE-DC 설문은 놀이치료 실행 전과 실행 후에 모두 시행하였다. 정확성을 위해 제1 저자가 사전 평가를 시행하고 제2 저자가 사후 평가를 시행하였다. 제1 저자가 사전 평가를 진행하는 것은 부모 놀이 학습 프로그램을 시작하기 전에 치료사가 아동의 놀이 수준을 이해하는 것이 매우 중요하기 때문이다. PPE-DC 설문 결과는 부모 놀이 학습 치료 방법을 개인에 맞추기 위해 필요한 정보를 제공하였다. PPE-DC 설문은 오스티나의 놀이 능력을 이해하기 위해서뿐 아니라 2개월간의 놀이치료 후 오스티나의 놀이 능력이 어떻게 변화하였는지를 관찰하기 위한 도구로도 사용되었다. 제1 저자가 수행한 PPE-DC 설문 결과의 자세한 내용은 〈표 4.4〉에 있다.

전문가용 PPE-DC 평정 책자를 이용하여 평가한 결과 오스티나는 나이에 비해 어린 놀이 능력을 보여주고 있었다. 그녀는 본래 나이에 비해 18개월 뒤처진 놀이 능력을 가지고 있었으며, 자신감과 호기심이 부족해 놀이를 즐기지 못하였고 자존감이 부족하였다.

표 4.4 가상놀이의 즐거움-발달 체크리스트 (사전 개입)

놀이 기술	오스티나의 놀이 능력
놀이 서사(이야기)	오스티나의 놀이에는 이야기(서사)가 없었다. 그녀는 물건을 조자하였고 자신이 무엇을 하는지에 대해서만 반복하여 말하였다(A 레벨).
놀이 행동의 순서	그녀는 매우 반복적이었다. 예를 들어 그녀는 블록을 상자에서 꺼냈다가 다시 넣는 것을 반복했다(A 레벨).
사물 대체	오스티나는 사물을 탐색하고 조작하였다. 그녀는 사물을 명확한 목적을 가지고 사용하지는 않았다(A 레벨).
인형놀이	오스티나는 곰인형이나 손인형의 캐릭터에 관심을 보이지 않았다(A 레벨).
역할놀이	오스티나가 치료사를 보기는 했지만 오래가지 않았다(A 레벨).
사회적 상호작용	오스티나는 손을 흔들어 인사할 수 있었고 까꿍놀이를 좋아했다(A 레벨).
즐거움 점수	2점(놀이를 '해야 하는' 임무로 생각함)
행동에 대한 설명	오스티나는 인칭대명사를 사용하지 않았으며, 잠깐씩 놀잇감에 관심을 보일 뿐이었다. 사건이 발생할 것을 예측하지 못하고 쉽게 놀랐다. 자신이 하는 일에 자신이 없고, 종종 울거나 포기한다. 놀라서 놀잇감을 집어 던질 수 있다.

놀이치료 설계에 대한 소개

놀이 학습 프로그램을 위해서는 놀이치료실을 전통적인 놀이치료실과는 다르게 구성해야 한다. 이는 아동이 놀이하는 방법을 배우기 위해 순차적으로 비계를 거쳐야 하기 때문이다. 초기 회기에는 놀잇감을 선반에 두어 보이지 않도록 해야 하는데, 이는 발달 장애가 있는 아동의 경우 너무 많은 놀잇감을 사용할 수 있게 하면 놀잇감에 압도될 수 있기 때문이다. 치료사는 접수와 평가에서 부모님과 면담한 후에 아동의 발달적 놀이 연령과 흥미에 맞는 놀잇감을 선택한다. 놀잇감은 전통적인 놀이치료에서 사용하는 것보다 크기가 큰 것을 사용한다. 예를 들어 큰 인형이나 큰 곰인형, 큰 탈것, 큰 블록을 사용하는 것이다. 오스티나를 위한 놀이 학습 프로그램의 초기 회기에 사용한 놀잇감은 다음과 같다. 차 세트, 곰인형, 큰 인형, 나무로 만든 과일, 플레이 도우, 신발 상자, 옷감, 공, 목욕탕, 침대, 커다란 블록.

치료 계획

처음에는 3개월에 걸친 1시간짜리 12회기를 계획했다. 그러나 스테이시가 놀이치료센터에서 100킬로미터나 떨어진 본가 근처의 정부 지원 주택에 입주하게 되면서 계획이 변경되었다. 그래서 결국 오스티나는 총 8시간 분량의 놀이치료를 받게 되었다.

회기 시작은 공을 안고 있는 커다란 인형을 가지고 놀거나 커다란 블록을 쌓았다가 무너뜨리는 것과 같이 오스티나를 감정적으로 북돋아주는 활동부터 하였다. 놀이 활동은 인형에게 먹을 것을 주거나 인형을 침대에 눕히는 것이나 과일을 자르는 것과 같은 12~18개월 수준의 가상놀이에서 절정에 이르렀다. 이러한 놀이 활동은 먹고 마시고 잠자는 것과 같은 신체에 기반한 내용을 반영하고 있었다. 오스티나가 12개월의 놀이 수준을 가지고 있었기에 놀이를 시작하는 행동은 동일 행동의 반복이었다. 치료사는 놀이 순서에 변형을 두면서 반복하는 방법으로 오스티나가 자신의 놀이 능력을 키울 수 있게 하였다.

처음에 스테이시는 오스티나의 놀이에 참여할 수 있는 자신감이 생길 때까지 치료사와 오스티나의 놀이를 지켜보았다. 오스티나가 놀이에 대한 아이디어를 내면 치료사가 오스티나를 따라 하는 것으로, 그녀의 어머니가 오스티나의 놀이에 참여하고 놀이를 확장하는 방법을 모델링하였다. 치료사는 마치 인형이 살아있는 것처럼 같이 치료해주며 놀이를 즐겼다. 치료사는 또한 스테이시가 용기를 가지게 되었고 딸과의 놀이를 즐기게 되었다고 확신하였다. 치료사는 놀이치료가 정서적으로 즐거운 것이라는 확신을 주기 위해 오스티나와 스테이시에게 그녀의 능력을 확장하기 위한 더 높은 발달 단계의 놀이 행동이 적절해졌을 때를 포함하여, 적절한 놀이 수준이 정점에 달했을 때 반응하였다. 치료사는 스테이시에게 놀이 활동에 대해 설명하고 놀이 기술마다 한 장씩 유인물을 나누어주었다. 유인물에는 놀이 기술에 대한 설명과 그 중요성이 기록되어 있었다.

치료 단계에서의 주의사항

놀이 학습 프로그램에서 치료사는 아동의 놀이 수준에서부터 치료를 시작해야 한다. 놀이를 하지 못하는 아동에게 놀이는 즐거운 것이 아니기 때문에 첫 회기에서는 아동이 놀이를 즐거운 것으로 인식하도록 격려해야 한다. 정서적 개입은 놀이를 원하는 아동의 참여가 증가하는 데 중요한 것으로 소개되었다 (Stagnitti & Casey, 2011). 일단 아동이 놀이에 정서적으로 참여하기 시작하면 치료사는 어떤 놀이 활동이 아동의 관심을 끄는지 알 수 있게 되고, 비로소 치료사는 동일한 발달 단계에 있는 다른 놀이를 소개할 수 있게 된다. 오스티나와 비슷한 사례에 따르면 놀이 학습 프로그램 초기에 각 회기별로 다섯 가지 놀이 활동이 준비되어 있어야 한다.

아동이 해당 발달 단계에 맞는 자신만의 놀이를 시작하는 것을 관찰하게 되면 치료사는 더 높은 발달 단계의 놀이 활동을 소개하는 것에 도전해야 한다. 이러한 과정 동안 치료사는 부모 옆에서 놀이 상호작용을 모델링하고 어떤 놀이 기술이 왜 발달하였는지에 대해 설명한다. 또한 치료사는 아동이 가진 놀이 기술의 범위를 인식하고 아동이 이해할 수 있는 이야기와 적절한 수의 놀이 활동, 사물 대체, 놀이에 인물을 포함시키는 것과 놀이에서 아동이 수행해야 할 역할 등을 포함하여 놀이 계획을 수립해야 한다. 그뿐만 아니라 치료사는 아동이나 인형, 손인형, 곰인형을 이용한 직접적인 상호작용을 통해 어떻게 놀이에서 아동이 사회적으로 관계를 맺는지 부모에게 모델링한다.

아동이 놀잇감을 어떻게 사용할지 이해하거나 자신만의 아이디어를 놀이에 적용하거나 또는 자발적인 행동을 놀이에서 나타내기 시작할 때 치료사는 미리 계획하는 놀이 활동의 수를 줄일 수 있다.

사후 평가

치료 후 오스티나에 대한 평가는 제2저자가 수행하였다. 제2저자는 놀이 회기에 관여하지 않았으며 치료 경과에 대해 알지 못하였다. 오스티나의 놀이 수준을 평가하기 위해 PPE-DC 전문가용 평가 책자를 활용하였다. 그녀에 대한 평가 결과는 〈표 4.5〉의 내용과 같다.

사례 요약

요약하면 오스티나는 2세 연령의 놀이 능력을 보였다. 이는 8시간 동안의 놀이 회기 동안 12개월 기간 동안의 수준이 증가한 매우 만족스러운 변화이다. 오스티나에게는 그녀의 놀이를 확장하고 추후 그녀의 본연령에 맞는 능력을 갖도록 지속적인 놀이치료가 필요하다. 오스티나는 향후 여덟 번의 1시간짜리 회기를 통해 자신의 연령에 맞는 놀이 기술을 갖출 수 있을 것으로 기대된다. 스테이시는 그녀가 긍정적인 양육을 수행하는 능력이 있다는 것을 보여주었다. 스테이시가 안전한 관계 안에서 지속적으로 가정에서의 놀이 회기를 제공한다면, 오스티나는 치료적 한계 설정 및 놀이와 의사소통을 통해 정서장애 및 그와 관련된 행동은 감소하고 건강한 정서 조절 능력은 증가할 것으로 기대된다. 의사소통과 관련해서 이미 오스티나는 이야기 언어와 놀이 기술이 유의미하게 향상되었다. 스테이시가 오스티나와 해왔던 작업을 계속하기 위해서는 추가 지원이 필요하다. 오스티나를 부모 놀이 학습 프로그램에 대한 전문적인 지식을 갖추고 있으며 임상 진료에 대해 슈퍼비전을 받고 있는 다른 놀이치료사에게 의뢰하여 스테이시가 오스티나의 놀이 기술과 정신적 발달을 끌어내는 것을 지원하도록 하였다.

임상적 고려사항

PPE-DC와 같은 평가 도구의 사용은 놀이치료 과정에 있어 시작, 비계, 추적 및 치료적 놀이 과정을 위한 선별을 향상시킨다. 놀이 학습 프로그램 및 부모 놀이 학습 프로그램을 수련하였으며 치료 전 과정에서 결정을 내리는 것을

표 4.5 가상놀이의 즐거움－발달 체크리스트 (사후 개입)

놀이 기술	오스티나의 놀이 능력
놀이의 서사	오스티나는 2세 연령에 맞게 집 안팎에서 일어나는 이야기(의사, 먹기, 마시기, 케이크 자르기 등)에 대한 놀이 주제를 가지고 있었다.
놀이 행동의 순서	오스티나는 2세 연령에 맞게 단순하고 논리적이며 순서 있는 행동을 보여주었다. 예를 들어 그녀는 차 세트를 가져와서 차를 넣고 어머니에게 차를 주고 케이크를 받아서 치료사에게 준 후 본인도 케이크를 조금 먹었다.
사물 대체	오스티나는 하나의 물건을 두 가지 다른 용도로 사용할 때 2세 연령 수준의 능력을 보여주었다. 예를 들어 상자는 침대가 되기도 하고 자동차가 되기도 하였다.
인형놀이	오스티나는 뱀이 살아있고 '아픈' 상황에서 놀이를 시작하였고, 그녀는 뱀에게 그 같은 속성을 부여하였다. 해당 연령에서 아동은 마치 캐릭터가 살아있는 것처럼 놀이하고, 오스티나는 '마치 ~라면' 놀이를 할 수 있다는 것을 증명해 보였다.
역할놀이	해당 연령에서 역할놀이는 매우 짧고, 역할놀이라기보다는 다른 사람을 따라 하는 데 가깝다. 오스티나는 비슷한 수준의 능력을 보였다.
사회적 상호작용	오스티나는 어머니와 치료사 사이를 오가면서 둘 모두를 놀이에 참여시켰다. 그녀는 놀이 과정에서 시작된 행동뿐 아니라 새로운 행동을 시작하기도 하였다. 오스티나는 그녀가 놀이하는 데 필요한 놀잇감이 무엇인지 알고 있었다.
즐거움 점수	오스티나의 즐거움 점수는 5점이었다. 그녀는 놀이를 즐거워하고 눈에 띄게 기뻐하는 모습을 보였다.
행동에 대한 설명	오스티나는 놀이치료 회기에 오는 것을 좋아하였으며, 놀이를 한다는 즐거움으로 놀이치료실에 뛰어 들어가곤 했다. 그녀는 "내가 해냈어!"라는 성취감과 이전에는 보지 못한 자신감과 호기심 있는 자기개념을 보였다.

도울 수 있는 슈퍼바이저에게 임상 슈퍼비전을 받는 것은 매우 중요하다. 놀 잇감은 자기 표현을 향상시키고 가상놀이 또는 상상놀이가 증가하도록 선별 되었다. 추천 놀잇감과 자원에 대한 정보는 놀이 학습 프로그램 및 부모 놀이 학습 프로그램 지침서('추천 자료' 목록에 있음)에 포함되어 있다.

결론

이 장은 부모 놀이 학습 프로그램을 이용하여 놀이 발달을 촉진하는 근거를 제공한다. 이 프로그램은 신경학적 진단이 어렵고, 신경학적 성장이 더디고, 언어 구사에 어려움을 겪으며, 그 외에 다른 장애를 특징으로 하는 외상성 뇌 손상으로 인한 발달 지연이 있는 아동을 치료하기 위한 치료적 요구를 이상 적으로 충족한다. 부모 놀이 학습 프로그램은 놀이 학습 프로그램에서 체계 적으로 제공된 방법으로 확장하기를 권장한다. 오스티나의 이야기는 외상성 뇌 손상을 가진 아동을 위한 놀이 학습의 접근을 적절하게 제시하며, 2개월이 조금 넘는 시간 동안 매우 빠른 기술 습득과 진보를 보여주고 있다. 고도로 개 인화된 치료적 개입을 제공하는 신중한 사례 개념화라는 측면에서 임상적 고 려사항을 준수하는 것은 매우 중요하다.

추천 자료

놀이 학습(Learn to Play) 웹사이트(https://www.learntoplayevents.com)에서는 몇 가지 자료를 제공하고 있다. 다음 자료를 보는 것을 추천하며, 웹사이트에 서 구매가 가능하다.
- 놀이 학습 지침서
- 부모 놀이 학습 지침서
- 가상놀이의 즐거움–발달 체크리스트

토론 질문

1. 임상에서 아동 또는 가족과 함께 하는 작업에 놀이평가를 사용하는 것이 당신의 관습적인 접근 방법에 어떠한 정보를 줄 것이라고 생각합니까? 그 이유는 무엇인가요?
2. 현재 담당하고 있는 사례를 생각해봅시다. 혹 아동 중에 이 장에서 소개한 것과 같은 접근 방법을 적용할 수 있는 놀이에서 결핍을 보이는 아동이 있나요? 그렇다면 왜 적용할 수 있을 것이라고 생각하나요? 이 아동이나 가족에게 장기적인 이득은 무엇일까요?
3. 부모 놀이 학습 프로그램을 적용하기에 적절하지 않은 임상적 상태는 무엇이라고 생각합니까?

참고문헌

Axline, V. M. (1969). *Play therapy*. New York: Ballantine Books.

Dooley, B., Stagnitti, K., & Galvin, J. (2019). An investigation of the pretend play abilities of children with an acquired brain injury. *British Journal of Occupational Therapy*. https://doi.org/10.1177/0308022619836941

Guerney, L. (2003). The history, principles, and empirical basis of filial therapy. In R. VanFleet. & L. Guerney (Eds.), *Casebook of Filial Therapy*. Boiling Springs, PA: Play Therapy Press.

Stagnitti, K., & Pfeifer, L. (2017a). Methodological considerations for a directive play therapy approach for children with autism and related disorders. *International Play Therapy Journal*, 26(3), 160-171. http://dx.doi.org/10.1037/pla0000049

Stagnitti, K. (1998). *Learn to Play. A practical program to develop a child's imaginative play*. Melbourne, Australia: Co-ordinates Publications.

Stagnitti, K. (2014). The Parent Learn to Play program: Building relationships through play. In E. Prendiville & J. Howard (Eds.), *Play therapy today* (pp. 149-162). London: Routledge.

Stagnitti, K. (2016). Play therapy for school-age children with high functioning autism. In A. Drewes & C. Schaefer (Eds.), *Play therapy in middle childhood* (pp. 237-255). New York, NY: American Psychological Association.

Stagnitti, K. (2017a). *Parent Learn to Play facilitators manual and parent handbook*. Melbourne, Australia: Learn to Play.

Stagnitti, K. (2017b). *The Pretend Play Enjoyment Developmental Checklist. Manual and professional and parent/carer scoring forms*. Melbourne, Australia: Learn to Play.

Stagnitti, K. & Casey, S. (2011). Il programma Learn to Play con bambini con autismo: considerazioni pratiche e evidenze. *Autismo Oggi*, 20, 8-13. Retrieved July 29, 2019 from: http://www.fondazioneares.com/index.php?id=369

Stagnitti, K., Bailey, A., Hudspeth-Stevenson, E., Reynolds, R., & Kidd, E. (2016). An investigation into the effect of play-based instruction on the development of play skills and oral language: A 6-month longitudinal study. *Journal of Early Childhood Research*, 14(4), 389-406. http://dx.doi.org/10.1177/1476718X15579741

Stagnitti, K., O'Connor, C., & Sheppard, L. (2012). The impact of the Learn to Play program on play, social competence and language for children aged 5-8 years who attend a special school. *Australian Occupational Therapy Journal*, 59(4), 302-311. http://dx.doi.org/10.1111/j.1440-1630.2012.01018.x

Vygostsky, L. (1934/1986). *Thought and language* (trans. and edited by A. Kozulin). London: MIT Press.

Vygotsky, L. (1966). Play and its role in the mental development of the child. *Voprosy psikhologii*, 12, 62-76. Retrieved July 29, 2019 from: https://files.eric.ed.gov/fulltext/EJ1138861.pdf

Winnicott, D. W. (1971). *Playing and reality*. London: Tavistock Publications.

제 5 장

외상에 입각한 영아 정신건강 평가

Eva Nowakowski-Sims, Danna Powers

소개

영아는 주변 환경으로부터 배운다. 우리는 어린 영아가 감정을 조직화하고 다른 사람의 의도와 감정의 의미에 반응할 수 있다는 것을 알고 있다 (Brazelton, 1992; Reddy, 2008; Tronick, 2007). 우리는 또한 아동기의 안정적인 관계가 이후의 정서적, 정신적 건강에 중요하다는 것을 안다. 영아기는 다른 어떤 발달 단계보다 안전한 관계가 중단되는 취약성이 높아지는 시기이다(Lyons-Ruth et al., 2017). 심리사회적 스트레스 요인(예 : 빈곤, 외상 사건, 폭력에의 노출, 부모의 정신 질환 및 약물 남용)과 유전적 및 기타 신체적 건강 상태를 포함한 많은 요인들이 아동의 사회 정서 발달에 부정적 영향을 미칠 수 있다(성장기 아동에 대한 국립과학자문단, 2012). 2014년에 3세 미만의 아동 중 100만 명이 넘는 아동이 학대 및 방임 신고의 대상이 되었다(미국 보건복지부, 2016). 아동 학대 및 방임과 같은 외상적 사건에 노출되는 것은 발달 과정에 영향을 미쳐 평생 동안, 심지어 세대 간에 걸친 결과를 초래한다 (Bowers & Yehuda, 2016). 이러한 일은 영아기의 정신 장애로 이어질 수 있다.

영아기의 정신 장애 개념은 널리 인식되지 않았다. 이는 발달 과정의 시작 부분이라는 영아기의 독특한 위치로 인해 특히 우려된다(Lyons-Ruth et al.,

2017). 그 개념이 널리 알려지지는 않았지만, 영아기 정신 장애는 일반적이다. 역학 연구에 따르면, 1~5세 아동의 정신 장애 유병률은 16~18%이며 절반 이상(8~9%)이 심각하게 영향을 받는다(von Klitzing, Döhnert, Kroll, & Grube, 2015). 이 가운데 서비스가 필요한 것으로 확인된 영아 중 절반 이상이 서비스를 받지 못하고 있다(전국아동건강조사, 2012).

영아 정신건강은 친밀하고 안전한 성인 및 또래와의 관계를 형성하는 아동(출생부터 5세까지)의 발달 능력이다. 이는 모든 범위의 감정을 경험하고, 처리하고, 표현한다. 그리고 가족, 지역사회 및 문화의 맥락에서 환경을 탐색하고 학습한다(Osofsky & Thomas, 2012). 아동들은 안정된 삶이 시작될 때 책임감 있고 잘 적응한 성인으로 자란다. 건강한 정서적 기반은 아동들이 학교에 갈 준비를 하고 궁극적으로 인생에서 성공할 수 있도록 준비시키는 신체적, 운동적, 인지적 발달을 위한 발판이 된다(Clinton, Feller, & Williams, 2016). 그러나 일부 영아는 영아기에 그러한 안전이 보장되지 않아 정신건강 문제가 발생한다. 어린 아동의 정신건강 문제는 고통을 유발하고, 관계를 방해하고, 아동이나 가족의 일상 활동 참여를 제한하고, 발달이 진행되는 것을 방해할 수 있다(Osofsky & Thomas, 2012). 영아의 정신건강을 이해하는 것은 그러한 정신건강 문제를 예방하고 치료하는 열쇠가 된다.

유아의 정신건강은 부모/양육자와 아동의 연결을 기반으로 발달한다. 사랑하고 양육하는 관계는 애착을 통해 정서적 발달과 정신건강을 향상시킨다. John Bowlby(1969, 1988)의 애착 이론은 안전한 애착 관계를 지원하기 위해 특정한 유형의 양육 및 부모와 유아 간의 즐거운 접촉이 필요하다고 설명한다. 애착 이론은 인생의 가장 초기 단계에서 만들어진 연결에 우리의 삶을 형성하는 힘이 있다는 것을 인정한다. Schore와 Schore(2012)는 Bowlby의 애착 이론을 뇌 발달에 대한 연구로 확장할 것을 제안했다. 현대 애착 이론은 "자신의 내부 상태와 외부의 관계를 조절할 수 있는 우뇌 자아를 만들기 위해 안정적인 애착 관계가 필수적"이라는 신경과학의 영향을 받았다(2012, p. 44).

양육자와 아동의 애착 상호작용은 감정 처리, 스트레스 조절, 자기 조절과 관련된 구조적 우뇌 신경생물학적 시스템의 발달에 매우 중요하며, 이에 따라 신체에 기반을 둔 내적 자아의 기능적 기원도 중요하다(Porges & Dana, 2018; Schore, 2009; Schore & Schore, 2012). 애착 이론의 핵심은 영아가 감정을 조절하도록 부모/양육자가 돕는 방법에 관한 것이다. 이러한 감정 기반 부모-영아 애착 상호작용은 뇌 발달에 직접적인 영향을 미치고, 정서적 웰빙의 배경으로 이어지기 때문에 필수적이며, 정서적 웰빙은 신체적 웰빙에도 매우 중요하다(Schore & Schore, 2012). 다수의 통제된 연구에서 이 시기에 양육자의 조절의 질이 뇌 성장 및 스트레스 시스템 기능을 제어하는 유전자의 발현에 광범위한 영향을 미친다는 것을 확인하였다(Belsky & de Haan, 2011; Blair, 2010). 또한 이러한 생물학적 변화는 알코올 중독, 약물 남용, 우울증, 심혈관 질환, 비만 및 당뇨병을 포함한 성인기의 신체적, 정신적 건강 문제를 유발할 수 있다(Garner, 2013). 발달 연구에서 영아의 적절한 건강과 발달을 위해 양육자가 영아의 스트레스를 주의 깊게 조절하는 것이 중요하다는 사실이 일관되게 나타나기 때문에 양육자-영아의 상호작용이 방해받는 것은 영아의 정신건강에 특히 중요하다(Madigan, Brumariu, Villani, Atkinson, & Lyons-Ruth, 2016).

양육자-영아의 상호작용과 차후의 발달 과정이 방해를 받는 것은 평생 영향을 미칠 수 있다. 양육자의 지지 없이 외상을 경험하면 해로운 스트레스가 발생한다(예 : 신체적 또는 정서적 학대, 만성적인 방임, 양육자의 약물 남용 또는 정신 질환, 폭력 노출 및 경제적 어려움). 해로운 스트레스가 발달 지연, 정서적 어려움 및 전반적인 웰빙에 어떻게 영향을 미치는지 여러 연구들에서 증명되었다(Carpenter & Stacks, 2009; Lieberman, 2004; Lieberman & Knorr, 2007; Shonkoff et al., 2012). 외상 경험이 누적됨에 따라 의학적, 정신건강 및 추후의 삶에서의 행동 문제에 대한 위험이 증가한다(Felitti et al., 1998). 해로운 스트레스는 또한 양육 스트레스에도 영향을 미치는데, 양육 스트레스 수준이 높은 부모는 엄격한 규율을 보일 가능성이 더 높고, 반응성과 따뜻함이 덜하여(Klawetter & Frankel, 2018) 양육자와 아동 사이에 불안정한 애착이 형성된다.

영아기의 치료적 개입은 외상에 대한 만성적 경험으로 인한 손상을 교정하
는 데 가장 강력한 효과를 나타낸다. 정신건강 문제가 있고, 붕괴된 영아-양
육자 관계에 있어서 영아를 치료하는 데 효과적인 증거 기반 개입이 많이 있
으며, 이는 외상에 입각한 개입을 활용한다(Bernard et al., 2012; Cicchetti,
Toth, Nielsen, & Manly, 2016; Tereno et al., 2017). 외상에 기반한 치료는 전
생애에 걸친 심리사회적 기능에 대한 초기 역경의 빈도와 영향에 대한 이해
를 통합한다[약물 남용 및 정신건강 관리국(SAMHSA), 2014b]. 외상 정보에
관련된 일을 하는 사람들은 외상에 대한 지식에 의존하여 존중과 연민을 전
하고, 자기 결정을 존중하며, 건강한 대인 관계 기술 및 대처 전략을 재형성할
수 있도록 내담자를 대한다(Levenson, 2017). 성공적인 영아 정신건강 개입에
중요한 것은 외상 정보에 기반한 정신건강 평가이다.

영아 정신건강에서 외상에 입각한 평가

종합적인 외상에 입각한 영아 정신건강 평가에는 영아, 부모 및 가족, 영아의
전반적인 건강에 기여하는 사회적, 문화적 맥락이 포함된다. 고려해야 할 몇
가지 사항은 다음과 같다.

1. **가족** 영아는 부모 또는 친숙한 양육자와 상호작용하는 것이 평가되어야
   한다. 영아 정신건강 체계는 아동이나 양육자에게만 초점을 맞추는 것보다
   양육자-아동 관계를 우선시하므로 양육자와 아동 사이의 상호 의존성을
   인정한다(Klawetter & Frankel, 2018). 영아는 평가 중에 가족이나 신뢰할
   수 있는 양육자와 떨어져있으면 안 된다. 또한, 양육자의 정신건강과 삶의
   경험은 아동의 욕구에 어떻게 반응하는지에 영향을 미친다. 양육자의 우울
   증과 같은 정신 질환은 안정적인 애착을 제공하는 능력을 손상시켜 영아의
   정신건강도 손상될 수 있다.

2. **발달 단계의 중요성**   영아 정신건강 평가의 중요한 구성 요소는 영아의 발달 이정표에 적용되는 행동의 관찰과 기록이다. 영아의 행동은 나이가 들어감에 따라 다양한 환경에서 자주 바뀐다. 따라서 단일 관찰이 영아의 전반적인 행동과 기능을 보는 정신건강 전문가의 능력을 제한한다는 것을 기억하는 것이 중요하다(Zero to Three, 2016).

3. **여러 출처에서 수집하는 정보**   영아는 비언어적이다. 따라서 여러 출처와 다양한 시나리오에서 관찰하여 정보를 수집하는 것이 중요하다. 좋은 평가는 영아의 경험과 현재의 어려움을 이해하기 위해 영아의 행동과 반응, 가족 구성원들과의 상호작용에 대해 자세한 정보를 수집할 것이다(Mares & Graeff-Martins, 2012).

효과적인 외상에 입각한 평가 전략은 평가 과정을 안내하기 위해 안전, 신뢰, 선택, 협력 및 임파워먼트의 원칙(Fallot & Harris, 2009; SAMHSA, 2014a)을 요구한다. 이 원칙은 실천에 적용하면 협조 관계에서 역기능적 역동이 반복될 가능성을 최소화하고 내담자를 위한 교정 경험을 만들 수 있는 기회를 활용한다(Levenson, 2017). 외상 정보 평가 과정은 안전과 신뢰에서 시작된다.

안전과 신뢰

평가의 목적은 가족이 직면한 문제, 강점 및 취약성을 식별하고 이해하여 부모의 양육 능력과 아동의 발달 잠재력을 극대화하도록 돕는 것이다(Mares & Graeff-Martins, 2012). 이를 위해 영아 정신건강 전문가는 먼저 가족을 평가 과정에 참여시킬 수 있는 신뢰를 구축해야 한다. 안전, 존중, 연민, 공감은 영아 정신건강 전문가와 내담자 사이의 신뢰 형성에 가장 중요하다(Porges & Dana, 2018). 따뜻하게 맞이하는 환경은 내담자에게 안정감을 준다(Fallot & Harris, 2009). 안전한 정서적 환경을 조성하기 위해 영아 정신건강 전문가는 내담자가 공유할 준비가 되지 않은 정보를 공개할 필요가 없다고 안심시킬 수 있다(Levenson, 2017).

선택과 협력

외상에 입각한 서비스는 내담자의 의사 결정과 회복에 대한 통제력을 강화하려고 시도한다(Fallot & Harris, 2009). 이것은 가족에게 그들의 목표 달성을 돕는 방법과 그들에게 중요한 것이 무엇인지, 변화를 만드는 데 어떻게 도움을 줄 수 있는지 물어봄으로써 가장 잘 이루어진다.[1] 외상에 입각한 프로그램은 영아 정신건강 전문가와 내담자 사이의 공유된 힘을 기반으로 하므로 관계는 치유에 있어서 진정한 동맹을 제공한다. 부모가 평가 과정에 참여하면 그 과정에서 동등한 파트너가 된다.

외상 선별과 평가

외상에 입각한 영아 정신건강 평가는 초기 단계의 문제가 뿌리를 내리고 아동이 성장함에 따라 해결하기 더 어려워지는 것을 예방할 수 있다(Ullrich, Cole, Gebhard, & Schmit, 2017). 표준적이고 유효하며 신뢰할 수 있는 평가 도구는 전문가가 잠재적인 문제를 식별하고 조기 개입의 노력을 조직하는 데 도움이 될 수 있다. 애착 이론과 외상 연구는 영아의 기능이 일차적 애착 관계의 맥락 내에서 아동에 대한 평가를 포함해야 함을 나타낸다. 현재 임상 지침은 어린 아동의 기능에 대한 종합적인 그림을 제공하기 위해 부모와 아동 모두 포함하는 평가를 장려한다(Dickson & Kronenberg, 2011). 적절한 평가 도구를 선택할 때 가족의 민족적 배경과 언어를 특별히 고려해야 한다. DC : 0~5와 같은 효과적이고 문화적으로 민감한 평가는 그 자체로 개입이 될 수 있다. 이는 가족이 자신의 이야기에 목소리를 낼 수 있는 기회를 제공하고, 고유한 욕구를 우선시하며, 영아를 관계의 참여자로 인식할 수 있는 기회를 제공하기 때문이다(Zeanah, Berlin, & Boris, 2011).

---

1 www.childfirst.org/our-work

영아 정신건강 전문가는 평가 및 임상 관찰을 통해 임상적 개념화와 진단을 완료한다. 0~5세 아동을 평가하기 위해 'DC : 0~5'라는 영아 장애 매뉴얼이 개발되었다(Zero to Three, 2016). DC : 0~5는 영아의 정신건강 및 발달 장애를 진단하기 위한 발달 기반 체계이다. 정신건강, 관계, 발달 및 의학적 문제를 포함한 진단을 식별하기 위해 축 시스템을 활용한다. 평가는 아동의 영역(학교, 가정, 위탁 가정), 발달 선별(발달 기준표, 사회 정서적, 감각적), 크로웰 평가(부모와 아동 사이의 애착을 평가)를 통해 다양한 측면에서 수행할 것을 권장한다.

임파워먼트

마지막 외상 기반 치료의 원칙은 내담자의 강점을 성공의 강력한 지표로 강조한다. 영아 정신건강과 외상 기반의 치료는 모두 내담자를 평가하는 데 강점 기반의 관점을 제공한다. 강점 기반 평가에는 영아, 부모/양육자, 환경의 욕구와 강점이 모두 포함된다. 평가 과정에서 영아 정신건강 전문가는 가족의 긍정적 특성과 지원을 확인하고 강조한다.

토머스의 사례

다음의 사례 연구는 Child First® 프로그램을 통한 토머스와 그 어머니 캐롤의 평가 과정을 설명한다. Child First®는 매우 취약한 어린 아동과 가족을 대상으로 하는 증거 기반의 국가적인 2세대 모델로, 가정에서 집중적인 서비스를 제공한다. Child First®는 가족을 필요한 지역사회 기반 서비스에 연결하여 해로운 스트레스를 줄임으로써 양육적이고 일관되며 반응이 빠른 부모-자녀 관계를 발달시킨다.[2] 이 프로그램은 부모-자녀 관계 기반 치료를 안정화하고 평가하고 제공하기 위해 일하는 임상가들과 건강관리 전문가들로 구성된다.

----

2 www.childfirst.org/our-work

　생후 1개월인 토머스는 연락 담당자가 어머니의 자기관리 부족과 생명을 위협하는 의료적 문제를 언급하며 Child First®에 의뢰하였다. 토머스는 캐롤이 수술을 받아 신생아를 혼자 돌볼 수 없게 되자 태어나서 처음 며칠 동안 친척과 함께 병원에서 집으로 보내졌다. 이러한 예상치 못한 상황으로 캐롤은 이 중요한 시기에 토머스와 유대감을 가질 수 없었다. Child First® 팀은 그녀의 퇴원 당일 연락하여 영아 정신건강 평가를 수행할 수 있었다.

배경 정보

토머스는 어머니, 형, 외할머니와 함께 살고 있다. 어머니인 캐롤은 적응 기능이 좋지 않은 지적 장애를 가지고 있다. 캐롤의 아버지는 어머니가 그녀를 임신한 동안 비극적으로 사망하여 캐롤은 자신의 아버지에 대해 전혀 알지 못하였다. 이 사건 때문에 캐롤의 어머니는 캐롤을 돌볼 수 없었다. 이러한 초기의 애착을 놓친 것은 다른 환경적 요인과 함께 캐롤의 제한된 인지 및 정서적 성장에 영향을 미쳤을 수 있다. 외할머니는 해결되지 않은 슬픔, 우울증, 신체적 건강 문제로 계속 고군분투하고 있다.

　가족은 경제적, 교육적, 사회적 장벽을 경험하고 있다. 토머스의 아버지는 그와 함께 시간을 보내지 않으며, 아이를 위한 경제적 지원도 하지 않는다. 캐롤은 토머스의 아버지에게 약물 남용과 가족 불화의 이력이 있다고 하였다. 캐롤은 건강 때문에 일을 할 수가 없다.

　토머스에게는 전반적으로 발달이 지연된 것으로 보이는 두 살 반 나이의 형제인 샘이 있다. 샘은 말을 하지 않는다. 그는 개처럼 짖고, 먹을 수 없는 것을 포함하여 바닥에 있는 무엇이든 먹는다. 캐롤은 샘이 도움이나 애정을 구할 때 샘을 밀어낸다. 어머니와 유대를 맺으려는 시도가 실패한 것은 어머니에 대한 샘의 양가감정(즉, 어머니에게 달려가서 무감각한 감정으로 멀어지는 등)에서 알 수 있는 것처럼 불안정하고 체계적이지 않은 애착 유형을 만들었다. 샘은 조기 개입 팀에 의뢰되었다. 조기 개입 팀은 자폐증의 명백한 증상 때문에 신경학적 평가를 권하였다. 그는 현재 잠정적으로 조기 개입 서비스를 받고 있다.

제기된 문제

토머스에 대한 초기 의뢰에서 어머니의 자기관리 부족 및 건강 문제가 언급되었다. 평가하는 동안, 어머니는 양육 기술이 부족한 점(즉, 방 한가운데서 통통 튀는 의자에 혼자 앉아있는 토머스가 관찰되었다)과 애착의 기회를 놓쳤던 점(즉, 캐롤은 짜증이 난 것처럼 보였다. 캐롤은 아기의 의자를 발로 밀었고, 자신의 어머니로 하여금 아기에게 젖병을 물릴 것을 요구하였다. 외할머니는 젖병을 물려주는 동안 그를 안고 있어야 한다고 불평하였다)을 나타내었다. 토머스에 대한 가장 큰 걱정은 이 가정 환경에서의 정서적, 신체적 안전에 대한 것이었다.

평가

가정 기반 평가 프로토콜에는 4주 동안 매주 2회의 가정 방문이 포함된다. 이 평가에서는 아동의 건강과 발달, 아동의 중요한 관계, 부모가 자녀를 양육하고 지원하는 것에 방해가 되는 부모의 여러 어려움과 관련하여 아동의 발달을 확인한다.[3] 가족과 함께 가정을 방문하는 동안 건강관리 전문가와 영아 정신건강 전문가가 가족을 관찰하고 종합적인 가정 기반 평가를 한다. Child First®의 참여 과정은 가족과 전문가 간의 신뢰 관계에서 변화가 발생하며, 가족 내 지속적인 변화는 협력적인 '가족 주도' 접근 방식에서 비롯된다는 점을 인식한다. 이것은 가족의 희망, 가치, 문화, 강점을 존중함으로써 달성된다. 부모에게 보여지는 존중과 민감함은 그들이 관계에 대한 다양한 경험을 하도록 도우며, 이는 차례로 자녀와의 관계에 영향을 미친다. 이때 다양한 평가 도구들이 사용되었다.

- 아동 발달 : 연령 및 단계 질문지 3판(ASQ3) 및 수정된 유아 자폐증 체크

---

3 www.childfirst.org/our-work

리스트 개정판(MCHAT-R)

- 아동 정신건강 : 간략한 영유아 사회 정서적 평가(BITSEA) 또는 사회 정서적 연령 및 단계 질문지(ASQSE)
- 부모–자녀 관계/애착 : 아동 양육자 상호작용 척도(CCIS) 및 양육 스트레스 지수 4판(PSI 4)
- 외상 : 부모가 보고하는 외상성 사건 선별 목록 수정판(TESI PRR)
- 부모의 정신건강 : 역학 연구에서의 우울증 척도 개정판(CESD-R)
- 부모의 도전 : 생활 스트레스 요인 체크리스트(LSCR)
- 강점 : 임상 인터뷰 질문, HOPE 정신적 평가

평가 기간 초반에 토머스는 어머니의 관심을 끌기 위해 손을 내밀고, 옹알이를 하며, 울고 있었다. 캐롤은 아기를 자신에게서 가능한 한 멀리 떨어트렸다. 이 위치에서, 토머스의 머리는 제어할 수 없이 흔들릴 것이다. 아기의 안전에 대해 부드럽게 알려준 후에도 캐롤은 토머스의 복지에 관심이 없는 것 같았다. 한 번 방문하는 동안 팀에서 토머스의 젖은 옷은 기저귀를 갈아야 한다는 표시일 수 있다고 알려주자 캐롤은 짜증이 난 목소리로 토머스를 불렀다. 캐롤은 그녀의 어머니에게 도움을 요청하였다. 외할머니는 피곤해서 기저귀를 갈 수 없다고 하였고, 캐롤이 자신에게 부탁을 하자 짜증을 냈다. 어머니와 외할머니는 토머스가 밤에 깨는 것을 방지하기 위한 전략을 세웠다. 그들은 토머스를 먹이는 일을 줄이기 위해 분유를 정량보다 진하게 탄다고 하였고, 임상의는 영아를 돌보는 기본적인 지침을 제공하고 가족을 새로운 부모 방문 돌봄 프로그램에 소개하여 안전과 건강에 필요한 기본 지식을 제공하였다. 토머스는 어머니와 외할머니에게 기쁨보다는 스트레스의 근원인 것 같았다.

평가 기간의 마지막 주에 팀은 토머스가 더 이상 어머니에게 손을 내밀지 않고 울지 않는다는 것을 알아차렸다. 그의 피부는 색이 없고 살이 빠진 것처럼 처져있었다. 캐롤은 토머스가 밤새 잠을 자고 있었고 소변을 거의 보지 않앗다고 하였다. 임상 관찰과 함께 이루어진 아동-양육자 상호작용 척도 점수는 토머스가 생후 6주에 어머니에 대한 애착이 와해되고 불안정한 것으로 나타났다.

토머스는 영아와 영유아기의 정신건강 및 발달 장애 진단 분류(DC : 0~5)의 우울증 기준을 충족하였고, 정신 장애 진단 및 통계 편람(DSM-5)에서도 우울증으로 진단되었다. 이 진단은 개별화된 아동의 발달과 캐롤, 토머스, 외할머니를 포함하는 가족 보호 계획 및 부모/보호자와 아동 간의 애착에 대해 알리는 데 사용되었다. 이 돌봄 계획은 가족이 주도하였으며, 가족의 문화, 우선순위, 욕구를 반영하였다.

사례 요약

토머스는 신체적(늘어진 피부와 체중 감소), 정서적(우울감)으로 부정적인 영향을 미치는 스트레스를 겪고 있다. 개입이 없으면 이 해로운 스트레스는 정신건강 장애와 발달 지연으로 이어질 수 있다. 어머니에 대한 토머스의 애착은 혼란스럽고 불안정하다. 연구는 욕구가 무시되거나 거부되거나 거친 반응을 경험한 영아가 자신이 무가치하다는 느낌을 특징으로 하는 불안정 작동 모델을 발달시킨다고 하였다. 이것은 또한 양육자가 외상이나 정신 질환의 과거력을 가지고 있을 때 더 가능성이 높으며, 이는 부적절한 양육이 핵심 요인일 가능성이 있음을 시사한다(Verhage et al., 2016). 캐롤과 그녀의 어머니는 토머스의 고통에 양육적인 방식으로 반응할 수 없다. 토머스의 어머니 캐롤에게는 적응 기능이 좋지 않은 지적 장애가 있다. 이것은 어머니와 연결되려는 토머스의 욕구를 이해하고 반응하는 그녀의 능력에 영향을 미쳤을 것이다. 또한 캐롤과 그녀의 어머니에게는 경제적, 교육적, 사회적 장벽이 있다. 가족이 여러 스트레스 요인을 경험하고 기본 욕구가 충족되지 않으면 가족은 자녀의 정서적, 발달적 욕구에 집중하기 어렵다.[4]

---

4 www.childfirst.org/our-work

토머스 사례는 영아 정신건강 전문가가 외상에 입각한 관점으로 평가를 수행하는 방법을 보여주었다. Child First® 영아 정신건강 전문가는 가족 내 스트레스를 줄이고 안정성을 높이며 건강하고 양육적이며 보호적인 관계의 발전을 돕기 위해 외상에 입각한 치료 원칙을 활용하였다. 첫째, Child First® 전문가는 아무런 판단 없이 캐롤과 그녀의 어머니를 존중하고 그들의 말을 경청함으로써 신뢰 관계를 구축하기 위해 노력하였다. 전문가는 캐롤에게 그녀가 무엇을 잘못하고 있는지 한 번도 말하지 않았으며 오히려 캐롤과 그녀의 어머니가 양육 기술을 공유하도록 가르칠 수 있는 순간을 찾았다. 다음으로, Child First® 전문가는 캐롤과 외할머니가 그들의 목표를 알 수 있도록 도우면서 가족을 협력 관계에 참여시켰다. Child First® 전문가는 토머스의 건강과 발달, 토머스와 그의 어머니 및 외할머니와의 관계, 외상 및 기타 스트레스 요인(예 : 아버지의 부재, 빈곤), 캐롤과 외할머니가 경험한 여러 문제(예 : 건강 악화, 일자리 없음, 제한된 양육 지식)를 평가하였다. 이 평가 기간은 개입 목표, 지원, 서비스에 대한 가족 주도의 실행 계획으로 마무리되었다(참고로 토머스와 그 형제의 신체적, 정서적 안전에 대한 우려로 인해 이 사례는 결국 더 높은 수준의 개입을 하는 것으로 의뢰하였다).

시사점 및 권고사항

종합적인 영아 정신건강 평가는 영아의 정서적, 발달적 욕구를 확인하고, 양육자가 어려운 행동을 더 잘 이해할 수 있도록 돕고, 개입을 권장할 수 있다. 영아 정신건강에 대한 정보를 부모/양육자와 공유하는 것은 평가 과정의 중요한 부분이다. Child Trends(2016)에 따르면 학대 및 방임의 위험이 있는 가족과 공유할 수 있는 0~5세 아동의 정서적 건강에 대해 부모가 알기를 바라는 다섯 가지 사항이 있다.

- 영아는 다양한 감정을 인지하고 경험한다(영아 정신건강 전문가는 캐롤과 외할머니가 토머스의 신호를 읽고 양육적인 반응을 제공하는 방법을 이해하도록 도울 수 있다).
- 초기의 긍정적 상호작용은 평생 동안 정서적 건강을 촉진한다(캐롤과 외할머니는 영아-양육자 간 애착의 이점에 대해 배우고 영아와 부모/양육자 사이의 유대를 강화하기 위하여 장난스러운 상호작용 활동을 연습할 수 있다).
- 어린 아동들의 발달에 대하여 적절한 기대치를 갖는 것이 중요하다(영아 정신건강 전문가는 캐롤과 외할머니에게 정상적인 발달상의 어려움과 기대에 대해 가르칠 수 있다).
- 부모와 양육자는 자신의 정서적 웰빙을 염두에 두고, 필요한 경우 지원을 요청해야 한다(영아 정신건강 전문가는 가족 구성원의 정신건강과 스트레스 요인을 평가하고, 필요한 경우 서비스에 의뢰할 것이다).
- 어린 아동들은 회복력이 있으며 적절한 지원을 받으면 잠재적인 외상 사건을 극복할 수 있다(토머스는 우울증 진단을 받았고 주 양육자에 대한 불안정한 애착을 가지고 있지만, 개입 성공에 대한 연구를 가족과 공유하면서 치료 결과를 향상시킬 수 있다).

영아 정신건강은 어린 아동들의 사회적, 정서적 능력 향상과 관련된 연구, 실천, 정책의 학제 간 전문 분야이다(Zeanah, Bailey, & Berry, 2009). 영아기의 지지적인 돌봄 관계는 발달에 매우 중요하다. 부모/양육자는 영아의 세계의 본질을 구성하며 정서적 및 생리적 상태를 조절하는 영아의 능력에 필수적이다. 사랑의 관계는 어린 아동들에게 편안함, 안전, 자신감을 제공한다. 이는 어린 아동들에게 우정을 형성하고, 감정을 전달하고, 도전하는 방법을 가르친다(Zero to Three, 2016). 애착 평가는 개별 아동에게만 존재하는 문제와 강점에 초점을 맞추기보다는 양육자와 아동 간 관계에서의 문제와 강점에 초점을 맞춰야 한다(Zeanah et al., 2011). 마지막으로, 영아 정신건강 평가 동안 외상에 입각한 관점으로 보는 것은, 전문가들에게 '당신에게 왜 그런 일이 일어났는지'라는 오래된 질문을 되돌려 가족 역동을 개념화하는 새로운 방법을 제공한다.

토론 질문

1. 영아 정신건강 평가와 관련된 외상에 입각한 치료 원칙은 무엇인가요?
   a. 해를 끼치지 않음
   b. 내담자 검증
   c. 안전, 신뢰, 선택, 협력, 외상 선별과 평가, 임파워먼트
   d. 강점의 관점

2. 영아 정신건강의 선별 및 평가 도구로 다음 중 어떤 것이 도움이 되나요?
   a. 육아 스트레스 지수
   b. Beck의 우울 척도
   c. 부모가 보고하는 외상 사건 선별 척도 개정판
   d. ACES

3. 파트너와 함께 DC : 0~5(영아 진단 분류 매뉴얼)를 사용하여 0~5세 아동을 평가하는 것이 도움이 되는 이유에 대하여 토론합니다.

참고문헌

Belsky, J., & de Haan, M. (2011). Annual research review: Parenting and children's brain development: The end of the beginning. *Journal of Child Psychology and Psychiatry*, 52(4), 409-428. https://doi.org/10.1111/j.1469-7610.2010.02281.x

Bernard, K., Dozier, M., Bick, J., Lewis-Morrarty, E., Lindhiem, O., & Carlson, E. (2012). Enhancing attachment organization among maltreated children: Results of a randomized clinical trial. *Child Development*, 83(2), 623-636. https://doi.org/10.1111/j.1467-8624.2011.01712.x

Blair, C. (2010). Stress and the development of self-regulation in context. *Child Development Perspectives*, 4(3), 181-188. https://doi.org/10.1111/j.1750-8606.2010.00145.x

Brazelton, T. B. (1992). *Touchpoints*. New York: Guilford Press.

Bowers, M. E., & Yehuda, R. (2016). Intergenerational transmission of stress in humans. *Neuropsychopharmacology*, 41(1), 232. https://doi.org/10.1038/npp.2015.247

Bowlby, J. (1969). *Attachment and loss: Vol. 1. Attachment*. New York, NY: Basic Books.

Bowlby, J. (1988). *A secure base: Parent-child attachment and healthy human development*. New York, NY: Basic Books.

Child First (n.d.). *Our work*. Retrieved from https://www.childfirst.org/our-work

Carpenter, G. L., & Stacks, A. M. (2009). Developmental effects of exposure to intimate partner violence in early childhood: A review of the literature. *Children and Youth Services Review*, 31(8), 831-839. https://doi.org/10.1016/j.childyouth.2009.03.005

Child Trends (2016). *Child well-being: Constructs to measure child well-being and risk and protective factors that affect the development of young children*. Retrieved from https://www.childtrends.org/wp-content/uploads/2017/03/2016-61ConstructsMeasureChild Wellbeing.pdf

Cicchetti, D., Toth, S. L., Nilsen, W. J., & Manly, J. T. (2016). What do we know and why does it matter? The dissemination of evidence-based interventions for child maltreatment. In *The Wiley handbook of developmental psychology in practice: Implementation and impact* (pp. 367-406). https://doi.org/10.1002/9781119095699. ch15

Clinton, J., Feller, A. F., & Williams, R. C. (2016). The importance of infant mental health. *Paediatrics & Child Health*, 21(5), 239. https://doi.org/10.1093/pch/21.5.239

Dickson, A., & Kronenberg, M. (2011). The importance of relationship-based evaluations for traumatized young children and their caregivers. In J. D. Osofsky & J. D. Osofsky (Eds.), *Clinical work with traumatized young children* (pp. 114-135). New York, NY: Guilford Press.

Fallot, R., & Harris, M. (2009). *Creating cultures of trauma-informed care (CCTIC): A self assessment and planning protocol*. Retrieved from https://www.healthcare. uiowa.edu/ icmh/documents/CCTICSelf-AssessmentandPlanningProtocol0709.pdf

Felitti, V. J., Anda, R. F., Nordenberg, D., Williamson, D. F., Spitz, A. M., Edwards, V., & Marks, J. S. (1998). Relationship of childhood abuse and household dysfunction to many of the leading causes of death in adults: The Adverse Childhood Experiences (ACE) Study. *American Journal of Preventive Medicine*, 14 (4), 245-258. https://doi. org/10.1016/S0749-3797(98)00017-00018

Garner, A. S. (2013). Home visiting and the biology of toxic stress: opportunities to address early childhood adversity. *Pediatrics*, 132(Supplement 2), S65-S73.

Klawetter, S., & Frankel, K. (2018). Infant mental health: a lens for maternal and child mental health disparities. *Journal of Human Behavior in the Social Environment*, 28(5), 557-569. https://doi.org/10.1080/10911359.2018.1437495

Leerkes, E. M., & Zhou, N. (2018). Maternal sensitivity to distress and attachment outcomes: Interactions with sensitivity to nondistress and infant temperament. *Journal of Family Psychology*, 32(6), 753-761. https://psycnet.apa.org/doi/10.1037/fam0000420

Levenson, J. (2017). Trauma-informed social work practice. *Social Work*, 62(2), 105-113. https://doi.org/10.1093/sw/swx001

Lieberman, A. F. (2004). Traumatic stress and quality of attachment: Reality and internalization in disorders of infant mental health. *Infant Mental Health Journal*, 25(4), 336–351. https://doi.org/10.1002/imhj.20009

Lieberman, A. F., & Knorr, K. (2007). The impact of trauma: A developmental framework for infancy and early childhood. *Pediatric Annals*, 36(4).

Lyons-Ruth, K., Todd Manly, J., von Klitzing, K., Tamminen, T., Emde, R., Fitzgerarld, H., Paul, C., Keren, M., Berg, A., Foley, M. & Watanabe, H. (2017). The worldwide burden of infant mental and emotional disorder: report of the task force of the world association for infant mental health. *Infant Mental Health Journal*, 38(6), 695–705. https://doi.org/10.1002/imhj.21674

Madigan, S., Brumariu, L. E., Villani, V., Atkinson, L., & Lyons-Ruth, K. (2016). Representational and questionnaire measures of attachment: A meta-analysis of relations to child internalizing and externalizing problems. *Psychological Bulletin*, 142(4), 367–399. https://doi.org/10.1037/bul0000029

Mares, S., & Graeff-Martins, A. S. (2012). The clinical assessment of infants, preschoolers and their families. In *IACAPAP e-Textbook of child and adolescent mental health*. Geneva: International Association for Child and Adolescent Psychiatry and Allied Professions. Retrieved from: http://iacapap.org/wp-content/uploads/A.4-Infant-assessment-2017. pdf

National Scientific Council on the Developing Child (2012). The science of neglect: The persistent absence of responsive care disrupts the developing brain. Working Paper 12. Harvard University Center on the Developing Child.

National Survey of Children's Health (2012). 2011/2012 data query. Data Resource Center for Child and Adolescent Health. Retrieved from www.childhealthdata.org

Osofsky, J. D. & Thomas, K. (2012). What is infant mental health? *Zero to Three*, 33(2), 9.

Reddy, V. (2008). *How infants know minds*. Cambridge, MA: Harvard University Press.

Schore, A. N. (2009). Attachment trauma and the developing right brain: Origins of pathological dissociation. In *Dissociation and the dissociative disorders: DSM-V and beyond* (pp. 107–141). Retrieved from http://www.allanschore.com/pdf/__ SchoreDissociation09.pdf

Schore, A. N., & Schore, J. R. (2012). Modern attachment theory: The central role of affect regulation in development and treatment. In A. N. Schore (Ed.), *The science of the art of psychotherapy* (pp. 27–51). New York, NY: Norton.

Substance Abuse and Mental Health Services Administration (2014a). SAMHSA's concept of trauma and guidance for a trauma-informed approach. Retrieved from http://store. samhsa.gov/shin/content//SMA14-4884/SMA14-4884.pdf

Substance Abuse and Mental Health Services Administration (2014b). TIP 57: Trauma informed care in behavioral health services. Retrieved from http://store. samhsa.gov/ shin/content//SMA14-4816/SMA14-4816.pdf

Tereno, S., Madigan, S., Lyons-Ruth, K., Plamondon, A., Atkinson, L., Guedeney, N., ⋯ & Guedeney, A. (2017). Assessing a change mechanism in a randomized home-visiting trial: Reducing disrupted maternal communication decreases infant disorganization. *Development and Psychopathology*, 29(2), 637–649. https://doi.org/10.1017/S0954579417000232

Tronick, E.Z. (2007). *Neurobehavioral and Social Emotional Development of the Infant and Young Child*. New York, NY: Norton Press.

Ullrich, R., Cole, P., Gebhard, B., & Schmit, S. (2017). *Education and training programs: A critical support for infants, toddlers, and families. building strong foundations: Advancing comprehensive policies for infants, toddlers, and families*. Center for Law and Social Policy, Inc. (CLASP).

U.S. Department of Health & Human Services, Administration for Children and Families, Administration on Children, Youth and Families, Children's Bureau. (2016). *Child maltreatment 2014*. Available from http://www.acf.hhs.gov/programs/cb/research-data-technology/statistics-research/child-maltreatment

Verhage, M. L., Schuengel, C., Madigan, S., Fearon, R. M., Oosterman, M., Cassibba, R., ⋯ & van Ijzendoorn, M. H. (2016). Narrowing the transmission gap: A synthesis of three decades of research on intergenerational transmission of attachment. *Psychological Bulletin*, 142(4), 337–361.

von Klitzing, K., Döhnert, M., Kroll, M., & Grube, M. (2015). Mental disorders in early childhood. *Deutsches Ärzteblatt International*, 112(21–22), 375–393. https://doi.org/10.3238/arztebl.2015.0375

Zeanah, C. H., Berlin, L. J., & Boris, N. W. (2011). Practitioner review: Clinical applications of attachment theory and research for infants and young children. *Journal of Child Psychology and Psychiatry*, 52(8), 819–833. https://doi.org/10.1111/j.1469-7610.2011.02399.x

Zeanah, P. D., Carter, A.Cohen, J. (2015). DC:0-3 to DC:0-3R, to DC:0-5™; a new edition. *Zero to Three*, 35(3), 63–66.

Zeanah, P. D., Bailey, L. O., & Berry, S. (2009). Infant mental health and the "real world"-opportunities for interface and impact. *Child and Adolescent Psychiatric Clinics*, 18(3), 773–787.

Zero to Three. (2016). *DC:0-5 Diagnostic classification of mental health and developemental disorders of infancy and early childhood* (Rev. ed.). Washington, DC: Author.

제3부

영아 놀이치료에 대한 새롭고
수정된 이론적 접근 및 모델

산후 우울증을 가진 어머니와 영아 자녀 사이의 애착 관계를 강화하는 FirstPlay® 치료

Karen Baldwin, Meyleen Velasquez, Janet A. Courtney

FirstPlay® 영아 이야기-마사지

FirstPlay® 치료는 영아와 양육자 간의 건강한 연결을 발전시키는 새로운 모델이다. FirstPlay®는 Erickson 학파 기반 스토리텔링(StoryPlay®)을 수련하고 발달 놀이치료 영역에서 30년 이상 임상을 수행한 Janet Courtney 박사가 개발하였다. FirstPlay® 영아 이야기-마사지(Story-Massage)는 애착 기반으로 출생부터 2세까지 부모-영아 회복력을 매뉴얼화한 모델이다(Baldwin, 2020; Courtney, 2015a; Courtney & Gray, 2011, 2014; Courtney & Nowakowski-Sims, 2019; Courtney, Velasquez, & Bakai Toth, 2017). 그 방법은 예방 목적을 포함하여 다른 형태의 부모/영아 개입에 덧붙여 수행되도록 설계되었다.

FirstPlay®는 다른 양육 개입의 보조적 모델로서, 그들의 자녀에게 신뢰와 안전을 구축하고 아동의 일생 동안 사회·정서·심리적 건강에 영향을 미치는 안정 애착을 증가시키기 위하여 보살피고, 존중하고, 적절하고, 즐거운 활동을 포함한 적절한 양육적 접촉을 제공하는 양육자를 지원하기 위한 개입이다. FirstPlay®는 다음을 근본적인 이론적 토대로 한다. 애착 이론, 발달 놀이치료, 부모 놀이치료, 가족 체계 이론, Erickson 학파 기반 스토리텔링(StoryPlay®), 마음챙김 구성 요소, 영아 마사지, 접촉, 신경과학과 관련된 연

그림 6.1   FirstPlay®의 근거가 되는 이론과 문헌

구(그림 6.1 참조). [FirstPlay® 운동 감각 스토리텔링(Kinesthetic Storytelling)으로 알려진 FirstPlay® 치료는 2세 이상 연령을 적용한다. 이 책의 17장 참조.]

발달 놀이치료

발달 놀이치료(DPT)는 FirstPlay® 치료의 결정적인 치료적 구성 요소이다(Courtney & Gray, 2011, 2014; Courtney & Nowakowski-Sims, 2019; Courtney, Velasquez, & Bakai Toth, 2017). DPT는 1960년대에 Viola Brody에 의해 개발되었다. Brody(1997)는 치료적 관계에서 치료적 중재로서의 접

촉은 핵심적 매개체라고 믿었다. 그녀는 '초기 자기 경험은 몸에 대한 인식'이라고 한다. 이러한 신체 자각은 신체적 접촉과 어머니가 제공하는 장난스럽고 애정 어린 태도를 통해 생긴다. Brody는 접촉이 내적 자기 발달을 위해 필요한 조건, 즉 건강한 정서적 성장을 위한 기본적인 인간의 욕구를 만드는 것을 돕는다고 가정했다. Brody가 한 작업의 영향은 광범위하다. 치료놀이 공동 창립자인 Jernberg와 Booth(2001, p. 31)는 다음에 언급한 것과 같이 Austin Des Lauriers와 그녀의 '건강한 부모-영아 상호작용 모델'이 치료놀이 발전에 미치는 영향을 인정했다. "Austin Des Lauriers와 Viola Brody의 작업을 인식하면서, 직관적으로 이해가 되는 자연스러운 접근··· 우리는 아동을 돕기 위해 그들의 방법을 [치료놀이에] 적용했다. ··· 그리고 효과적이었다!"

애착 이론

FirstPlay®는 부모(또는 초기 애착 대상)와 아동 사이의 질적인 상호작용과 그것이 심리적, 정서적, 사회적 건강과 병리학에 어떻게 영향을 미치는가에 초점을 두고 있는 애착 이론에 근거한다. 애착 이론은 John Bowlby에 의해 개념화되었다(Bowlby, 1979). Bowlby는 인간 영아가 중추신경계와 연결된 건강한 관계를 발달시키기 위해서는 적절한 양육자와의 일관되고 양육적인 관계가 필요하다고 믿었다. 그는 또한 영아 발달에서 생물학적 필요성과 초기 핵심적인 영향으로서 어머니와 영아 사이의 관계에 주목하였다(Fitton, 2012).

영아가 괴로운 시기에 편안해지는 경험을 반복하게 되면 자신의 환경에 의지할 만한 양육자가 있다는 사실을 알 수 있도록 기억 체계나 내적 작동 모델을 만든다(Bowlby, 1979). 이 내적 작동 모델은 영아가 함께하는 양육자에 대해 긍정적인 표상을 형성하도록 돕는데, 이는 안정 애착과 신뢰의 토대가 된다. 부재중이거나 비일관적인 양육자가 있는 영아는 불안정 애착이 될 수 있다(Hertenstein, 2002). 연구에 따르면 안정 애착의 결핍은 낮은 자존감, 자기통제력 부족, 공격성과 폭력성, 공감 능력의 부족, 빈곤, 의존적인 행동, 부모나 양육자에 대한 반항적인 행동과 같이 장기적으로 바람직하지 않은 상태를 야기할 수 있다(Fearon et al., 2010). 안정 애착의 결핍은 또한 이후 발달에서 10대 임신, 약물 남용, 반사회적 행동과 같은 고위험 행동과도 상관관계가 있다(Karen, 1998).

부모 놀이치료 : '변화 매개체'로서의 부모

임상가들은 아동에게 정서적인 문제를 일으키거나 긍정적인 변화를 이끌어 내는 두 가지 측면 모두에서 성인-아동 관계가 중요한 역할을 한다는 것을 알게 되었다(Ryan, 2007). 부모 놀이치료(Filial Therapy)는 Louise Guerney 가 1960년대에 개발하였다(Guerney & Guerney, 1989; Guerney, 2015). 부모 놀이치료에서는 주 양육자 또는 부모가 스스로 자신의 아이를 위한 '일차 변화 매개체'가 될 수 있도록 훈련한다(VanFleet, 1994, p. 2). FirstPlay® 치료에서 공인된 FirstPlay® 치료사는 양육자가 자신의 아기를 대상으로 실행하는 것을 감독, 시연, 안내하는 동안 아기 인형에 시연함으로써 양육자가 신체접촉에 기반한 활동을 제공할 수 있도록 구성하고 지도한다(Courtney, 2015a, 2015b). 이 안내하는 설명 방식은 양육자가 자신의 아기를 위한 '일차 변화 매개체'가 되도록 한다.

Guerney(2015, p. x)는 다음과 같이 기술하였다.

> 부모에게 치료적 역할을 부여하는 것의 장점은 가족 역동의 복잡한 관계에서 그들을 일시적으로 벗어나게 하는 것이다. 그들은 아동과 관계 맺는 새로운 방법을 배우게 되는 것이다. 그들은 가족 관계에 대한 새로운 개념과 지각을 실행하는 것이며 … 부모는 문제의 일부가 아닌 해결책의 일부가 되는 것이다.

부모 놀이치료의 궁극적 목표는 양육자에게 영아와 상호작용하는 보다 건강한 방법을 가르치고 영아와 양육자 간에 긍정적인 상호작용을 발전시킴으로써 관계를 증진하여 가족이 행복과 안전한 상태를 획득하는 것이며, 그로 인해 이후 발생 가능한 행동적, 정서적 문제 상황을 줄이고자 하는 것이다(VanFleet & Topham, 2016). FirstPlay®는 부모 놀이치료에서 부모와 아기가 함께 실시한다는 개념을 가져와 적용하였다.

Erickson 학파 기반 스토리텔링과 StoryPlay®

FirstPlay® 치료가 다른 영아 마사지 중재와 구분되게 하는 점은 Erickson 학파에 기반한 치료적 스토리텔링이 포함되어 있다는 것이다. 의사인 Joyce Mills는 Milton Erickson의 작업을 그녀가 창안한 형태의 놀이치료에 적용하고 StoryPlay®라고 명명하였다(Mills & Crowley, 2014). Erickson 학파의 스토리텔링은 "의식의 보다 깊은 영역에 도달할 수 있는 내재적 치유 과정을 활성화"하기 위해 이야기 안에 녹아있는 간접적이고 긍정적인 메시지를 이용한다(Courtney & Mills, 2016, p. 19).

스토리텔링의 비유적인 형식을 처리하는 과정에서 대뇌 우반구가 활성화되고 내담자는 자신과 관련된 새로운 반응과 연관성을 만드는 것을 돕게 된다. 추가적으로, 글을 읽고 쓰는 능력에 대한 연구 결과에 따르면 부모나 양육자가 직접적으로(대면으로, 즉 아기가 부모가 말하는 것을 볼 수 있는) 더 많이 말할수록, 그리고 더 많은 단어를 말할수록, 아동이 학교에서 보다 수행을 잘하는 것으로 나타났다(Hillairet, Tift, Minar, & Lewkowicz, 2017). FirstPlay®에서는 양육자가 이야기 안의 메시지와 첫 놀이 활동을 포함하며 부모와 아기 사이의 유대와 애착 관계 형성에 도움을 주는 '아기 나무 포옹'(Courtney, 2015b)이라는 이야기를 배우게 된다.

대인 관계의 신경과학

FirstPlay®의 근거는 신경생물학 연구 결과에서 찾을 수 있다. 신경과학 연구는 부모-자녀의 신체적·정서적 애착 상호작용으로 자극되는 인간의 초기 뇌 발달에 관여하는 생화학적 영향을 발견했다(Badenoch, 2018; Porges, 2018). Schore(2012)는 애착 이론이 최신 신경과학 연구 내용을 고려하여 근대 애착 이론이라고 알려진 형태로 진화해야 한다고 주장하였다 이러한 관점에서 아기와 주 양육자 사이의 양육적이고 적절한 관계는 "내적인 상태와 외적인 관계를 조절할 수 있는 우뇌 자기를 형성하는 필수 기반"이 된다(Schore & Schore, 2012, p. 44). Siqveland와 Moe(2014)는 생애 첫 1년간 아기와 주 양육자 간 관계의 질이 아동의 사회 정서적 기능에 영향을 주는 뇌 발달에 필수적이라는 점을 밝혀냈다. 다른 연구에서 Bernier, Bell과 Calkins(2016)는 방치, 학대 또는 고아원처럼 극단적 관계 상실과 같은 부적절한 환경에 있는 아동에 주목하여 해로운 환경이 정상적인 뇌 발달에 영향을 미친다는 사실을 확인하였고 뇌의 성장이 강력한 스트레스에 영향을 받는다고 결론지었다. 반면 좋은 환경 조건은 건강한 뇌 발달에 긍정적인 영향을 줄 수 있다. 건강한 뇌 발달에 가장 중요한 영향을 주는 요소 가운데 하나는 안전에 대한 욕구로, 부모와 함께 수행하는 FirstPlay®의 핵심 요소라고 할 수 있다. Porges(2018)는 얼굴-심장 연결을 조절하는 안전의 사회 개입 시스템이 "… 두면부 근육과 심장의 협응을 담당하는 얼굴-심장 연결에서 나온다고 하였다. 이는 얼굴 표정과 운율을 통해 … 신체 성장과 회복과 관련한 상태를 조절하는 추가적 기능을 한다."라고 하였다.

신체접촉과 영아 마사지

FirstPlay®는 은유적 스토리텔링이라는 틀에 영아 마사지 기술을 포함하고 있으므로 영아 마사지 및 신체접촉에 대한 연구와 문헌이 이 모델의 기초가 된다(Courtney & Gray, 2011, 2014; Courtney & Nolan, 2017; Courtney & Siu, 2018). 신체접촉은 성장과 발달에 필수적인 것으로, 신체접촉이 없다면 우리는 죽을지도 모른다(Field, 2014; Linden, 2015).

양육자가 아기에게 신체접촉을 하게 되면 아기는 자기에 대한 감각을 발달시키기 시작하고 타인과 관계를 맺는 법, 그들의 영향을 조절하는 법 그리고 자신의 환경을 숙달하는 법을 배우게 된다(Brody, 1997; APT, 2019). 신체접촉은 종종 무의식 수준에서도 경험하는 소통의 독특한 형태이다. 적절한 신체접촉이 있을 때, 치유와 성장을 촉진하게 된다. 신체접촉이 잘못 사용되었을 때, 건강한 발달을 저해하고 손상을 야기하게 된다. 다행스럽게도, Linden(2015)이 제시한 바와 같이 방치되거나 신체접촉을 박탈당한 아기의 경우에도 부드러운 마사지로 "영아기에 신체접촉 박탈로 인해 생긴 해로운 효과를 되돌릴" 수 있다(p. 27).

영아 마사지는 영아 정신건강을 증진시키고 이에 대한 연구는 애착 관계의 질, 사회적 · 정서적 · 신체적 안녕과 건강한 뇌 발달을 향상시키는 등 영아 마사지와 신체접촉의 질적 · 양적 이득을 밝혔다(Field, 2014; Hertenstein, 2002; Linden, 2015; O'Brien & Lynch, 2011). 영아 마사지는 아기에게 긍정적인 보살핌의 신체접촉과 적절한 경계에 대해서 가르치기 시작한다. 또한 영아 마사지는 애착, 유대, 안정과 관련된 옥시토신 분비를 촉진한다(Courtney, Velasquez, & Bakai Toth, 2017; Field, 2014).

마음챙김

마음챙김(mindfulness)은 양육자가 FirstPlay® 영아 이야기-마사지에 앞서 이완 기술의 습득을 배울 수 있는 방법의 하나이다(Courtney, 2020). 아기가 안정되게 조율된 존재가 되기 위해서는 부모가 먼저 고요하고 집중할 수 있어야 한다(Courtney, 2015a). 만약에 양육자가 자신의 스트레스와 분노를 가라앉힐 수 없다면, 자신의 영아가 고요하고 이완되도록 돕는 데 어려움을 겪을 것이다. 우리는 공동 조절이라는 관점에서, 부모와 영아가 서로 상대의 내적 상태에 긍정적이거나 부정적인 영향을 줄 수 있다는 점을 알고 있다(Schore, 2012). 따라서 FirstPlay®를 시행하는 치료사는 FirstPlay® 이야기-마사지를 시행하기 전에 부모에게 아동과 연결되는 것뿐만 아니라 '고요하기, 이완하기, 그리고 연결하기'라고 지침을 준다. 이러한 과정은 부모가 한 손은 자신의 심장에, 다른 한 손은 아기의 가슴에 부드럽게 올려놓고 하는 무지개 포옹(Rainbow Hug®)(Courtney, 2015b)이라는 간단한 유도 심상 기법을 통해 이루어질 수 있다(시각적인 이해를 위해 그림 6.2를 참조).

FirstPlay®에서 조율과 애착을 촉진하기

FirstPlay®는 다음의 기술을 이용하여 부모의 조율과 애착 모델을 제시하고 지지한다.

그림 6.2 Stephanie Crowley가 5개월 된 에즈라와 무지개 포옹의 '고요하고 편안한' 이미지를 통해 연결되고자 하며, FirstPlay® '아기 나무 포옹' 이야기-마사지 시작에 대해 에즈라의 허락을 구하고 있다. 사진은 Stephanie Crowley의 허가를 받아 사용한다.

사진 제공 : Janet A. Courtney

1. 내담자 중심 관점에서, 치료사는 FirstPlay®를 하는 동안 아기의 리드에 따르면서 지지해야 한다. 즉 아기가 '운전석'에 앉아있다고 생각해야 한다.

2. '아기를 위한 말하기'는 치료사가 부모의 의식을 공손하게 고양하고 아이에게서 관찰되는 신체적, 감정적 요구에 마치 아이가 말하는 것과 같이 공감하는 방법을 제공하는 치료적 중재이다(Carter, Osofsky, & Hann, 1991).

3. '아기에게 말하기'는 치료사가 부모로 하여금 아이에게 직접 말을 걸게 하는 방법이다.

4. '보기와 보여주기'는 Brody(1997)가 만들었으며, 서로 왔다 갔다 소통하는 ('주고받기'로 알려진) 관계로 발전하는 것에 중점을 두고 치료사가 사용하고 있다.

5. 영아 신호에 조율하기 : FirstPlay® 치료사는 또한 부모가 자기 아이가 신체 접촉을 원한다는 신호를 알아채지 못했을 때, 즉각적으로 반응할 수 있도록 보조해야 한다.

6. 영아 전환 준비하기 : 치료사는 한 활동에서 다른 활동으로 넘어갈 때 부모가 준비하고 영아에게 말을 걸 수 있도록 지원한다.

7. '아기 휴식'은 영아가 짧은 집중 시간을 가지고 있음을 인지하고, 회기 중에 영아 욕구의 변화를 예의 주시하여 영아가 휴식을 취해야 하는 시점인지를 관찰하여야 한다.

8. '고요하기, 이완하기, 그리고 연결하기' : 조율은 또한 FirstPlay® 회기를 시작하기 전에 부모가 속도를 늦추고 자신의 신경계를 진정시키도록 안내받는 것으로 도움이 된다. 동시에 그들은 영아와 연결되는 것을 지원받는다.

9. FirstPlay®를 시작하기 전에 부모에게 '허락 요청하기'를 시연하고 안내함으로써 영아를 존중한다.

주산기 정신건강

(다음의 고찰은 이 장에서 소개하는 사례 연구에 대한 이해를 돕는 데 중점을 두고 있다.)

주산기 정신건강 문제는 산후에 가장 흔한 합병증으로, 주로 아이가 수정되었을 때부터 1세가 될 때까지 발견된다(산후 지원 인터내셔널, 2010). 임신 중과 산후에 발생하는 정신건강상의 어려움은 모든 여성 가운데 14~23%에서 발생한다(미국산부인과학회, 2018). 이러한 발생률은 임신 기간 동안 의례적으로 감별하는 질환인 임신성 당뇨나 고혈압의 두 배가 되는 수치이다(Kleiman, 2009). 그러나 종종 부모들은 발병률에 대한 정보를 얻지 못하며 증상이 나타나기 시작하면서 정신건강상의 합병증을 겪을 수 있다(Kleiman, 2009). 산후 우울증은 빠르게 발병하여 치명적이고 강력한 증상을 보여 산모를 높은 자살 위험에 처하게 한다. 종종 드러나지 않는 것은 남성의 산후에 대한 고려인데, 아버지 열 명 가운데 한 명꼴로 우울증이 발생하며, 이는 배우자의 우울증 발생에 가장 큰 위험 요소가 된다(Paulson & Bazemore, 2010; Goodman, 2004).

부모의 정신 질환은 아동이 만나는 첫 번째 부정적인 아동기 경험(ACE)이다. 치료되지 않은 우울은 애착 관계에 영향을 끼쳐 영아의 뇌 발달을 변화시킴으로써 정서적, 사회적 그리고 신체적 발달 지연을 야기할 수 있다. 어린 아동의 뇌에 미치는 이러한 영향은 적절한 치료, 교육 그리고 지지적 환경에 의해 되돌릴 수 있다. 그러나 산후 우울증이 치료 가능한 질환임에도 불구하고 이 가운데 15% 미만의 여성만이 치료를 받는다. 이러한 통계에 따르면 많은 수의 여성이 필요한 도움을 받지 못하고 방치되고 있으며, 이는 세대를 건너 전해지는 영아기 애착 결핍 양상의 기반이 된다(하버드대학교 아동발달센터, 2009).

영아를 대상으로 치료할 때 치료사는 산후 정신건강 관련 합병증을 앓고 있는 양육자를 둔 영아는 그들의 인생에서 가장 취약한 시기를 보내고 있을 수 있음을 고려해야 한다. 엄밀히 말해서, 임상가는 올바른 임상적 판단을 하고 양육자의 역량과 자존감을 향상시키는 방향으로 도움을 제공해야 하며, 반대로 부주의로 인해 양육자의 죄책감, 좌절감 및 무력감을 증가시켜서는 안 된다. 추가로 부모와 함께 영아 놀이치료를 적용하는 치료사는 적절한 방법을 선별하여 치료하고 또한 부모에게 적절한 정신건강 서비스를 추천해야 한다.

사례 연구 : 수사나와 4개월 영아 칼라

다음 임상 사례에서 주산기 정신건강 치료사이며 공인 FirstPlay® 슈퍼바이저인 저자(Velasquez)가 어떻게 FirstPlay® 영아 이야기-마사지를 산후 우울증을 겪고 있는 어머니를 치료하는 데 활용하였는지를 보여줄 것이다.

제기된 문제 및 가족 배경

수사나는 출산한 지 4개월 된 26세 여성으로, 강제 입원했던 정신병원에서 퇴원하는 것과 연계한 정신치료 복지사업으로 전원되었다. 수사나와 그녀의 남편은 소아과 의사와의 진료 약속에 갔고, 거기에서 자신이 우울감을 느끼고 있으며 딸과의 애착 형성에 어려움을 겪는다는 점을 털어놓았다. 소아과 의사는 그녀를 지역 병원의 응급실로 전원하였으며, 거기에서 그녀는 강제 입원되었다. 수사나는 엘살바도르에서 10남매 가운데 막내로 태어났다고 한다. 그녀는 부모와 할머니로부터 당했던 신체적, 정신적 그리고 성적 학대에 대해 털어놓았다. 그녀의 부모는 그녀가 16세가 되었을 때 미국에 있는 이모와 같이 살도록 그녀를 미국으로 보냈으며, 19세에 결혼할 때까지 그녀는 이모와 함께 살았다. 초진 시에 아기인 칼라는 4개월이었다.

평가 및 치료 초기

그녀의 남편과 함께 한 첫 회기에서 그녀는 또다시 강제 입원을 당할 수도 있다는 두려움 때문에 상담사와 단 둘이 있는 것이 두렵다고 털어놓았다. 치료사는 산후 특수 생체심리사회 평가(저자인 Velasquez가 개발하였다)와 에딘버그 산후우울척도(Edinburg Postnatal Depression Scale, EPDS) 검사를 수행하였다. 수사나를 검사한 결과 EPDS 점수, 특히 우울증 관련 점수가 높게 나왔다. 수사나의 검사 결과는 그녀가 산후 우울증을 겪고 있음을 보이고 있었으며, 수사나의 말에 따르면 두 번의 유산으로 인한 비극적인 상실 등으로 인해 이미 임신 기간부터 우울증 증상을 보이고 있었음을 알 수 있었다. 수사나와 그녀의 아기 사이의 관계에 대한 추가 검사는 그녀가 어머니로서의 자신의 새로운 역할에 대해 "나는 엄마가 될 사람이 아닌 것 같아요."라고 하였을 때 그녀의 우울한 정도와 그로 인한 고통을 여실히 보여주었다. 그녀는 칼라를 '까다로운' 또는 '안아주지 않으면 우는 아이'라고 묘사하였다. 또한 칼라는 밤새 자지 않았고, 수사나는 밤새 '아이가 숨을 쉬고 있는지 확인하기'를 계속하였다. 신체접촉과 놀이 활동의 질에 대한 질문에서 그녀는 "나는 내 관심을 칼라에게 모두 쏟아부어 그녀를 망치고 싶지 않아요. 나는 아기가 내 품 안에 있는 데 익숙하게 하고 싶지 않아요."라고 하였고 그녀의 남편 후안은 검사 기간 내내 조용히 있었다.

검사 결과에 따른 초기 치료 계획

다음과 같은 치료 목표를 수립하였다.

(A) 인지치료를 적용하고 수사나의 지원(신경) 네트워크 시스템을 작동하게 하여 우울 증상을 감소한다.

(B) 초기 아동기의 트라우마가 칼라와의 유대 형성 능력과 같은 주산기에 해당하는 요소에 영향을 줄 수 있는 방법을 논의하고, 발달적으로 시기에 맞는 적절한 기대치에 대한 심리교육도 수행한다.

(C) FirstPlay® 영아 이야기-마사지를 시행하여 어머니와 영아 사이의 유대와 애착 형성을 돕는다.

2회기에서 6회기까지 : 개인 및 가족치료(아기 없이 진행)

2회기에서 6회기까지는 수사나 개인을 치료하기 위한 인지치료를 적용하는 데 주안점을 두었다. 수사나의 증상은 안정되고 있었고, 그녀의 남편과 어머니 또한 회기에 참여하여 산후 우울증에 대해 알고자 하였다.

7회기(아기 칼라가 처음으로 참여한 회기)

수사나가 이제 5개월이 된 아기 칼라와 함께 회기에 참석하였다. 수사나가 소파에 앉을 때 유아차를 멀리 떨어뜨려 놓은 것이 기록되어 있다. 수사나는 칼라가 예전만큼 울지 않는다며 '훈련'이 효과적인 것 같다고 했다(검사 결과 항목에 적은 바와 같이 그녀는 칼라가 우는 것에 반응하지 않는 것이 칼라를 '망치지' 않도록 훈련시키는 것이며, 이를 지속해야 한다고 믿고 있었다). 칼라가 보내는 욕구에 대한 신호를 무시하는 것에 대해 긍정적으로 생각하는 수사나를 보았을 때, 여섯 회기를 통하여 간략한 심리교육을 제공하려던 치료사의 시도는 성공했다고 볼 수 없었다. 또한 회기 내내 칼라가 유아차에 누워서 매우 적은 움직임과 최소한의 신호를 어머니에게 보내는 것이 관찰되었다.

　[추가 노트 : 본 연구가 우울증을 겪고 있는 어머니들이 스트레스 기간에 아이를 정서적으로 보살피는 데 어려움을 경험할 수 있고 아이의 욕구에 대한 반응도가 떨어질 수 있다는 것을 시사한다는 점에 주목할 필요가 있다(Musser, Ablow, & Measelle, 2012). 또한 자애롭고 보호적인 양육자가 되고 싶다는 강력한 열망과 결합된 정서적 조절의 어려움은 어머니들로 하여금 강력한 죄책감, 분노 및 수치심을 경험하도록 한다(Kleiman, 2009).]

수사나의 치료에 FirstPlay®를 적용하는 근거

수사나가 치료 과정에서 호전된 것은 사실이지만 칼라의 신호-반응 체계가 차단되었음을 발견하였고, 이것이 지속될 경우 칼라의 발달이 지체될 뿐 아니라 우울증이 발생할 위험 또한 있음을 치료사는 고려하였다(Zero to Three, 2016). FirstPlay®는 부모가 자녀를 사랑하고 조율하는 방법을 배울 수 있도록 구조화된 (그리고 매뉴얼화된) 방법과 자녀와 상호작용하고 연결되는 방법을 제공하여 부모와 아기 사이의 유대를 강화하는 기법이다. 어머니의 우울증에 대해서 단독으로 초점을 두고 치료를 하는 것은 어머니의 우울이 호전되었음에두 불구하고, 이 치료로 영아이 발달에 영향을 주기 못하였기 때문에 어머니의 치료와 모자 관계 모두에 초점을 맞추는 효과적인 치료를 적용해야 한다는 결론에 도달했다(하버드대학교 아동발달센터, 2009). 수사나의 증상은 아직 남아있었지만 그녀는 산후 우울증이 일시적인 것임을 안 후 우울의 강도가 줄어들었다고 보고하였다. 증상의 감소와 치료사가 치료실에서 관찰한 바에 따라 이 모녀에게 FirstPlay®를 소개하는 것이 득이 있을 것으로 판단되었다.

FirstPlay® 회기

소개

수사나와 후안은 첫 회기에서 치료사가 FirstPlay® 치료 수련을 받았다는 사실을 안내받았다. 일곱 번째 회기에서 치료사는 이 치료법을 소개하였고, FirstPlay® 부모 매뉴얼에 있는 입문 정보를 어머니와 함께 읽었다. 애착 관계에 있어 신체접촉의 중요성에 대해 초점을 맞춘 심리교육이 진행되었으며, 본 기법에 대해 자녀를 '망칠' 걱정 없이 자녀와 상호 관계를 맺을 수 있는 방법으로 소개하였다. 그다음 주에 있는 시연 회기에 후안을 초대하였다.

FirstPlay® 적용 1회기

수사나의 가족은 FirstPlay® 이야기-마사지 회기를 위해 약속 장소로 왔으며, 그곳은 마루에 담요와 베개 등을 두어 FirstPlay® 이야기-마사지 회기를 수행하기에 편하도록 꾸며져있다. 치료사는 후안이 여전히 소파에 앉아있는 동안 수사나가 치료사 옆 마루에 앉는 것을 보았다. FirstPlay®의 이점을 다시 한번 설명하고 아버지에게 참여를 독려하였다. 그가 말하기를, "아니요, 이건 엄마들이 하는 일인걸요."라고 하였다. 어머니는 고요하고 이완된 분위기를 만드는 부분에 대해 자신은 명상을 거의 해본 적이 없고, 그 때문에 자신이 이를 제대로 수행할 수 없을 것 같아 걱정된다고 하였다. 치료사는 그녀의 그러한 느낌을 다스리면서 이 기법은 짧고 간단해서 따라 하기 좋을 것이라고 확신을 주었다. 아버지를 이완 과정에 참여하도록 독려하기 위해 치료사는 그가 그의 아내의 등에 손을 대고 그녀가 바닥에 밀착하는 것을 돕도록 하였다. 아버지는 이러한 제안을 받아들였고, 치료사는 그가 이러한 과정을 수행하는 동안 눈을 감고 있는 것을 알 수 있었다. 준비 과정에서 다음 단계는 어떻게 '아기에게 신체접촉에 대한 허가를 얻어내는가'에 대한 모범과 지침을 주는 것이었다. 어머니는 "이걸 아는 것은 여자애들에게 좋겠네요."라고 하면서 후안과 눈을 맞추었다. 이에 치료사는 아이에게 신체적으로 안전한 영역을 가르치는 것을 유아기부터 시작하는 것의 중요성을 설명하였다.

FirstPlay® 이야기-마사지는 '아기 나무 포옹'이라는 비유적인 이야기를 활용한다. 이 이야기를 이용해서 부모는 아기가 나무인 것처럼 대하는데, 각각의 신체부위는 나뭇가지나 잎 등을 상징하여 아기는 '나무'가 되는 것이다. 치료사는 이 이야기-마사지를 아기 인형에 시연하고 부모는 이를 따라서 자신의 아기에게 본 기법을 시행해보는 것이다. 이 가족은 칼라가 '망고' 나무가 되는 것으로 결정했다. 칼라가 담요에 놓이자마자 그녀는 몸을 배배 꼬며 안절부절못하기 시작했다. 아이의 부모는 아이에게 위산 역류 증상이 있고, 이로 인해 급작스러운 울음을 터트릴 때가 있다고 하였다. 그래서 칼라를 역류방지쿠션으로 옮겼고, 아기가 조금 편안해지는 것 같았다. 수사나는 치료사가 왼쪽 다리를 마사지하자 치료사를 따라 하기 시작했다.

(다음은 회기 내용의 일부를 발췌한 것이다.)

치료사 : (아기 나무 포옹 이야기를 크게 소리 내어 읽으며) 우리는 이 가지를 기어 올라갈 수도 있어. 위로, 위로, 위로, 이제는 다시 아래로, 아래로, 아래로!
수사나 : 얘 웃는 것 봐요! (미소 지으며 후안을 바라본다.)
치료사 : 칼라가 어머니와 상호작용하는 것을 이렇게나 좋아하네요! 아이가 웃을 때

두 분 모두 얼마나 행복해하시는지 너무 잘 보여요.

후안 : 우리는 이 아이를 매우 사랑해요. 그렇지만, 애는 다루기 어려운 아이가 될 수도 있어요.

치료사 : 위산 역류가 있는 아이를 다루는 것은 정말 어려운 일이 될 수 있어요. 그리고 여러분 가족은 지난 몇 개월간 많은 일을 겪었지요.

수사나 : 그리고 이 우울증 때문에 나는 도움이 못 되네요.

치료사 : 우울증은 여러분 가족이 지나온 여러 가지 일 가운데 하나일 뿐이고, 그건 수사나 잘못이 아닙니다. 이것은 당신이 자신을 다시 느끼게 되는 여정의 일부예요.

이때, 칼라가 짜증을 내면서 울기 시작했다. 수사나는 칼라를 들어올리고는 마치 칼라가 일어서서 사무실을 한 바퀴 도는 듯이 칼라의 몸을 흔들었다. 후안이 애가 울 때 그렇게 하면 진정하는 데 도움이 된다고 설명했다. 칼라가 진정되어 다시 시작할 준비가 되자, 우리는 이야기를 다시 시작하여 다리에서 발, 발가락, 그리고 발목에 이르렀다. 발목을 마사지할 차례가 되었을 때 칼라는 발을 어머니 쪽으로 밀어냈다.

수사나 : 안 돼, 안 돼, 안 돼, 엄마가 잘해주고 있잖아, 우리는 마사지하는 거야.

치료사 : (어머니가 자녀의 신호를 잘못 해석하는 것을 알아채고) 무슨 일이죠?

수사나 : 절 발로 차려고 했어요!

치료사 : 음… 그게, 아기들이 우리와 소통할 수 있는 방법은 얼마 없고, 움직임은 그중에 하나예요. 칼라가 우리에게 뭔가를 알려주려고 시도한 다른 방법은 무엇이 있었나요?

(칼라의 시선이 어머니로부터 멀어지면서 아기는 울기 시작했다.)

후안 : 봐요, 애가 더 이상 원하지 않잖아요.

치료사 : (아기에게 말하며) 잠시 쉬었다 해야겠다.

칼라는 매우 화가 났고, 그녀의 부모가 그녀를 달래려고 애를 씀에도 불구하고 크게 울고 있었다. 수사나는 아기가 밥 먹을 시간이 되어간다고 말하면서 준비해온 병을 꺼냈다. 그러는 동안 치료사는 아기 부모가 아기의 필요를 충족하기 위해 얼마나 열심히 일하는지에 대해 반영해주었고, 그들이 보여주는 노력에 대해 긍정적으로 강화해주었다. 일단 칼라가 진정하자 수사나가 계속할지에 대해 물었다. 아기가 막 먹고 게웠기 때문에 치료사는 칼라를 아버지 무릎에 앉혀놓고 오른 다리를 진행하는 것이 어떤지 논의하였다.

(추가 노트 : 나머지 다리를 진행하기 위해 아버지 무릎에 앉힌 것은 FirstPlay® 모형을 수정한 것으로, 이는 FirstPlay®를 연습하고 있지 않은 나머지 한 명의 부모를 끌어들이는 것을 도와주는 효과가 있다. 아버지의 문화적 배경으로 인해 그는 마사지는 어머니에게 어울리는 활동이라는 표현을 한 적이 있다. 치료사가 가족을 상대로 상담을 진행할 때 아버지를 치료에 참여시키기 위해 그들의 문화와 믿음을 받아들이고 문화적으로 적절한 방법을 찾아내는 것은 매우 중요하다.)

정해진 회기 시간이 다 되었고 치료사는 칼라를 아버지 무릎에 앉혔기 때문에 다리 부분 이야기-마사지가 성공하였음을 강조하며 다음 주에 다시 이어서 하기로 하였다.

FirstPlay® 적용 2회기

두 번째 회기에 수사나는 혼자 와서, 칼라가 집에 있고 상태가 좋지 않다고 말했다. 그녀는 집에서 칼라와 FirstPlay®를 하려고 시도해보았지만, "칼라가 그걸 원하지 않았어요."라고 하였다. 그녀가 이어서 말하기를 "선생님과 같이 했을 때는 좋아하였는데, 제가 했을 때는 그러지 않았어요."라고 하였다. 이에 회기의 일부 시간을 할애하여 우울이 그녀와 딸 사이의 관계에 어떻게 영향을 미치는지를 이해하는 데 초점을 두었다. 이날 최고의 시간은 수사나가 칼라의 조용한 경고를 인지할 수 있도록 마사지와 아기가 보내는 신호에 대해 공부하는 시간이었다. 그리고 난 뒤 치료사는 수사나에게 FirstPlay® 기법을 인형을 가지고 연습하겠느냐고 물었고, 그녀는 그렇게 하겠다고 했다. 수사나가 자신의 아기 인형에 연습하는 동안 치료사는 다른 아기 인형을 이용하여 FirstPlay®를 시연하였다. 그녀는 인형에게 연습하는 동안 누가 보기에도 이완되어 보였다.

치료사 : 이 유대가 맺어지는 순간의 좋은 점은 이 순간에 어머니도 평안해지다는 점이죠.

수사나 : 칼라가 저와 유대를 맺고 싶을 때만 그렇겠죠.

치료사 : 우리는 지금 무언가 새로운 것을 시도하고 있고요, 아기에게는 종종 조정

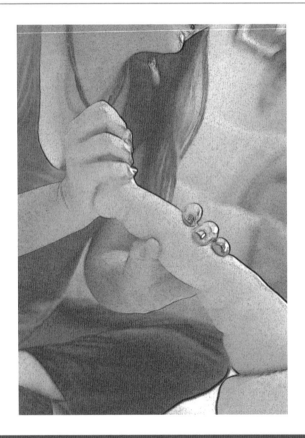

그림 6.3　FirstPlay® 부모 매뉴얼에 수록된 예시 삽화
출처 : Janet A. Courtney

을 위해 시간이 필요합니다. 당신이 아기와 놀이를 하기 위해 신나 있는데 아기는 준비되지 않았다면 힘들 수 있습니다만, 이게 의미하는 바는 아기에게 약간의 시간이 더 필요하다는 것입니다. 그녀가 이끄는 대로 따르는 것을 연습할수록 점점 쉬워질 것이고, 더 강한 유대를 얻게 될 수 있을 겁니다.

수사나 : 나도 칼라와 좋은 관계를 맺고 싶어요. 나는 그 아이가 날 믿고, 필요한 게 있으면 내게 와주었으면 해요.

치료사 : 그렇다면 우리는 제대로 하고 있는 겁니다. FirstPlay®는 신뢰를 만드는 기반이 되어줄 거예요. 칼라가 '당신이 그녀의 말을 듣고 있다는' 것을 볼수록 그녀는 당신과 소통하려고 할 거예요.

FirstPlay® 적용 3회기

이번 회기에 수사나는 칼라를 데리고 상담실에 도착했다. FirstPlay® 이야기-마사지를 집에서 어떻게 해보았느냐는 질문에 수사나는 칼라를 데리고 몇 번 연습해보았다고 하였다. 치료사는 그녀가 딸과 함께 연습해보았다는 점에 대해 긍정적으로 강화해주었다. 수사나에게 그녀가 어릴 때로부터 상기해낸 FirstPlay® 활동에 대해 물었다. 그녀는 어렸을 때 들었던 민요와 다른 곡을 구분해낼 수 있었다. 수사나의 내적 자원을 이용하여 치료사는 그녀에게 그 노래를 통해 즐겁고 부드러우며 존중하는 신체접촉 활동을 도출해내는 것을 도와주었다. 치료사는 수사나가 아이와 즐겁게 연습을 하는 동안 관련 기술을 시연하였다.

FirstPlay® 적용 4회기

한 달 후 수사나, 칼라 그리고 후안이 마지막 FirstPlay® 회기를 위해 방문했다. 치료사는 두 사람에게 그들이 집에서 하는 FirstPlay® 회기 동안 무엇을 했는지 보여달라고 하였다. 수사나는 칼라에게 말을 걸고 노래를 흥얼거리며 칼라의 두 발로 박수를 치는 것으로 시작했다. 그들은 바닥으로 내려갔고 수사나는 FirstPlay® 이야기-마사지를 시작했다.

수사나 : (칼라에게) 이야기-마사지를 조금 해볼 거야.

(칼라가 어머니를 뚫어져라 바라보다가 미소를 짓는다.)

치료사 : 칼라가 웃는 것을 봐요, 자기가 준비되었다고 알려주는 것 같아요.

칼라가 휴식을 취할 때가 되자 수사나는 칼라를 후안에게 넘겼다. 치료사는 칼라가 아버지의 무릎에 앉자마자 즉시 평온해지는 것을 알 수 있었다.

치료사 : 아이고, 칼라가 얼마나 아빠와 같이 있는 것을 좋아하는지 알겠네요.

후안 : 칼라는 나의 전부입니다. (그가 웃으며 말했다.)

치료사 : 아시다시피, 원하신다면 우리는 마사지를 다양한 방법으로 할 수 있어요. 아기가 후안의 무릎에 이렇게 편하게 앉아있는 동안 수사나는 아기 팔에 이야기-마사지를 계속할 수 있을 것 같아요. 우리가 첫 회기에서 했던 것처럼요. 그리고 칼라가 얼마나 좋아하는지 보세요.

(수사나가 FirstPlay® 이야기-마사지를 시작한다.)

치료사 : 집에 돌아가시면 이런 방법은 가족 모두가 참여하는 좋은 방법이 될 수 있을 것 같아요. 칼라는 엄마 아빠 모두와 함께하는 특별한 시간을 보내게 되는 거죠.

요약

공감적이고 조화롭고 양육적인 신체접촉이 부모와 영아 사이에 존재하며, 이는 건강하고 안전한 애착이 시작되는 근간이 된다. 본 사례는 FirstPlay® 이야기-마사지가 산후 우울증을 앓고 있는 어머니를 치료하기 위해 어떻게 통합되는지, 그리고 치료에 영아를 포함하는 것이 가지는 긍정적 효과에 대한 예시를 보여주었다. 산후 우울증을 앓는 부모를 치료하기 위해서는 부모-영아 간 관계의 질에 대한 치료적 모델이 필요하다. 영아가 보여주는 행동과 쌍방 간의 관계에 대해 평가할 수 있는 치료사의 역량은 모성의 민감성을 증진하는 데 초점을 둘 수 있게 하였다. 판단적이지 않은 공간과 문화적 차이를 존중하는 것을 통하여 확립된 안전감은 수사나와 남편 후안으로 하여금 치료적 동맹을 맺게 하였다.

FirstPlay®는 양육자가 즐겁고 부드러운 신체접촉을 하는 구조화된 방법을 제공함으로써 양육자-영아 관계를 강화할 수 있으며, 또한 영아를 존중하고 공감 능력이 발달하도록 하며 관계를 증진한다. 결국 FirstPlay®는 양육자에게 자신의 영아와 인간관계를 맺는 경험을 제공하여 영아가 인생 초기부터 일생에 걸쳐 진행되는 뇌 구조 발달을 유기화하도록 돕는다. 이러한 긍정적인 경험은 아동의 뇌에서 자신의 신체 상태와 정서를 조절하고 기억을 정리하며, 소통할 수 있는 능력이 발달하도록 돕는다. 최종적으로 FirstPlay®는 양육자가 영아기에 겪어본 적 없을 활동을 경험하게 함으로써 자신의 영아와 상호작용하는 새로운 방법(이는 미래 세대에 긍정적인 작용을 할 수 있다)을 배우게 할 수도 있다. FirstPlay®는 양육자로 하여금 어떻게 자신의 영아와 신뢰를 구축하고 그들을 안전하게 돌보고, 존중하고, 조율하고, 즐거운 활동을 포함해서 양육적인 신체접촉을 시행하는지를 알려줄 수 있다. 이러한 경험은 영아기부터 일생을 통해 사회적, 정서적, 그리고 심리적 건강을 지원하는 안전 애착을 증대시킬 것이다.

토론 질문

1. 본 사례 연구를 반영하여 동료와 산후 우울증을 겪고 있는 환자를 치료할 때 발생할 수 있는 느낌이나 역전이에 대해 논의합니다.
2. 산후 우울증을 앓고 있는 어머니를 치료하는 데 영아를 참여시키는 것이 임상적으로 적절하게 되는 상황은 무엇인가요?
3. 부모의 우울이 치료되지 않는 경우 영아의 발달과 애착 시스템에 어떠한 영향을 줄 수 있는지 논의합니다.
4. FirstPlay®를 가족치료에 적용한 것이 어떤 방법으로 치료 결과에 차이를 가져왔나요? 이번 사례에서 치료사는 어떤 말과 행동을 해서 어머니와 아버지가 칼라와 애착 관계를 지지하도록 하였나요?

참고문헌

American College of Obstetricians and Gynecologists (2018). Depression and postpartum depression: resource overview. Retrieved on December 20, 2018 from https://www.

acog.org/Womens-Health/Depression-and-Postpartum-Depression IsMobileSet=false on

Association for Play Therapy (APT) (2019). *Paper on touch: Clinical, professional, & ethical issues.* Retrieved July 19, 2019 from: https://cdn.ymaws.com/www.a4pt.org/resource/resmgr/publications/2019/Paper_on_Touch_2019_-_Final.pdf

Badenoch, B. (2018). *The heart of trauma.* New York, NY: Norton.

Baldwin, K. M. (2020). *An examination of adolescent maternal-infant attachment relationship outcomes following a FirstPlay® therapy infant storytelling-massage intervention: A pilot study* (IRB approved, doctoral dissertation). Boca Raton, FL: Florida Atlantic University.

Bernier, A., Bell, M.A., & Calkins, S. (2016). Longitudinal associations between the quality of mother-infant interactions and brain development across infancy. *Child Development, 87*(4), 1159–1174. https://dx.doi.org/10.1111/cdev.12518

Bowlby, J. (1979). *The making and breaking of affectional bonds.* New York, NY: Methuen.

Brody, V. A. (1997). *The Dialogue of Touch: Developmental play therapy* (2nd ed.). Northvale, NJ: Wiley.

Carter, S. L., Osofsky, J. D., & Hann, D. M. (1991). Speaking for the baby: A therapeutic intervention with adolescent mothers and their infants. *Infant Mental Health Journal, 12*(4), 291–301. https://doi.org/10.1002/1097-0355(199124)12:4%3C291::AID-IMHJ2280120403%3E3.0.CO;2-3

Center on the Developing Child at Harvard University (2009). Maternal depression can undermine the development of young children: Working Paper No. 8. Retrieved July 19, 2019 from: www.developingchild.harvard.edu

Courtney, J. A. (2015a). *FirstPlay practitioner manual.* Boynton Beach, FL: Developmental Play & Attachment Therapies.

Courtney, J. A. (2015b). *FirstPlay parent manual.* Boynton Beach, FL: Developmental Play & Attachment Therapies.

Courtney, J. A. (2020). *Healing child and family trauma through expressive and play therapies: Art, nature, storytelling, body, and mindfulness.* New York, NY: Norton.

Courtney, J. A., & Gray, S.W. (2011). Perspectives of a child therapist as revealed through an image illustrated by the therapist. *Art Therapy: Journal of the American Art Therapy Association, 8*(23), 132–139. https://doi.org/10.1080/07421656.2011.599719

Courtney, J. A., & Gray, S. W. (2014). A phenomenological inquiry into practitioner experiences of developmental play therapy: *Implications for training in touch.* International Journal of Play Therapy, 23(2), 114–129. http://dx.doi.org/10.1037/a0036366

Courtney, J. A., & Mills, J. C. (2016). Utilizing the metaphor of nature as co-therapist In StoryPlay® Play Therapy. *Play Therapy, 11*(1), 18–21.

Courtney, J. A., & Nolan, R. D. (Eds.). (2017). *Touch in child counseling and play therapy: An ethical and clinical guide.* New York, NY: Routledge.

Courtney, J. A., & Nowakowski-Sims, E. (2019) Technology's impact on the parentinfant attachment relationship: Intervening through FirstPlay® therapy. *International Journal of*

Play Therapy. 28(2), 57-68. http://dx.doi.org/10.1037/pla0000090

Courtney, J. A., & Siu, A. F. Y. (2018). Practitioner experiences of touch in working with children in play therapy. *International Journal of Play Therapy,* 27(2), 92-102. http://dx.doi.org/10.1037/pla0000064

Courtney, J. A., Velasquez, M., & Bakai Toth, V. (2017). FirstPlay® infant massage storytelling: Facilitating corrective touch experiences with a teenage mother and her abused infant. In J. A. Courtney & R. D. Nolan (Eds.), *Touch in child counseling and play therapy: An ethical and clinical guide* (pp. 48-62). New York, NY: Routledge.

Fearon, R. P., Bakermans-Kranenburg, M. J., van Ijzendoorn, M. H., Lapsley, A., & Roisman, G. I. (2010). The significance of insecure attachment and disorganization in the development of children's externalizing behavior: A meta-analytic study. *Child Development,* 81(2), 435-456. https://doi.org/10.1111/j.1467-8624.2009.01405.x

Field, T. (2014). *Touch* (2nd ed.). Cambridge, MA: MIT Press.

Fitton, V. (2012). Attachment theory: History, research and practice. *Psychoanalytic Social Work,* 19(1-2), 121-143. https://doi.org/10.1080/15228878.2012.666491

Goodman, J. (2004). Paternal postpartum depression, its relationship to maternal postpartum depression, and implications for family health. *Journal of Advanced Nursing,* 45(1), 26-36. Retrieved on December 20, 2018 from: https://www.ncbi.nlm.nih.gov/pubmed/14675298

Guerney, L. F. (2015). Foreword. In E. Green, J. N. Baggerly, & A. C. Myrick (Eds.), *Counseling families: Play-based treatment.* Lanham, MD: Rowman & Littlefield.

Guerney, L. F., & Guerney, B. (1989). Child Relationship Enhancement: Family Therapy and Parent Education. *Person-Centered Review,* 4(3), 344-357.

Hertenstein, M. J. (2002). Touch: Its communicative functions in infancy. *Human Development,* 45(2), 70-94. http://dx.doi.org/10.1159/000048154

Hillairet, A., Tift, A., Minar, N., & Lewkowicz, D. J. (2017). Selective attention to a talker's mouth in infancy: role of audiovisual temporal synchrony and linguistic experience. *Developmental Science,* 20(3), e12381. https://doi.org/10.1111/desc.12381

Jernberg, A., & Booth , P. (2001). *TheraPlay: Helping parents and children build better relationships through attachment based play* (2nd ed.). San Francisco, CA: Jossey-Bass.

Karen, R. (1998). *Becoming attached.* New York, NY: Oxford University Press, pp. 281-286. doi:10.1542/peds.2005-0999

Kleiman, K. (2009). *Therapy and the postpartum woman: Notes on healing postpartum depression for clinicians and the women who seek their help.* New York, NY: Routledge.

Linden, D. J. (2015). *Touch. The science of hand, heart, and mind.* London: Penguin, Random House.

Mills, J. C., & Crowley, R. J. (2014). *Therapeutic metaphors for children and the child within* (2nd ed.). New York, NY: Routledge.

Musser, E. D., Ablow, J., & Measelle, J. R. (2012). Predicting maternal sensitivity: the roles of postnatal depression symptoms and parasympathetic dysregulation. *Infant Mental Health Journal*, 33(4), 350–359. https://doi.org/10.1002/imhj.21310

O'Brien, M., & Lynch, H. (2011). Exploring the role of touch in the first year of life: Mothers' perspectives of tactile interactions with their infants. *British Journal of Occupational Therapy*, 74(3), 129–136.

Paulson, F. J., & Bazemore, S. D. (2010). Prenatal and postpartum depression in fathers and its association with maternal depression: A meta-analysis. *Journal of the American Medical Association*, 303(19), 1961–1969. https://doi.org/10.1001/jama.2010.605

Porges, S. (2018). Polyvagal theory: A primer. In S. W. Porges& Dana, D. (Eds.). *Clinical applications of polyvagal theory: The emergence of polyvagal-informed therapies*, pp. 50–72. New York, NY: Norton.

Postpartum Support International. (2010). Depression during pregnancy and postpartum. Retrieved December 20, 2018 from http://www.postpartum.net/learn-more/depression-during-pregnancy-postpartum

Ryan, V. (2007). Filial therapy: Helping children and new carers to form secure attachment relationships. *British Journal of Social Work*, 37, 643–657. https://doi.org/10.1093/bjsw/bch.331

Schore, A. N. (2012). *The science of the art of psychotherapy*. New York, NY: Norton.

Schore, A. N. & Schore, J. R. (2012). Modern attachment theory: The central role of affect regulation in development and treatment. In A. N. Schore (Ed.), *The science of the art of psychotherapy* (pp. 27–51). New York, NY: Norton.

Siegel, D. J. (2012). *The developing mind: How relationships and the brain interact to shape who we are* (2nd ed.). New York, NY: Guilford Press.

Siqveland, T. S., & Moe, V. (2014). Longitudinal development of mother–infant interaction during the first year of life among mothers of substance abuse and psychiatric problems and their infants. *Child Psychiatry Human Development*, 45, 408–421. Retrieved July 19, 2019 from: https://mijn.bsl.nl/longitudinal-development-of-mother-infant-interaction-during-the/529624

VanFleet, R. (1994). *Filial therapy: Strengthening parent-child relationships through play*. Sarasota, FL: Professional Resource Press.

VanFleet, R., & Topham, G. L. (2016). Filial therapy. In K. J. O'Connor, C. E. Schaefer, & L. D. Braverman (Eds.), *Handbook of play therapy* (2nd ed., pp. 135–164). Hoboken, NJ: John Wiley & Sons.

Zero to Three. (2016). *DC: 0–5^{TM}: Diagnostic classification of mental health and developmental disorders of infancy and early childhood*. Washington, DC: Author.

제 7 장

영아기의 부모 놀이치료 : 임신에서 생후 초기까지

가족 체계와 작업하는 임상에서 고려할 사항

Kate Renshaw, Judi Parson

소개

부모 놀이치료(Filial Therapy)는 놀이치료에서 아동 및 가족과 함께 작업하기 위해 오랫동안 행하여 온 치료적 개입이다(Guerney, 2000). 놀이치료에 대한 메타 분석에 따르면 부모 놀이치료는 아동과 가족을 위한 가장 효과적인 놀이치료 개입이다(Bratton, Ray, Rhine, & Jones, 2005; Lin & Bratton, 2015). 부모에게 치료적인 놀이 기술을 훈련시키고, 자녀와 함께 특별한 놀이 시간을 가지도록 지원하는 것은 모든 연령대의 자녀가 있는 가족에게 적용될 수 있다. 일반적으로 부모 놀이치료의 문헌들은 3세에서 10세 사이의 아동에게 초점을 맞추었다(VanFleet, 2005). 일부 문헌은 청소년을 포함시키는 것에 중점을 두었지만 현재까지 영아를 고려한 출판물은 거의 없다. 임상 경험에서 저자는 출생 전부터 청소년기 후반까지 부모 놀이치료를 적용하였다. 부모 놀이치료의 치료사는 이 접근 방식을 전체 가족 체계와 함께 사용할 수 있도록 잘 훈련되어 있다. 저자는 임신 시부터 3세까지의 가족 구성원을 부모 놀이치료 개입에 포함시켰다. 저자의 경험에 따르면, 이 연령대가 포함되는 것은 부모가 임신 시부터 치료적 놀이 기술을 통합할 수 있게 한다. 임신, 영아기 및 초기 아동기의 부모 놀이치료는 관계 강화와 놀이의 치료적 힘을 결합

133

하여 애착 관계를 강화하고 신경생물학적 발달을 지원한다.

이 장에서는 부모, 영아 그리고 3세 이하의 아주 어린 아동에 대한 개입을 계획하고 행할 때의 임상적 고려사항에 대해 간략하게 설명한다. 부모 놀이치료에 영아를 포함시키기 위해 부모와 함께 계획하는 방법, 놀잇감 선택 및 재미있는 상호작용에 대한 아이디어, 부모가 부모 놀이치료 기술을 일상적인 양육으로 옮겨가고 통합하도록 지원하는 방법과 같은 중요한 측면을 포함한다. 종합적인 사례 예시는 영아를 포함한 온 가족에 대한 부모 놀이치료 개입을 설명한다. 마지막으로, 임신에서 영아기에 이르기까지 부모 놀이치료 연구에 대한 시사점을 탐색한다.

부모 놀이치료

부모 놀이치료는 원래 1960년대에 Bernard Guerney와 Louise Guerney에 의해 개발된 매우 전문화된 부모-자녀 치료 접근법이다(Guerney, 2003; Guerney & Ryan, 2013). 부모-자녀 관계 치료와 집단 부모 놀이치료(Thomas, 2018 참조)와 같은 다양한 부모 놀이치료 모델을 사용할 수 있지만, 이 장은 VanFleet(2005)가 제안한 부모 놀이치료를 기반으로 한다. VanFleet는 개별 가족과의 작업을 위해 전통적인 집단 부모 놀이치료 기법을 적용하였다(Thomas, 2018). 저자들은 VanFleet의 개별 부모 놀이치료에 대해 훈련을 받고 실천하였다.

부모 놀이치료는 '다양한 인구, 가족 구조 및 현재 고려해야 할 사항'에 대해 효과적인 것으로 설명된다(Cornett & Bratton, 2015, p. 128). 부모 놀이치료의 매력적인 특징은 효율적인 비용, 단기적, 미래의 정신건강 문제를 예방할 수 있다는 것이다(Bratton, Ray, Rhine, & Jones, 2005). 2015년에 Cornett과 Bratton은 지난 50년간의 부모 놀이치료 문헌을 검토하고 다음과 같은 결론을 내렸다.

부모는 자녀의 삶에서 치료제의 역할을 할 수 있고, 부모와 자녀는 부모 놀이치료에서 의미 있는 긍정적 변화를 경험할 수 있으며, 부모-자녀 관계의 변화는 성장의 효과적인 기폭제가 될 수 있다(p. 129).

Ryan과 Bratton(2008)은 아주 어린 아동들을 위한 치료 서비스 제공에 부모가 포함되어야 한다고 주장하였다. 그들은 또한 어린 아동들에게 가장 적절한 치료 방식으로 부모 놀이치료를 강력히 추천한다. Glazer(2008)도 또한 영아에게 부모 놀이치료를 사용할 때 치료적 성공을 보고하였다. 미국소아과학회(AAP)는 최근 임상 보고서를 통해 아동 주도의 놀이와 놀이에 대한 부모의 참여에 특히 중점을 두고 아동 발달을 향상시키기 위한 놀이의 힘을 자세히 설명하는 지침을 제공하였다(Yogman et al., 2018). 이와 같은 보고는 놀이가 치료적으로 통합될 수 있는 가족을 위한 부모 놀이치료에 대한 의뢰를 촉진하는 데 도움이 될 것이다.

부모 놀이치료는 가장 강력한 치료 효과 크기와 함께 가장 효과적인 놀이치료 유형으로 설명되었다(Bratton, Ray, Rhine, & Jones, 2005). 놀이치료 연구의 최근 메타 분석은 치료 과정에서 부모가 참여하는 것의 이점을 재확인하였다(Bratton & Lin, 2015). 부모 놀이치료에 대한 부모의 경험은 Foley, Higdon과 White(2006)에 의해 연구되었다. 그들은 부모의 스트레스가 줄어들고, 부모-자녀 관계가 더 즐거워지는 것을 발견하였다. Cornett과 Bratton(2015)은 또한 자녀의 감정과 욕구에 대한 조정을 개선하고 부모의 스트레스가 감소되는 것과 같이 부모에 대한 이점을 설명하였다. 이혼한 부모와 같이 다양한 부모 유형에 대한 추가 연구가 필요하지만 부모 놀이치료의 과학은 또한 임상적 지혜를 다른 이론적 지식 및 철학적 관점과 통합한다. 예를 들어, 애착 이론과 결합된 최근의 신경생물학적 연구는 현대 애착 이론의 기초를 형성한다(Schore, 2017).

신경-생물학-심리-사회적 접근

지난 수십 년간의 신경과학 연구는 아동과 가족을 대상으로 하는 연구자와 임상가에게 풍부한 정보를 제공하였다. 저자들에 의해 오늘날 실행되는 부모 놀이치료는 치료사가 최적의 조건을 개인화하기 위해 개인과 가족에 대한 전체론적 관점을 나타내는 신경-생물학-심리-사회적 접근 방식이다(Ryan & Wilson, 1995). 성장과 치유는 부모 놀이치료사에 의해 활성화되고 조절되어 놀이의 치료적 힘을 통해 관계를 향상시킨다(Schaefer & Drewes, 2014).

체계적인 실습

놀이치료 초기부터 Virginia Axline(1969)은 놀이치료 과정에 부모가 직접적으로 참여하지는 않았지만 부모를 치료 과정의 중요한 부분인 간접 참여자로 설명하였다. 놀이치료와 부모 놀이치료는 일반 체계 이론, 가족 체계 이론, 체계심리학, 가족심리학, 사회생태학 이론을 바탕으로 하였다(Ferguson & Evans, 2019; Fiese, Jones, & Saltzman, 2019). 체계적인 사고는 놀이치료사의 실천에 있어서 생태학적 고려뿐만 아니라 신경-생물학-심리-사회적 고려를 하는 것이다. 체계적 사고에 대한 이러한 지식은 부모를 놀이치료에서 치료 동맹의 일부로 포함시키고 부모 놀이치료에서는 '주요한 변화의 매개체'가 된다(VanFleet, 2005, p. 1).

사례 연구

다음은 어머니 마리온, 아버지 데이비드, 3세인 아들 잭, 1세인 딸 에밀리 가족의 사례이다. 가족은 아들인 잭의 놀이치료를 의뢰하였다. 놀이치료사는 마리온과 데이비드와 접수상담을 마치고 온 가족이 함께 하는 부모 놀이치료를 권하다. 이 장의 앞부분에서 요약된 바와 같이, 부모 놀이치료는 각 가족 체계에 맞출 수 있는 유연한 순서를 따르며, 가족 체계 내의 모든 아동을 태아부터 청소년까지 포함하도록 조정할 수 있다. 사례 연구는 익명성을 보장하기 위해 가공한 사례이다.

가족 특성

3세인 잭은 호주 백인이며, 이모가 사망한 후 다양한 생물학–심리–사회적 어려움이 발생하여 어머니로부터 놀이치료가 의뢰되었다. 잭의 어려움으로는 수면 장애, 감정 조절 장애, 분리불안, 또래 관계 문제가 포함된다. 그의 부모는 가정 생활과 어린이집에서 보내는 시간이 점점 더 스트레스가 되고 있다고 보고하였다. 의뢰 당시 잭은 가정에서, 대가족 내에서, 어린이집에서 지속적인 어려움을 겪고 있었다. 불안과 우울증의 모계 가족력으로 인해 잭의 어머니는 잭의 어려움이 불안 및 우울증으로 확대되는 것을 걱정하였다. 그녀는 과거에 불안과 우울증을 앓았다고 하였지만 의뢰 당시 두 아이가 태어나기 전부터 꾸준히 심리치료를 받았고, 수년간 아무런 증상도 보이지 않았다고 하였다.

임상 환경

이 치료적 개입 동안 치료사는 주로 개인 치료 환경에서 가족과 접촉하였다. 치료사는 처음에 아이들을 만나기 위해 가정 방문을 하였고, 특별 놀이 시간을 임상 환경에서 가정으로 옮길 준비를 하기 위해 또 다른 가정 방문을 하였다. 부모와의 첫 만남에서 치료사는 개별 통합 인본주의 놀이치료와 부모 놀이치료를 포함하여 그녀가 제안한 다양한 치료 접근법에 대하여 설명하였다. 부모는 부모 놀이치료에 간절히 참여하고 싶어 하였다. 치료사는 영아 부모 놀이치료가 온 가족이 참여할 수 있는 발달적으로 민감하고 적절한 치료적 접근이라고 제안하였다.

잭에 대한 설명

잭은 별다른 문제 없는 임신 과정을 거쳐서 만삭으로 건강하게 태어났다. 그
는 발달적 이정표에 맞게 자랐고, 신체건강이 좋고, 기민하고 사회적으로 수
줍음을 많이 타는 3세 아이로 보이며, 활력이 넘쳤다. 그의 부모는 이모가 죽
기 전에 잭이 자기 조절을 보였고, 필요할 때 자기 조절과 공동 조절을 모두
할 수 있었다고 보고하였다. 잭과 에밀리는 부모 놀이치료를 위한 가정 방문
동안 치료사를 만나 발달적으로 민감한 방식으로 부모 놀이치료 일정과 비밀
유지에 대해 설명을 들었다. 평가 및 치료 기반의 지도 감독을 하는 부모 놀이
치료 회기 동안 두 자녀는 모두 부모와 함께 참석하였고, 부모와 참여하는 것
에 대해 행복하고 자신감 있어 보였다. 때때로 평가 회기와 지도 감독을 받는
초기의 부모 놀이치료 회기에서 잭은 여러 차례 자신의 감정을 조절하는 데
어려움을 보였다.

에밀리에 대한 설명

에밀리는 단순한 임신 후 만삭으로 건강하게 태어났다. 그녀는 지속적으로
발달 이정표대로 잘 자랐고, 신체가 건강하고 기민하며 사회적으로 잘 참여
하는 1세 아동으로 보였다. 에밀리는 어머니와 아버지 모두에 대해 신체적으
로 가까운 관계를 좋아하는 호기심 많은 아이였다.

생물학-심리-사회적 어려움

잭은 놀이치료에 의뢰되기 6개월 전에 사망한 이모와 매우 친밀했다. 사별 후
몇 달 동안 잭은 수면 장애, 정서적 조절 장애, 분리불안 및 또래 관계 문제로
어려움을 겪기 시작하였다. 이러한 어려움은 심각하지 않은 것으로 간주되
고, 주로 가족 관계의 맥락에서 이루어졌기 때문에 증거를 통해 부모 놀이치
료가 온화하고 발달적으로 민감한 체계적인 접근 방식임을 알려주었다. 부모
놀이치료는 다양하게 나타나는 문제들에 적합하다(VanFleet, 2005). 정신건강
에 대한 이러한 예방적 접근은 아동과 가족이 부모-자녀 관계의 유대를 강화

할 뿐 아니라 건강한 생물학-심리-사회적 측면의 재성장을 위한 최적의 조건을 제공하도록 지원할 수 있다(VanFleet, 2005).

치료 평가

객과 그의 가족에게 사용된 치료 평가를 자세히 설명하기 전에 치료 평가의 개념에 대해 자세히 설명하는 것이 더 중요하다. 놀이치료 또는 부모 놀이치료 개입의 일환으로 평가는 치료 기술의 사용을 포함한다. 평가의 라틴어 'assidere'는 옆에 앉는다는 의미이다(Gschwend, 2000). 가족 옆에 앉아있는 치료사라는 개념은 치료 평가의 기초를 형성한다(Ryan & Wilson, 2000). [인본주의적 놀이치료 기술의 이용(그림 7.1 참조)은 가족 및 아주 어린 아동

그림 7.1 인본주의 놀이치료 기술

들과 함께 일할 때 중심이 된다. 이 사례에 대한 치료 평가는 가족 놀이 관찰 (FPO)(VanFleet, 2005; Guerney & Ryan, 2012), 주제별 탐색(Ryan & Edge, 2012), 자연주의적 관찰(Tavistok 접근법에서 배운 기술 통합)로 구성되었다 (Waddell, 2013).]

가족 놀이 관찰

놀이를 통한 가족 상호작용에 대한 관찰은 현재까지 여러 형태로 놀이치료 및 부모 놀이치료 평가에 포함되었다(Harvey, 1991; Stollak, 2003). 이러한 형태 중 하나는 가족 놀이 관찰(FPO)(VanFleet, 2005; Guerney & Ryan, 2012) 이다. FPO의 목적은 가족이 20~30분 동안 편안한 분위기에서 스트레스가 없고, 구조화되지 않은 놀이 환경에서 함께 놀이하는 것을 관찰하는 것이다.

FPO는 치료사가 가족의 맥락에서 부모 놀이치료에 의뢰된 아동과 가족의 상호작용 패턴을 눈에 띄지 않게 관찰할 수 있도록 한다. FPO 직후 치료사와 부모의 토론이 이어진다. 이 토론은 가족 상황 내에서 아동의 표현에 초점을 맞추고, 현재 가정에서의 표현 및 가족 역동과 유사점이나 차이점이 있는지 의 여부에 중점을 둔다.

자연주의적 관찰

자연주의적 영아 관찰인 Tavistock 접근법은 소아 정신건강 임상의의 주요 관찰 기술을 발전시켰다. 저자는 모두 놀이치료사가 되기 위한 훈련의 일환으로 1년간 Tavistock 접근법에 기반한 영아 관찰을 하였다. 자연주의적 관찰은 그 이후로 놀이치료와 부모 놀이치료에서 평가에 대한 접근 방식을 알려왔다. 부모 놀이치료에서는 개입 과정 전반에 걸친 자연주의적 관찰을 통해 부모 놀이치료에 의뢰된 아동과 가족 체계에 대한 풍부한 관찰 정보를 얻을 수 있다. 부모와 만날 때 이 정보를 통합하면 부모와 함께 양상을 '알아차리고' 치료 과정을 추적할 수 있게 된다.

주제별 추적

놀이치료의 주제는 '아동의 주요 정서적 문제에 대한 놀이치료사의 추론'으로 정의된다(Ryan & Edge, 2012, p. 356). 각 지도 감독 회기 후에 열리는 부모와 치료사 간의 회의 중에 치료사와 부모가 주제를 공동으로 구성한다. 치료사는 부모가 여러 회기에 걸쳐 주제를 인지하고 추적할 수 있도록 돕는다. 이를 '주제별 추적'이라고 한다.

잭과 그의 가족과 함께 하는 치료 평가

부모 놀이치료 개입 과정에서 잭과 그의 가족에게는 자연주의적 관찰이 활용되었다. FPO는 잭과 그의 가족에 대한 풍부한 정보를 제공하였다. 잭의 어머니와 아버지는 놀이 관찰에서 각 아동에게 자연스럽게 개별적인 관심을 주는 것으로 보였다. 마치 두 사람이 함께 시간을 보내면서도 따로따로 보내는 것 같았다. 잭의 어머니는 놀이 중에 여유롭고 호기심 많은 모습을 보여주었지만, 자녀들과 함께 하는 놀이에 완전히 몰두하지는 않았다. 잭의 아버지는 매우 조용하고 주로 비언어적 의사소통을 사용하여 놀이에서 자신의 존재를 드러내었다. 잭은 머뭇거리고 수줍음을 많이 타는 것으로 관찰되었으며, 처음에는 놀잇감을 가지고 어머니와 놀이를 시작하기 위해 어머니가 잭을 구슬려야 했다. 잭은 부모의 관심을 차지하는 것처럼 보였고, 때때로 에밀리는 부모의 관심을 끌기 위해 경쟁해야 했다. 잭은 관찰하는 동안 때때로 감정적으로 조절되었다. 그러나 놀이 중 계획대로 되지 않는 것이 있으면 조절이 되지 않았다. 그는 또한 부모와 놀이하고 있을 때 에밀리가 부모의 관심을 받으려고 하면 조절이 되지 않았다. 에밀리는 각 부모의 개별적인 관심을 즐기는 것처럼 보였고, 놀잇감을 탐색하는 데 편안해했다. 마지막으로 주제 추적을 통해 치료사는 잭의 부모와의 상담 시간에 주제를 부모와 공동 구성할 수 있었고, 개입의 전반에 걸쳐 주제 추적을 용이하게 하였다.

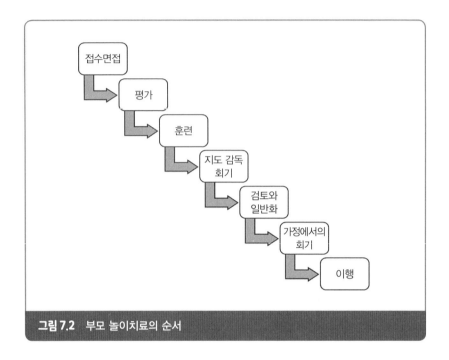

그림 7.2   부모 놀이치료의 순서

부모 놀이치료의 순서

부모 놀이치료의 순서는 치료 과정의 단계를 설명한다(VanFleet, 2005)(그림 7.2 참조). 부모 놀이치료의 이 개별 가족 모델은 치료 과정의 단계와 흐름의 타이밍이 유연하도록 한다(Thomas, 2018). 잭과 그의 가족은 부모 놀이치료를 순차적으로 진행하였다.

사례 발표 결과

잭과 그의 가족은 부모 놀이치료를 6개월 동안 진행하였다. 잭의 부모는 구조화, 공감적 경청, 제한 설정, 상상놀이의 네 가지 부모 놀이치료 기술을 배우고 연습하였다. 마리온과 데이비드는 둘 다 가족의 일상생활에 기술을 통합하기 위해 치료사와의 정식 작업 전에 기술을 일상생활에 유기적으로 사용하기 시작했다고 보고하였다.

잭의 부모 놀이치료

잭이 FPO 동안 다양한 놀이 자원과 상호작용하는 것을 관찰한 후 부모의 동의하에 놀잇감을 골랐다. 치료제 역할을 하는 부모와 함께 잭은 많은 걱정거리를 탐색하고 표현할 수 있을 뿐만 아니라 생물학-심리-사회적 성장 및 발달에 있어서 발달적으로 적절한 주요 측면을 탐색할 수 있었다. 잭의 주제 이동은 지도 감독 회기 동안, 그리고 가정에서의 회기 동안 그의 부모에 의해 추적되었다. 처음에 잭은 관계놀이를 통해 자신과 타인에 대한 신뢰감을 탐색하는 데 중점을 두었다. 그런 다음 그는 부모 놀이치료 회기 전반에 걸쳐 다양한 놀이 자원을 탐색할 수 있었다. 개입하는 동안 잭은 다양한 감정을 표현하였다. 잭의 부모는 공감적 경청으로 잭의 감정을 조율하고 확인할 수 있었다. 개입이 진행됨에 따라 잭은 회기에서 정서적 조절의 어려움이 감소하고 정서적 조절이 증가한 것으로 나타났다. 개입이 끝났을 때 잭의 생물학-심리-사회적 어려움이 검토되었다. 마리온과 데이비드는 그의 수면 장애가 더 이상 문제가 되지 않았으며 그의 감정 조절이 이모가 죽기 전의 수준으로 재조정되었고, 또래와 놀이 시간 동안 즐거움과 능숙함이 증가했다고 보고하였다.

에밀리의 부모 놀이치료

에밀리는 FPO 동안 그녀의 나이와 발달 단계에 따른 놀이 자원의 적합성이 관찰되었다. 잭에게 사용된 놀이 자원 중 일부는 에밀리의 회기에 통합되기에 적합했으며, 자원은 컵 쌓기, 모양 분류 등과 같은 연령에 적합한 다른 놀이 재료로 보완되었다. 에밀리는 부모 놀이치료에서 부모와 열성적으로 참여하였다. 부모는 에밀리가 각 부모와 개별적인 놀이 시간을 통해 이점을 얻었다고 하였다. 그들은 개입 기간 동안 그녀가 전형적인 발달 이정표대로 발달하는 것에 대해 더 잘 조율된 느낌을 설명하였다. 고급 심리 발달(Schaefer & Drewes, 2014)은 치료사와 부모 모두에 의해 주목받기 시작하였다. 마리온과 데이비드는 부모 놀이치료가 에밀리의 심리사회적 발달이 다음과 같은 특정 영역에서 또래보다 더 발전하도록 도움을 받았다고 느꼈다. 즉 자신의 관심사를 개발하고, 자기 조절을 하고, 오빠와 어린이집 친구들 사이에서 관찰한 대로 또래 관계 기술을 개발한 것이다.

최종 가족 평가

개입 이후의 평가 수단으로 가족 놀이 관찰을 반복하였다. 마지막 FPO가 끝난 후 토론을 진행함으로써 마리온과 데이비드는 개입을 통한 가족의 여정을 생각해볼 수 있었다. 데이비드는 자녀들과 상상놀이에 참여하는 것에 대한 자신감이 증가하였다고 보고하였다. 그는 또한 네 가지 부모 놀이치료의 기술을 일상적인 놀이와 관계적 상호작용에 통합할 수 있다고 느꼈다. 마리온은 데이비드의 의견에 동감하고, 부모 놀이치료의 과정과 가족 생활에 기술을 통합하는 방식에 대하여 함께 숙고할 수 있다고 느꼈다. 마지막 FPO에서 치료사는 가족 관계의 친밀감 증가, 상상놀이에 대한 부모의 참여 증가, 두 자녀의 정서적 조절 증가, 가족이 함께 놀이하는 것에서 분명하게 나타나는 즐거움을 관찰하였다.

임상적 고려사항

부모 놀이치료사는 임산부, 영아 및 아주 어린 아동들과의 개입을 계획하고 행할 때 임상적으로 다양하게 고려할 사항이 있다. 훈련된 부모 놀이치료의 슈퍼바이저에게 슈퍼비전을 받는 것은 필수이다. 슈퍼비전 시간은 치료적 접근을 제공하기 위해 준비하는 필수 구성 요소이다. 지속적인 전문가 성찰은 최적의 개입이 이루어지는 데 필수이다. 이제 임상적 계획의 세 가지 주요 측면이 확대된다. 즉 놀잇감에 대한 고려사항, 놀이성이 있는 상호작용에 대한 아이디어, 기술을 가족 생활에서 통합하여 사용하는 것이다.

부모와 함께 계획하기

개별 놀이치료에서 치료사는 가족으로부터 정보를 얻고 활용하며 사례 계획에 아동의 체계를 포함한다. 그러나 부모 놀이치료에서, 특히 영아를 포함하는 전체 가족 체계와 함께 작업할 때는 치료 과정 전반에 걸쳐 부모의 참여가 필수이다. 계획에 대한 부모의 참여는 개입 전반에 걸쳐 모든 지점에서 이루어져야 한다. 〈표 7.1〉은 부모 놀이치료의 단계를 핵심 개념으로 정의하고 각 단계에서 임상가들이 고려해야 할 사항을 간략하게 설명한다.

표 7.1 부모와 함께 계획하기

단계	핵심 목표	임상적 고려사항
접수면접	라포 형성과 치료를 위한 장면 설정	접수면접 단계에서 신중하고 세심한 논의를 통해 현재 임신 여부와 가족 내 모든 아동의 출생 기록 및 실제 나이와 교정 나이(출산 예정일부터 현재까지를 계산한 나이 — 역자 주)를 확인해야 한다. 가족의 모든 구성원을 포함하는 목표를 논의한다.
평가	'함께 옆에 앉아있는' 치료적 존재를 보여줌	접수면접에서의 정보를 바탕으로 치료사는 가족을 위한 평가를 제안한다. 가족은 모든 가족 구성원이 포함되도록 의논한다.
훈련	치료적 동맹 형성하기	각 부모 놀이치료 기술은 임상가가 염두에 두고 있는 가족 체계에서 각 부모와 자녀와 함께 가르치고 연습한다. 부모는 각 가족 구성원과 함께 놀이하는 것처럼 역할 모델링을 사용하여 각 기술을 연습할 수 있다.
지도 감독을 받는 회기	비계, 관찰 및 피드백 제공	부모–자녀 놀이 회기에서 부모와 함께 생각한다. 부모가 주제별 추적 반응을 사용하도록 지원하여 각 아동의 놀이 경험을 고려한다. 각 자녀의 표현 및 발달에 개별화된 부모의 기술 사용을 연마한다.
검토와 일반화	치료 과정과 향후 계획에 대한 성찰	치료사와 부모는 각 아동의 치료 과정과 모든 변화에 특별한 초점을 두고 전체 개입을 함께 검토한다. 부모 놀이치료 기술은 각 아동의 일상적인 가족 생활에서 사용하기 위해 논의된다. 일상적인 관계적 만남에 포함시키기 위해 장난스러운 순간도 탐색된다.

(계속)

표 7.1 부모와 함께 계획하기 (계속)

단계	핵심 목표	임상적 고려사항
가정에서의 회기	가족 놀이를 위한 시간을 만들기	치료사는 가정에서의 회기를 검토하기 위한 정기적 연락을 계획하기 위해 부모와 협력한다. 모든 아동은 치료사의 감독하에 집에서 부모와 함께 놀이 회기를 가진다. 부모는 치료사의 지원을 받아 놀이 회기, 주제, 변화를 보다 독립적으로 추적한다.
이행	치료 종결로서의 작별 인사	치료사와 부모는 함께 종결을 계획한다. 부모는 진행 상황을 추적하고 치료사와 함께 반영하기 위해 개입 시작부터 평가를 반복하도록 선택할 수 있다. 치료사와 가족의 관계를 끝내는 데 모든 아동이 포함된다.

부모 놀이치료를 하는 가족이 임신 중일 때, 그리고 영유아기 자녀가 있을 때 이를 위한 놀잇감 선택과 놀이성이 있는 상호작용에 대한 아이디어는 놀이치료에서 알려준다(Jennings, Gerhardt, & Ebooks Corporation, 2011). 놀잇감 선택과 놀이성이 있는 아이디어에 대한 실용적인 제안은 〈표 7.2〉에 요약되어 있으며, Jennings의 신경-연극-놀이 작업을 확장한다(Jennings, Gerhardt, & Ebooks Corporation, 2011).

기술을 가족 생활에서 통합하기

부모 놀이치료의 일반화 단계는 온 가족 개입의 중요한 시점이다. 개입의 이 시점에서 가족은 치료사와 함께 그들이 배운 기술을 반영하고, 이러한 기술이 일상생활로 옮겨지기 시작한 지점을 고려하여 이러한 기술이 가족에 더욱 통합될 수 있는 방법을 계획한다. 〈표 7.3〉은 각 가족 놀이치료에 대한 간략한 개요와 일상적인 가족 생활에 통합할 수 있는 방법에 대한 아이디어를 제공한다.

표 7.2 놀잇감과 놀이성 있는 상호작용에 대한 아이디어

단계와 연령	핵심 목표	놀잇감	놀이성 있는 상호작용
임신 중	관계 형성, 놀이성이 있는 임신, 놀이를 통한 연결	어머니와 아버지가 놀이 자원이 됨. 음악, 책, 목소리, 요가, 자연, 수영장	부드럽게 쓰다듬기, 음악 듣기, 아기와 대화하기, 춤추기, 리드미컬한 움직임, 수영, 신체운동, 이야기를 읽거나 이야기하기, 자연 속을 걷기, 정신적으로 아기를 마음에 품고 사랑스러운 생각을 전하기, 아기와 함께 미래를 꿈꾸기
영아기 : 0~1.5세	'함께 하는 것' 연결, 편안함, 소통	어머니와 아버지가 놀이 자원이 됨. 음악, 책, 목소리, 자연, 첫 장난감, 안전한 아기 감각 장난감 및 가정에서 발견한 것들(냄비와 프라이팬, 상자, 계란 상자 및 포장지)	신체접촉, 쓰다듬기, 흔들기, 운율적인 목소리 내기, 허밍, 눈 마주치며 상호작용, 얼굴 표정 활용하기, 안고 껴안기, 웃고 킥킥거리기, 목소리 흉내 내기, 아기 마사지, 까꿍놀이, 이야기하기, 책 읽기, 노래 부르기, 유아용 리듬, 리드미컬한 상호작용, 춤추기
생후 초기 : 1.5~3세	'함께하기', '행하기', '잡기' 안전한 안식처 및 공동 조절	어머니와 아버지가 놀이 자원이 됨. 지도 감독하의 형제 놀이. 음악, 책, 목소리, 자연, 3세 미만의 아동에게 적합하고 안전한 보다 정교한 놀잇감	애착놀이 상호작용 : 까꿍놀이, 숨바꼭질, 서로 공을 굴리거나 잡기, 미러링/상호 간의 놀이 감각놀이 상호작용 : 거품 불기, 다양한 질감의 천 탐색, 리본 또는 스카프 놀이, 감각놀잇감 탐색(3세 미만의 아동에게 적합), 악기 연주 놀이, 거울놀이

표 7.3 가족 생활에 기술을 통합하기

부모 놀이치료 기술	가족 생활에 통합하기
구조화	구조화는 일상적인 가족 생활에 통합될 수 있다. 일상과 일관성은 모두 연령과 단계의 아동을 지원할 수 있다. 아동은 부모 놀이치료의 구조화된 기술의 측면을 통합하여 그들의 하루를 다른 시점을 통해 옮겨갈 때 다음 단계로 나아갈 수 있다. 예를 들어, 공원에 걸어갈 준비가 된 아동이 5분 남았다고 알려주고 다음 1분 남았다는 것을 알려주고, 마지막으로 "이제 공원으로 걸어갈 시간이다."라고 하며 구조화된 순서를 완성한다.
공감적 경청	아동의 욕구에 대한 조정, 아동의 놀이, 순간 및 상호작용을 언어로 따라가주는 것, 그리고 공감적 반영을 함께 사용하면 공감적 경청이 형성된다. 공감적 경청은 가족 생활 내에서 임신부터 아동기까지 활용될 수 있다. 예를 들어, 부모는 태아가 움직이고 상호작용할 때의 움직임을 설명할 것이다. "아, 여기를 발로 차고, 이제 여기로 움직이네… 아마도 너는 지금 많은 에너지를 얻은 것처럼 느낄 것 같아!"
제한 설정	종종 부모가 구조화 및 공감적 경청을 활용하면 제한을 설정해야 하는 빈도가 줄어든다. 제한 설정에 대한 조정과 공감을 포함하여 가족 생활에서의 명확하고 차분하며 사실적인 제한 설정(부모 놀이치료에서 연습했듯이)은 부모가 가족 생활에서 온화하지만 분명한 한계를 통합하도록 지원한다. 명확하고 일관된 접근 방식은 부모 놀이치료에서 양쪽 부모에 의해 실행될 수 있으며 치료적으로 제한 설정을 전달하는 방법을 찾기 위해 (치료사의 지원을 포함하여) 함께 작업할 수 있다. 가족의 일상에서 치료적 한계는 아동기 전반에 걸쳐 아동을 도울 수 있다.
상상놀이	부모 놀이치료에서, 부모는 어린 시절의 왕국으로 다시 들어가라는 아주 특별한 초대를 받아들인다. 어떤 부모에게는 이것이 유독 더 어려울 수 있다. 부록 D : 놀이 시간 연습(Yasenik, Drewes, Gardner, & Mills, 2012, p. 231)은 부모가 자녀와 함께 놀이 경험을 만들기 시작할 때 자신의 놀이 경험을 측정하는 데 유용한 자원이 될 수 있다. 부모가 부모 놀이치료에서 상상놀이 기술을 개발하면 이러한 기술을 이전하기 위한 아이디어를 치료사와 쉽게 논의할 수 있다. 상상놀이에 참여하는 부모는 예를 들어서 공원에 앉아 자녀의 놀이를 관찰하는 대신 부모가 막대기를 들고 자녀와 함께 서로 마법 주문을 외울 것이다.

결론

부모 놀이치료는 자녀의 연령과 단계는 물론 개별 가족의 필요에 맞게 조정할 수 있는 매우 유연한 모델이다. 증가하는 증거는 아동의 최적의 성장과 발달을 위한 정신건강 및 웰빙을 고려하는 것이 임신 시부터 시작됨을 시사한다. 부모 놀이치료는 특히 임신부터 3세까지의 아동이 있는 가족과 작업할 때 이러한 요구를 충족시키기에 적합하다. 부모 놀이치료의 이러한 방식에 대한 추가 연구에서는 임상가를 위한 문헌과 자원을 늘리는 것이 좋다. 임상적 고려사항은 아기가 태어날 것을 기대하거나 어린 자녀를 둔 가족에 대한 부모 놀이치료 개입을 계획할 때 집중해야 할 세 가지 핵심 영역을 강조하였다. 개별 가족 체계와 유연하게 협력하기 위해 부모 놀이치료 감독과 함께 신중한 사례 계획이 권장된다.

추천 자료

- 지도자를 위하여 제안하는 가족 놀이 관찰 가설(Guerney & Ryan, 2012, p. 365)
- 놀이 회기 설명서(VanFleet, 2012, p. 47)
- 슈퍼비전 회기 노트(VanFleet, 2005, p. 31)
- 부모 놀이치료 회기 노트(VanFleet, 2012, p. 48)
- 부록 D : 놀이 시간 연습(Yasenik, Drewes, Gardner, & Mills, 2012, p. 231)

토론 질문

1. 현재 당신의 임상 사례를 생각해봅니다. 현재 이 접근 방식에 적합한 가족이 있나요? 적합할 수 있는 이유는 무엇인가요? 가족에게 어떤 혜택이 있을 수 있나요?
2. 현재 치료 방법에서 부모 놀이치료 접근 방식으로 전환할 가능성에 대해 가족과 함께 논의하고 있다고 상상해봅니다. 이 아이디어, 잠재적인 이점, 가족의 영아가 개입에 포함될 수 있는 방법을 어떻게 소개하겠습니까?
3. 어떤 임상적인 상황에서, 임신한 동안 그리고 영아가 있는 가족과 함께 작업하는 것이 부모 놀이치료 접근 방식에 적합하지 않다고 생각하나요?

참고문헌

Axline, V. M. (1969). *Play therapy*. New York: Ballantine Books.

Bratton, S. C., & Lin, Y. (2015). A meta-analytic review of child-centered play therapy approaches. *Journal of Counseling & Development*, 93(1), 45–58. https://doi. org/10.1002/j.1556–6676.2015.00180.x

Bratton, S. C., Ray, D., Rhine, T., & Jones, L. (2005). The efficacy of play therapy with children: a meta-analytic review of treatment outcomes. *Professional Psychology, Research and Practice*, (4), 376. Retrieved July 31, 2019 from: http://search.ebscohost.com/ login.aspx?direct=true&db=edsgao&AN=edsgcl.136075703&authtype=sso&custid=de akin&site=eds–live&scope=site

Cornett, N., & Bratton, S. C. (2015). A golden intervention: 50 years of research on filial therapy. *International Journal of Play Therapy*, 15(3), 119–133. https://doi. org/10.1037/a0039088

Ferguson, K. T., & Evans, G. W. (2019). Social ecological theory: Family systems and family psychology in bioecological and bioecocultural perspective. In *APA handbook of contemporary family psychology: Foundations, methods, and contemporary issues across the lifespan* (Vol. 1, pp. 143–161). Washington, DC: American Psychological Association. https://doi-org.ezproxy-b.deakin.edu.au/10.1037/0000099–009

Fiese, B. H., Jones, B. L., & Saltzman, J. A. (2019). Systems unify family psychology. In *APA handbook of contemporary family psychology: Foundations, methods, and contemporary issues across the lifespan* (Vol. 1, pp. 3–19). Washington, DC: American Psychological Association. https://doi-org.ezproxy-b.deakin.edu.au/10.1037/0000099–001

Foley, Y. C., Higdon, L., & White, J. A. F. (2006). A qualitative study of filial therapy: parents' voices. *International Journal of Play Therapy*, 15(1), 37–64. https://doi. org/10.1037/h0088907

Glazer, H. R. (2008). Filial play therapy for infants and toddlers. In C. E. Schaefer., S. Kelly-Zion., J. McCormick., & A. Ohnogi (Eds.), *Play therapy for very young children* (pp. 67–84). Retrieved July 31, 2019 from: https://ebookcentral.proquest.com

Gschwend, L. (2000). Every student deserves an assessment tool that teaches. *Communication Teacher, 14*(3), 1–5. Retrieved July 31, 2019 from: http://search.ebsco host.com/login.aspx?direct=true&db=ufh&AN=31746500&authtype=sso&custid=dea kin&site=eds–live&scope=site

Guerney, L. (2000). Filial therapy into the 21st century. *International Journal of Play Therapy*, 9(2), 1–17. https://doi.org/10.1037/h0089433

Guerney, L. (2003). The history, principles, and empirical basis of filial therapy. In R. VanFleet., & L. Guerney. (Eds.). *Casebook of filial therapy*. Boiling Springs, PA: Play Therapy Press.

Guerney, L. F., & Ryan, V. (2013). *Group filial therapy: the complete guide to teaching parents to play therapeutically with their children.* London; Philadelphia: Jessica Kingsley Publishers.

Harvey, S. (1991). Dynamic Play approached in the observation of family relationships. In K. Gitlin-Weiner., A. Sandgrund, & C. E. Schaefer. (Eds.), *Play diagnosis and assessment* (2nd ed). New York, NY: John Wiley & Sons.

Hayes, N., O'Toole, L., & Halpenny, A. M. (2017). *Introducing bronfenbrenner: A guide for practitioners and students in early years education.* Retrieved July 31, 2019 from: https://ebookcentral.proquest.com

Jennings, S., Gerhardt, C., & Ebooks Corporation. (2011). *Healthy attachments and neuro-dramatic-play.* London: Jessica Kingsley Publishers. Retrieved July 31, 2019 from: http://search.ebscohost.com/login.aspx?direct=true&db=nlebk&AN=387928&authty pe=sso&custid=deakin&site=eds-live&scope=site

Lin, Y., & Bratton, S. C. (2015). A meta-analytic review of child-centered play therapy approaches. *Journal of Counseling and Development,* 93(1), 45–58. https://doi.org/10.1002/j.1556-6676.2015.00180.x

Moore, T., Arefadib, N., Deery, A., Keyes, M., & West, S. (2017). The first thousand days: An evidence paper —summary. In *The first thousand days.* Melbourne: The Royal Children's Hospital, Centre for Community Child Health.

NSW Ministry of Health (2019). *First 2000 days framework.* Sydney: NSW Ministry of Health. Retrieved July 31, 2019 from: https://www1.health.nsw.gov.au/pds/ActivePDSDocuments/PD2019_008.pdf

Ryan, V., & Bratton, S. (2008). Child-centered play therapy for very young children. In C.E. Schaefer., S. Kelly-Zion., J. McCormick., & A. Ohnogi (Eds.), *Play therapy for very young children.* Retrieved July 31, 2019 from: https://ebookcentral.proquest.com

Ryan, V., & Edge, A. (2012). The role of play themes in non-directive play therapy. *Clinical Child Psychology and Psychiatry,* 17(3), 354–369. https://doi.org/10.1177/1359104511414265

Ryan, V., & Wilson, K. (2000). *Case studies in non-directive play therapy.* London: Jessica Kingsley Publishers.

Ryan, V., & Wilson, K. (1995). Non-directive play therapy as a means of recreating optimal infant socialization patterns. *Early Development and Parenting,* 4(1), 29–38. https://doi-org.ezproxy-b.deakin.edu.au/10.1002/edp.2430040105

Schaefer, C. E., & Drewes, A. A. (2014). *The therapeutic powers of play: 20 core agents of change.* Hoboken, NJ: John Wiley & Sons.

Schore, A. N. (2017). Modern attachment theory. In S. N. Gold (Ed.), *APA handbook of trauma psychology: Foundations in knowledge* (Vol. 1, pp. 389–406). Washington, DC: American Psychological Association.

Stollak, G. E. (2003). Family assessment. In J. J. Ponzetti (Ed.), *The International Encyclopedia of Marriage and Family Relationships,* 2nd ed. (Vol.2, pp. 562–568). New

York, NY: Thompson/Gale.

Thomas, G. (2018). Filial therapy: Forming therapeutic partnerships with parents to achieve intrapsychic, interpersonal and neurobiological change for families. *British Journal of Play Therapy*, 13, 20–34.

VanFleet, R. (2005). *Filial therapy: strengthening parent-child relationships through play* (2nd ed.). Sarasota, FL: Professional Resource Press.

VanFleet, R. (2012). *A parent's handbook of filial therapy*. Building strong families with play (2nd ed.). Boiling Springs, PA: Play Therapy Press.

Waddell, M. (2013). Infant observation in Britain: A Tavistock approach. *Infant Observation*, 16(1), 4–22. https://doi.org/10.1080/13698036.2013.765659

Yasenik, L., Drewes, A. A., Gardner, K., & Mills, J. C. (2012). *Play therapy dimensions model: a decision-making guide for integrative play therapists*. London: Jessica Kingsley.

Yogman, M., Garner, A., Hutchinson, J., Hirsh-Pasek, K., Golinkoff, R. M., Baum, R., & Wissow, L. (2018). The power of play: A pediatric role in enhancing development in young children. *Pediatrics*, 142(3). Retrieved from https://pediatrics.aappublications.org/content/142/3/e20182058

제8장

의학적 합병증 진단을 받은 13개월 영아에 대한 치료놀이 중재

Hanna Lampi

치료놀이의 역사와 이론적 배경 소개

치료놀이는 1960년대 후반 Ann Jernberg가 시카고의 헤드 스타트 프로그램의 심리 서비스 감독이 된 후 처음으로 개발되었다. 당시에는 쉽게 달성할 수 있고 효과적인 프로그램에 대한 요구가 있었다. 개발자에게 적극적인 놀이적 상호작용 방법이라는 새로운 접근이 받아들여졌고, 이는 성인이 아동의 잠재력을 충분히 발휘하도록 돕는 방법이다. 치료놀이의 개발은 Austin DesLauries, Viola Brody, John Bowlby에게 영향을 미쳤다. 치료놀이는 건강한 부모-자녀 상호작용을 모델링하고 적극적인 개입, 직접적인 신체접촉과 긍정적 태도를 강조했다(Booth, 2010). 치료놀이는 1979년에 처음 출판되었다. 초기부터 치료놀이는 전 세계로 퍼졌고 현재 36개국 이상에서 사용되고 있다.

치료놀이는 애착과 즐거운 교감을 구축하고 강화하는 치료법이다. 자녀와 부모 관계에서 네 가지 차원에 초점을 두고 있다(표 8.1 참조). 치료놀이 회기는 인지적 수준에서 토론되기보다는 무언의 상호작용에 더 의존하는 언어 이전인 임신기부터 일생을 통하여 사용 가능하다. 치료놀이 과정에는 부모나 일차 양육자가 회기에 포함되며 치료사가 한 명인 모델과 두 명인 모델이 있

표 8.1 치료놀이 차원

차원	아동에게 보내는 핵심 메시지	활동 예
개입	당신은 나 자신이 가치 있다고 보고 있어요.	까꿍놀이, 경적 울리기, 체크업
구조	세상은 안전하고 예측 가능해요.	측정하기, 빈백 게임, 비눗방울
양육	나는 사랑받고 있고 안전해요.	특별 노래, 미끌미끌 주르륵, 담요 그네
도전	나는 유능하고 배울 수 있어요.	기어가기 경주, 깃털 불기, 가라테 동작 (당수), 꿈틀꿈틀 들락날락

다. 기본적인 치료놀이 과정은 평가와 치료를 포함한 약 20회기이다. 치료가 끝난 후 1년 이내에 후속 회기를 가질 수 있다. 치료놀이는 각 치료가 가족의 환경, 아동의 발달 수준과 연령, 증상의 심각성을 고려하는 유연한 방법이다.

치료놀이는 초기의 부모–자녀 상호작용이 인지적 기능 발달, 사회 정서 발달과 일반적인 건강에 필수라는 생각에 기초하고 있다. 부모와 자녀 간의 건강한 관계 안에서 두 사람 모두 다음과 같은 경험, 즉 a) 사랑과 놀이, b) 관심과 공유 관심, c) 인지와 차별화된 감정, d) 의사소통과 조직, e) 내러티브와 상징의 사용, f) 내적 안전과 희망(Shanoon-Shanok, 1997)을 공유했다. 초기 유아기 연구에서 사회 정서 발달은 인간관계의 전반적인 질이 후기 발달 결과에서 중요한 예측 변수라는 것을 보여준다. Biringen에 의해 개념화된 정서 효용성 이론(EA)은 이러한 관계의 질이 아동이 욕구를 신호로 보내는 능력과 일상 전반에 걸친 부모의 경험, 정서적 톤, 효용성의 적합함에 의해 결정된다고 말한다(Biringen & Easterbrooks, 2012). 사회적 신호를 알아차리고 해석하는 것은 우리에게 대부분 자동적으로 일어나지만, 사회적 동기화가 있는지 없는지 또한 인식할 수 있다(Feldman, 2007). Stern(1985)은 이러한 동기적 공동 조절 패턴이 영아기 동안 발달하고, 함께 있는 전형적인 방법을 보여줄 수 있다고 믿었다.

최신 치료놀이 연구

치료놀이 연구는 지난 수십 년 동안 발전해왔으며 치료놀이는 현재 증거 기반 프로그램과 실제에 포함된 미국 약물 남용 및 정신건강 관리국에서 증거 기반 치료로 지정되었다. Hiles Howard 등(2018)은 치료놀이가 자폐 스펙트럼 아동에게 미치는 영향을 연구하였다. 그 결과, 중재 이후 부모가 자녀에게 더 많은 애정을 보이고 더 많이 반응적인 상호작용의 개선이 나타났다. 또한 중재 이후에 아동들은 목소리를 더 많이 내고 부모와 친밀감을 유지하며 안내를 더 잘 수용하였다. Siu(2009)는 내재화 문제의 증상을 감소시키는 치료놀이의 효과를 연구했다. 그녀는 CBCL 내재화 점수가 통제 집단과 치료놀이 집단 간에 유의미한 차이를 보인다는 것을 발견했다. 그중에 치료놀이 집단의 점수가 통제 집단 점수보다 낮았다. Salo(2011)는 약물 중독 장애를 가진 어머니들을 대상으로 영아 치료놀이 사전 · 사후 연구를 실시했다. 그 결과, 치료놀이를 하지 않은 어머니들에 비해 치료놀이에 참여한 어머니들의 모성 감수성과 창의성이 통계적으로 유의하게 향상되는 것으로 나타났다.

MIM 평가

치료놀이에서 MIM(Marschack Interaction Method)은 개입의 첫 단계로서 권장되는 평가 도구이다. 그것은 개인 간의 관계를 관찰하고 평가하기 위하여 구조화된 기법이다. Maryanne Marschack(1960)은 부모-자녀 상호작용을 관찰하기 위해 그것을 개발하였다. 그것이 개발된 이후로 태아기 MIM과 같은 다른 형태의 평가 도구가 개발되었다(Jernberg, 1988).

치료놀이 차원

〈표 8.1〉에서 본 다음과 같은 치료놀이 차원은 내담자에게 치료 계획을 안내하는 데 사용된다.

치료놀이 활동

치료놀이에서 치료사는 부모와 자녀가 신중하게 계획되고 구조화된 30분간의 회기에서 장난스럽고 발달적으로 적합한 활동을 함께 하도록 돕는다. 치료사의 역할은 매우 활동적이고 민감하게 관리된다. 매 회기는 치료사가 자신의 작업을 검토하고 부모와의 비디오 피드백 회기에서 사용할 수 있도록 비디오로 녹화된다. 치료놀이의 목표는 부모와 자녀가 함께 조절하고, 안전함과 안정감을 느끼며, 무엇보다도 서로가 함께 즐길 수 있는 방법을 찾도록 돕는 것이다. 치료놀이는 공인 치료놀이사 또는 공인된 실습 과정을 수료한 치료사에 의해 제공된다. 교육은 치료놀이 연구소와 그 소속 기관에서 제공된다. 〈표 8.2〉는 치료놀이 과정을 위한 구조를 제공한다.

애셔 사례 연구 : 합병증을 앓고 있는 12개월 영아를 대상으로 한 치료놀이

전원 사유

애셔의 어머니는 나(저자)에게 아들이 심각한 질환을 앓고 있으며 그에 따른 아들의 사회 정서적 발달과 관련한 우려로 연락해왔다. 그의 나이는 12개월이며, 그동안 한 번의 수술과 내시경 그리고 여러 번의 초음파 및 CT 촬영을 하였다. 그는 매우 희귀한 만성 대사 질환으로 진단되었으며, 이 질환으로 인해 그의 전반적인 발달이 지연되었다. 그는 투약 및 식이를 위해 위관을 꽂고 있었다. 애셔의 어머니는 치료놀이에 대해 듣게 되었고, 그것이 그들의 관계를 증진할 방법이 될 수 있다고 생각했다.

어머니는 애셔가 행복하고 만족할 줄 아는 아이라고 표현하면서도 항상 관계를 맺는 것이 쉽지만은 않았으며, 때로는 상호작용보다는 대상에 관심이 있어 보인다고 하였다. 어머니는 영아 발달과 관련된 책을 다수 읽고 애셔가 자폐 초기 증상을 보이는 것이 아닌지 걱정하였다. 애셔는 지속적으로 약을

표 8.2 치료놀이 진행 구조의 추천안

1	부모 면담
2	MIM 관찰
3	MIM 관찰 2
4	MIM 논의
5	부모가 참여한 치료놀이 회기
6~8	치료놀이 시작
9	부모와 함께 하는 비디오 피드백 회기
10~12	치료놀이
13	부모와 함께 하는 비디오 피드백 회기
14~16	치료놀이
17	비디오 피드백
18~20	치료놀이
21	비디오 피드백 및 진행에 반영
22~24	치료놀이
25	치료놀이 파티
26	부모 면담
27~29	6~13개월 내 추후 관찰

복용해왔고 인슐린 수치는 하루 24시간 동안 추적관찰해 오고 있었다. 애셔의 어머니는 자신의 아버지, 언니, 언니의 남자친구와 친구들을 포함한 좋은 지지 관계망을 가지고 있는 한부모 어머니였다. 그녀의 어머니는 그녀가 세 살일 때 사망하였고 그녀가 스스로 어머니에 대한 상실을 해결하지 못했다고 생각했기 때문에 자신만의 치료를 시작하였다.

나는 애셔와 그 어머니를 그들의 집에서 만났고, 관찰한 바에 의하면 애셔는 귀여운 곱슬머리 아기로, 자기 주변을 기어다니며 탐색하고 있었다. 나는 어머니에게 애셔의 영아기와 그녀가 현재 우려하는 바에 대해 자세히 물어보았다. 첫 방문에서 나는 MIM을 시행하였다.

MIM 평가를 위해 다음 과제를 선택했다.

1. 동물장난감을 가져다가 아동이 가지고 놀게 해본다.
2. 블록을 이용해 간단한 구조물을 만들고 아동에게 같은 것을 만들어보도록 한다.
3. 아동에게 갓난아기 때의 이야기를 "네가 갓난아기 때는 …"으로 시작하여 말한다.
4. 아동에게 새로운 것을 가르쳐본다.
5. 보다 친근한 놀이를 같이 해본다.

(젖먹이 애셔는 위관으로 음식을 섭취하고 있었기 때문에 음식을 먹이는 과제는 선택하지 않았다.)

MIM으로부터의 관찰 결과

어머니와 애셔가 함께 마루에 앉은 채로 어머니가 임무를 하나씩 읽어나갔다. 애셔는 아직 앉아있었지만 어머니보다는 방 안에 있는 다른 물건에 더 집중하고 있었다. 어머니는 소리 나는 인형을 애셔에게 소개했고, 애셔는 조심스럽게 그 소리 나는 돼지 인형을 만져보고 옹알이를 조금 하더니 스스로 장난감으로 꽥꽥 소리를 내기 시작하였다. 어머니는 분위기를 즐겁게 유지하고자 하였으나 애셔를 개입시키려는 그녀의 노력에 머뭇거림이 약간 있었고, 애셔로부터 많은 호응을 얻어내지 못하였다. 어머니는 포기하지 않았고, 그 결과는 마지막에서야 호응을 얻을 수 있었다. 그녀는 애셔를 블록을 이용해 무언가를 만드는 데 참여시켰고 그들은 함께 즐거웠다—어머니는 애셔를 칭찬했고 애셔는 기쁨의 옹알이를 했다. 애셔가 회피적이기는 하였으나 그도 신체접촉을 찾을 때가 있었다. 예를 들어, 어머니가 얼굴과 얼굴이 마주 보는 자세로 애셔를 돌려놓으면 그는 애정을 담아 이마를 어머니의 **뺨**에 기대었다. 그는 어머니가 방을 빙 돌아 움직일 때도 그 움직임을 따라 했고, 비록 보고 있지 않더라도 어머니를 의식하고 있었다. 어머니는 임무를 수행하느라 서두르면서도 동시에 애셔가 탐색하고 탐험할 수 있도록 많은 공간을 만들어 주고 있었다. 그녀는 의사소통 시 매우 활달하였으나 종종 혼잣말을 하는 경향이 있었고 그러다가 다시 애셔를 향해 말하곤 했다.

MIM 관찰에서 요점은 다음과 같다.

- 애셔가 면대면을 피함
- 어머니의 불안이 상호작용에서 구조화를 부족하게 함
- 어머니는 애셔가 무언가 시작하거나 끝내도록 과도하게 인내하고 있으며, 이는 애셔가 좌절하는 순간을 회피하려고 하는 것으로 보임

두 번째 만남 : 애셔와 어머니가 함께 하는 치료놀이 회기

치료놀이는 가정에서 실시하였다. 이는 본 상담이 영아 치료놀이이고, 매 회기 부모가 참석해야 하기 때문이다(표 8.2 참조). 매회 면담이 끝나면 어머니와 나는 회기와 그간 생활 속에서 일어났던 일에 대해 이야기할 기회가 있었다. 두 번째 회기 동안 계획하고 실제 적용했던 활동이 〈표 8.3〉에 표시되어 있다.

두 번째 회기

환영의 노래

애셔와 어머니는 현관에 나와 나를 맞이했다. 애셔는 기어다니면서 옹알이를 하고 있었다. 애셔와 어머니는 소파에 앉았고 나는 그들 앞 마룻바닥에 앉았다. 애셔는 어머니 옆에 앉았고, 나는 환영의 노래를 부르면서 치료놀이 회기를 시작하였다. 나는 스카프를 이용해 애셔를 어머니와 나에게 안 보이게 숨긴 후에 스카프의 한쪽 끝을 잡고 들어올려 우리가 애셔를 환영할 수 있도록

표 8.3 두 번째 치료놀이 회기 계획

활동	차원	목표
환영의 노래	개입, 구조	공유하는 경험을 만들고 회기의 시작을 구조화
체크업, 측정	구조, 개입	애셔의 신체를 탐험하고 애셔와 어머니 사이를 연결/비교
비눗방울	도전, 구조	애셔가 공유 관심에 참여하고 새로운 것을 탐하기를 도전하는 것을 도움
로션	양육	양육 경험을 애셔와 어머니 모두에게 제공
아기 춤	구조, 도전	애셔가 성인이 주도하는 구도화된 활동에 재미있는 방법으로 참여하도록 도전
담요 그네	양육, 구조	고요하고 이완되는 경험을 주면서 구조화된 종료를 구성(매 회기 동일한 방법으로 종료)

하였다. 애셔는 노래를 들었고 스카프를 들어올렸을 때 기쁨에 가득 찬 소리를 내었다. 내가 노래를 하고 스카프를 들고 있었기 때문에 애셔는 어머니보다 나에게 조금 더 관심을 주었다. 그래서 나는 노래를 어머니에게 불러주면서 그녀를 스카프 뒤로 숨겼다. 애셔는 다시 스카프에 관심을 가졌고, 노래 말미에 어머니의 얼굴이 다시 나타나자 즐거움에 비명 소리를 내었다. 그러고는 우리는 한동안 어머니와 애셔를 번갈아 숨기면서 까꿍놀이를 하였다. 놀이가 수차례 반복되자 애셔는 안락의자에서 멀어지려고 했고, 나는 그를 부드럽게 안내하여 스카프 아래 숨은 어머니를 다시 찾아내도록 하였다.

체크업, 측정

나는 내 가방에서 줄자를 꺼내서 애셔의 발을 측정하기 시작하였다. 애셔는 소파 옆에 있는 문이 열려있는 데 정신이 팔려서 문이 닫힐 때까지 이 측정 활동에 관심을 보이지 않았다. 측정이 끝난 후에 그는 어머니 옆에 앉았고 공유 관심을 가지는 데 성공하였다. 그리고 우리는 애셔의 손가락과 발가락 같은 다른 부위를 측정하기 시작하였다. 그리고 애셔와 우리는 어머니의 몸에서 비슷한 길이를 가진 부위를 찾았다. 몇 번 반복한 후에 그는 이 활동에 관심이 생겼고 계속 측정을 하고자 하는 의욕이 조금 생긴 듯하였다. 또한 줄자의 길이에 매우 관심을 갖는 듯해서 나는 그에게 한쪽 끝을 잡게 하고 줄자를 최대한 잡아당겼다. 그러자 그는 옹알이를 하면서 기쁨의 돌고래 소리를 내었다.

비눗방울 놀이

다음 활동은 비눗방울 놀이였다. 비눗방울은 애셔의 흥미를 유발했고, 내가 노래를 부르는 동안 그는 재빠르게 비눗방울을 잡아서 터트렸다. 그가 안락의자에서 벗어나려고 할 때 나는 부드럽게 다시 앉기를 권하였고 그가 그렇게 했기 때문에 우리는 게임을 계속하였다. 그는 이제 크게 깔깔거리고 웃었다. 그는 내가 비눗방울 불기를 실패하거나 방울이 너무 빨리 터지는 것을 참을성 있게 기다렸다.

양육

우선 나는 어머니의 손에 로션을 발랐고, 애셔는 여기에 매우 흥미를 보였다. 나는 또한 노래를 불렀다. 그리고 어머니는 로션을 애셔의 손에 바르고, 그는 어머니의 무릎 위에서 이를 즐기는 듯 보였다. 나는 애셔와 '미끌미끌 주르륵' 놀이를 하는 것을 어머니에게 보여주고 싶었다. 첫 번째 시도에서 나는 애셔가 약간 머뭇거리는 것을 보았고, 두 번째 시도에서 그는 명확하게 이를 좋아하지 않음을 어머니에게 기어가 얼굴을 숨기는 것으로 표현하였다. 나는 관찰한 바를 명확하게 "네가 이 게임을 좋아하지 않는 것을 알겠어."라고 표현하고 다른 활동을 하기로 하였다.

아기 춤

아기 춤은 "위로 아래로, 위로 아래로, 위로 아래로 그리고 박수를 …"과 같은 노랫말에 맞추어 손과 발로 하는 간단한 율동을 반복하는 단순한 활동이다. 애셔는 이 놀이를 매우 빨리 따라 했고, 매 구절이 끝날 때 그가 눈을 마주치거나 더 하기를 원한다는 신호를 보내면 나는 그가 반응할 수 있도록 기다렸다가 다시 노래를 시작하였다.

담요 그네

담요 안에 누워있는 애셔를 어머니와 내가 흔들면서 특별한 노래를 부르는 동일한 행동을 하며 모든 회기를 끝냈다. 그는 이를 매우 좋아하였으며 이는 회기를 조용하고 이완된 방법으로 끝내는 매우 좋은 방법이었다.

진행 중인 회기

후속 치료놀이 회기가 거의 유사한 치료 계획에 따라 반복되었고, 간혹 새로운 활동을 소개하였다. 애셔는 새로운 활동을 익히는 데는 느리지만 비슷한 종류의 활동에 대해서는 잘 기억하였고, 내 가방에서 친숙한 활동과 관련한 특정 사물을 꺼내거나 보여주고자 하는 욕구가 있었다. 때때로 그는 피곤해하거나 짜증을 내기도 했지만 대체로 기분이 좋았고 활동에 잘 참여하였다. 그는 산만해지는 경향이 있었지만 손쉽게 활동으로 돌아오도록 할 수 있었다. 그는 회기가 갈수록 면대면 접촉을 좋아했지만 아직도 무언가 새로운 것을 소개하거나 상호작용이 길어지게 되면 회피하려는 경향이 있었다. 나는 그에게 너무 빨리 많은 것을 요구하지 않도록 매우 민감한 상태로 있었다. 어머니는 매우 반응적이었고 회기 시간을 그녀의 마음속을 털어놓고 애셔를 격려할 방법을 찾는 데 사용하였다. 예를 들자면, 그녀는 애셔가 건강해지기 위해 그들이 가야 하는 어렵거나 고통스러울 수 있는 과정에서 그를 도왔다. 그녀는 또한 고형식을 애셔에게 소개하는 방식을 바꾸어 상황을 장난스럽게 만들고 그가 가장 편하게 느끼는 공간, 주로 거실에서 식사하도록 하였다.

결과

나는 애셔와 어머니를 약속된 회기에서뿐만 아니라 회기 사이에도 만나서 반영적인 논의를 해왔다. 어머니는 애셔에 대해 관찰한 바를 나누고 그녀의 격정을 오해하거나 판단하지 않고 들어주는 누군가가 있는 것이 득이 되었다고 생각했다. 그녀는 또한 애셔가 다른 누군가와 상호작용하는 것이 도움이 되는 것을 관찰하였고 애셔와의 상호작용을 유도하는 새로운 방법을 받아들였다는 것을 공유하였다. 어머니는 자신의 과도하게 걱정하는 성향에 대해 우려하였으나 그녀는 자신이 애셔의 발달에 대해 보다 유연하게 받아들인다고 느끼고 있었다. 그들은 일반적인 의료검진을 받았고, 그녀는 애셔가 일부 발달에서 뒤처지는 부분은 있지만 여전히 정상 범위 내에 있다는 것을 확인하였다. 애셔는 이제 고형식을 먹을 수 있게 되었고 위관은 투약 시에만 사용하였다. 영상 피드백이 포함된 반영적 논의는 치료놀이 회기에 대해 내가 말하는 부분이 어느 부분인지를 어머니 또한 볼 수 있었기 때문에 그녀는 도움이 된다고 느꼈다고 한다. 우리는 치료놀이 간격을 월 1회로 하는 것에 동의하였다.

19개월에 시행한 추적관찰 회기

애셔와 어머니는 현관에서 나를 맞이해주었고 나는 애셔가 혼자 걷는 것을 볼 수 있었다. 내가 애셔의 (걷기) 성공을 칭찬하자 그는 미소를 지었고 뒤돌아서 의기양양하게 현관을 한 바퀴 더 돌았다. 그러고는 어머니와 내 손을 잡고 거실로 안내했다. 나는 지난 한 달 동안의 일에 대해 어머니와 잠시 이야기를 나누었고 애셔는 옹알이를 하거나 장난감을 가져오는 식으로 우리 대화에 참여하였다.

우리는 안락의자로 옮겨 친숙한 환영의 노래로 회기를 시작하였다. 애셔는 시작부터 매우 기뻐했으며 회기의 진행 속도를 잘 기억하고 있었다. 그는 까꿍놀이를 좋아했으며 스카프 아래에서 그를 찾아내거나 그가 어머니를 발견했을 때 매우 크게 웃었다. 어머니는 애셔의 손에 로션을 발랐고 우리는 애셔를 내 무릎에 앉히고 어머니를 바라보도록 하는 자세로 '미끌미끌 주르륵' 놀이를 하였다. 그리고 나서 나는 '밀어내려 주세요, 끌어올려 주세요'라는 새 놀이를 소개하였고 처음에는 내가 바닥에 '내려놓기'를 하여 애셔가 조금 경계하는 듯했지만 몇 번 반복하자 이내 즐기기 시작하였다. 비눗방울 터트리기는 항상 애셔가 가장 좋아하는 놀이 가운데 하나였고 이번에도 즐거워하였으며, 내가 비눗방울을 가리키며 끝내려고 하면 어머니의 무릎 위에서 위아래로 씰룩거리는 것으로 더 했으면 한다는 신호를 보냈다. 나는 이전에 애셔를 놀리게 한 적 있는 풍선을 꺼내어 공기를 조금 불어넣있다. 애셔는 그가 풍선을 만질 수 있다는 것을 기억하고 있기에 풍선을 만졌고, 나는 천천히 바람을 뺐다. 그러자 그는 조금 머뭇거렸지만 어떤 제스처를 취했고, 어머니와 나는 더 하기를 원한다는 의미로 이해했다. 그래서 나는 놀이를 반복하였고 그가 슬쩍 미소를 짓기에 우리는 한 번 더 반복하였다. 우리는 친숙한 아기 춤을 추었고 애셔는 옹알이로 노래 부르기에 참여하였다. 애셔는 마지막에 조금 지루해하기 시작했고, 어머니는 그가 슬슬 피곤해하는 것 같다고 귀띔했다. 그래서 우리는 담요 그네와 특별한 노래로 마무리를 하였다.

토론 질문

1. <표 8.1>과 <표 8.3>을 다시 보고 애셔와 어머니를 치료하는 데 적용한 치료사의 핵심 개념이 무엇인지 개인의 견해를 토론합니다.
2. 여러분은 치료할 때 어떤 상황에서 MIM을 적용하나요?
3. 치료놀이를 자신의 치료실에서 적용할 수 있을지에 대해 동료와 논의합니다[치료놀이 홈페이지(https://theraplay.org)를 살펴보는 것이 도움이 됩니다].

참고문헌

Biringen Z., & Easterbrooks, M. (2012). The integration of emotional availability into a developmental psychopathology framework: Reflections on the special section and future directions. *Development and Psychopathology*, 24(1), 137–142. https://doi-org.proxy.library.ju.se/10.1017/S0954579411000733

Booth, P., & Jernberg, A. (2010). *Theraplay-Helping parents and children build better relationships through attachment-based play* (3rd ed.). San Francisco, CA: Jossey-Bass.

Feldman R. (2007). Parent-infant synchrony and the construction of shared timing: Physiological precursors, developmental outcomes, and risk conditions. *Journal of Child Psychology and Psychiatry*, 48(3–4), 329–354. https://doi-org.proxy.library.ju.se/10.1111/j.1469-7610.2006.01701.x

Hiles Howard, A. R., Lindaman, S., Copeland, R., & Cross, D. R. (2018). Theraplay impact on parents and children with autism spectrum disorder: Improvements in affect, joint attention, and social cooperation. *International Journal of Play Therapy*, 27(1), 56–68. https://doi.org/10.1037/pla0000056

Jernberg, A. (1988). Promoting prenatal and perinatal mother-child bonding: A psychotherapeutic assessment of parental attitudes. In P. Fedor-Freybergh & M. Vogel (Eds.), *Prenatal and perinatal psychology and medicine: A comprehensive survey of research and practice*, pp. 253–266. London: Parthenon Publishing Group.

Marschak M. (1960). A method for evaluating child-parent interaction under controlled conditions. *Journal of Genetic Psychology*, 9, 3–22. https://doi.org/10.1080/00221325.1960.10534309

Salo, S. (2011). Does Theraplay increase emotional availability among substanceabusing mother-infant dyads? Live oral presentation, November 15, 2011, at European Child and Adolescent Psychiatry Conference (ESCAP), Helsinki, Finland.

Shanoon-Shanok, R. (1997). Giving back future's promise: Working resourcefully with parents of children who have severe disorders of relating and communicating. *Zero to Three*, 17(5), 37–48.

Siu, A. F. Y. (2009). Theraplay in the Chinese world: An intervention program for Hong Kong children with internalizing problems. *International Journal of Play Therapy*, 18(1), 1–12. https://doi.org/10.1037/a0013979

Stern, D. N. (1985). *The interpersonal world of the infant*. New York, NY: Basic Books.

제4부

영아와 걸음마기 아동 집단을 대상으로 한 영아 놀이치료 및 놀이 기반 중재

제 9장

아기 인형 서클 타임

조율, 애착 및 사회적 놀이의 강화

Becky A. Bailey

뇌는 양육자와 아동 간의 조화로운 상호작용을 통해 발달한다. 연구에 따르면 최적의 감정 및 두뇌 발달을 촉진하기 위해 깨어있는 시간의 46%는 조율된 대면 상호작용을 하여야 한다(Tronick et al., 1985). 1980년대 이래로 신경과학자들은 영아기 동안의 뇌 구조의 가속화된 성장은 조율, 상호 조절과 정서적 동시성이라는 사회적 힘에 달려있다고 결론지었다. 정신병리학은 종종 이러한 사회적 힘의 비정상적인 초기 경험에 기인한다(Cirulli et al., 2002). 가족, 교육자, 양육자들이 직면한 한 가지 문제는 집단 보육 환경에서 이러한 중요한 연결 시간을 아동에게 어떻게 보장할 것인가이다.

아기 인형 서클 타임(Baby Doll Circle Time)은 아동의 신경 연결을 구축하는 개별적이고 강렬한 사회적 연결 및 조율의 기회를 제공하는 데 있어 성인을 지원하는 혁신적인 접근 방법이다. 아기 인형 서클 타임은 2단계로 진행된다. 1단계에서 치료사, 교사, 양육자 그리고 가족 구성원은 접촉과 눈 맞춤이 자연스럽게 발생하는 시간(기저귀 갈 때, 전환, 도착, 휴식 및 놀이 시간) 동안 일대일 활동에 아동을 참여시키는 방법을 배운다. 이 강력한 순간 동안 성인과 아동은 시냅스 경로의 형성을 이끌어내는 조율에 집중하고 놀이성을 달성한다.

두 번째 단계로, 성인은 일상생활에서 구체적이고 집중적인 인형놀이를 한다. 이 집단 시간 동안 아동들은 아기 인형으로 똑같은 놀이 시나리오를 재현함으로써 비슷한 신경 자극을 경험한다. 아동은 성인과의 초기 조율 경험을 복원하고 재현하여 한 번에 여러 아동의 조율에 대한 욕구를 충족시킬 수 있다. 기쁨과 즐거움을 공유하는 것은 긍정적인 두뇌 화학 작용에 기여하고, 아동들은 인지 및 관계 구축 기술을 통해 상호작용의 모든 것을 확장한다.

이 두 개입 단계, 기본 정보와 아기 인형 서클 타임 활동 자체는 교육 과정 워크북과 함께 제공되는 '아기 인형 서클 타임 : 조율, 애착 및 사회적 놀이 경험'이라는 교육용 DVD에 나와있다(Bailey, 2012).

아기 인형 서클 타임의 주요 목표는 애착, 조율 및 사회적 놀이를 강화하여 양육자와 아동 간 관계의 질을 향상시키는 것이다.

생후 첫 3년 동안 우리는 성인이 될 때까지 활용할 정신적 모델을 수립한다. 여기에는 자기, 관계, 자기 조절, 주의력, 동기 부여와 스트레스 관리에 대한 정신 모델이 포함된다(Siegel, 1999). 아기 인형 서클 타임이 권장하는 애착, 조율, 놀이성을 포함한 관계는 이러한 모든 발달 구성 요소에 대한 건강한 청사진을 설정하는 데 도움이 된다. 또한 아기 인형 서클 타임은 건강한 애착을 형성하여 육아 스트레스를 줄이고, 성인과 아동 사이의 긍정적 정서를 증가시키며, 애착, 조율, 사회적 놀이를 활용하여 최적의 발달을 위해 두뇌를 연결한다.

아기 인형 서클 타임은 조율, 애착 또는 사회적 참여의 부족함을 겪고 있는 아동에게 특히 유용하다. 이러한 도전은 오늘날 점점 더 많은 아동에게 적용된다(Huber, 2014). 다른 곳에서 조율된 만남이 부족한 아동들은 성인과 함께 아기 인형을 가지고 사랑스럽고 조율된 행동에 참여함으로써 놓친 요소를 교정할 수 있다. 아기 인형 서클 타임을 통해 집단 보육 환경에서 어려움을 겪고 있는 아동들은 기관의 애착 인물과 더 강한 유대를 형성하여 탄력성을 높이고 스트레스를 줄일 수 있다. 내성적인 아동이나 친사회적 행동에 어려움이 있는 아동은 인지 기술 외의 모든 것을 확장하는 동시에 안전하다고 느끼는 방식으로 연결되게 하는 것이 이롭다.

아기 인형 서클 타임의 중재적 힘의 핵심은 사랑하는 성인과의 개별 놀이를 통해 애착을 증진한 다음 인형과의 집단 놀이에 반영하는 데 있다. 보육 환경에서 첫 번째 단계는 종종 애착을 증진시키는 방식으로 보육을 조직하는 것이다. 예를 들어, 두 명의 교사와 열 명의 유아가 있는 기관에서는 각 교사가 다섯 명의 유아에 대해 애착 대상이 된다. 애착 대상은 아기 인형 서클 타임의 개별 활동을 위해 이 동일한 다섯 명의 아동들과 함께할 것이며, 괴로움의 시간 동안 기저귀 갈기, 수유 및 진정과 같은 개인 기능에 대한 아동의 주요 보살핌의 원천 역할을 한다.

성인은 기관 내 애착 대상인 각 아동과 함께 하루에 최소한 하나의 개별 아기 인형 서클 타임 활동을 하기로 약속해야 한다. 이렇게 매일 맞춰진 일대일 놀이 시간이 없으면 인형으로 하는 집단 활동은 그 힘을 잃는다.

성인이 일상에서 개별 활동을 정기적으로 수행하면 집단에서 아기 인형 서클 타임 활동을 시작할 수 있다. 집단 활동에는 5단계 과정이 포함된다.

1단계 : 당신과 아기의 만남

아기 인형 서클 타임은 항상 같은 노래와 아기 인형을 나누어주는 것으로 시작된다. 중재자는 전환 노래와 몸동작을 사용하여 아기 인형 서클 타임이 시작되었음을 나타낸다.

2단계 : 인식의 시작

이 단계에는 집단 구성원이 다양한 자세로 아기 인형을 잡고 아기 인형으로 다양한 운동 기술 활동을 하는 것이 포함된다. 이러한 활동은 공간, 시각, 청각 및 운동 감각 인식을 통합하여 안전하고 사랑스러운 환경 내에서 관리가 가능한 도전을 할 수 있게 한다. 최적의 학습 환경은 정확히 이러한 유형의 낮은 스트레스와 높은 도전을 필요로 한다(Squire et al., 2012).

3단계 : 연결

연결은 아기 인형 서클 타임의 핵심이다. 3단계는 아동과 아기 인형 간의 대화형 사회적 게임으로 구성된다. 이것은 애착 대상이 이미 각 아동과 개별적으로 하고 있는 활동이다. 게임을 개별적으로 하거나 서클 타임으로 하면 아동들이 아기 인형을 가지고 노는 동안 연결의 순간을 다시 경험할 수 있다. 연결 활동은 최적의 발달에 필요한 기쁨을 공유하는 것과 두뇌 상태를 지원한다. 수업 내용은 목표 달성, 문제 해결, 감정 조절, 충동 조절 및 공감과 같이 아동의 발달을 자극하고 향상시키는 6개의 단위로 구성되어 있다.

1. 까꿍놀이 : 숨바꼭질 게임
2. 신체 부위 : 신체 인식
3. 곤지곤지 도리도리 : 상처 치유
4. 사랑해 의식 : 애착 게임
5. 멈추기와 가기 : 충동 제어와 자기 조절
6. 감정 : 감정 조절과 감정에 이름 붙이기

4단계 : 껴안고 달래기

이 단계의 양육 활동은 공감을 가르치고 '부드러운 접촉'을 배우는 과정을 지원하며 스트레스를 푸는 방법을 제공한다. 스트레스 해소 기능은 특히 중요하다. 연구에 따르면 장기간 집단 보육을 받는 어린 아동들은 집단 보육 시간이 적은 아동보다 더 많은 스트레스 호르몬을 생산한다는 사실이 밝혀졌다(Vermeer & van Ijzendoorn, 2006). 이러한 스트레스 호르몬은 학교와 인생의 성공에 필요한 전두엽의 발달과 실행 기술(특히 자기 조절)을 억제한다. 아기 인형 서클 타임의 껴안고 달래는 활동은 장기간 집단 보육에서 오는 스트레스의 영향을 상쇄하는 데 도움이 될 수 있다.

5단계 : 종료 및 다음으로 전환

회기는 항상 같은 잔잔한 노래로 끝난다. 1단계에서와 같이 중재자는 아동들이 필요로 하는 정보가 노래에서 전달된다는 생각을 강화하기 위해 가리키는 것과 비언어적 의사소통에 의존할 것이다.

아기 인형 서클 타임의 표본 활동

아기 인형 서클 타임은 연결, 감정 조절 및 즐거움을 증가시키는 쉽게 접근할 수 있는 형식을 따른다. 앞서 논의한 바와 같이 개별 놀이와 집단 놀이의 두 가지 요소가 있다. 성인은 활동을 중심으로 하는 개별적인 일대일 놀이를 통해 아동과 연결하고 조율해야 한다. 그런 다음 집단 놀이 중에 성인은 아동 및 인형과 함께 같은 활동을 다시 한다. 다음은 '둥글게 둥글게 정원을 돌아라'와 '여기에 토끼가 있어' 사랑해 의식(Bailey, 2000)을 특징으로 하는 아기 인형 서클 타임 커리큘럼(Bailey, 2012)의 4:4 활동을 다시 인용한 것이다.

개별 놀이 :

우선 아동과 일대일 시간 동안 사랑해 의식을 수행한다.

곰

정원을 빙빙 돌며 테디베어가 간다. (아동의 배 주위에 손가락으로 동그라미를 그린다.) 한 걸음, 두 걸음, 아래를 간지럽힌다. (손가락을 아동의 배 위로 올려 턱 아래를 간지럽힌다.) 정원을 빙빙 돌며 테디베어가 간다. (동작을 반복한다.)

한 걸음, 두 걸음, 저기 간질! (동작을 반복한다.)

토끼

여기에 귀가 너무 웃긴 토끼가 있다. (한 손에서 두 손가락을 들어 귀를 만든다.)

여기 땅에 구멍이 있다. (검지손가락으로 아동의 배에 원을 그린다.) 소리가 들리면 귀를 쫑긋 세운다. (아동에게 손가락 '귀'를 만들어준다.) 그리고 땅에 있는 구멍으로 뛰어든다. (부드럽게 아래로 뛰어내려 아동의 배를 간지럽힌다.)

집단 놀이 :

다음으로, 일대일 시간을 보완하고 이 장의 앞부분에서 논의된 다섯 단계를 따르는 집단 활동을 수행한다.

1단계 : 당신과 아기의 만남

'오 나의 사랑 클레멘타인(Oh My Dalin)'의 곡조에 맞추어 노래하기

아기와 함께, 아기와 함께, 아기와 함께, 놀 시간

아기와 함께, 아기와 함께, 아기와 함께, 놀 시간

2단계 : 인식의 시작

'작은 골짜기의 농부(The Farmer in the Dell)'의 곡조에 맞추어 노래하기

우리 아기는 놀고 싶어 해요, (아기 인형으로 노는 척을 한다.)

우리 아기는 놀고 싶어 해요,

우리 아기가 여기 있어요,

우리 아기는 놀고 싶어 해요.

우리 아기는 먹고 싶어 해요, (아기 인형에게 먹이는 흉내를 낸다.)

우리 아기는 먹고 싶어 해요,

우리 아기가 여기 있어요,

우리 아기는 먹고 싶어 해요.

우리 아기의 기저귀가 젖었어요, (기저귀를 갈아주는 흉내를 낸다.)

우리 아기의 기저귀가 젖었어요,

우리 아기가 여기 있어요,

우리 아기의 기저귀가 젖었어요.

우리 아기는 놀 준비가 되었어요, (아기 인형을 얼굴이 위로 향하게 당신

의 앞에 놓는다.)

우리 아기는 놀 준비가 되었어요,

우리 아기가 여기 있어요,

우리 아기는 놀 준비가 되었어요.

3단계 : 연결

'둥글게 둥글게 정원을 돌아라'와 '여기에 토끼가 있어'를 바탕으로 사랑해 의식을 한다. 곰 그림과 토끼 그림을 보여준다. 아동이 하나를 선택하게 한 다음 그 그림에 해당하는 절차를 수행한다.

곰

정원을 빙빙 돌며 테디베어가 간다. (아기 인형의 배 주위에 손가락으로 동그라미를 그린다.) 한 걸음, 두 걸음, 아래를 간지럽힌다. (손가락을 아기 인형의 배 위로 올려 턱 아래를 간지럽힌다.) 정원을 빙빙 돌며 테디베어가 간다. (동작을 반복한다.)

한 걸음, 두 걸음, 저기 간질! (동작을 반복한다.)

토끼

여기에 귀가 너무 웃긴 토끼가 있다. (한 손에서 두 손가락을 들어 귀를 만든다.)

여기 땅에 구멍이 있다. (검지손가락으로 아기 인형의 배에 원을 그린다.)

소리가 들리면 귀를 쫑긋 세운다. (아기 인형에게 손가락 '귀'를 만들어준다.)

그리고 땅에 있는 구멍으로 뛰어든다. (부드럽게 아래로 뛰어내려 아기 인형의 배를 간지럽힌다.)

4단계 : 껴안고 달래기

'작은 골짜기의 농부(The Farmer in the Dell)'의 곡조에 맞추어 노래하기

우리 아기는 진정되었어요, (깊게 숨을 들이쉬고 "쉿" 소리를 내며 내쉰다.)

우리 아기는 진정되었어요. (깊게 숨을 들이쉬고 "쉿" 소리를 내며 내쉰다.)

우리 아기가 여기 있어요.

우리 아기는 진정되었어요. (깊게 숨을 들이쉬고 "쉿" 소리를 내며 내쉰다.)

재미를 멈추기가 이려워요. (멈추고 아기 인형에게 "할 수 있어!"라고 말

한다.)

재미를 멈추기가 어려워요. (멈추고 아기 인형에게 "할 수 있어!"라고 말

한다.)

우리 아기가 여기 있어요.

휴식을 취할 준비가 되었어요.

우리 아기는 쉴 거예요.

우리 아기는 쉴 거예요.

숨을 들이쉬고, (깊게 숨을 들이마신다.)

숨을 내쉬어요. (길게 "쉿~"하고 숨을 내쉰다.)

쉬는 시간이에요.

5단계 : 종료 및 다음으로 전환

'잘 자요, 아가씨들(Good Night Ladies)'의 곡조에 맞추어 노래하기

안녕, 안녕, 아가야.

안녕, 안녕, 아가야.

안녕, 안녕, 아가야.

우리는 언젠가 다시 놀거야.

사례 연구

아기 인형 서클 타임은 조기 헤드 스타트 프로그램(3세까지의 아동 및 임산부
가 있는 저소득층 가정을 위한 미국 연방 정부의 커뮤니티 기반 프로그램 —
역자 주), 어린이집, 유치원, 가정 보육, 치료적 개입, 공립 및 사립 유치원에

서 광범위하게 사용된다. 다음의 사례 연구는 전국적으로 경험한 상호작용 유형의 작은 부분을 나타낸다. 아기 인형 서클 타임은 종종 효과를 높이는 의도적인 규율의 틀 내에서 구현된다는 점에 유의하는 것이 중요할 수 있다. 의도적인 규율은 사회 정서와 교실을 관리하는 방법으로, 공격성을 감소시키고, 사회 정서 기술, 학교 준비도 및 학교 분위기를 향상시키는 것으로 나타났다(Jones & Lesaux, 2013; Rain, 2014).

네이트(18개월)

엘리자베스는 18개월 된 네이트를 처음 만났을 때 플로리다의 초기 단계 프로그램에서 영유아 발달 전문가로 일하고 있었다. 그녀의 직업은 발달 장애, 말하기 및 언어 지연, 사회 정서적 문제 및 어려운 행동을 가진 0~3세 아동의 가족과 함께 가정을 방문하는 동안 실행 기능을 구축하고 새로운 기술의 시작을 장려하는 개입을 가르치는 것이었다. 아기 인형 서클 타임은 엘리자베스가 가정에서 활용하는 핵심 개입 중 하나이다. 그녀는 다음과 같이 말했다.

> 네이트를 처음 만났을 때, 그의 어머니가 친절하게 맞이해주었다. 그러나 네이트를 보는 순간, 그 아이는 비명을 지르며 자기 방으로 달려갔다. 그의 어머니에게 할 수 있는 말은 "언젠가는 나를 보고 기뻐하겠지만, 오늘은 그런 날이 아니네요."라는 말뿐이었다.

그들이 함께 작업하게 되면서 엘리자베스는 네이트가 공동 관심이 없고 언어적인 의사소통이 되지 않으며, 연결되기 어렵고 다른 사람들과 놀이하는 데 어려움을 느끼는 것을 포함하여 자폐 스펙트럼 발병의 초기 특징을 나타내고 있다고 평가하였다. 엘리자베스는 집에 있는 모든 사람이 놀이에 참여할 수 있도록 충분한 아기 인형을 가져와서 개입 방법으로 아기 인형 서클 타임을 도입하기로 결정하였다. 그녀의 의도는 연결과 의사소통을 늘리고 아기 인형 서클 타임을 통해 새로운 기술을 습득하는 것이었다.

네이트는 움직일 수 있는 인형의 얼굴과 팔, 다리에 즉시 매료되었다. 아버지가 첫 번째 아기 인형 서클 타임 회기에 참여했기 때문에 엘리자베스는 아버지에게 네이트와 함께 하고 싶은 거친 신체놀이를 포함하여 좋아하는 놀이에 대해 물었다. 아버지는 '로켓 우주선'이 네이트가 가장 좋아하는 것이라고 내답하였다. 이 정보를 아기 인형 서클 타임의 시작점으로 활용하여 엘리자베스는 아버지에게 아기 인형으로 로켓 우주선 놀이를 하는 것을 보여달라고 부탁하였다. 네이트는 아버지가 카운트다운을 시작하는 것을 듣자마자 고개를 돌렸다. 네이트는 아버지가 아기 인형을 공중으로 띄우자 웃었다. 엘리자베스는 곧바로 자신의 카운트다운을 시작하였고, 네이트도 똑같은 반응을 하였다. 그녀는 "네이트가 이 경험을 아버지와 일반화하고, 나와 아기 인형을 사용하여 일반화하는 능력은 공동 관심과 연결에서 큰 진전을 보였어요. 또한 아기 인형을 통한 추가 개입의 문을 열었습니다."라고 하였다.

회기가 끝나고 엘리자베스는 네이트와의 모든 회기에 아기 인형 서클 타임의 커리큘럼을 통합하였다. 네이트는 눈 맞춤, 접촉, 참석, 놀이성이 포함된 사랑해 의식을 포함하여 엘리자베스와 다른 어른들이 인형으로 모델링하는 것을 모방하기 시작하였다. 인형들과 함께 아기 인형 서클 타임의 사랑해 의식 활동을 하고 나면 네이트는 그 의식에 더 기꺼이 참여하게 될 것이다. 네이트는 주중에도 여러 번 부모와 일대일로 그 의식을 행하였다. '둥글게 둥글게 정원을 돌아라'는 그가 엘리자베스 또는 부모와 함께 집단 활동 시간과 일대일 시간 모두에서 즐겼던 가장 좋아하는 의식이 되었다.

네이트는 또한 인형과의 회기에서 그의 첫 단어 중 두 가지를 말하였다. 엘리자베스와 부모는 인형에게 모자를 씌우면서 "쓰다."라고 말하고, 모자를 벗길 때 "벗다."라고 말하였다. 이는 까꿍놀이 아기 인형 서클 타임 대본을 각색하여 발전시킨 활동이었다. 어른들은 네이트의 관심을 끌기 위해 매우 장난스러운 방식의 많은 표현으로 이 쓰고 벗기기 활동을 모델링이 되게 하였다. 결국 네이트는 "쓰다."와 "벗다."를 말하였다.

엘리자베스, 네이트와 그의 가족은 1년 동안 수많은 아기 인형 서클 타임 과정을 함께 하였다. 엘리자베스가 첫 만남에서 예측한 것처럼, 그들은 실제로 네이트가 두려움에 떨며 도망가는 것보다 그녀를 보고 기뻐하는 날들을 맞이하였다. 그의 사회적 참여 능력은 공동 관심, 전반적인 의사소통 능력 및 일대일 연결 능력과 마찬가지로 크게 향상되었다. 엘리자베스는 "아기 인형 서클 타임이 만들어준 집중적인 놀이를 통해 네이트가 엄청난 성과를 거두었다는 데 의심의 여지가 없습니다."라고 말하였다.

엘리(20개월)

엘리는 생애 첫 2년을 집에서 어머니와 함께 보낸 후 뉴저지에 있는 조기 헤드 스타트 프로그램의 2세반에 왔다. 엘리는 어머니에게 꼭 붙어있고 수업 시간에 어머니와 떨어지는 것에 어려움을 겪었다. 엘리와 어머니는 종종 떨어질 때마다 울었다. 첫 한 달 동안 엘리는 수업 시간 내내 울었다. 엘리의 어머니는 그를 학교에 그만 보내는 것을 고려하였지만 조기 헤드 스타트의 교사인 다니엘라가 개입하였다. "내가 그가 종일 울었다고 말한 것은, 그가 하루 종일 울었다는 뜻입니다. 그가 일상을 따라가고 있었기에 나는 희망을 가졌지만, 그는 그러는 동안에도 내내 우는 것이 일상이었습니다."라고 다니엘라가 말하였다. 그녀는 시간과 도움이 있으면 엘리가 감정을 조절하는 데 성공할 수 있다고 굳게 믿었다.

 엘리의 교실은 일주일에 두세 번씩 아기 인형 서클 타임을 연습하고 있었다. 그의 교사들은 학교가 의도적 훈육 시행 2년 차에 있었기 때문에 아기 인형 서클 타임과 의도적 훈육에 설명된 깊은 복식 호흡과 감정 조절 전략에 크게 집중하였다.

 약 한 달 후, 엘리는 계속해서 울고 "엄마가 와요?"라고 묻는 것에서 분리를 더 잘 관리하는 능력을 발달시키기 시작하였다. 아기 인형 서클 타임 커리큘럼의 정기적인 시행은 이러한 변화에서 필수적인 요소였다. 각 감정은 감정 조절을 돕기 위해 계획되었고, 사랑해 의식은 학교에서 건강한 애착을 형성하는 수단을 제공하고 인형을 독립적으로 사용하여 엘리가 필요할 때마다 어느 정도 편안함을 경험할 수 있도록 하였다. 다니엘라는 이렇게 말하였다.

엘리는 아기 인형을 안고 창가에서 심호흡을 하고 우리가 가르친 행동을 하였다. 그는 내가 그와 함께 모델링했던 것과 똑같이 인형으로 모델링을 할 것이다. 마치 엘리가 양육자이고 인형이 엘리인 것 같았다. 이로써 그는 자신을 진정시키는 방법을 배운 것이다.

다니엘라는 아기 인형 서클 타임이 엘리가 자신을 진정시키고 학교 환경에 적응하는 법을 배우는 데 필요한 도구를 주었다고 말한다. 활동과 인형은 치유의 관문을 제공하였다. 그녀가 말했다.

나와 동료들은 힘들었다. 우리는 친구 및 가족 게시판에 그의 가족 사진을 올렸고, 그는 그곳으로 가서 울었다. 나의 동료는 그것이 그를 화나게 했기 때문에 그것을 제거하고 싶어 했지만 나는 그가 가족을 보고 그들과 연결되어야 한다는 것을 알고 있었다. 그에게는 그것을 피하지 않고 긴장을 풀고 안전하다고 느낄 시간과 기술이 필요하였다.

10월이 되자 엘리는 덜 울고 교실 생활에 더 많이 참여하였다. 그는 계속해서 인형을 사용하여 하루 종일 집단 아기 인형 서클 타임과 일대일 놀이에서 교사가 가르친 진정, 연결 및 감정 조절 기술을 재현하였다. 학년이 계속되면서 엘리는 하루 종일 우는 것에서 벗어나 '교실에서 가장 행복한 아이'가 되었다.

그의 교사들은 만일 개입이 없었다면 엘리의 어머니가 그의 조기 헤드 스타트를 중단하였을 것이며 엘리의 첫 학교 경험은 부정적 경험이 되었을 것이라고 믿는다. 대신에 엘리는 동정심 많은 학교 환경에서 감정을 조절하는 법을 배웠다. 다니엘라는 "우리는 엘리가 자신의 감정을 느낄 만큼 안전하다고 느끼는 교실을 만들었습니다. 그는 자신이 안전하고 우리가 아기 인형 서클 타임에서 연습한 것과 같은 호흡이 도움이 될 것이라는 것을 알고 있었습니다."라고 하였다. 그녀는 개인적인 메모에서 다음과 같이 말하고 있다. "내가 비록 이미 한동안 의도적 훈육과 아기 인형 서클 타임을 훈련했음에도 불구하고 엘리가 고군분투하고 성공하는 것이 실제로 효과가 있다는 것을 봄으로써 나는 진정으로 변화할 수 있었다."

코트니(유아반 수석 교사)

코트니는 버지니아주 리치몬드에 있는 유아반의 담임 교사이다. 그녀의 반 유아들은 은퇴 커뮤니티의 기억 지원 부서에서 주민들을 방문하는 세대 간 프로그램에 참여한다. 코트니는 아기 인형 서클 타임을 처음 구현했을 때를 회상한다. 그녀가 말했다.

> 그것은 내가 생각하지 못했던 새로운 인지놀이 방법이었다. … 아기 인형 서클 타임을 처음 해본 것은 마법 같았다. 아동들은 열광하였다. 그들은 노래를 듣고 연극을 따라 했다. 아마도 그때가 내가 처음으로 편안하고 즐거운 기분으로 서클 타임에서 벗어난 때일 것이다.

그녀의 교실에서 아기 인형 서클 타임을 구현한 지 약 1년 후, 코트니는 기억 지원 부서에 대한 학교의 주간 여행 중 하나에서 인형을 들고 있는 주민을 보았다. 그녀가 아기 인형 서클 타임이 세대 간 프로그램에 가져올 수 있는 연결 가능성과 신경적 이점을 마음속에 그릴 때 생각이 떠올랐다. 코트니는 "노인과의 상호작용에서 아기 인형 서클 타임이 얼마나 소중한지 깨달았습니다. … 구현을 하고 나니 놀이 시간이 더 의미 있고 유대감이 강해졌어요."라고 말하였다.

시설에서 아기 인형 서클 타임을 할 때 코트니는 인지 발달 초기에 아동들이 치매로 자신을 잃기 시작하는 주민들과 연결되는 것을 보는 것이 강력하다고 말한다. 그녀는 아기 인형 서클 타임이 삶의 전환기의 전체 스펙트럼을 준비하는 데 도움이 되는 방식을 보는 것도 강력하다고 말한다.

> 내가 담당하고 있는 연령의 아이들에게는 종종 새로운 형제가 생기고 반려동물이 죽는 것과 같은 가족의 변화가 주어진다. 새로운 형제가 탄생하여 가정 생활이 완전히 변화될 때 나는 아이들이 이에 대해 준비하도록 돕는데, 예를 들어 아기 인형 서클 타임을 통해 그들에게 신체 인식을 가르치고 부드럽게 놀이할 수 있게 한다. 이는 부모가 그들에게 태어난 동생에 대해 소개하는 것을 좀 더 수월하게 만든다.

특히 한 아동은 아기 인형 서클 타임을 활용하여 그러한 삶의 전환기 이후 끊어지게 된 연결을 치유하였다. 20개월 된 사라는 새로운 성인에게 다가갈 때 전형적인 유아기의 주저함을 보였다. 기억 지원 부서를 방문하는 동안 그녀는 코트니의 무릎에 매달리고 참여하려는 시도를 피하였다. 사라의 할머니는 사라의 집에 장기간 머물다 최근에 떠났고, 이 유아는 사랑하는 애착 대상을 상실하고 있었다. 코트니는 사라가 아기 인형 서클 타임을 통해 연결하고 치유할 수 있도록 도울 기회를 보았다.

> 처음에 그녀는 주민들과 있을 때 부끄러워하였다. 그녀는 내 무릎을 떠나고 싶어 하지 않았다. 나는 주민들 옆에 그녀와 함께 앉아 사랑해 의식을 했지만, 가장 큰 차이를 만든 것은 아기 인형이었다. 그녀는 인형을 통해 주민들과 교제하기 시작하였다.

아기 인형 서클 타임은 사라가 그녀의 할머니가 떠나는 전환기를 수월하게 해줄 수 있는 누군가와 연결되기에 충분히 안전하다고 느끼는 매개체를 제공하였다. 코트니는 이렇게 말하였다.

> 사라는 한 주민에게 끌렸다. 내 무릎에 붙어있는 대신 그녀는 아기 인형 서클 타임 동안 주민의 무릎에 기어올랐다. 할머니가 집으로 돌아갔을 때 남겨진 공허함을 치유하기 위해 나는 사라가 누군가와 연결되어야 한다고 생각한다. 주민의 무릎에 앉아서 아기 인형을 가지고 까꿍놀이를 하는 것은 그녀가 그리워하는 할머니와 했었던 비슷한 놀이에 참여하는 데 도움이 되었다.

사라의 고통과 주저함은 눈에 띄게 줄어들었고, (여러 명의 자녀와 손주가 있는) 주민은 그 어린 소녀와 연결되는 것에 신이 났다.

코트니는 매주 기억 지원 부서를 방문하는 동안 15분짜리 아기 인형 서클 타임 회기를 이끌었다. 그녀는 두뇌가 향상될 뿐만 아니라 주민들과 유아들이 인형과 서로 어울리고 있는 것을 관찰하는 것이 즐겁다고 말한다. "전통적인 원-원 상황입니다. … 우리는 아동이 노인과 상호작용할 때 행동과 발달에 상당히 긍정적인 영향을 미치는 것을 보았습니다. 노인들에게 아동들과의 교류는 추억을 되살리고 스트레스를 해소하는 데 도움이 됩니다."

사라의 참여가 개선되고 치유된 사례는 코트니의 교실에서의 많은 사례 중 하나이다. 그녀는 또한 젖을 떼고 자신의 방에서 자는 법을 배우기 위해 아기 인형 서클 타임을 사용했던 17개월 아기에 대해 이야기한다. 그의 교사와 부모는 아기 인형을 사용하여 매일 밤 껴안고 흔들어 잠드는 일과를 수행하였으며, 그는 이를 똑같이 하였고, 이는 취침 시간을 연습하고 자신을 달래는 데 도움이 되었다. 코트니는 또한 부분적으로 가정의 불안정한 상황으로 인해 극심한 감정적 분출과 씨름한 어린 소녀에 대해 이야기한다.

아기 인형 서클 타임의 인형이 울 때 유아는 종종 아기를 방 건너편으로 던지거나 "입 다물어."라고 말하였다. 집단 활동 동안 코트니는 원 안에 있는 유아 앞에 전략적으로 자신이 위치하여 어린 소녀가 인형과 사랑스럽게 노는 모습을 볼 수 있도록 하였다. 점차 유아는 아기 인형 서클 타임에 더 기꺼이 참여하게 되었다. 코트니는 인형을 사용하여 연결하고, 안전한 애착 대상으로 자신을 확립하고, 교실 생활에 더 성공적으로 참여하고, 가정 생활이 야기한 몇 가지 어려움에 대처하는 데 도움이 되는 진정 전략으로 소녀를 안내할 수 있었다.

코트니는 말한다.

아기 인형 서클 타임은 나의 학생들과 함께 놀이와 도움이 되는 개입을 탐색할 수 있는 새로운 방법을 제공한다. 나에겐 이제 혼돈을 늦추고, 인지 능력의 발달을 시작하고, 공감, 친절, 사랑을 가르칠 기회가 있다.

토론 질문

1. 아동과 연결 개입을 수행하는 중요 애착 대상에 대한 아이디어를 탐색한 다음, 아동에게 인형이나 대리 애착 대상으로 그 활동을 재현할 수 있는 방법을 제공합니다. 이것이 아동에게 어떤 이점을 줄 것이리고 생각하나요? 대리 애착 대상에게는 어떤 이점이 있나요? 어려움이 있다면 어떤 것이 있을 것 같나요?

2. 아기 인형 서클 타임은 헤드 스타트, 조기 헤드 스타트, 어린이집, 유치원 및 가정 방문 치료에서 널리 시행됩니다. 현재 작업 환경에서 아기 인형 서클 타임을 구현할 때 어떤 긍정적인 결과를 기대할 수 있을까요?

3. 아기 인형 서클 타임이 도움이 될 수 있다고 생각하는 아동이나 내담자를 찾아봅시다. 활동을 어떻게 시작할 것인가요? 아동이 경험하기를 기대하는 이점은 무엇인가요?

참고문헌

Bailey, B. (2000). *I love you rituals*. New York, NY: Harper Collins Publishers.

Bailey, B. (2012). *Baby doll circle time: Strengthening attunement, attachment and social play*. Oviedo, FL: Loving Guidance.

Cirulli, F., Berry, A., & Alleva, E. (2002). Early disruption of the mother-infant relationship: effects on brain plasticity and implications for psychopathology. *Neuroscience Biobehavior Review, 27,* 73–82.

Huber, R. (2014). Four in ten infants lack strong parental attachments. Princeton University. https://www.princeton.edu/news/2014/03/27/four-10-infants-lack-strong-parental-attachments

Jones, S., & Lesaux, N. (2013). *Supporting adults to support young children*. Harvard Graduate School of Education.

Rain, J. (2014). Conscious discipline research study research findings. Rain & Brehm Consulting. https://consciousdiscipline.com/conscious-discipline-improves-sel-schoolclimate-readiness-and-pro-social-behavior

Siegel, D. J. (1999). *The developing mind: Toward a neurobiology of interpersonal experience*. New York, NY: The Guilford Press.

Squire, L., Berg, D., Bloom, F., Dulac, S., Ghosh, A., & Spitzer, N. (2012). *Fundamental neuroscience* (4th ed.), pp. 3334–3336. Oxford: Academic Press.

Tronick, E., Krafchuk, E., Ricks, M., Cohn, J., & Winn, S., (1985). Mother-infant face-to-face interactions at 3, 6 and 9 months: Content and matching. Unpublished manuscript.

Vermeer, H. J., & van Ijzendoorn, M. H. (2006). Children's elevated cortisol levels at daycare: A review and meta-analysis. *Early Childhood Research Quarterly, 21*(3), 390–401.

제 10장

DIR® / Floortime™

초기 자폐 스펙트럼 장애 징후를 보이는 영아 및 걸음마기 아동의 발달/관계 놀이치료 모델

Esther Hess

인간의 영아는 다른 종과 비교했을 때 미숙하게 태어나며 출생 후에 상당한 두뇌 발달이 이루어진다. 영아는 수면-기상 리듬, 식사 주기, 여러 사회적 상호작용을 조절하기 위해 전적으로 부모에게 의존한다. 놀이는 의존에서 독립으로 그리고 부모 조절에서 자기 조절로 발달하는 진행 과정을 촉진한다. 이 과정에서 주체성이 증진된다. 이러한 진화는 첫 세 달 동안 부모가 자녀의 반응적이고 우발적인 방식의 비언어적인 신호를 읽음으로써 자녀와 반응적으로 상호작용하고, 그들의 비언어적인 신호를 읽음으로써 시작된다. 양육자-영아 상호작용은 조율로 알려진 놀이의 가장 초기 형태이지만 교대로 다른 활동이 빠르게 뒤따른다(Stern, 1980). 이러한 주고받는 행동은 아동의 자기 조절과 충동 조절을 촉진하고 성인과의 상호작용을 이해하기 위한 강력한 기반을 형성한다. 주고받는 경험은 언어 발달에 영향을 미친다. 그러나 비정상적인 감각 조절계를 가지고 태어난 아동은 이러한 공동 조절의 순간을 찾기 위해 양육자와 고군분투한다. 이는 중추신경계가 들어오는 감각 자극에 따라 적절하게 등급을 매기는 방식으로 자신의 활동을 조절하지 못한 결과일 수 있다(Reed, 2001). 불규칙하고, 지속 가능성이 결여되어 있으며, 양립 불가능하게 보이는 상태는 조율된 상호 놀이가 중단되었다는 신호일 뿐 아니라 자폐 스펙트럼 장애의 첫 번째 불길한 징후를 경고하는 것이다(Green et al., 2013; Pineda et al., 2015).

자폐 스펙트럼 장애와 같은 발달 지연을 다루는 몇 가지 이론적 접근이 있으나 본 장에서는 발달적/관계적 관점으로 DIR®/Floortime™ 모델에 초점을 둘 것이다. 이러한 발달적 접근은 Piaget, Vygotsky, Erikson, Kohlberg와 같은 주요 발달 이론학자가 처음 개발한 작업에 기초하고 있다. 이 특정한 접근은 발달 또는 변화 과정의 더 큰 맥락에서 행동과 학습을 고려한 것이다. 1997년, Stanley Greenspan 박사와 그의 파트너인 Serena Wieder 박사는 자폐 스펙트럼 장애로 초기 진단된 아동의 200개 차트를 검토하여 DIR®/Floortime™ 접근의 가능성을 보여주는 증거를 처음 제시하였다. 차트 검토는 자폐 스펙트럼 장애를 가진 많은 아동이 적절한 개입으로 공감 능력과 상호작용, 창의적 사고와 건강한 또래 관계를 가질 수 있다는 것을 시사한다(Greenspan & Wieder, 1997). Greenspan과 Wieder는 200 사례 시리즈를 통해 2000년에 DIR®/Floortime™ 모델에 대한 상세 설명을 출판했다(ICDL, 2000).

발달 모델은 개별 과정 차이와 부모의 관계 특성뿐만 아니라 고유한 생물학적 프로파일에 따른 맞춤형 개입의 필요성을 강조한다. 이 접근의 하위 구성 요소는 DIR®/Floortime™ 시간의 세 가지 주요 측면으로 요약할 수 있다.

D : 발달(developmental) 체계 측면
I : 아동의 개별적(individual)이고 근본적인 신경학적 과정 차이 측면
R : 관계(relationship) 및 이후의 민감한 상호작용 측면

D : 발달 체계

발달 접근은 다음에 대한 개인의 능력 변화를 측정하고자 한다.

- 공유 관심
- 따뜻하고 친밀하고 신뢰할 만한 관계를 형성하는 능력

- (반응하기보다는) 의도적 행동을 통해 사회적 참여를 시작하는 능력
- 자발적 의사소통
- 다양한 감정 상태에서 (양방향-상호적인) 상호작용을 할 수 있는 능력
- 다른 사람의 감정을 읽고, 반응하고 적응하는 공동 조절 과정을 통한 문제 해결
- 창의성
- 다른 사람의 동기와 관점에 대하여 논리적으로 생각하는 것
- 내면의 개인적 가치관을 세우는 것

I : 개별적, 근본적, 신경학적 과정 차이

1979년 직업치료사 Jean Ayres는 아동의 감각 처리 능력이 아동이 그들의 세계에 통합하는 능력에 영향을 미치고 있다는 것을 처음으로 발견하였다 (Ayres, 1979). 이 획기적인 아이디어는 아동에게 움직임과 조절 행동의 중요성을 이해하는 새로운 방법을 제공했고 자폐 스펙트럼 장애와 같이 발달적 우려를 가진 아동에게 영향을 미치는 더 걱정이 되는 행동에 대해 많은 설명을 제공하기 시작했다. 지난 50년 동안, 많은 연구에서 감각운동 처리와 그것이 정서 조절에 미치는 영향과 관련한 생물학적 기반의 차이가 미치는 영향을 상세히 조명했다(Pfeiffer et al., 2011). 또한 이 연구는 이러한 생물학적 차이가 특정한 치료 개입의 영향으로 변화될 수 있다는 것을 보여주었다.

발달 모델은 개인의 차이와 아동의 고유한 생물학적 프로파일과 부모-자녀 상호작용의 고유한 특성에 따라 개입을 조정할 필요성을 강조한다. 2001년 미국 국립과학아카데미의 국가연구위원회는 '자폐 아동 교육'이라는 제목의 보고서를 발표하면서 이 발표문의 첫 부분을 지지했다. 이 보고서에서 위원회는 개별 아동의 고유한 생물학적 프로파일에 맞게 치료 접근법을 조정할 것을 요구했다(국가연구위원회, 2001). Lillas와 Turnball(2009)은 모든 행동이 뇌의 감각 시스템에 영향을 받는 방법을 설명하면서 발표문의 두 번째 부분을 지지하였다. 그들은 영아의 감각 능력은 인간의 상호작용에 반응하기 위

해 유전적으로 준비되며 양육자의 촉감, 얼굴, 목소리, 움직임 표현과 직접적인 관련이 있다고 제안하였다. 아동과 양육자 놀이에서 발생하는 상호작용은 감각운동 변환의 지속적인 고리이다.

R : 관계와 정서

발달치료 모델은 영아 정신건강 분야에서 오랜 시간 동안 발견되면서 발달해왔다. 1950년대부터 양육자-아동 상호작용의 중요성에 대한 새로운 이해가 시작되었다(Bowlby, 1951). 이러한 개념을 바탕으로 Stanley Greenspan과 Serena Wieder는 애착 문제의 위험이 높은 어머니-자녀 쌍의 상호작용에 대한 연구를 시작했다(국립임상유아프로그램센터, 2001). 그 후, 특히 공동 관심과 정서적 조율 영역에서 양육자-아동 상호작용의 중요성과 양육자-아동 관계를 지원하는 데 초점을 둔 개입 프로그램의 가치를 확인하기 위한 수많은 연구가 있었다(Mahoney & Perales, 2005). 2006년 Gernsbacher는 양육자와 아동 사이의 개입이 양육자의 상호작용을 어떤 방식으로 변화시키는지, 그리고 이러한 변화가 아동의 사회적 참여와 언어에 긍정적인 변화와 상관관계가 있다는 것을 논문으로 발표했다. 논문의 결과는 자폐 스펙트럼 장애에 영향을 받는 아동의 치료를 위한 효과적인 양육자-중재 개입을 계속해서 지지한다는 증거가 되었다(Cullinane, Gurry, & Solomon, 2017).

Floortime™ 모델

Floortime™은 놀이 파트너(보통의 경우 양육자)가 바닥에 앉아서 자녀와 함께 아동의 발달 능력을 각각 터득하도록 유도하는 특수한 기법이다. 이 모델을 타당하게 표현하기 위한 두 가지 방법으로 Floortime™에 대하여 고려할 필요가 있다(ICDL, 2000).

1. 양육자가 한 번에 20분 이상 자녀와 함께 놀이하기 위하여 바닥에 내려와

앉는 특정한 기법으로서의 방법

2. 아동과 양육자의 상호작용에 대하여 모든 안내를 하는 일반적인 철학. 모든 상호작용은 아동의 운동, 감각, 언어 기능에서 정서적, 사회적, 인지적 차이뿐 아니라 기존의 양육자, 아동, 가족 기능과 상호작용 패턴에 대한 이해를 포함하여 Floortime™의 특징과 목표를 통합해야 한다(Hess, 2012).

Floortime™의 정의는 두 가지 영역의 강조로 구분된다. 하나는 아동이 이끄는 대로 따르는 것이다. 다른 하나는 양육자가 아동과 그들의 세계에 들어간 다음, 그들을 공유된 세계로 당겨서 각각의 기능적, 정서적, 발달적 능력을 터득하도록 돕는 것이다(Greenspan & Weider, 2005). 이러한 강조는 때때로 매우 쉽게 작용하고 때로는 연속체의 반대 끝에 있는 것처럼 보일 수 있다. Floortime™의 양극성, 경향성, 또는 차원에 대한 인식은 한 요소가 아동의 초기 참여를 상호 관계의 가능성으로 격려하는 반면에, 다른 요소는 아이디어의 초기 '기원'을 더 높은 수준의 학습과 사고 가능성으로 확장하고 발전시키는 것을 장려하기 때문에 매우 중요하다(Hess, 2016).

아동의 리드를 따르는 것

Floortime™의 가장 널리 알려진 측면은 아동의 리드를 따르는 것이다. 즉 아동의 자연스러운 관심을 활용하는 것이다. 하지만 정확하게 그게 무슨 뜻인가? 아동의 리드를 따르는 것은 그 아동의 아이디어의 기원을 가지고 아동과 공유하려는 경험의 기초를 만들어가는 것이다. 결과적으로 그것은 당신이 그들의 정서적 삶으로 들어가는 것을 아동이 허락하도록 격려한다. 양육자들은 아동의 관심사에 주의를 기울임으로써, 아동의 자연스러운 욕구를 이해함으로써 아동에게 무엇이 즐거운지를 이해하게 된다. 이해와 확신을 느끼는 아동은 조절과 개입을 더 오래 유지하며 경험 속에서 배울 수 있고 궁극적으로는 발달적으로 나아가는 아동이다(Hess, 2016).

언급한 바와 같이, 이 장의 초점은 부모가 영아 및 걸음마기 아동과 상호 관계의 가능성을 가진 라이프스타일을 만드는 데 도움을 주는 Floortime™ 구성요소에 있을 것이다. 이 장에서는 생후 18개월에 자폐 스펙트럼 장애 초기 진단을 받은 아동 레베카의 사례 연구도 소개한다. 이 사례는 레베카와 그 부모의 치료 첫 1년 동안을 다룰 것이다. 그리고 이 장 전체에 걸쳐서 특수한 수요 인구에 대한 발달적 관점을 가진 작업이 시사하는 바를 확장할 것이다.

사례 삽화 : 레베카 이야기

이 장에서는 자폐 성향을 지닌 걸음마기 아동을 치료한 사례를 기술하고자 한다. 치료 과정은 모든 가족이 치료에 대한 요구를 이해하면서부터 시작되었다. 또한 레베카를 의미 있는 관계에서 돕기 위해 탐색한 발달 과정에 대한 정보를 제공하였다. 나는 관계를 통한 학습의 맥락에서 새로운 발달 과제를 제공하고자 DIR®/Floortime™의 기본 원칙을 연속적이고 점진적으로 개발하였다. 이 발달적/관계적 정보에 기반한 놀이치료적 접근은 내가 부모의 과거력과 성격이 그들의 딸과의 관계에 미치는 추가적인 영향에 대해 이해할 수 있도록 해주었다.

평가

레베카의 가족은 18개월 딸의 검사를 위해 본 치료 시설인 정신발달센터에 의뢰되었다. 출생 시부터 레베카는 매우 예민한 기질로, 특히 촉감과 소리에 예민하였으나 부모의 보고에 따르면 2개월 전부터 한곳을 응시하는 경련이 있었으며(경련성 질환은 이미 이전에 배제되었다), 종종 굉장히 무관심하거나 무언가에 몰두하거나 또는 연결되기 어려워 보인다고 하였다. 그뿐만 아니라 레베카는 지난 2개월간 이전에 습득해서 주로 사용하던 단어 10~15개를 더 이상 사용하지 않게 되었다. 평가 과정에서 레베카의 부모 모두 문제가 있는 것이 드러났다. 그들은 아동에게 지속적으로 관심을 보이고 있었으나 그들이 반응을 이끌어내는 능력에 대한 불안한 예감이 멈추지 않았다. 어머니는 그녀의 딸을 대할 때 한결같이 사려 깊고 분명 자녀에게 헌신적인 사람이었다. 반면에 아버지는 가족과 회기 내에서 보다 수동적인 역할을 하는 경향이었으나, 한번 활동적으로 변하게 되면 눈에 띄게 자발적이고 따뜻한 모습을 보여주었다. 그는 분노 조절 능력에 심각한 어려움이 있어서 우울한 느낌의 남자였다. 그렇기는 하지만 일반적으로, 대체로 부모는 지적이고 레베카의 행동에 대해 사려 깊었으며, 그들의 관찰과 느낌에 대해 이야기할 때 분명하게 표현할 수 있었다.

레베카는 임신 및 출생 과정에서는 아무 문제가 없었던 외동아이였다. 출생 시부터 그녀는 특별히 민감하고 종종 짜증을 내었다. 그녀는 통상 매우 슬프게 오랫동안 울었다. 그녀는 수면에서 각성으로 이행하는 과정에서 일부 어려움이 있는 듯 보였으며 촉각과 불빛, 소음에 유난히 예민하였다. 부모가 타고난 성향은 그녀를 안아주고 말을 걸어서 울음을 누그러뜨리기 위해 노력하는 것이었으나, 그나마 성공한 시도는 유아차를 태우거나 드라이브를 하는 정도였고 심각한 난동 끝에 겨우 조용해지는 것이었다. 그녀의 부모는 그녀가 보통 혼자 있는 것을 가장 좋아한다고 느끼고 있었다. 레베카의 주요한 발달 과정은 정상 범위 안에 있었으나 진정한 사회적 미소가 아직 전혀 발달하지 않았다. 젖을 떼고 이유식을 하면서 그녀는 스스로 먹겠다고 고집하였고 덩어리가 많거나 거친 식감의 음식은 모두 거부하였다. 아동은 또한 자신의 생활 패턴이나 환경이 바뀌는 것을 못 견뎌 하는 모습을 보였다.

검사 시점에서 레베카의 정서적, 사회적 기능과 감각 통합, 인지 기능은 이례적인 수준이었다. 그녀는 절대 오랫동안 눈을 마주치거나 안고 있도록 하지 않았으며, 어머니 무릎 위에서도 스트레스로 인해 몸을 비비 꼬거나 허리를 뒤로 꺾는 일이 많았다. 그녀의 전형적인 접촉 방법은 타인의 손을 도구처럼 이용하여 손이 닿지 않는 곳에 있는 물건을 집거나 작동시키는 것이었다.

레베카가 감각 조절 및 인지 통합에 어려움을 겪는다고 판단한 데는 근거가 있었다. 그녀는 감각 자극에 쉽게 압도되는 것으로 보였으며, 이는 그녀가 많은 시각, 청각, 후각, 촉각 자극에 대해 매우 민감하다는 증거가 된다. 이와 같은 자극이 너무 격렬하게 경험되면 레베카는 완전히 철회하고, 몸을 앞뒤로 흔든다거나 팔을 위아래로 움직이는 것과 같은 자기 자극 행동에 몰두하게 되었다. 상징적 기능 영역에서 그녀는 초기 모방 기능에 대한 근거를 약간 보였고 대상영속성 또한 아직 완전히 자리 잡지 못하였다. 레베카로서는 사물의 존재는 시각적 형태로만 이해하고 있었고, 그녀와 관련되어 있는 맥락에서 벗어난 사물에 대해서는 기억하지 못하였다. 그녀는 어떠한 구성놀이도 보여주지 못하였고, 사실 그녀는 자신이 인식한 대로 의미 있게 세상을 표상하는 데 어려움을 겪고 있었다. 레베카는 그녀의 세상이 엄격한 루틴과 수정할 수 없는 사물의 위치를 고정하는 것으로 질서를 유지하도록 고집하였다. 그녀의 인지 기능은 분명히 일반적이지 않았다. 그녀는 시각운동 과제에서는 연령을 한참 뛰어넘는 능력을 보였으나 언어에 있어서는 심각한 어려움을 보였다.

　그녀가 내는 소리에는 아기 소리와 꽥꽥 소리, 비명, 그리고 의사소통에 사용되지 않는 두세 개의 단어를 특이하게 섞은 것이 포함되어 있었다. 레베카의 언어 이해력은 몸짓이나 시각적인 단서와 연관된 몇몇 주요 단어와 기본 어구를 이해하는 데 그치는 수준으로 나타났다. 언급한 바와 같이 이러한 장애 패턴이 발작성 장애나 청각 이상으로 야기되었을 가능성에 대해서는 이미 조사를 하였고 검사 초기에 감별 진단한 바 있다. 이는 DSM-5의 자폐 스펙트럼 장애의 진단 요건을 모두 만족한다는 것이 명확해졌다(APA, 2013). 레베카가 보인 행동의 많은 부분은 인지적 통합과 상징적 기능의 기질적 문제를 반영하는 것으로 보인다. 내 가설은 레베카의 사회적 철회가 그녀가 감각 자극을 견디거나 조절하는 내적인 능력 또는 지각 입력을 체계화하는 선천적 문제와 관련이 있다는 것이다. 또한 이 아동이 부모와 관계 맺는 데 어려움이 있는 것은 그녀 자신이 가지고 있는 장애와 그녀의 행동에 대한 부모의 반응 간 상호작용에서 파생된 것으로 보인다.

치료의 첫 1년

만약 우리가 임상 공동체로서 혼자 사는 아동은 없다는 사실에 대하여 한결같이 동의할 수 있다면(Hess, 2012), 자폐 스펙트럼 장애로 의심되는 아동을 평가하는 데 온 가족이 참여해야 하며 전 과정에서 지원하는 것은 반드시 필수적인 일이다. 레베카의 이례적인 요구는 한 명의 치료사가 매주 온 가족을 만나는 일반적인 영아/부모 심리치료 모형을 수정하는 것이었다. 평가 중에 레베카의 행동은, 그녀가 아닌 누군가에게 관심이 가면 놀이치료실 구석으로 혼자 돌아다니는 패턴을 보였으며, 그로 인해 나는 원래 치료 과정을 찍기 위해 나란히 들어와있던 인턴을 나와 부모, 그들의 딸(레베카) 사이에 두고 작업을 진행해야 했다. 그래서 인턴은 회기 중간에 부모님을 놀이치료실과 가까운 사무실로 모셔다드린 후에 나에게 카메라를 건네주었고 나는 그 필름을 부모가 딸과 상호작용하는 것을 보다 잘 깨닫게 도움이 될 교육 자료로 사용하였다.

레베카

치료의 단기 목표는 레베카가 관계를 맺는 것을 지원하는 것이었다. 나는 내가 "레베카가 이끄는 대로 따른다면"(Greenspan, 2010), 그리고 나의 영향력을 조율해가면서 그녀와 함께 움직이고 지속적인 만족감과 함께 그녀를 지원한다면, 나는 그녀의 관심을 나에게 끌어올 수 있고 점진적으로 나에 대한 관심을 사람에 대한 관심으로 발전시킬 수 있을 것으로 기대하였다. 각각의 회기를 지나면서 나는 레베카에게 변함없이 만날 수 있는 사람으로 남아있게 되었다. 나는 기회가 있을 때마다 그녀가 나에게 자물쇠를 열게 하거나 멀리 있는 물건을 가져오게 하거나 놀잇감을 건네주도록 하는 것을 장난스럽지만 제한적으로 격려하였다. 나는 이러한 접촉의 기회를 이용하여 그녀가 요구할 때마다 항상 우리의 상호 시야에서 물건을 건네주었고, 그녀는 만족스러워하며 나의 얼굴과 손을 동시에 알아차리게 되었다. 나는 레베카가 내 얼굴의 위쪽 부분을 살필 수 있도록 자연스럽게 유도하기 위해 늘상 조화를 머리에 꽂아서 도구처럼 사용되고 있는 내 손이 사실은 자신의 소망에 반응해주는 사람의 일부라는 것을 간과하지 않도록 하였다(Klin et al., 2015).

레베카를 상호작용에 참여시키고 관심을 유지하도록 하기 위해서는 DIR® 모델의 'I'를 적용하는 것이 필요했다. 그것은 그녀의 승상 기저에 깔려있는 신경학적 차이, 구체적으로는 감각 민감성을 이해하는 것이다. 따라서 나는 다양한 범위에 자극을 가하면서 어떻게 하는 것이 그녀에게 접근하는 가장 좋은 방법인지 탐색하였다. 나는 조심스럽게 촉각 자극과 결합한 내 목소리의 억양, 속도 또는 강도와 레베카의 관심을 끌면서도 접촉으로 인하여 철회할 가능성을 줄일 수 있는 거리에 대해 고려하였다. 그녀는 처음에는 참아내다가 나의 원숭이 손 인형(그녀가 처음으로 관심을 보인 것이었다)을 사용하여 그녀의 어깨에 부드럽게 쉴 수 있도록 허락함으로써 이내 편안해졌다. 친숙한 놀잇감과 팔 길이 정도 거리에서의 가벼운 신체접촉을 결합하는 것으로 그녀는 촉각과 상호 응시를 통합할 기회를 얻었다. 몇 달 후 촉각과 시각을 통합하는 것은 인형을 흔들고 주고받는 게임으로 발전하였으며 결국 그녀는 그녀의 부모가 놀이 중에 그녀를 흔드는 것을 허락하였다. 결국 그녀는 아버지와 함께 매우 상호작용이 강하고 즐거운 거친 놀이를 할 준비가 되었다(Elder et al., 2010).

일단 레베카가 사람과의 관계에서 얻을 수 있는 만족감에 관심을 가지게 되자 아동의 관심은 소통과 호혜적 상호작용을 발전시키는 것으로 바뀌었다. 레베카에게 말하는 단어 수를 최소화하고, 말 속도를 천천히 하며, 음성의 강세와 얼굴 표정을 과장하는 것으로써 레베카의 언어에 대한 관심을 키웠다. 레베카가 치료사를 결코 거슬리는 존재로 경험하지 않도록 노력을 기울였다. 나는 그녀의 행동을 저지하거나 지시하는 어떠한 말도 사용하지 않았으며 상호작용을 먼저 시작하지 않았다. 대신 나는 DIR®/Floortime™ 원칙 중 'D' (발달)의 내용에 따라 레베카의 실제 연령보다 발달이 늦어진 현재 수준에 초점을 맞추어 그녀가 하는 모든 행동을 묘사하는 매우 단순하고 진행이 느리며 반복되는 일인극을 하였다. 나와 관련된 그녀의 관심을 끌기 위해 내가 한 모든 일들뿐 아니라 그녀가 한 모든 일을 일인극처럼 묘사하였다. 나는 이 아동이 우리 관계로 인해 감정적으로 유효하다고 느껴서 이 상호작용을 가능한 한 오래 지속하고 싶은 '최고의 만남'(Hess, 2012)을 만들어가고 있었다. 이 관계 맺는 방법은 지속적으로 레베카의 부모가 관찰하고 토론할 수 있었으며 그들은 이후 집에서 곧바로 이러한 접근을 각자의 대인 관계 스타일에 맞추어 적용하였다.

3개월간의 치료 후에 레베카는 그녀의 세계에 있는 사람들이 자신에게 도움과 즐거움이 될 수 있다는 기대를 보이기 시작하였고 대인 관계에서의 소통에 집중하기 시작하였다. 여러 회기가 지나고 나는 레베카와 했던 몇몇 놀이 활동이 상호작용의 가능성을 북돋아주었다고 확신했다. 우리는 우리 센터의 놀이치료실에 있는 주방놀이 영역을 탐색하는 레퍼토리를 개발하였다. 놀이용 주방 구역에는 눈높이 위아래 양쪽으로 주방용 찬장이 놓여있었다. 아래쪽 장에는 음식 모형이 몇 가지 들어있었고 위쪽 장에는 다양한 냄비와 팬이 있어 아동의 관심을 끌기에 충분했다. 레베카는 위쪽 찬장에 있는 냄비에 매우 관심을 보여 탐색하고자 하였으나 손이 닿지 않는 거리에 있어 이러한 상황은 레베카가 부모님이나 나에게 도움을 요청하게 되는 기회를 만들어주었다. 이는 우리를 정확히 아동의 눈높이에 오게 하여 눈 맞춤을 촉진하였다.

이전에 갈 수 없던 영역에 접근할 수 있다는 즐거움은 레베카에게 기존의 친숙하고 의례적인 루틴으로부터 벗어나 약간의 탐색을 하도록 독려할 수 있게 하였다. 나는 또한 주방에 대한 레베카의 관심이 결국 요리에 열정적인 그녀의 부모에 대한 관심이라는 것을 이해할 수 있었다. 몇 주가 지나고 레베카의 주방 탐색은 주방놀이의 찬장 문을 집요하게 열었다 닫았다 반복하는 것에서 다양한 음식이 들어있는 서랍 안쪽을 탐색하는 것으로 확장되었다. 이것은 결과적으로 레베카로 하여금 익숙하지 않은 음식을 맛보게 하였다. 점차적으로 레베카는 식사 중에 새로운 음식을 먹어보려고 시도하며 그녀의 시야를 넓히기 시작하였다. 찬장에서의 커리큘럼은 레베카가 사물에 이름을 짓고 콩을 이 용기에서 다른 용기로 옮기며 마침내 구성놀이의 시작이 되는 플레이도우를 이용하여 요리하는 가상놀이를 하도록 격려하여 우리가 발달적으로 진보하도록 하였다. 부모가 모두 훌륭한 주방장이었기 때문에 그녀가 요리에 관심을 갖게 되면서 레베카의 부모는 그녀에게 자신들이 얼마나 중요한지를 짐차 의식하게 되었나. 음식을 준비하는 것은 그늘 가족 활동의 무대가 되었다. 부모는 레베카의 민감한 감각 시스템을 인정하여 그녀를 빵을 굽는 데 참여시키기 시작하였고 심지어 집에서 글루텐이 없는 플레이도우를 준비하기도 하였다.

레베카와 내가 개발한 또 다른 상호 활동은 일부 의식적인 행동 때문에 부모의 우려를 키웠다. 이미 말했듯이 레베카는 명백히 아무 의미 없는 문을 열고 닫는 행동에 몰두해있었고 쉽게 싫증을 내고 광분해서 문을 쾅 닫는 행위를 하였다. Floortime™의 기본 원칙으로 돌아와서 나는 몇 회기에 걸쳐 문을 쾅 하고 닫는 행동의 기원과 상세한 부분에 대해 탐색했고 그녀의 행동에 담겨있는 의미의 기원을 찾을 수 있었다(Hess, 2015). 문을 열고 닫는 행동은 장애물 뒤 어느 쪽에 물건이 있는지를 찾는 거친 실험적 시도로 보였다.

레베카의 행동에 대한 이와 같은 설명을 찾아내자 나는 이러한 관계를 전환할 수 있었고, 레베카의 호기심을 만족시킬 수 있고 사람을 조력자로 이용하는 능력을 촉진하며 부모에게 적극적 역할을 제공하는 사회적 게임으로 생각이 확장되었다. 나는 부모에게 가전제품 구매할 때 버려지는 커다란 상자를 문으로 대체하는 것을 제안하였다. 일주일이 채 되지 않아 그 상자는 레베카와 아버지 사이의 사회적, 물리적 활동의 중심이 되었다. 아동이 총총거리며 상자를 드나드는 것에는 아버지와 눈을 마주치거나 환영의 소리를 낸다거나 사회적 미소 그리고 신체접촉의 기회가 포함되어 있다. 가끔 아버지는 아동의 리드를 따라가지 않고 너무 빠르게 움직이기도 했다. 레베카는 놀이가 너무 빠르게 진행되면 쉽게 압도될 가능성이 있었다. 그녀의 반응은 허리를 뒤로 젖혀 그녀의 아버지가 하는 포옹 시도로부터 도망가는 것이었다. 지지와 안내로 아버지는 레베카의 행동이 자신을 거부하는 것이 아닌 감각에 압도되는 것으로부터 자신을 지키려는 것임을 이해할 수 있었다. 이러한 설명은 아버지가 그와 같은 거절을 이겨내고 레베카가 감당할 수 있는 강도의 접촉을 유지하며 놀이를 이어갈 수 있게 했다(Elder et al., 2015). 이러한 경험은 부모에게 딸이 하는 행동이 가지는 의미의 중요성을 강조해주었다. 이는 또한 그녀의 의례적인 행동이 장난스러운 상호작용으로 변화할 가능성을 보여주었고, 원시적이긴 하지만 숙달되기 위해 시도한 발달적 과제를 해결하였다(Hess, 2015).

레베카의 정신적인 상태가 점진적으로 향상되는 것과 그녀의 사회적 관계에 대한 관심이 늘어나는 것을 결합하여 언어나 소통을 위한 기술을 개발하는 것으로 자연스럽게 초점이 이동하였다. 치료를 시작하고 첫 한 달 동안 나는 레베카의 신체 움직임과 음성을 미러링해 주었고, 그녀가 나를 모방하는 것을 응원했다. 레베카가 처음 모방한 단어는 그녀가 매주 들어 왔고 매번 동일한 맥락으로 사용되었으며 그녀의 활동을 설명하기 위해 사용된 것이었다. 이 초기 단어는 목적이 있을 때 매우 소통적이고 그녀가 원하는 무언가를 표시하기 위해 말했었다. "열어줘.", "이리 와.", "위에."와 같은 요청사항은 그녀가 새롭게 발견한 사람에게 영향력을 가질 수 있다는 기대감을 반영한다(Pickles et al., 2016). 레베카가 단어를 따라 하기 시작하자 그녀는 또한 옹알이를 대화처럼 일반적으로 (부모의 대화에서 가져올 수 있었던) 단어가 섞인 형태로 하기 시작하였다. 부모가 말한 모든 것에 대한 레베카의 새로운 관심과 레베카의 언어 학습의 적절한 기대치의 지도가 합쳐져서, 부모는 그녀의 발달을 열렬히 기대하게 되었으며 딸의 언어 사용을 현재 상태의 바로 다음 수준으로 확대하는 것을 유도할 수 있었다(Ingersoll & Meyer, 2015). 레베카의 언어화는 항상 그녀가 활동하는 맥락에서 발생하였고, 단어와 소리를 위해서 연습한다거나 하는 일은 절대 발생하지 않았다. 단어에 의미를 주는 것은 대상에 대한 그녀의 행동에 달려있었다(Greenspan, 2001).

레베카의 부모

레베카의 부모와 하는 작업은 여러 가지에 초점을 두어야 했다. 가장 중심이 되는 것은 그들이 그들의 딸과 부모로서의 자신에 대해 어떻게 느끼는지 알아가고 이를 표현하도록 돕는 것이었다. 부모는 모두 레베카에게 자신이 불필요하고 그녀로부터 심하게 거절당했다고 느끼고 있었다. 그들은 레베카가 자신들로부터 거리를 두는 것에 대한 엄청난 실망감에 대해 소리 높여 말했다. 그들 모두는 그들이 레베카로부터 느낀 좌절과 분노에 대해 이야기할 필요 또한 있었다. 그들이 오랫동안 경험한 거절과 무력함은 당연하게도 그들이 느낀 좌절과 분노에 부분적으로 영향을 주었다. 그리고 나는 조금씩 부가할 요소를 찾아가기 시작했다.

첫 1년간 보여준 레베카의 짜증을 잘 내는 모습은 부모로 하여금 레베카가 기분이 나빠지지 않도록 하는 괴로운 방법으로 그들의 삶을 변화시켰다. 레베카의 소음에 대한 민감성 때문에 레베카는 집에 하나뿐인 침실을 차지하고 있었고 가족의 활동은 그녀가 견딜 수 있는 수준으로 제한되어 있었으며 아이가 없는 부부만의 시간은 거의 없었다. 특히 아버지는 그간 쌓여있던 (그가 했던 것보다 많은 욕구와 소망을 포기하려는 듯 보이는) 아내를 향한 억울함과 분노에 대해 말해야만 했다. 부모는 물론 레베카에 대한 그들의 계속되는 걱정―현재의 행동뿐 아니라 미래에 어떻게 될지―에 대해서도 말하였다. 그녀의 초기 언어 지연은 어떠한 긍정적인 변화도 안전하거나 지속되지 않는다는 불신을 그들에게 남겼고, 그들은 결과적으로 실망을 두려워하면서 희망을 갖는 것이 얼마나 고통스러운 일인지 이야기하였다. 물론 레베카의 장애에 대한 책임감과 죄책감 또한 우리의 주제 중 하나였다.

이 대화 속에서 내 역할은 대체로 촉진하고 지원하는 것이 되었다. 나는 부모의 고통에 공감하고 그들의 분노와 걱정이 당연하다는 것을 반영해주고 그들의 삶에 더 많은 즐거움이 있어야 한다는 요구를 지지해주었다. 동시에 나는 레베카가 그들에게 조심스럽게 접근하고 있고, 그녀의 행동이 그들의 감정에 반응하거나 저항하는 것이라는 그들의 느낌을 지적해주어야 하는 위치에 있었다. 이는 부모가 그들의 딸에게 접촉하려고 할 때 더 많은 시도를 감수할 수 있게 하였다(Kasari et al., 2015). 우리의 초기 작업에서 두 번째로 주요하게 초점을 맞춘 것은 부모와 레베카 사이의 관계에 영향을 미친 반응하는 감정이었다(Siller et al., 2014). 그들이 레베카를 방해하지 않기 위해 배웠던 경험을 통해 그들은 레베카와 접촉하려는 데 있어 다소 주저하고 주눅이 들어있었다. 부모가 이 역동과 그 결과를 알아차렸고 그들은 딸과 상호작용할 수 있다는 약간의 가능성을 엿보기 시작하였으며 딸을 보다 잘 참여에 이르게 할 수 있게 되었다. 부모가 레베카를 화나게 하는 것에 대해 걱정하게 되는 것은 그들로 하여금 레베카에게 무언가를 요청하거나 제한을 설정하는 것을 피하도록 하였다. 그녀는 부모의 스트레스와 분노를 키우는 방법으로 그들의 삶을 통제해왔고 이는 그녀의 세상을 구축하는 데 도움이 되지 않았다. 부모에게는 레베카에게 제한을 설정할 필요와 부모의 권리를 인정하는 나의 지지와, 이 새로운 시도가 레베카에게 해가 되지 않는다는 나의 확신도 필요하였다.

부모와 함께 하는 초기 작업의 세 번째 중심 주제는 레베카가 하는 행동의 의미를 이해하도록 돕는 것이었다(Greenspan, 2010). 부모는 많은 오해를 하고 있었고 이는 모두 탐색과 수정이 필요하였다. 몇 달 동안 그들은 단순히 레베카가 관계를 맺거나 의사소통할 의지가 없다고 추측하고 있었다. 부모가 회기 중에 이 문제에 대한 이야기를 꺼냈기 때문에 우리는 문제가 되는 상황에 대해 상세한 검토를 하기 위해 많은 시간을 할애했다. 나의 임무는 중요한 요소를 부각시키고 이를 염두에 둔 상태에서 행동의 의미에 대한 의문을 제기하는 것이었다. 예를 들어, 어머니는 레베카가 '말을 했다'고 확신했으나, 그녀는 단순히 '참고' 있는 것이었고, 그들의 소망을 의도적으로 거부하고 있었다. 결국 나는 우리 회기에서 레베카가 말하려고 하는 노력에 부모의 관심을 집중시킬 수 있었다. 그 결과 레베카가 언어를 만들어내는 데 점진적인 노력을 기울이고 있음을 부모가 명확하게 알게 되었다. 우리는 이미 본 바와 같이 레베카가 언어를 이해하고 사용하는 데 있는 부분적 장애와 레베카의 언어치료사가 사용했던 접근 방법에 대해 이야기하였다(레베카 가족이 딸의 Floortime™ 치료를 시작한 지 약 4개월 후부터 레베카의 치료에 언어와 말하기에 대한 지원이 포함되었다). 레베카의 부모는 딸이 언어를 이해하고 말을 사용할 수 있도록 제안된 내용과 치료 방법을 열심히 수행하였다. 레베카의 동기에 대한 그들의 해석 변화와 그에 따른 그들 자신의 행동 변화는 정서적인 변화와 유사하다. 부모가 지금은 모두 딸과 동맹이 되었음을 느끼기 때문에 그들의 상호작용에는 공감, 염려, 지지의 톤이 담겨있다.

다른 오해도 해결되었다. 부모는 레베카가 사람들과 사회적 거리를 두거나 신체적인 철회를 하는 것에 대해 거부감, 수치감, 불편감으로 반응하였다(Kogan et al., 2009). 그러나 우리는 레베카의 퇴보를 악화시키는 조건에 대해 조사를 시작하면서 부모에게 일반적인 요소에 대한 도움을 줄 수 있었다. DIR® 모형 가운데 'I'가 레베카의 몸이 감각을 과잉 자극으로 해석하는 문제에 도움이 될 것이라고 생각했다. 결국 부모는 딸의 거리 두기가, 다시 말하지만 그들에 대한 반영이 아닌, 내면의 느낌에 대한 어긋난 표현이라는 것을 이해하였다. 그들은 자신의 기대를 재조정했고, 레베카의 어려움을 야기할 수 있는 상황을 예상하고 레베카가 세상에서 편안하게 느낄 수 있도록 다양한 방법을 생각할 수 있게 되었다. 일단 부모가 레베카의 욕구를 이해하게 되자 그들은 레베카의 삶에서 많은 효과적인 대안을 소개할 수 있었고 부모로서의 효능감을 경험하기 시작하였다(McConachie et al., 2005).

논의

이번 사례에서 기술한 치료 모델에서는 자폐 스펙트럼 장애를 지각 장애를 수반한 발달 장애로 보고 접근하고 있다. 이러한 장애는 아동이 대인 관계의 즐거움을 경험할 수 있는 능력을 방해하여 영유아의 사회적, 정서적 발달을 약화시키게 된다. 자폐 아동은 기질적으로 자극을 조절하고 통합하는 능력이 약하기 때문에 그들에게는 사회적 접촉이 압도적이고 즐겁지 않은 경험이 될 수 있다(Rogers et al., 2014). 레베카의 경우, 그녀의 과거력과 행동을 보면 인지적 어려움이 사회적 관계 형성을 약화한다는 증거로 볼 수 있다. 그녀는 자극에 과민성을 보였고 인지 정보를 조절하는 데 어려움을 보였다. 그녀는 심지어 사람인 상대방이 그녀를 달래고 편안하게 하려고 하는데도 불구하고 그녀로 하여금 매혹되고 즐거워하기보다는 압도되고 괴로워하며 혐오감을 느끼게 하는 자극을 경험하였다. 그녀는 자극원인 음성, 시각, 움직임, 촉각 그리고 표정과 가까운 신체접촉 및 상호 눈 맞춤으로부터 달아났다.

레베카의 다른 문제는 지각을 조직하는 데 어려움이 있다는 것이다. 이러한 능력의 부족은 그녀로 하여금 세상에 대한 의미 있는 묘사를 할 수 없게 하였다. 그녀의 경험은 파편화된 채로 남아있어, 18개월에 그녀는 그녀의 부모에 대해 하나의 존재로서의 기본적인 정리된 개념이 없이 다양한 기능을 하는 신체 각 부위로서의 조각으로 인식하였다. 이러한 왜곡된 경험이 누적되어 레베카는 사회적 세계와 비사회적 세계 모두에 대해 정확한 예상을 발달시키는 데 실패하였다. 그녀는 사람들을 압도적인 자극뿐 아니라 혼란과 연관되는 예측할 수 없는 자극으로 자주 발견하였음에 틀림없다. 그녀는 타인이 사회적, 감정적 즐거움의 근원이라는 생각을 발달시키기 위해 많은 고통을 겪었다.

레베카의 지각 예민성과 실패한 통합은 그녀의 부모가 그녀의 요구를 충족시키기 매우 어렵게 만들었다(Sealy & Glovinsky, 2016). 그녀의 환경을 조절하기 위한 요구사항은 일반적이지 않았고 일반적인 아동에 대한 부모의 경험에는 없는 것이었다. 그들에게 레베카의 행동은 어렵고 혼란스러웠으며 부모 효능감의 주요한 요소인 예측 가능성과 신호의 명확성이 부족했다. 그녀가 그들의 중요성에 대한 예측할 수 있는 신호를 보내는 데 실패한 것은 그들이 부모로서 중요하지 않고 무능하다고 느끼게 하였다. 이는 부모의 그녀에 대한 느낌과 그녀와 관계 맺는 방법 모두에 지대한 영향을 미쳤다. 그들은 아동의 정서적인 상태나 각성 수준에 대해 일반적인 부모가 하는 조절을 하지 못한 채 점점 더 딸로부터 소외됨을 느꼈다(Stern, 1980). 결과적으로 레베카는 공시성과 사람과의 연결에서 오는 기쁨을 느껴보지 못하였다. 비슷하게 그녀는 신호가 올바르게 해석되고 욕구를 충족하는 데서 오는 효능감을 발달시키지 못했다.

모든 부모-자녀 심리치료에서 일차 목표는 DIR®/Floortime™ 모델에서 부모와 아동이 서로를 만족시키는 관계인 'R'을 발달시키는 것이다. 이 사례에서 레베카 행동의 의미에 대한 부모의 이해가 증가하면서, 그녀의 고군분투에 대한 공감이 형성되었고, 이는 그녀와 부모의 관계의 질을 향상시켰다. 그들이 그녀와 관계를 맺기 위한 행동을 조절할 수 있게 되면서 레베카는 그들에게 반응하기 시작하였다. 이러한 변화는 부모에게서 효과적인 변화를 이끌어내었고 이는 레베카를 인간관계의 세상으로 이끄는 그들의 공감적 노력을 이끌었다. 이러한 과정에서 부모는 본래 부모로서의 느낌을 유지할 수 있었고 아동의 요구에 따라 환경을 조절하면서 지속적으로 반응할 수 있었다. 첫 1년간의 치료가 끝날 무렵, 레베카의 성격과 행동은 마침내 자녀와의 상호 관계의 가능성을 정립하기 시작한다는 부모의 인식을 확인시켜 주었다(Siller, Hutman, & Sigman, 2013).

이 사례는 자폐 스펙트럼 장애가 있으며 전반적인 발달과 적절한 사회적 상호작용을 저해하는 근본적인 신경학적 차이를 보이는 영유아의 관계 발달을 보여주고 있다. 이는 부모-자녀 심리치료와 DIR®/Floortime™ 놀이치료의 통합치료를 통해 자폐 상태의 영향을 최소화할 수 있다는 가능성을 보여준다. 치료사로서 우리는 아동의 사회성에 대한 부모의 어떠한 걱정도 진지하게 받아들여야 한다. 게다가 임상가는 양육자가 그들의 아기에 대한 이해를 증가시키는 것을 지원하고 부모가 아동의 도전에 공감하게 하고 아동을 사회적 놀이로 이끌게 함으로써, 중요한 초기 치료를 제공할 수 있으며 미래에 발달을 성공적으로 이끌어내는 모델이 된다.

토론 질문

1. 레베카의 지각 이상은 무엇이고 이것이 아동의 사회적 관계에 어떤 영향을 미쳤나요?
2. 레베카의 부모가 이해하고 충족시키고자 노력한 레베카의 사회적, 정서적 욕구에 대한 다양한 어려움에 대해 논의합니다.
3. Floortime™ 정의에서 강조하는 두 가지 영역에 대해 서술해봅니다.

참고문헌

American Psychiatric Association (2013). *Diagnostic and statistical manual of mental disorders* (5ᵗʰ ed.). Washington, DC: American Psychiatric Association.

Ayres, J. A. (1979). *Sensory integration and the child.* Los Angeles: Western Psychological Services.

Bowlby, J. (1951). *Maternal care and mental health.* WHO, p. 51.

Cullinane, D. (2011). Evidence base for the DIR®/Floortime approach. Retrieved January 30, 2019 from: http://www.drhessautism.com/img/news/EvidenceBasefor theDIR® ModelCullinane0901

Cullinane, D., Gurry, S., & Solomon, R. (2017). Research evidence re: developmental-relationship based interventions for autism. Retrieved January 30, 2019 from: http:// www.drhessautism.com/img/news/ResearchEvidencereDevelopmental-RelationahipBas edInterventionforAutism0901

Elder, J., O'Donaldson, S., Kairella, J., Valcante, G., Bendixon, R., Ferdig, R., Self, E., Walker, J., Palau, C., & Serrano, M. (2010). In-home training for fathers of children with autism: A follow up study evaluation of four individual training. *Journal of Child Family Study,* 20(3), 263−271. Retrieved January 30, 2019 from: http://issue.com/ circlestretch/docs/evidence_base_for_dir_2015

Gernsbacher, M. A. (2006). Toward a behavior of reciprocity. *Journal of Developmental Processes,* 1, 139−152. Retrieved January 30, 2019 from: http://www.gernsbacherlab. org/research/autism-research/papers

Green, J., Wan, M. W., Gulsrud, J., Holsgrove, S., McNally, J., Slonims, V., Elsabbagh, M., Charman, T., Pickles, A., Johnson, M., & the BASIS Team. (2013). Intervention for infants at risk of developing autism: A case series. *Journal of Autism and Developmental Disorders,* 43, 2502−2514. Retrieved January 30, 2019 from: http://kidsattuned.com/ recognizing-and-treating-early-signs-of-autism-the-unseen-half-of-the-story

Greenspan, S. I. (2001). The affect diatheses hypothesis: the role of emotions in the core deficit. In autism and the development of intelligence and social skill. *Journal of Developmental and Learning Disorders,* 5, 1−46. Retrieved January 30, 2019 from: http://www.icdl.com/dir/affect-diathesis-hypothesis

Greenspan, S. I. (2010). Floor Time™: What it really is, and what it isn't. Retrieved January 30, 2019 from: http://www.stanleygreenspan.com/portal/greenspan− floortime-what-it-really-is-and-what-it-isnt

Greenspan, S. & Wieder, S. (1997). Developmental patterns and outcomes in infants and children with disorders in relating and communicating: A chart review of 200 cases of children with autistic spectrum diagnoses. *Journal of Developmental and Learning Disorders,* 1, 87−141. Retrieved January 30, 2019 from: http:// www. centerforthedevelopingmind.com/floor_time_emotional_approach

Greenspan, S., & Wieder, S. (2005). Can children with autism master the core deficits and become empathetic, creative and reflective? A ten to fifteen-year follow-up of a subgroup of children with autism spectrum disorders (ASD) who received a comprehensive Developmental, Individual-Difference, Relationship-Based (DIR) approach. *Journal of Developmental and Learning Disorders*, 9, 43-46. Retrieved January 30, 2019 from: http://www.stanleygreenspan.com/resources/works-dr-greenspan

Hess, E. B. (2012). DIR/Floor Time: A developmental-relational approach towards play therapy in children impacted by autism. In L. Gallo-Lopez, & L. Rubin (Eds.), *Play-based interventions for children and adolescents with autism spectrum disorders*, pp. 231-248. New York, NY: Routledge, Taylor and Francis Publishing.

Hess, E. B. (2015). The DIR/Floor Time model of parent training for young children with autism spectrum disorder. In H. Kaduson, & C. Schaefer (Eds.), *Short-Term Play Therapy for Children, 3rd ed*. New York, NY: The Guilford Press.

Hess, E. B. (2016). DIR/Floortime: A developmental/relational play therapy approach toward the treatment of children with developmental delays, including autism spectrum disorder (ASD) and sensory processing challenges. In K. J. O'Connor, C. E. Schaeffer, & L. D. Braverman (Eds.), *Handbook of play therapy* (2nd ed.). Hoboken, NY: Wiley Publishing.

Ingersoll, B. & Meyer, K. (2011). Examination of correlates of different imitative functions in young children with autism spectrum disorders. *Research in Autism Spectrum Disorders*, 5, 1078-1085.

Interdisciplinary Council on Developmental and Learning Disorders (2000). *ICDL clinical practice guidelines: Redefining the standards of care for infants, children and families with special needs*. Bethesda, MD: ICDL.

Kasari, C., Gulsrud, A., Paparella, T., Hellerman, G., & Barry K. (2015). Randomized comparative efficacy study of parent-mediated interventions for toddlers with autism. *Journal of Autism and Developmental Disorders*, 83(3), 554-563. Retrieved January 30, 2019 from: http://reference.medscape.com/medline/abstract/25822242

Klin, A., Shultz, S., & Jones. W. (2015). Social visual engagement in infants and toddlers with autism: early developmental transitions and a model of pathogenesis. *Neuroscience and Behavioral Reviews*, 10, 189-203. Retrieved January 30, 2019 from: http://www.marcus.org/···/Summer-Symposium/Klin-Overview-of-ASD.pdf

Kogan, M. D., Blumberg, S. J., Schieve, L. A., Boyle, C. A., Perrin, J. M., Ghandour, R. M., Singhi, G. K., Strickland, B. B., Trevathan, E., & van Dyck, P. C. (2009). Prevalence of parent-reported diagnosis of autism spectrum disorder among children in the US. Pediatrics, 10, 1522-1542. http://www.ncbi.nlm.nih.gov/pubmed/21606152

Lillas, C., & Turnball, J. (2009). *Infant/child mental health, early intervention and relationship-based therapists: A neuro-relationship framework for interdisciplinary practice.*

New York, NY: Norton & Company.

Mahoney, G. & Perales, F. (2005). Relationship focused early intervention with children with pervasive developmental disorders and other disabilities: A comparative study. *Journal of Developmental and Behavioral Pediatrics*, 26(2), 77−85. Retrieved January 30, 2019 from: http://journals.sagepub.com/doi/abs/10.1177/1362361310386502

McConachie, H., Randle, V., Hammal, D., & Le Couteur, A. (2005). A controlled trial of a training course for parents of children with suspected autism spectrum disorder. *Journal of Pediatrics*, 147, 335−340. Retrieved January 30, 2019 from: http://www.ncbi.nlm.nih.gov/pmc/articles/PMC3825471

National Center for Clinical Infant Programs (1987). Infants in multi-risk families. Case studies in preventative intervention. In S. I. Greenspan, S. Weider, R. A. Nover, A. Lieberman, R. S. Lourie, & M. E. Robinson (Eds.), *Clinical infant reports*, Number 3. Madison, CT: International University Press.

National Research Council (2001). *Educating children with autism*. Washington, DC: The National Academies Press. https://doi.org/10.17226/10017

Pfeiffer, B. A., Koenig, K., Kinnealey, M., Sheppard, M., & Henderson, L. (2011). Research Scholars Initiative—Effectiveness of sensory integration interventions in children with autism spectrum disorders: A pilot study. *American Journal of Occupational Therapy*, 65, 76−85. Retrieved January 30, 2019 from: http://ajot.aota.org/article.aspx?articleid=1853012

Pickles, A., Le Couteur, A., Leadbitter, K., Salomone, E. et al. (2016) Parent-mediated social communication therapy for young children with autism (PACT): Long-term follow-up of a randomized controlled trial. *Lancet Psychiatry*, 6736(16), 31229-31226. Published online at http://www.thelancet.com/cms/attachment/2069571282/2067734889/mmc1.pdf

Pineda, R., Melchior, K., Oberle, S., Inder, T., & Rogers, C. (2015). Assessment of autism symptoms during the neonatal period: Is there early evidence of autism risk? *American Journal of Occupational Therapy*, 69(4). Retrieved January 30, 2019 from: http://www.brown.edu/research/projects/children-at-risk/nnns-publications

Reed, K. L. (2001). Developmental disorders: Sensory integrative dysfunction. In K. L. Reed (Ed.), *Quick reference to occupational therapy* (2nd ed. pp. 139−174). Austin, TX: Pro-Ed.

Rogers, S. J., Vismara, L., Wagner, A. L., McCormick, C., Young, G., & Ozonoff, S. (2014). Autism treatment in the first year of life: a pilot study of Infant Start, a parent-implemented intervention for symptomatic infants. *Journal of Autism and Developmental Disorders*. doi:10.1007/s10803-10014-2202-y

Sealy, J., & Glovinsky, I. P. (2016). Strengthening the reflective functioning capacities of parents who have a child with a neurodevelopmental disability through a brief, relationship-focused intervention. *Infant Mental Health Journal*, 37(2), 115-124.

Retrieved January 30, 2019 from: http://www.edgehill.ac.uk/education/dr-julie-sealy

Siller, M., Hutman, T., & Sigman, M. (2013). A parent-mediated intervention to increase responsive parental behaviors and child communication in children with ASD: A randomized, clinical trial. *Journal of Autism and Developmental Disorders*, 43(3), 540–550. Retrieved January 30, 2019 from: http://www.ncbi.nlm.nih.gov/pmc/articles/PMC4371529

Siller, M., Swanson, M., Gerber, A., Hutman, T., & Sigman, M. (2014). A parentmediated intervention that targets responsive parental behaviors increases attachment behaviors in children with ASD: Results from a randomized, clinical trial. *Journal of Autism and Developmental Disorders*, 44, 1720–1732. Retrieved January 30, 2019 from: http://www.marcus.org/Research/Meet-the-Team/Michael-Siller

Stern, D. (1980). *The interpersonal world of the human infant: A view from psychoanalysis and developmental psychology*. New York, NY: Basic Books.

제 11 장

TEACUP Preemie Program®에서의 사랑의 반영

FirstPlay® 영아 이야기-마사지를 통한 애착 관계 강화

Chelsea C. Johnson

내(저자)가 처음 신생아 중환자실(NICU)에 갔을 때 나는 완전히 넋을 잃었다. 'Giraffes'라고 불리는 조산아 보육기들이 방을 가득 메웠고, 모니터 소리, 경고음, 경보음, 쉭쉭 소리가 부드러운 불협화음으로 울려 퍼졌다. 내가 그곳에서 본 아기는 임신 24주, 즉 너무 이른 4개월에 태어났다. 그녀는 약 30센티미터 정도 되었고, 몸무게는 0.45킬로그램이 조금 넘었다. 그녀의 피부는 빨갛고 빛나며 반투명했다. 간호사가 황달을 치료하는 데 사용되는 자외선으로부터 연약한 눈을 보호하기 위해 작은 아기 마스크의 위치를 변경하자 그녀의 작은 손과 발이 꿈틀거렸다. 그녀는 내가 본 가장 작은 아기였다. 그녀의 어머니가 처음으로 그녀를 안아줄 수 있기까지는 몇 주가 걸릴 것이다.

소개

플로리다 웨스트팜비치에 본부를 두고 있는 아동치유연구소는 가정에서 아동을 건강하고 안전하게 지낼 수 있게 한다는 궁극적인 목표를 가지고 부모와 협력한다. 아동치유연구소의 사명은 위기와 도전, 변화에 직면한 가정을 강화하여 아동학대를 예방하는 것이다(아동치유연구소, 2019). 우리의 비전은 모든 아동이 행복하고 건강하며 안전한 어린 시절을 보내는 것이며 가정 및 기타 환경에서 부모와 함께 일한다. 우리는 대처 전략과 안전하고 부드러운 양육 방법을 가르치고, 지역사회에서 자원을 찾고, 목표를 설정하고 유지하며 아동의 복지를 보장한다.

아동치유연구소는 아동학대 예방 분야의 지역사회 리더로서 평판이 우수하다. 찬사를 받은 TEACUP Preemie Program®은 영아 정신건강 커뮤니티, 병원의 신생아 중환자실, 수유 전문가들 사이에서 가족을 돌보고 지원하는 것과 조산에 대한 전문 지식으로 잘 알려져있다. 2008년부터 TEACUP Preemie Program®은 무료 지원 그룹, 개별 지도, 가정 방문, 지역사회 자원 연결 및 유축기 대여를 통해 부모가 조산아 양육의 어려움을 극복하고 탐색할 수 있도록 도왔다. TEACUP®은 여러 지역 병원에서 현장 서비스를 제공하고 신생아 중환자실에서 부모를 만나 조산이라는 힘든 여정을 안내하고 지원한다. 이 프로그램은 아기가 병원을 떠날 수 있을 만큼 충분히 건강해진 후에도 계속되어 가정에서 격려, 확인, 커뮤니티 및 연결을 제공한다.

조산의 역학

미국 국립보건원 산하 국립아동보건인간개발연구소(NICHD, 2017)에 따르면, 2017년에 미국 아기의 9.9%가 조산으로 태어났으며, 매년 그 비율이 증가하고 있다. 조산아는 임신 37주 이전에 최소 3주 일찍 태어난 아기이다(WHO, 2017). 조산으로 인한 합병증은 5세 미만 아동의 주요 사망 원인이다. 생식 기관의 이상(즉, 짧은 자궁 경부) 및 고혈압, 자간전증과 같은 기타 의학적 상태가 있는 여성이거나 여러 명의 아기를 낳는 경우 조산의 위험이 높다. 다른 위험 요인으로는 인종(아프리카계 미국인 산모가 백인 산모보다 조산할 가능성이 더 높음), 연령(18세 미만 및 35세 이상의 산모가 위험성이 높음), 산전 진료 부족, 약물 남용 및 학대가 있다(Martin, Hamilton, & Osterman, 2018).

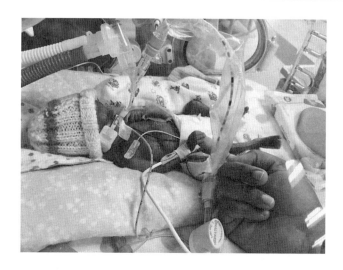

그림 11.1 아기 세레니티는 임신 23주 차에 태어났으며 몸무게는 겨우 0.45킬로그램 정도였다. 사진은 세레니티의 어머니인 채리티 워커의 허가를 받아 사용한다.

사진 제공 : Chelsea Johnson

조산아는 만삭아에 비해 출생 시 및 생후 첫해 동안 다양한 의학적 합병증에 직면할 수 있으며, 일찍 태어날수록 위험이 더 높아진다(Linden, Paroli, & Doron, 2010). 조산아는 장기적인 지적 및 발달 장애, 만성 폐질환 및 기타 호흡 문제, 시력 및 청력 상실, 감염 및 장 질환을 가질 가능성이 크다. 이러한 의학적 합병증은 장기적 건강 손상 및 사망으로 이어질 수 있다(March of Dimes, 2013).

신생아 중환자실의 정서적 영향과 애착 위험

사회는 조산아가 단순히 작게 태어난다고 생각하는 경향이 있지만, 조산아는 자신의 건강과 생존을 위한 힘든 싸움을 하며 세상에 오는 것이다. 그들의 섬세한 기관 체계는 덜 발달되었고, 폐는 종종 인공호흡기 없이 숨을 쉴 수 있을 만큼 충분히 강하지 않으며, 피부는 너무 연약하여 껴안고 쓰다듬는 것과 같은 부모의 사랑을 견딜 수 없다. 그들은 목숨을 걸고 진정한 싸움을 하며 이는 이미니니 아비지와의 애착 관계에 엄청난 위험을 초래한다.

외상성 출산으로 시작하여 조산아는 어머니에 대한 불안정 애착을 발달시킬 위험이 높은 세상에 온다(Forcada-Guex et al., 2011). 애착 이론의 신념에 따르면 영아는 타인에게 애착하려는 선천적인 생존 본능이 있으며, 출생 직후의 시간과 날들은 신생아와 부모 사이의 애착과 유대 형성에 필수적이다(Hallin et al., 2011). 신생아는 인공호흡기, 심장 모니터, IV 및 수유관을 포함한 복잡한 의료 장비에 연결된 신생아 중환자실로 빠르게 이송되어 초기 애착 및 결합의 중요한 시기에 산모와 즉시 분리된다. 부모가 처음으로 아기를 안을 수 있기까지는 며칠 또는 몇 주가 지나고, 시야를 가리는 튜브와 테이프 없이 아기의 얼굴을 잘 볼 수 있기까지 오래 걸릴 수 있다. 이러한 복잡한 일은 부모가 신생아와 유대감을 가질 수 있는 능력을 위태롭게 할 수 있다.

어머니와 아버지는 모두 아기가 삶을 위해 싸우고 있는 신생아 중환자실의 정서적 롤러코스터에서 우울, 불안 및 외상 후 스트레스를 경험할 수 있으며, 이는 안정적 애착과 유대감을 더욱 방해한다. Purdy, Craig와 Zeanah(2015)에 따르면 조산아의 어머니는 만삭아의 어머니보다 우울증 비율이 훨씬 더 높으며, 또 다른 연구(Cheng, Volk, & Marini, 2011)에서는 아버지의 33%가 출생 후 4개월에 외상 후 스트레스 장애의 징후를 보였다고 밝혔다. 불행하게도, 어머니의 정신건강은 출생 기간에 관계없이 아이의 건강한 발달에 상당한 영향을 미친다. 이러한 모든 요소가 결합하여 부모와 자녀 간의 유대와 애착을 어떻게 약화시키는지 쉽게 알 수 있다. 영아기의 불안정한 애착의 영향은 평생 지속될 수 있다(Hallin et al., 2011; Schore, 2012). 적절한 지원과 교육이 없으면 조산아의 부모는 자녀의 건강한 인지 및 정서적 발달에 있어 중요한 단계를 놓칠 위험이 있다.

조산으로 인한 복잡성은 주요 발달 결과의 성취를 저해할 수도 있다. 연구에 따르면 조산아로 태어난 10세 아동은 만삭 아동보다 행동 문제가 더 많고 주의력 결핍이 더 많으며 학업 성취도가 낮다. 이 연구는 또한 어머니와 열악한 애착이 조산의 부정적인 장기적 결과와 직접적인 관련이 있음을 보여주었다(Hallin et al., 2011). 조산아가 양육자에 대한 사랑스럽고 안정적인 애착을 형성할 수 있도록 우리는 출생부터 청소년기까지 주요 발달 결과를 달성하기 위한 기본 단계를 강화한다.

애착의 복구

필수적인 애착과 유대관계를 되찾는 것은 가능하다. 인간의 뇌는 평생 동안 새로운 신경 연결을 형성하여 스스로를 재구성하는 능력인 신경가소성을 가지고 있다(Meyer, 2011). 이 신경가소성은 불안정하거나 무질서한 애착이 부모와 자녀 간의 긍정적이고 즐거운 상호작용과 경험을 통해 건강하고 사랑스러운 유대로 변하도록 한다.

　신생아 중환자실에 입원한 동안 부모는 그곳의 혼란스러운 영향에 대응하기 위해 애착과 유대감을 증진시키는 활동에 참여할 수 있다. 그들은 종종 아기를 안전하게 할 수 있는 한 빨리 직접 돌보는 일에 참여하고, 아기의 체온을 측정하고, 기저귀를 갈아주고, 튜브 수유를 돕도록 권장된다. '캥거루 케어'는 신생아와 부모 사이에 피부 대 피부를 가깝게 접촉하는 것으로, 일반적으로 가슴과 가슴의 접촉이다(Jefferies, 2012). 캥거루 케어는 편안함, 통증 완화, 호흡 안정, 체온, 심박수 및 효과적인 모유 수유 촉진을 위해 전 세계 신생아 중환자실에서 널리 활용되고 있다. 최근 연구에 따르면 캥거루 케어의 효능은 고통스러운 절차 중에 신생아를 편안하게 하고 그들의 주의를 다른 곳으로 돌리도록 하는 것으로 나타났으며, 조산아는 어느 곳에서든 하루에 10~16회 이런 시간을 갖는다(Pagni, Kellar, & Rood, 2017). 아마도 피부 대 피부 접촉 중에 부모와 아기 사이에 발생하는 사랑의 연결이 지속적인 애착에 가장 큰 영향을 미칠 것이다. Jefferies(2012)에 따르면 신생아 중환자실에서 영유아와 함께 캥거루 케어에 참여하는 어머니는 부모로서의 자신감과 어머니로서의 역할 의식이 증가하고 단순히 '필요함'을 느꼈다고 보고하였다.

　음악치료는 종종 신생아 중환자실에서 어머니와 아기 사이의 정서적 연결과 애착을 촉진하는 데 사용된다. 1950년대부터 확립된 보건 전문직인 음악치료는 환자와 적절한 자격을 갖춘 음악치료사 간의 관계를 통해 치료 목표를 달성하기 위해 음악 기반의 경험을 사용하는 것을 포함한다(AMTA, 2019). 신생아 중환자실의 음악치료는 어머니와 아버지를 치료 회기에 적극적으로 참여시키고 다른 방법으로는 달성하기 어려운 엄청난 유대감을 조성한다. 신생아 중환자실 환경에서 음악치료사는 생명 유지에 필수적인 증상을 안정화하고, 수면을 개선하고, 지속적인 빨기 패턴을 돕는 것에 획기적인 발전을 이루며, 이는 모두 성공적인 구강 수유로 이어진다(Loewy et al., 2013). 연구에 따르면, 신생아 중환자실에서 음악치료를 받은 아기는 그렇지 않은 아기보다 12일 빨리 퇴원하였다(Standley, 2012).

　부모가 애착과 유대감을 형성할 수 있는 긍정적인 수단이 너무 많기 때문에 어떤 부모들은 잃어버린 시간을 만회하기 위해 고군분투하는 방법을 이해하기 어려울 수 있다. 그러나 많은 부모들에게는 이러한 연결을 시작할 수 있는 내적 자원과 지식이 부족하다. 조산아의 부모는 영아의 장단기 건강을 위해 사랑의 애착을 강화하는 개입에 접근할 수 있어야 한다. 다행스럽게도 영아 정신건강 분야가 확장됨에 따라 의료 및 정신건강 전문가들은 이러한 필요성을 빈번히 인식하고 있다.

FirstPlay® 치료

TEACUP Preemie Program®은 2017년부터 가정 방문을 통해 조산아 가족을 대상으로 FirstPlay® 영아 이야기-마사지를 제공하고 있으며 이 모델의 효과를 실제로 목격하였다. FirstPlay® 치료는 대화형 스토리텔링과 놀이성이 있는 영아 마사지를 통합한 발달 놀이치료 모델이다. Janet A. Courtney가 개발한

FirstPlay®는 부모와 자녀 간의 즐거운 상호작용을 촉진하는 애착 기반 접근 방식이다(Courtney, Velasquez, & Bakai Toth, 2017). 이 매우 효과적인 접근 방식은 부모와의 유대감이 불안정하고 부족한 것을 안전한 것으로 전환하여 잠재적으로 조산아의 건강과 웰빙 과정을 변화시킬 수 있다. FirstPlay®는 발달적 놀이치료, 애착 이론, 부모 놀이치료, 치료적 스토리텔링뿐만 아니라 촉각의 신경생물학, 영아 마사지, 영아 정신건강에 관한 연구에 뿌리를 두고 있다(Courtney, Velasquez, & Bakai Toth, 2017). 이것은 부모가 존중, 사랑, 놀이성이 있는 상호작용을 통한 부드러운 접촉을 통해 아기와 연결하는 효과적인 방법을 가르치는 예방적 강점 기반 모델이다.

FirstPlay® 모델은 아기에게 부드러운 마사지를 하면서 '아기 나무 포옹'이라는 이야기를 해준다(Courtney, 2015). 이 이야기는 아기가 부모와 계속 관계를 맺을 수 있도록 하고 유대감 경험에 기쁨과 놀이성을 가져다준다. 공인된 FirstPlay® 임상가는 부모가 아기 인형을 사용하여 이야기-마사지를 수행하는 방법을 보여주고 부모는 아기를 따라간다. 임상가는 아기 인형과의 교감, 부드러운 접촉, 놀이성 있는 상호작용을 보여주며 부모와 아동 사이에 '마법'이 일어나는 주요 순간과 조율을 강조함으로써 부모도 자연스럽게 그 순간에 조율하기 시작한다.

종합 : FirstPlay®와 TEACUP Preemie Program®

FirstPlay®의 즉각적이고 지속적인 효과는 영아를 위한 강력한 보호 요소가 되기 때문에 우리 프로그램에 대한 시험 개입으로 시작된 것은 TEACUP® 서비스 영역에 기반을 두게 되었다. FirstPlay®는 건강하고 사랑스러운 애착과 유대감을 형성하는 데 도움이 되므로 학대와 방치로 인한 요인을 완화한다. 우리는 이제 부정적인 아동기 경험(ACE)에 노출된 아동이 학습 장애, 정서적 문제, 발달 문제 및 장기적인 건강 문제에 대한 더 높은 위험에 있다는 것을 알고 있다(Felitti et al., 1998). FirstPlay® 영아 이야기-마사지는 부모와 자녀의 관계에 초점을 맞추고 자녀와 상호작용할 때 부모에게 진정하는 방법과 자신을 중심에 두는 방법을 가르친다. 공인 FirstPlay® 임상가는 부드럽게 지도하고 부모와 영아 사이의 긍정적 상호작용을 모델링한다. 이 훈련은 또한 부모에게 아기의 신호를 듣고 반응하는 소율을 통해 아기와 연결되는 방법을 가르친다. 부모와 자녀 사이의 이러한 조화는 자녀가 성장함에 따라 개방적이고 긍정적인 의사소통을 할 수 있도록 한다.

규칙적으로 연습하면 FirstPlay®는 또한 더 깊이 잠들 수 있게 하고, 세포로 가는 산소와 영양분의 흐름을 증가시키며 소화와 배설을 돕는다. 이야기-마사지에 참여하는 부모와 아기는 스트레스 호르몬인 코르티솔의 감소와 함께 종종 '사랑 호르몬'이라고 불리는 옥시토신의 방출을 동시에 경험한다(Feldman & Bakermans-Kranenburg, 2017). 이러한 고요하고 편안한 생리학적 변화는 매일 부모와 아기 사이에 재미있고 특별한 친밀감의 시간을 만드는 데 도움이 된다.

우리가 아기의 건강한 애착을 촉진할 때 그 이점은 광범위하다. 애착과 관련된 뇌의 동일한 영역은 또한 공감, 두려움, 직감, 행동과 정서적 반응, 유연성 및 도덕성을 조절한다(Meyer, 2011). 우리는 조산아가 종종 신생아 중환자실에 장기간 입원함에 따라 일상적으로 맞닥뜨리는 격리, 불쾌한 찌르기, 그리고 신생아 중환자실에서 매일 기본적으로 겪는 과정들로 인해 촉각에 대한 민감도가 높아져 퇴원한다는 것을 알고 있다(Mantis & Stack, 2018). FirstPlay®를 제공함으로써 우리는 부모와 아기에게 즐거운 방식으로 접촉 관계를 재구성할 수 있는 기회를 제공하여 평생 동안 안전한 유대감과 애착을 형성할 수 있도록 한다.

단편 사례

다음은 조산아가 신생아 중환자실에서 집으로 퇴원한 후 FirstPlay® 영아 이야기-마사지가 핵심 중재 역할을 한 아동치유연구소의 TEACUP Preemie

Program® 사례이다.

페넬로페와 엘레나의 사례

페넬로페는 34세에 처음으로 어머니가 되었다. 나는 그녀가 임신 26주에 엘레나를 출산했을 때 그녀를 처음 만났다. 아기 엘레나는 태어날 때 몸무게가 1킬로그램 미만이었다. 페넬로페는 아기가 태어난 지 며칠이 되지 않았을 때 TEACUP® 프로그램에 정서적 지원을 요청하였으며, 엘레나의 신생아 중환자실 입원 기간과 집에 돌아온 후 90일 동안 개인 및 집단 지원을 받았다.

엘레나의 아버지 디에고와 페넬로페의 관계는 논쟁의 여지가 많았고, 감정적으로 학대적이었다. 그는 돈은 물론이고 외모를 단장할 물품이나, 영양가 있는 음식에 이르기까지 페넬로페에게 아무것도 주지 않았다. 그녀가 엘레나를 집으로 데려왔을 때, 디에고는 그들 중 어느 한 사람과의 관계에도 관심이 없었고, 직장에서든 친구들과 함께든 집 밖에서 거의 모든 시간을 보냈다. 나는 그녀와 아기 엘레나가 가정의 스트레스가 많은 환경에서 상호작용하고 완화될 수 있는 긍정적인 방법을 제공하기 위해 FirstPlay®를 소개하였다.

FirstPlay®는 '매뉴얼화된' 프로그램이기 때문에 부모는 첫 번째 회기에서 첫 놀이 부모 매뉴얼을 받고, 이 책의 내용에 밀접하게 훈련을 받는다 (Courtney, 2015). 첫 번째 회기에서 페넬로페는 FirstPlay®를 돕는 문헌 및 과학적인 근간과 함께 자신과 아기 모두에게 주는 이점에 대해 배웠다. 페넬로페는 자신의 아기를 존중한다는 생각을 한 번도 해본 적이 없다고 진지하게 말하였다. 그녀는 아기를 매우 사랑했지만, 엘레나의 인격에 대해서는 생각하지 않았다. 이 순간은 그녀의 첫 번째 깨달음 중 하나이자 딸과의 새로운 차원의 관계로 들어가는 진입점이었다.

두 번의 가정 내 회기를 통해 페넬로페는 '아기 나무 포옹'의 이야기와 그에 상응하는 이야기-마사지 기술을 배웠다. 나는 엘레나와 함께 앉은 그녀와 나란히 짝 지어 나의 아기 인형과 함께 앉았다. 그녀와 엘레나가 FirstPlay®에 참여하는 순간, 세상의 나머지 부분이 사라지는 것 같았다. 이야기와 그에 상응하는 접촉의 기술은 그녀에게 아주 자연스럽게 다가왔다. 강사로서 나는 그 증인이 되었다. 그녀는 배움에 열려있고, 자신이 적절하게 하고 있는지 확인했지만, 방향 수정이나 격려 또는 안내가 거의 필요하지 않았다. 나는 단순히 네가 괜찮은 것을 밀힘으로써 페넬로페와 엘레나 사이의 소화와 연결의 순간을 증폭시켰다("그녀는 미소를 지으며 당신의 눈을 똑바로 바라보고 있어요! 엘레나를 보세요! 엄마가 바로 너를 보고 웃고 있어!").

첫 번째 회기에서 이야기-마사지를 배운 후, 다음 방문은 전체 과정을 검토하는 것으로 임상가 대신 어머니와 아기가 이야기를 이끌어간다. 페넬로페는 나에게 그녀와 엘레나가 어떻게 발전했는지 보여주고 싶어 하였고, 경험을 통해 그들이 공유한 기쁨을 느낄 수 있었다. 페넬로페는 그녀와 엘레나가 하루에 한두 번 하는 FirstPlay®에 참여했을 때 남은 삶의 스트레스가 사라지고 스스로 자신감 있고 유능한 어머니라고 생각했다고 말하였다. 이러한 자신감 향상은 작은 위업이 아니었으며, 궁극적으로 그녀가 학대적인 파트너와 유해한 가정 환경을 떠나 딸과 함께 건강하고 사랑스러운 삶을 시작할 용기를 찾는 데 도움이 되었다.

아나, 딘, 레오의 사례

레오는 태반 기능 부전으로 인한 자궁 내 성장 제한으로 11주 일찍 태어났는데, 이는 임신 기간에 태아 성장의 현저한 감소를 초래한다(Levine et al., 2014). 레오의 성장은 아나의 임신 26주에 멈췄고, 출생 시 체중은 0.76킬로그램에 불과하였다. 아나는 레오의 8주간의 신생아 중환자실 입원 기간 동안 정신이 없었고, 위로할 수도 없었다. 그녀는 작고 연약한 레오가 걱정되었고 그가 곧 집에 돌아올 수 있기를 바랐다. 레오가 신생아 중환자실에서 마침내 퇴원했을 때 나는 아나와 그녀의 남편 딘의 집으로 방문하였다. 레오는 부모와 가까운 '바운서 시트'에서 쉬고 있었다. 어떻게 집에서의 생활에 적응하고 있는지 묻자 아나는 눈물을 흘리기 시작하였다. "저는 아이를 자주 안아주지 않아요. 아이는 내 손길을 좋아하지 않는 것 같아요." 나는 잠시 말을 멈추고 대답하였다. "다시 틀을 잡아봅시다. 아이는 당신의 손길에 대해 배우는 중입니다. 지금까지 그는 신생아 중환자실에서 접촉에 대해 매우 구체적이고 제한된 관계를 가지고 있었어요. 우리는 그것을 바꿀 것입니다." 나는 그녀에게 FirstPlay®에 대해 이야기하고 그것이 그녀와 레오가 접촉 관계를 재정립하는 데 어떻게 도움이 될 수 있는지 설명하였다. 그녀는 그것을 시도하는 데 열려 있었기 때문에 돌아오는 주에 시작할 시간을 예약하였다.

교육 자료를 검토한 후 FirstPlay® 시연 및 교육을 시작하였다. 딘은 처음에 참여를 꺼리며 "엄마에게 양육을 맡길 것"이라고 말하였고, 그래서 우리는 그 없이 진행하였으나, 그가 참여할 여지를 남겨두었다. 내가 이야기와 그에 상응하는 마사지 단계를 시연하자 아나는 레오와 함께 나를 따라 하였다. 그녀의 첫 접촉은 아기의 얼굴에 미소를 가져왔고 아기는 그녀와 눈을 맞췄다. 그 순간 그들의 아름다운 춤이 시작되었다. 아나는 모든 쓰다듬기와 이야기의 모든 서정적 대사에 대해 더욱 자신감을 갖게 되었다. 나로서는 그녀에게 어린 레오와 그녀의 조율된 조화, 그리고 두 사람 사이에 일어나는 교류에 대한 그녀의 순수한 기쁨을 알려줄 기회를 많이 가질 수 있었다.

우리가 시작한 지 얼마 되지 않아 딘이 관찰하러 방으로 들어왔다. 나는 그에게 가까이 가서 레오가 어떻게 반응하는지 보도록 격려하였다. 그는 즉시 아나와 레오의 아름다운 순간에 빠져들었다. 아나는 그에게 한 팔을 어떻게 다루는지 보여주고, 다른 팔로 시도해보라고 권하였다. 회기가 진행됨에 따라 딘과 아나는 자연스럽게 돌아가며 레오에게 이야기를 하고 마사지 기술을 사용하기 시작하였다. 딘은 아들, 아내와 함께 이 즐겁고 훈훈한 순간에 참여하는 것을 즐기는 것 같았다.

그다음 주에 나는 후속 방문을 하였다. 아나는 아기띠를 착용하여 레오를 가슴에 꼭 껴안고 문 앞에서 나를 만났다. 내가 그녀의 '아기 옷'을 언급했을 때 그녀는 미소 지으며 일주일 내내 그와 가까이에 있었다고 하였다. 그녀는 그들이 매일 FirstPlay®를 연습하고 있으며 아주 부드러운 재미를 느끼고 있다고 말하였다. 우리의 리뷰에서 그녀는 질문이 거의 없고 신속하게 전체 이야기를 이끌었다. 레오는 이야기가 끝날 때쯤 졸음이 올 정도로 긴장이 풀렸고 아나는 목욕 직후 자기 전에 FirstPlay®를 하고 있었다고 말하였다. 이것이 그들의 일상이 되면서 레오가 FirstPlay®와 잠잘 준비를 연결하기 시작했음이 분명하였다.

내가 그녀가 알고 있는 내용을 기반으로 할 수 있는 '아기 돼지' 및 '짝짜꿍 놀이'와 같은 다른 FirstPlay® 활동을 언급했을 때 그녀는 어리둥절한 표정을 지었다. 아나의 고향은 브라질이며 영어는 아나의 제2외국어이다. 그녀는 "이것들은 나의 노래가 아니에요."라고 말했다. 나는 그녀가 어렸을 때 배운 노래와 놀이를 모국어인 포르투갈어로 사용하도록 격려하였다. 문화가 어린 시절의 노래, 놀이 및 FirstPlay® 활동에서 중요한 역할을 한다는 중요한 깨달음을 얻게 되었다.

FirstPlay®는 아나가 레오와의 접촉 관계를 재정의하도록 도왔다. 그녀는 아기가 다치는 것이 두려웠고, 그는 신생아 중환자실에 격리된 한계뿐 아니라 매일 바늘을 찔러넣는 것, 고통스럽고 불편한 절차, 건강한 만삭 신생아가 받는 것에 비하여 최소화된 신체접촉에 익숙해졌다. FirstPlay®는 아나에게 레오와 즐거운 시간을 보내고 그와 함께 사랑스럽고 즐거운 순간을 즐길 수 있는 권한을 주었다. 부드러운 마사지는 레오가 촉각과 관련하여 새로운 신경학적 연결을 형성하는 데 도움이 되었으며, 딘은 어머니가 할 수 있는 만큼 아버지도 양육 관계의 일부가 될 수 있다는 것을 배웠다. 딘과 아나는 FirstPlay®를 통해 새로운 부모로서 새로운 수준의 자신감에 도달하였고, 가족으로서의 아름다운 관계를 위한 토대를 마련하였다.

마무리 논평

TEACUP Preemie Program®은 참여하는 모든 가족에게 FirstPlay®를 제공하므로 가족의 지속적인 프로그램 참여가 증가하였다. 2018년에는 아기가 신생아 중환자실에서 퇴원한 후에도 31%의 가족이 우리 프로그램을 지속하였는

데, FirstPlay®의 제공을 시작하기 전에는 18%에 불과하였다. 부드러운 지도를 제공하고 부모와 영아 사이의 긍정적 상호작용을 모델로 하여 조정을 통해 연결하는 방법을 가르치고, 앞으로 몇 년 동안 개방적이고 긍정적인 의사소통을 할 수 있도록 준비시킨다. 조산아의 부모에 대한 안정적 애착을 키우는 것은 출생부터 청소년기에 이르기까지 긍정적 발달을 이루기 위한 기반을 만든다. FirstPlay®를 통해 건강하고 사랑스러운 애착과 유대감을 조성함으로써 TEACUP Preemie Program®은 아동학대와 방치를 근절한다는 궁극적 사명을 지속적으로 지킨다.

토론 질문

1. 조산아의 건강하고 안정적인 애착을 어렵게 만들 수 있는 다양한 요인에 대해 동료와 논의해봅니다.
2. 페넬로페의 사례에서 그녀는 왜 자신의 아기를 한 번도 존중해본 적이 없다고 생각하였나요? 페넬로페의 통찰력이 그녀의 양육 방식과 엘레나와의 관계에 어떤 영향을 미칠 수 있는지 토론해봅니다.
3. 임산부 정신건강과 관련된 FirstPlay®에 대한 당신의 생각에 대해 토론해봅니다. 이 양식이 특히 출생 외상과 신생아 중환자실 경험을 겪은 조산아 부모의 정신건강에 어떤 영향을 미칠 수 있나요?

참고문헌

American Music Therapy Association (AMTA). (2019). Retrieved July 17, 2019, from http://www.musictherapy.orgCheng, C. D., Volk, A. A., & Marini, Z. A. (2011). Supporting fathering through infant massage. *The Journal of Perinatal Education*, 20(4), 200-209. doi:10.1891/1058-243.doi:20.4.200.

Courtney, J. A. (2015). *FirstPlay parent manual*. Boynton Beach, FL: Developmental Play & Attachment Therapies.

Courtney, J. A., Velasquez, M., & Bakai Toth, V. (2017). FirstPlay® infant massage storytelling: Facilitating corrective touch experiences with a teenage mother and her abused infant. In J. A. Courtney & R. D. Nolan (Eds.), *Touch in child counseling and play therapy: An ethical and clinical guide* (pp. 48-62). New York, NY: Routledge.

Feldman, R., & Bakermans-Kranenburg, M. J. (2017). Oxytocin: a parenting hormone. *Current Opinion in Psychology*, 15, 13-18. https://doi.org/10.1016/j.copsyc.2017.02.011

Felitti, V. J., Anda, R. F., Nordenberg, D., Williamson, D. F., Spitz, A. M., Edwards, V., Marks, J. S. (1998). Relationship of childhood abuse and household dysfunction to many of the leading causes of death in adults: The adverse childhood experiences (ACE) study. *American Journal of Preventive Medicine*, 14, 245–248. Retrieved July 18, 2019 from: https://www.ncbi.nlm.nih.gov/pubmed/9635069

Forcada-Guex, M., Borghini, A., Pierrehumbert, B., Ansermet, F., & Muller-Nix, C. (2011). Prematurity, maternal posttraumatic stress and consequences on the mother-infant relationship. *Early Human Development*, 87(1), 21–26. doi:10.1016/j.earlhumdev.2010. 09. 006.

Hallin, A., Bengtsson, H., Frostell, A. S., & Stjernqvist, K. (2011). The effect of extremely preterm birth on attachment organization in late adolescence. *Child: Care, Health and Development*, 38(2), 196–203. doi:10.1111/j.1365-2214.2011.01236.x.

Jefferies, A. (2012). Kangaroo care for the preterm infant and family. *Paediatrics & Child Health, 17*(3), 141–143. doi:10.1093/pch/17. 3. 141.

Levine, T. A., Grunau, R. E., Mcauliffe, F. M., Pinnamaneni, R., Foran, A., & Alderdice, F. A. (2014). Early childhood neurodevelopment after intrauterine growth restriction: A systematic review. *Pediatrics, 135*(1), 126–141. doi:10.1542/peds.2014-1143.

Linden, D. W., Paroli, E. T., & Doron, M. W. (2010). *Preemies* (2nd ed.). New York, NY: Gallery Books.

Loewy, J., Stewart, K., Dassler, A., Telsey, A., & Homel, P. (2013). The effects of music therapy on vital signs, feeding, and sleep in premature infants. *Pediatrics*, 131(5), 902–918. doi:10.1542/peds.2012–1367d.

Mantis, I., & Stack, D. M. (2018). The functions of mutual touch in full-term and very low-birthweight/preterm infant-mother dyads: Associations with infant affect and emotional availability during face-to-face interactions. *International Journal of Comparative Psychology*, 31. Retrieved July 27, 2019 from: https://escholarship.org/content/qt62x2k310/qt62x2k310.pdf?t=piy33l&nosplash=33ea8d7c6a5daad3c48f613ed26b14d6

March of Dimes. (2013, October). Long-term health effects of premature birth. Retrieved July 17, 2019, from http://www.marchofdimes.org/complications/longterm-health-effects-of-premature-birth.aspx

Martin, J. A., Hamilton, B. E., & Osterman, M. J. (2018, August). *Births in the United States*, 2017 [PDF]. Hyattsville: U.S. Department of Health and Human Services.

Meyer, D. (2011). Neuroplasticity as an explanation for the attachment process in the therapeutic relationship. Retrieved from http://counselingoutfitters.com/vistas/vistas11/Article_52.pdf

National Institute of Child Health and Human Development (NICHD). (2017, January 31). What are the risk factors for preterm labor and birth? Retrieved July 17, 2019, from http://www.nichd.nih.gov/health/topics/preterm/conditioninfo/who_risk

Pagni, A. M., Kellar, S., & Rood, M. (2017). Effects of kangaroo care on procedural pain in preterm infants: A systemic review. *Honors Research Projects*, 441, 1-39. Retrieved from http://ideaexchange.uakron.edu/honors_research_projects/441

Purdy, I. B., Craig, J. W., & Zeanah, P. (2015). NICU discharge planning and beyond: Recommendations for parent psychosocial support. *Journal of Perinatology*, 35(S1). doi:10.1038/jp.2015.146.

Schore, A. N. (2012). *The science of the art of psychotherapy*. New York, NY: Norton.

Standley, J. (2012). Music therapy research in the NICU: An updated meta-analysis. *Neonatal Network*, 31(5), 311-316. doi:10.1891/0730-0832. 31. 5. 311.

The Children's Healing Institute (2019). Retrieved July 18, 2019, from http://www.childrenshealinginstitute.org

World Health Organization (2017, November 17). What is a preterm baby? Retrieved July 17, 2019, from https://www.who.int/features/qa/preterm_babies/en/

제5부

놀이치료의 실제를 활용하는 증거 기반 영아 정신건강 모델

제 12 장

외상에 노출된 유아의 변화를 지원하기 위한 관계의 치유력 활용

부모-자녀 심리치료(CPP) 모델 적용

Harleen Hutchinson

소개

Winnicott은 "혼자 있는 아기는 없다. 만약 당신이 아기에 대하여 묘사하기 시작했다면, 당신은 아기와 함께 누군가를 묘사하고 있다는 것을 발견하게 될 것이다."(Winnicott, 1964)라는 말을 잘하였다. 이는 아기가 백지상태로 기능하지 않고 타인과의 관계 속에서 기능한다는 것을 의미한다. 따라서 이러한 관계가 유아의 삶에 영향을 미치는 트라우마나 유해한 스트레스 때문에 손상이 되면, 관계의 유대감은 단절되고 부모-자녀 관계에 균열이 생기게 된다(Schore, 2001). Osofsky(2011)는 "성인 여성이 자신의 영아와 관계를 맺으려면 자신의 아동기의 유령기억은 무의식으로부터 치유와 변화를 촉진하기 위한 치료적 맥락에서 반드시 다루어야 한다."라고 주장한다(p. 215). 세대 간 외상 전이의 영향을 다룰 때, 부모가 치유하고 '충분히 좋은 어머니'가 될 수 있도록 건강하고 안전한 환경을 제공하는 동시에 애착 유대를 강화하기 위해 부모-자녀 관계를 치료하는 것이 중요하다.

부모-자녀 심리치료 개관

부모-자녀 심리치료(Child-Parent Psychotherapy, CPP)(Lieberman & Van Horn, 2008)는 출생부터 5세까지의 어린 아동과 외상에 노출된 그들이 양육자를 지원하기 위한 증거 기반 관계 개입이다(Lieberman, Ghosh Ippen, & Van Horn, 2015). CPP는 어린 아동이 양육 관계의 맥락에서 기능한다는 전제에 기반한다. Winnicott(1964, pp. 46~57)에 따르면,

> 우리는 아동에게 다가가서, 그와 함께 그의 세상을 보고, 그것에 대한 그의 감정을 구분하고, 고통스러운 것을 마주하고 좋은 것을 발견하도록 돕기 위해 노력한다. 그리고 나서 우리는 아동과 그의 세상에서 긍정적인 것들을 통합시키고 그가 최선의 삶을 만들도록 돕는다.

두 가지로 구성되는 회기 동안, 놀이는 부모가 그들의 자녀가 내면화한 감정과 무의식적인 정서를 어떻게 표현하는지를 이해하도록 돕기 위한 양식으로 활용된다. Piaget(1951)는 이것을 "아동의 내적 세계와 바깥 세계의 현실 사이의 간극을 연결하는 방법"이라고 설명했다(p. 147). CPP는 두 가지 단계로 나뉜다. 즉 (1) 평가와 개입 단계, (2) 중재와 종결 단계이다.

평가와 개입 단계

평가와 개입 단계에서 임상가는 치료 과정의 원동력이 될 정보를 수집하기 위하여 양육자와 신뢰 관계를 구축하고 긴밀하게 협력한다. 또한 이 과정을 통해 임상가는 외상이 어떻게 아동에게 영향을 미쳤는지에 대해 부모의 인식과 이해를 발달시키는 데 도움을 주는 통찰력을 얻을 수 있다. 그렇게 하면서 임상가는 전 생애 발달적 관점에서 외상에 초점을 둔 집중적 외상 도구인 '개정된 생애 스트레스 체크리스트'(Wolfe et al., 1996)를 활용한다. 이 도구를 통해 임상가는 양육자가 아동의 기능 수준에 미치는 영향을 이해하도록 돕기 위한 양육자의 외상에 대한 세대 간 측면의 통찰력을 얻는다. 사용되는 또 다

른 중요한 도구는 아동 면담 작업 모델이다(Zeanah, Benoit, & Barton, 1986). 이 도구는 부모가 부모 자신의 양육과 그것이 어떻게 그들의 양육 및 아동에 대한 관점에 영향을 미쳤는지에 대하여 성찰하도록 돕는 일련의 질문과 임상 가의 면밀한 조사를 포함하는 반구조화된 면담이다. 이 도구는 또한 임상가 로 하여금 과정에서 중요한 '아기방의 유령'과 '아기방의 천사'라는 두 가지 중재를 사용할 수 있게 한다(Fraiberg, Adelson, & Shapiro, 1975; Lieberman, Padron, Van Horn, & Harris, 2005).

아동의 관점에서 정보를 수집할 때, 애착 관계에 영향을 준 아동의 외상 노 출과 관련된 문제와 발달적 우려를 모두 파악하기 위해 여러 가지 도구가 활 용된다. 이러한 도구는 외상 사건 선별 목록 : 개정된 부모 보고용(Ghosh Ippen et al., 2002)으로, 아동의 외상 노출과 아동의 행동에 미치는 영향을 평가한 다. 연령별·단계별 질문지(ASQ:SE, ASQ:3)(Squires, Twombly, Bricker, & Potter, 2009)는 모두 아동의 트라우마 노출의 결과로서 아동에게 영향을 미 칠 수 있는 발달적 위험 요소를 파악하기 위해 활용되는 발달 선별 도구이다. 아동은 또한 기능 수준을 다루기 위해 자연스러운 환경, 가정, 또는 유치원에 서 관찰된다.

크로웰 평가(Crowell & Feldman, 1988; Heller et al., 1998)는 부모-자녀 관 계를 평가하기 위해 사용되며, 아동과 양육자 간 애착 관계의 질을 결정하기 위해 놀이하는 시간과 스트레스가 많은 시간 동안 부모의 상호작용을 평가하 는 데 사용하기 위해 개발된 중요한 관찰 도구이다. 이 절차에서 부모에게는 일련의 지침이 제공되고 쌍방 상호작용이 양방향 거울 뒤에서 관찰된다. 관 찰은 놀이, 구조화된 과제, 간단한 분리와 재결합 단계로 구성된다. 이 절차는 피드백 회기의 토대를 설정하는 데 도움이 되며, 이는 종종 제공된 과제를 하 는 동안 아동을 향한 그들의 정서와 조율과 관련된 정보를 양육자에게 제공 한다. 이 과정에서, 부모가 아기를 염두에 두고자 노력할 때 아기에 대하여 궁 금해하는 데 도움이 되는 성찰적 질문을 한다(Fonagy et al., 1991). 피드백 회 기에서 비디오 클립을 보는 것은 외상 경험의 영향을 기반으로 하는 것과 다른 렌즈를 통하여 아동을 볼 수 있게 할 뿐 아니라 부모가 자녀의 관점을 이해하는 데 도움을 준다(Schecter et al., 2006).

중재와 종결 단계

중재와 치료 단계에서 CPP의 목표는 아동이 자신의 양육자와 관계를 형성하도록 돕는 것이다. 놀이는 아동이 양육자와 발달적으로 적합한 놀이 활동에 참여하도록 돕고, 부모가 그들의 자녀와의 관계 안에서 안전감에 우선순위를 갖도록 돕고, 그들이 외상을 상기시키는 것에 의해 방아쇠가 당겨질 때 부모가 자녀의 행동과 기능에 대하여 이해하는 것을 증가시키며, 부모와 자녀가 정서 조절을 향상하도록 돕는 것과 같은 다양한 문제를 다루기 위한 양식으로 활용된다. CPP의 종결 단계에서 임상가는 치료 과정 동안의 그들의 진보에 대하여 토론하고, 부모가 경험을 통해 배운 강점을 바탕으로 한 긍정적인 방법을 확인함으로써 치료로부터 그들의 전환을 준비하도록 돕는 것에 대한 계획하에 부모와 자녀가 종결을 준비하도록 돕는다.

에리얼의 사례

다음 사례 연구에서는 CPP가 부모-자녀 관계를 치료하는 데 어떻게 활용되었는지 보여줄 것이다. 본 사례 연구는 관계에 영향을 주는 문제를 개선하는 데 부모-자녀 관계의 중요성을 부각하고자 한다. 모든 개인식별정보는 비밀 유지를 위해 변경되었다.

제기된 문제

아테나는 38세 쿠바계 포르투갈 여성이고, 그녀의 딸 에리얼은 12개월이 되었다. 그들은 에리얼이 가정 폭력으로 인해 양육에서 배제되었기 때문에, 의존성 중독 사례 관리자를 통해 유년 법정으로부터 CPP를 위해 전원되었다.

에리얼은 처음에는 위탁 양육에 맡겨졌고 그다음에는 외할머니에게 맡겨졌다. 아테나의 광범위한 외상 배경을 다루는 것을 돕고 에리얼과의 재결합 과정에 도움을 주기 위해 CPP가 추천되었다.

가족과 배경 정보

아테나에게는 5세부터 21세까지 오랜 기간 동안의 외상 이력이 있었다. 그녀는 5세 무렵부터 11세까지 가족의 친구로부터 성적 학대를 받아왔다. 12세에 양아버지가 어머니를 떠나는 장면을 목격했으며 집을 떠나있는 동안 그는 종종 그녀의 형제들을 방문했지만 그녀는 방치했다. 그녀가 경험한 유기와 거절은 그녀로 하여금 알코올을 탐닉하도록 하였다. 그녀의 지속된 부정적인 삶의 경험은 그녀를 마약 복용과 약물 중독으로 이끌었다. 20대 초반에 첫아이를 낳았지만 여전히 그녀는 약물 중독으로 고통받고 있었다. 얼마 지나지 않아 그녀는 둘째 아이를 출산하였다. 그녀의 두 아이는 결국 그녀로부터 분리되어 외할머니의 양육을 받게 되었다. 그녀는 약물에 의존하여 통증을 무디게 하고 있다고 진술하였다. 이 과정에서 약물 중독 치료 시설 여덟 곳에 들어갔지만 투약을 계속해서 38차례나 체포되었다. 구금되어 있는 동안, 그녀는 유방암을 진단받은 것 외에도 네 번째 아이를 임신했다는 사실을 알았다. 이와 같은 고통스러운 경험은 아테나가 받아들이기 어려웠으나 그녀로 하여금 그녀의 마지막 아이를 또다시 시스템에 의해 잃지 않겠다는 결심을 하도록 하였다. 감옥에서 풀려난 후, 그녀는 에리얼이 외할머니의 보호를 받게 되었기 때문에 주거치료를 받을 수 있었다. 치료를 받는 동안 그녀는 유아 법정에 참여함으로써 외상의 세대 간 순환을 치유할 수 있는 좋은 기회를 얻게 되었다. 이 법정은 그들의 자녀와의 애착 관계에 미치는 영향을 다루면서 그들의 외상이 세대 간 순환되는 것을 치유하도록 부모를 지원하는 문제 해결 프로그램이다.

치료 환경

초기 치료 당시, 아테나는 광범위한 약물 중독 과거력으로 인하여 약물 중독 치료 시설에 거주하였다. 비록 아테나가 주말마다 감독하에 면접교섭을 유지할 수는 있었지만 그때 에리얼은 아테나와 함께 살지 않았다. 이 면접교섭은 그녀의 의존성 중독 사례 관리자의 감독을 받았다. 이 기간 동안 주간 CPP 회기는 외래환자 치료 환경에서 시작하였다.

개입과 치료 단계

치료 목표는 아테나가 문제를 일으켰다고 느끼는 애착 관계의 영역에 대하여 인식하도록 돕기 위한 평가의 피드백 단계에서 아테나와 논의되었다(Slade, 2007). 피드백 회기에서 아테나가 비디오 영상을 관찰하도록 도와주었는데, 이는 약물로 인한 그녀의 투쟁과 에리얼과의 관계에서 정서적으로 대하는 그녀의 전반적인 능력에 영향을 미친 외상 문제에 대한 통찰을 제공하려는 의도였다(Schecter et al., 2006). 그렇게 하면서 임상가는 '삼각구도'(그림 12.1 참조)를 이용하여 어머니가 떠나고 돌아오는 것이나 부모의 끊임없이 화나고 큰 목소리와 같이 에리얼에게 트라우마가 되는 요소를 확인하고 명명하며 이를 그녀의 행동 및 공포와 연결하여 에리얼이 경험한 외상을 치유하는 것을 도왔다(Lieberman, Ghosh Ippen, & Van Horn, 2015). 자료는 관계 속에서 부모로서의 도전뿐 아니라 아테나가 상호작용에서 그녀의 강점을 인식하도록 돕기 위해 반영적 태도를 사용하여 기록된 상호작용에서 발췌하여 논의하였다(Stern, 1995).

초기 단계(1~6회기)

에리얼은 처음에는 매우 조용하고 수줍음이 많은 영아로 보였으며, 임상가가 모델링을 하여도 거의 웃지 않았다. 아테나에게는 그녀의 감정 조절 능력을 향상하기 위해 이러한 행동을 모델링하는 연습을 하도록 지지하였다. 첫 회기 동안 임상가는 어머니와 아기에게 외상에 관한 이야기를 설명하기 위한

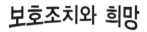

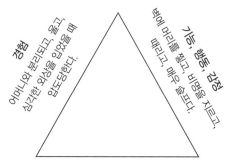

보호조치와 희망

경험
어머니와 분리되고, 울고,
심각한 외상을 입었을 때
압도당한다.

기능, 행동, 감정
벽에 머리를 찧기, 바닥을 치르고,
때리고, 매우 슬프다.

치료
아동이 안전감을 느끼도록 돕고,
그녀를 보호하고 그녀의 생각과 감정을
이해하는 성찰 능력을 증가시킨다.

그림 12.1 에리얼에게 CPP를 소개하기. 저자인 Lieberman, Ghosh Ippen, Van Horn(2015)의 허가를 받아 사용한다.

발판으로 삼각구도 모델(Lieberman, Ghosh Ippen, & Van Horn, 2015)을 사용하였다.

다음 대화는 아테나와 에리얼의 첫 회기에서 발췌한 것이다.

치료사 : 오늘 두 분 다 오셔서 반가워요. 에리얼, 오늘 하루는 어땠어?
(에리얼은 치료사를 응시하다가 어머니를 보았다.)
치료사 : 어머니, 어머니는 어때요, 지난번 피드백 회기 때 만난 이후로 어떻게 지냈
　　　　어요?
아테나 : 난 좀 긴장했어요. 지난번 회기에서 아기에게 노출된 것들의 결과가 어떻
　　　　게 작용하는지 보았잖아요. 내가 아기를 그렇게 했다는 게 너무 안 좋아요, 도
　　　　저히 못 믿겠어요. 나는 아이들이 우리가 한 일을 다 보고 듣고 뭔가 영향을 받
　　　　는다는 것을 모르고 있었어요. 나도 당연히 아기를 돕고 싶고, 판사가 내 아기

를 되찾으려면 외상 문제를 해결해야 한다고 계속 말했지만, 사실 나는 지금 당장 나에게 외상 문제가 있다고 생각하지 않아요.

치료사 : 그 얘기에 당신은 압도되고 매우 무서웠군요. 그래도 나는 당신이 솔직한 감정을 나눠줘서 기뻐요. 여기서 내 일은 에리얼과 당신이 관계에 영향을 미쳤을지 모르는 근본적인 감정에 대해 작업하고 두 사람의 관계에서 신뢰와 안전을 재구축할 수 있다는 확신을 갖도록 당신과 에리얼을 돕는 거예요.

아테나 : 나는 우리가 그것을 어떻게 할 수 있을지 모르겠어요.

치료사 : 걱정이 되는 것을 너무나 이해해요. 이 치료는 긴 여정이고 나는 당신의 여정을 안내할 거예요. 우리가 가장 먼저 해야 하는 일 가운데 하나는 에리얼이 노출된 것에 기초해서 생각과 감정을 이해하는 거예요. 그래서 에리얼이 엄마가 항상 자신의 안전을 위하여 최선을 다할 것임을 알도록 하는 거죠. 이제 시작할까요?

아테나 : 네, 조금 떨려요.

치료사 : 떨려도 괜찮아요. 내가 여기 에리얼과 당신을 위해서 있어요. 에리얼, 엄마는 에리얼이 아빠가 엄마한테 소리치고 화내고 때리는 정말 나쁜 걸 보았다고, 그래서 에리얼이 울고 놀랐다고 하면서 걱정하셔. 나쁜 일이 진짜로 엄마한테 생기는 것을 본 어린아이들은 모두 두렵고 무서워지거든. 그래서 선생님 같은 사람이 너와 엄마가 보고 들은 것을 극복할 수 있도록 해주고 더 이상 무섭지 않게, 엄마가 에리얼을 안전하게 지켜줄 수 있도록 도와주는 거야.

아테나 : 그리고 난 너를 너무 사랑해, 누구도 너나 엄마를 해치지 못하게 할 거야.

(에리얼은 어머니를 보았다가, 치료사를 보고는 다시 장난감을 가지고 놀기 시작하였다.)

(어머니는 에리얼을 안아주기 위해 다가온다.)

(에리얼이 벽으로 다가가서 머리를 벽에 찧기 시작하였다.)

아테나 : 얘가 왜 이러는지 모르겠어요, 집에서도 같은 일이 있었어요.

치료사 : 간혹 아기들이 자신의 괴로움을 행동으로 표현하는 방법이기도 해요. 아기가 이러는 것을 봤을 때 어땠어요?

아테나 : 난 두렵고 무력하다고 느꼈어요. 왜냐하면 난 에리얼이 무슨 생각을 하는지 몰랐고, 그래서 소리 지르면서 벽에 머리를 찧지 말라고만 했어요.

(에리얼은 어머니를 보고는 다시 벽에 머리를 찧었다.)

치료사 : 회기를 진행하면서 우리는 아기가 무엇을 말하고자 하는지 이해하기 시작

할 거예요. 내가 궁금한 한 가지는 아빠가 엄마를 때리는 장면을 아기가 직접적으로 본 적이 있는지예요.

아테나 : 아니요, 아기는 항상 다른 방에 있었어요.

치료사 : 때때로 우리는 아기가 우리를 보거나 듣지 못하고 있다고 생각할 수 있지만 단지 아기들은 자신의 필요와 욕구를 소통할 수 있는 언어를 가지고 있지 않을 뿐이에요.

아테나 : 분명히 보지 못했다고 나는 확신해요.

치료사 : 어머니, 오늘 에리얼을 달래는 방법이 좋았어요. 그것은 에리얼에게 당신이 아기를 얼마나 아끼는지, 그리고 그녀를 안전하게 지키기 위해 항상 최선을 다할 것이라는 점을 말해줘요.

중기 단계(7~13회기)

치료가 진행되면서 에리얼은 치료실에서 점점 더 편안함을 느끼게 되었다. 그녀는 여전히 어머니와 가까운 거리를 유지하고 있었지만 때때로 이를 벗

© Istockphoto.com/Atikinka2

그림 12.2 아기의 정서적 안녕을 유지하기

어나 놀이를 하다가 마치 확인을 하듯이 다시 어머니에게 돌아오곤 했다 (Ainsworth, Blehar, Waters, & Wall, 1978).

아테나는 에리얼의 신호를 읽는 법을 배우고 생각을 말로 표현하도록 돕기 위해 열심히 노력했다. 아테나가 사신의 고통스러운 이야기를 풀어놓기 시작하면서 에리얼이 조절 불가한 상태가 되었을 때, 아테나는 그런 에리얼이 자신의 감정을 조절할 수 있도록 위로를 제공함으로써 (에리얼에 대한) 인식 수준이 보다 높아졌다는 것을 보여주었다(Van der Kolk, 2003). 이러한 위로는 에리얼에게 너무 익숙해져서 이제는 스스로 조절이 어렵다고 느낄 때는 안아 달라고 조르기 시작하였다(Bowlby, 1969). 아테나는 에리얼에게 반응하는 동안 일정 수준의 칭찬을 계속 받았다. 아테나는 에리얼의 생각과 감정을 주의 깊게 살피고 이러한 감정을 반영하는 능력이 더 나아진 것으로 보였다.

심화치료 단계(14~20회기)

14회기가 되도록 에리얼은 여전히 벽에 머리를 찧는 행동을 계속하고 있었다. 아테나의 우려는 정도가 심해져서 이 행동이 가끔 자신에게 어떻게 방아쇠와 같이 작용하는지를 상담할 정도로 걱정스러운 감정이 되었다. 치료사는 아테나에게 에리얼의 그 행동이 어떻게 그녀 자신을 자극하는지 물었다. 아테나는 에리얼의 아버지가 자신의 머리를 때릴 때 느꼈던 고통에 대해 말하였다. 회기 중 에리얼이 자신의 머리를 찧기 위해 벽 쪽으로 올 때, 치료사는 이 기회를 에리얼과 아테나가 관계를 시작할 수 있는 기회로 사용하였다. 내가 아테나에게 에리얼이 우리에게 말하고자 하는 바가 무엇인지에 대하여 궁금해하자 아테나의 걱정은 더욱 깊어졌다. 치료사는 '아기를 대신해 말하기'(Carter, Osofsky, & Hann, 1991)라는 중재를 사용하여 아테나에게 "엄마, 난 벽에 머리를 찧어도 아프지 않아요, 왜냐하면 난 아빠가 엄마를 때리는 것을 보았고 매우 화가 났거든요."라고 하였다. 아테나는 울기 시작했고 손을 뻗어 에리얼을 안아주었다. 이 결정적인 순간이 발생했을 때, 치료사는 방금 일어났던 일에 대해 아테나가 어떻게 느꼈는지 탐색하였다(Fonagy et al., 1991).

아테나는 울면서 어린 아동이 부모가 알지 못하는 사이에 얼마나 많이 그들의 감정을 흡수하고 내면화하는지에 대해 몰랐다고 말하며 부끄러움과 당혹스러움을 이야기하였다(Bowlby, 1969). 회기가 진행되면서 에리얼은 어머니가 자신의 고통을 인식하고 이해하고 있다는 것을 느끼는 것이 분명해졌다. 에리얼은 그 회기 동안 더 이상 벽에 머리를 찧지 않았고, 16회기 이후에 완전히 그만두었다. 이 녹취 부분은 외상으로 인한 부모-자녀 관계의 균열에서 그 균열을 인식하고 인정하지 않으면 치료 진행을 지연할 수 있다는 것을 보여준다.

종결 단계(20~38회기)

치료사와 아테나는 아테나가 딸과의 관계에서 일정 수준의 신뢰와 만족감을 유지함으로써 에리얼과의 애착 관계를 향상하고자 매우 열심히 노력하였다. 놀이치료는 에리얼과 어머니가 언어로 원활하게 소통할 수 있도록 돕기 위해 지속되었다. 아테나는 에리얼이 겪는 발달 과정을 보다 잘 인식하고 구분할 수 있게 되었다.

치료 종료

아테나와 에리얼은 10개월간 38회기의 CPP를 거쳐 치료를 종료하였다. 치료 과정을 통해 아테나는 자신의 전반적인 외상 경험과 외상이 에리얼과의 관계에 미치는 영향을 성찰할 수 있었다. 그녀는 자신의 외상을 떠올리는 방아쇠를 인식하게 되었을 뿐 아니라 에리얼과의 관계에서 안전을 우선순위로 두는 데 힘을 썼다. 아테나는 자신의 아파트를 얻게 되면서 독립성의 새로운 단계를 발달시켰고, 에리얼과 함께 당시 10세, 12세였던 자신의 다른 자녀와의 긴장되는 관계를 다시 구축하고자 하였다. 아테나의 노력은 이미 한 번 해체된 그녀의 가족에게 중요한 관계에 대해 돌아보게 하였다. 아테나에게 중요해진 또 하나의 관계는 그녀의 생모와의 관계였다. 아테나는 약물 사용으로 인해 그녀의 어머니와 9년간 관계를 끊고 거의 접촉하지 않고 지내왔다. 치료에 대한 노력으로 그녀는 이 고통스러운 관계에서 오는 외상을 극복할 수 있었고 보상을 얻게 되었다(Lyons-Ruth, Bronfman, & Alwood, 1999). 사례를 진행하는 동안 아테나는 가사도우미로 시간제 근로를 하면서 지역사회에 있는 대학의 변호사보조원 과정에 지원하였으며, 좋은 성적을 거두었다.

자신의 치료 진행을 성찰할 수 있도록 돕기 위한 논의의 마지막 회기에서 아테나는 다음 발췌한 바와 같은 내용을 전달하였다.

치료사 : 에리얼과 다른 중요한 사람과의 관계를 회복하기 위해 열심히 노력하셨어요. 그 과정에서 많이 성장하는 것도 보았고, 많은 고통을 감내한 것 또한 보았습니다. 당신에겐 이 여정이 어땠는지 말해줄 수 있나요?

아테나 : 이건 정말 바위가 많고 무섭고 외로운 길이었어요. 사실 난 미래에 대한 희망을 포기하고 있었는데, 여기에 왔을 때 에리얼이 내가 더 열심히 싸워나갈 수 있는 동기가 되어주었어요. 그런데 에리얼이 동기를 주었음에도 불구하고, 나는 여전히 내가 있어야 할 곳에 있지 않았어요. 그래서 나는 내 모든 것을 가져간 악마와 마주할 필요가 있었어요.

치료사 : 당신의 얘기를 들으니, 지금까지 겪어온 고통의 정수를 느낄 수 있을 것 같아요. 그리고 그 악마들이 당신으로 하여금 치유의 과정을 완전히 이해하고 당신의 과거 외상을 돌아보고 앞으로 나아가도록 한 것처럼 들려요. 어땠어요?

아테나 : 나의 현실은 내가 시내버스에서 '포주'를 대면했을 때 진짜 현실이 되었어요. 그는 내게로 다가와서 다시 일할 것을 권하였는데, 나는 그때 그를 처음으로 제정신일 때 보았고, 아이들 대신에 선택한 남자가 어떤 사람인지를 똑똑히 보고는 한 대 맞은 것 같았어요. 나는 그에게 다시는 그런 일을 하지 않을 것이라고 강하게 말했지만 그는 믿지 않았고, 거액의 돈을 제시했어요. 나는 내려야 할 정류장에 도착했을 때 도망쳤고, 울었어요. 내가 완전히 치유되기 위해서는 내 고통과 지난 상처를 극복해야 한다는 것을 처음으로 깨달았어요. 지난 몇 년 동안, 내가 그 고통에 반창고만 붙이고 있었다는 것을 깨닫게 해주었어요. 난 서른여덟 번이나 체포되었고 그중 적어도 여덟 번 이상을 통제받는 시설에 머물렀지만 나는 한 번도 지난 상처를 들여다본 적이 없었어요. 그날의 일로 내 상처가 얼마나 깊은지 깨닫게 해준 신께 감사드려요. 수년간 나는 내 상처를 명확히 보는 것을 피하고 있었고 약물을 사용하는 것이 어떻게 내 인생에 반창

고를 붙일 수 있게 해주었는지를 깨닫지 못하고 있었어요. 내가 약에 취할 때마다 나는 에리얼의 감정적 요구를 충족해줄 수 없었어요. 이제 그간의 치료 경과를 말해보자면 나는 에리얼의 감정과 그녀의 신호를 즉각 이해하는 것을 더 잘할 수 있게 되었어요. 만약에 내가 두 아이를 뺏기기 전에, 그리고 내 권리가 박탈되기 전에 이 치료를 받았다면 내 인생은 완전히 달라졌을 거예요. 지금은 이런 기회를 주신 신께 감사할 뿐이에요. 약에 중독된 모든 어머니에게 이 치료법을 경험할 수 있는 기회가 주어져야 한다고 생각해요.

치료사 : 그리고 나는 당신께 우리가 치료를 하는 동안 안전하다고 느꼈던, 안전하고 신뢰할 만한 수용적인 환경을 만들 수 있게 해줘서 감사해요. 이 작업이 어려운 것도 알고 있고, 당신이 과거의 유령이 아닌 당신의 최선을 다하고자 정말 열심히 했다는 것을 알고 있어요. 난 아테나가 밝은 미래라는 희망을 볼 수 있게 되어서 너무나도 자랑스러워요.

아테나 : 나를 인내하고 포기하지 않아줘서 정말 감사해요. 특히 내가 전혀 보지 못한 뭔가를 봐준 판사님께도 너무 감사해요. 나는 이제 에리얼과 함께 있으면서 완전하게 존재하는 것을 배웠어요. 난 이제 그녀의 신호를 훨씬 잘 읽을 수 있어요.

(에리얼이 걸어와서 어머니를 안아준다.)

아테나 : 사랑해 아가, 언제나 너를 안전하게 지켜줄게.

치료를 종결하는 동안 아테나는 일관된 수준의 긍정적인 가족 지원 시스템을 유지하고, 그녀의 후원자를 활용하고, 도움이 필요할 때 연락을 취할 수 있다는 격려를 받았다. 그녀는 치료 진전에 기여한 신성한 순간을 공유하는 위험부담과 전반적인 노력에 대해서도 찬사를 들었다.

성찰적 슈퍼비전 : 자기의 존재와 치료적 활용

부모와의 CPP 과정에서, 이 치료의 핵심 요소 가운데 하나는 성찰적 슈퍼비전이다. 성찰적 슈퍼비전은 치료사가 치료사와 슈퍼바이저, 치료사와 환자 또는 부모와 아동과 같은 다양한 관계에서 이 관계가 서로에게 어떠한 영향을 줄 수 있는지에 대한 깊은 이해를 얻을 수 있도록 신뢰를 주는 임상적 슈퍼비전과는 명확히 구분되는 영역이다(Weatherston, Weigand, & Weigand, 2010). 성찰적 과정이 성공적이기 위해서 관계는 신뢰할 만하고 예측 가능하며 일관되고 일상적이어야 한다. 이러한 만남에서, 치료사는 병행 과정을 탐험히는 동인 자신의 생각과 감정을 시험하게 된다. 성찰적 슈퍼바이저와 작업할 때 슈퍼바이저는 부모와 아이가 제공하는 광범위한 범위의 감정을 담고 반영하는 것을 돕기 위해 수용적인 환경을 제공할 수 있다.

치료사는 다양한 감정에 직면하게 되고 가끔은 환자의 외상, 약물 중독 이력과 이러한 것이 아이에게 미치는 영향 등이 복합적으로 작용하여 압도되기도 한다. 그러나 슈퍼바이저의 도움으로 내담자와 함께 탐험을 하면서도 현재에 머물러있으면서 안전하고 수용적인 환경을 만들고 치료사가 내담자를 들을 수 있게 되었을 때, 그는 내담자가 점진적 치유를 할 수 있도록 그의 생각과 감정을 인식하고 반영해줄 수 있게 된다(Parlakian, 2001). 이는 또한 치료사가 가족의 이야기와 부모-자녀 관계에 미치는 그것의 영향을 의미 있게 만드는 데 도움을 준다(Watson, Harrison, Hennes, & Harris, 2016). 슈퍼바이저의 예리한 지각은 임상가가 치료적 관계 안에서 놀이에 대한 자신의 생각과 감정이 하는 역할을 인식할 수 있도록 도와준다. 그러는 동안에 임상가는 관계에서 균형을 맞추려 노력하면서 아기를 염두에 두는 방법을 인지하는 것이 중요하다. 따라서 이러한 작업을 하는 동안 중요한 요소는 성찰적 슈퍼비전이 관계에 대한 관점을 잃는 것을 방지하는 데 도움이 되는 치유 과정의 하나임을 확신하는 것이다.

이 사례에서 성찰적 슈퍼비전은 치료사가 '충분히 좋은 어머니'가 되고자 하는 것과 관련된 아테나의 사고와 감정을 안아주면서, 그녀의 관점을 이해하려고 노력하며 아테나와 함께 깊이 생각할 수 있도록 하였다(Pawl, 1995). 치료사가 가족의 이야기를 중요하게 담고 아이의 이야기를 염두에 두면서 부모와 함께 여정을 온전히 이해하기 위한 경로를 따라 방황할 수 있는 순간이 성찰적 슈퍼비전의 가장 어려운 순간이었다.

마무리 논평

이 사례는 어머니와 함께 치료하는 과정 동안 과거와 현재, 그리고 그녀의 광범위한 나쁜 기억 사이의 연관성을 보여준다. 영아 정신건강 임상가는 아테나가 어떻게 그녀의 과거 경험이 그녀와 에리얼 간의 관계에 영향을 미치는지 더 잘 이해하도록 하기 위해 그녀의 기억이 의미를 갖도록 도왔다. 가족과 함께 하는 치료 작업에서,

> 나쁜 기억은 우리가 아는 바와 같이 현재에서 과거의 반복을 보여준다. 우리는 또한 과거의 사건을 회복하고 현재에 있는 과거의 병적인 효과를 되돌리기 위해 프로이트가 개발한 방법의 수혜자이다(Fraiberg, 1980, p. 166).

치료가 끝났을 때, 에리얼과 아테나는 유대가 단단해졌고 아테나는 그녀의 딸에게 기쁨과 즐거움을 보여주었다. 그들은 마침내 서로를 이해했다. 아테나는 '충분히 좋은 어머니'로서의 역할에 새로운 의미를 부여하고 이 모든 것이 그녀에게 무엇을 의미하는지 받아들이면서, 에리얼과 함께 새로 발견된 춤을 출 수 있게 되었다. 이 경험은 아테나가 이전 아이들과는 경험하지 못했던 다른 렌즈를 통하여 에리얼을 보고 재양육하도록 하였다. 비록 그녀의 과거 잔재가 남아있을지라도(Fraiberg, Adelson, & Shapiro, 1975), 그녀와 에리얼 앞에 놓인 남은 짐을 끊어내고 치유를 통한 그녀의 지속되는 여정의 한 부분으로서 천사를 받아들이면서(Lieberman, Padron, Van Horn, & Harris, 2005), 과거의 잔재가 촉발되는 지점을 인식할 수 있게 되었다. 이 사례는 임상가에게 관계에 기반한 중재가 안전하고, 양육적이고, 판단적이지 않으며, 문화적으로 민감하고, 돌보는 접근으로 사용될 때 변화가 가능하다는 사실을 상기시킨다.

토론 질문

1. 부모-자녀 심리치료의 핵심 구성 요소와 그것이 애착 관계에 미치는 영향을 설명합니다.
2. 부모-자녀 관계에서 외상을 다룰 때, 안전, 양육, 수용적인 환경을 조성하는 것의 중요성을 논의합니다.
3. 복잡한 외상 문제를 가진 내담자와 작업할 때 성찰적인 슈퍼비전의 중요성에 대해 논의합니다.

참고문헌

Ainsworth, M. D. S., Blehar, M. C., Waters, E., & Wall, S. (1978). *Patterns of attachment: A psychological study of the strange situation*. Hillsdale, NJ: Erlbaum.

Bowlby, J. (1969). Attachment and loss: Vol. 1. *Attachment*. New York: Basic Books.

Carter, S. L., Osofsky, J. D., & Hann, D. M. (1991). Speaking for the baby: A therapeutic intervention with adolescent mothers and their infants. *Infant Mental Health Journal*, 12(4), 291–301. Retrieved November 2018 from: https://doi.org/10.1002/1097-355(199124)12:4%3C291:AID-IMHJ2280120403%3E3.0.CO:2-3

Crowell, J. A., & Feldman, S. S. (1988). Mothers internal model of relationships and children's behavioral and developmental status: A study of the mother child interaction. *Child Development*, 59, 1273–1285. doi:10.2307/1130490.

Fonagy, P., Steele, M., Steele, H., Moran, G. S., & Higgitt, A. (1991). The capacity for understanding mental states. The reflective self in parent and child and its significance for security of attachment. *Infant Mental Health Journal*, 12(3), 201–218. Retrieved November 2018 from https://doi.org/10.1002/1097-0355(199123)12:3%3C201:AID-IMHJ2280120307%3E3.0.CO:2-7

Fraiberg, S. (1980). *Clinical studies in infant mental health*. New York: Basic Books.

Fraiberg, S., Adelson, E., & Shapiro, V. (1975). Ghosts in the nursery: A psychoanalytic approach to the problems of impaired infant-mother relationships. *Journal of the American Academy of Child Psychiatry*, 14, 387–421. Retrieved November 2018 from https://doi.org/10.1016/S0002-7138(09)61442-61444

Ghosh Ippen, C., Ford, L., Racusin, R., Acker, M., Bosquet, M., Rogers, K. et al. (2002). *Traumatic Events Screening Inventory-Parent Report Revised*. San Francisco: University of California, San Francisco Early Trauma Network. Retrieved from https://www.ptsd.va.gov/professional/assessment/child/tesi.asp

Lieberman, A. F., Ghosh Ippen, C., & Van Horn, P. (2015). *Don't hit my mommy! A manual for child-parent psychotherapy with young children exposed to violence and other trauma* (2nd ed.). Washington DC: Zero to Three Press. Retrieved November 15, 2018 from https://www.zerotothree.org/resources/356-don-t-hit-my-mommy

Liberman, A. F., & Van Horn, P. (2008). *Psychotherapy with infants and young children: Repairing the effects of stress and trauma on early attachment.* New York, NY: Guilford Press.

Lieberman, A. F., Padron, E., Van Horn, P., & Harris, W. W. (2005). Angels in the nursery: The intergenerational transmission of benevolent parental influences, *Infant Mental Health Journal*, 26, 504–520. Retrieved November 2018 from https://www.researchgate.net/publication/2753541 Angels_in_the_nursery-The_intergenerational_transmisison_of_benevolent_Parental_influences

Osofsky, J. D. (2011). *Clinical work with traumatized young children.* New York, NY: Guilford Press.

Lyons-Ruth, K., Bronfman, E., & Alwood, G. (1999). A relational diathesis model of hostile–helpless states of mind: Expressions in mother–infant interaction. In J. Solomon & C. George (Eds.), *Attachment disorganization* (pp. 33–70). New York: Guilford Press. Retrieved November 2018 from: https://www.researchgate.net/publiction/309042835_A_relational_diathesis_model_of_hostile-helpless_states_ofmind_Expressions_in_mother-infant_interaction

Parlakian, R. (2001). *Look, listen and learn: Reflective supervision and relationshipbased work.* Washington, DC: Zero to Three Press. Retrieved November 2018 from: https://www.researchgate.net/publication/234626878_Look_Listen_and_Learn_Reflective_Supervision_and_Relationship-Based-Work

Pawl, J. (1995). The therapeutic relationship as human connectedness: Being held in another's mind. *Zero to Three Journal*, 15(4), 3–5. https://files.eric.ed.gov/fulltext/ED385364.pdf

Pawl, J. & St. John, M. (1998). How you are is as important as what you do in making a Positive difference for infants, toddlers and their families. *Zero to Three Journal*, 18(16), 34.

Piaget, J. (1951). *Play, dreams and imitation in childhood*, London: Routledge and Kegan Paul.

Schecter, D. S., Myers, M. M., Brunelli, S. A., Coates, S. W., Zeanah, C. H., Liebowitz, M. R. (2006). Traumatized mothers can change their minds about their toddlers: Understanding how a novel use of videofeedback supports positive change of maternal attributions. *Infant Mental Health Journal*, 27(5), 429–447. doi:10.1002/imhj.20101.

Schore, A. (2001). Effects of a secure attachment relationship on right brain development, affect regulation, and infant mental health. *Infant Mental Health Journal*, 22(1–2), 7–66. Retrieved from http://citeseerx.ist.psu.edu/viewdoc/summary?doi=10.1.1.324.5612

Slade, A. (2007). Reflective parenting programs: Theory and development. *Psychoanalytic Inquiry*, 26(4), 640–657. Retrieved November 15, 2018 from http://

reflectivecommunities.org/wp-content/Uploads/2015/03/Reflective_Parenting_ Programs1.pdf

Squires, J., Twombly, E., Bricker, D., & Potter, L. (2009). *Ages and stages questionnaires*, (3rd ed.). Baltimore, MD: Paul Brookes Publishing.

Tronick, F., Als, H., Adamson, L., Wise, S., & Brazelton, T. B. (1978). Infant's response to entrapment between contradictory messages in face-to-face interaction. *Journal of the American Academy of Child and Adolescent Psychiatry*, 17, 1–13. Retrieved November 15, 2018 from: https://doi.org/10.1016/S0002-7138(09)62273-62271

Van der Kolk, B. A. (2003). Neurobiology of childhood trauma and abuse. *Child and Adolescent Psychiatric Clinics of North America*, 12(2), 293–317. Retrieved November 2018 from: https://doi.org/10.1016/S1056-4993(03)00003-00008

Watson, C., Harrison, M., Hennes, J., & Harris, M. (2016). Revealing "the space between." Creating an observation scale to understand infant mental health reflective supervision. *Zero to Three Journal*, 37(2), 14–21. Retrieved November 15, 2018 from: https://eric.ed.gov/?id=EJ1123774

Weatherston, D., Weigand, R., & Weigand, B. (2010). Reflective supervision: Supporting reflection as a cornerstone for competency. *Zero to Three Journal*, 31(2), 22–31. https://eric.ed.gov/?redir=http%3a%2f/2fmain.zerotothree.org%fsite%2fPageServer

Winnicott, D. W. (1964). *The child, the family, and the outside world*. London: Penguin.

Wolfe, J., Kimerling, R., Brown, P. J., Chrestman, K. R., & Levin, K. (1996). *Psychometric review of the life stressor checklist-revised*. Lutherville, MD: Sidran Press.

Zeanah, C., Benoit, D., & Barton, M. (1986). Working model of the child interview coding manual. *Child and Adolescent Psychiatric Clinics of North America*. doi:10.1037/t47439-000.

제 13장

가정 폭력에 노출된 영아에 대한 놀이가 통합된 부모-자녀 심리치료(CPP) 개입

Allison Golden, Veronica Castro

소개

"우리의 초기 애착 경험의 정서적 특성은 아마도 인간 발달에 가장 중요한 단일 영향일 것이다"(Sroufe & Siegel, 2011). 영아(0~3세 아동)와 부모(영아의 주 양육자) 사이의 관계는 출생에서 성인이 될 때까지 영아의 삶의 내적 및 외적 경험을 형성한다. 하버드대학교의 아동발달센터(2017)에 따르면, 시기 적절하고 반응적이며 민감한 보살핌을 통한 주고받는 상호작용을 통해 영아의 뇌는 감정과 행동을 조절하고, 사회적 관계에 참여하고, 배우고, 발달하는 영아의 능력을 위한 단계를 설정하는 신경 경로를 구축하기 시작한다. 부모와 영아 사이의 주고받는 상호작용에 대한 가장 중요한 메커니즘 중 하나는 놀이이다.

초기 아동기의 외상

초기 아동기의 외상은 평생 지속될 수 있다. 영아가 외상을 경험하면, 특히 대인 관계 외상일 때는, 영아의 발달 중인 뇌에 영향을 미친다. 즉 자기, 타인, 세상에 대한 이해, 학업적 성공, 성인의 정신 및 신체 건강(Ludy-Dobson &

Perry, 2010; Lieberman & Van Horn, 2008; Romano, Babchishin, Marquis, & Fréchette, 2015; Felitti, 2010)에 영향을 미친다. 신경가소성은 생후 처음 몇 년 동안 내부 요인과 외부 환경에 반응하여 재구성하는 뇌의 능력으로 (Shaffer, 2016), 외상의 부정적 영향을 차단하고 영아의 현재 및 미래 기능의 궤적을 바꾸기 위한 조기 개입의 중요성을 강조한다.

John Bowlby(1982)는 영아가 스트레스를 받거나 두려움을 느낄 때 어머니에 대한 근접성 추구, 집착, 울음과 같은 고양된 애착 행동을 한다는 것을 인식하였다. 영아가 원하는 편안함과 보호를 위해 어머니가 신체적으로나 정서적으로 존재하지 않을 때 영아는 그들이 가지고 있는 최소한의 대처 기술을 활용하게 된다. 이것은 종종 공격성, 철수 및 정서적 조절 장애, 어머니로부터 부정적 반응을 유발할 수 있는 모든 행동을 초래하고, 영아가 편안함과 보호를 제공하는 어머니의 능력에 대해 느끼는 신뢰감을 더욱 손상시킨다. 부모-영아 애착은 뇌 발달, 영아기 정신건강 및 장기적 웰빙의 기초이기 때문에 영아기 외상치료에서의 관심의 초점이 된다.

부모-자녀 심리치료

부모-자녀 심리치료는 정신분석, 애착, 발달 및 외상 이론과 인지행동치료 및 사회학습치료의 기법을 포함한 여러 이론적 접근 방식을 통합한 접근 방식이다(Lieberman & Van Horn, 2008). 이 방식을 통해 영아는 자신과 타인에 대한 내적 표상을 형성하는 기초로서 부모와 영아 간의 애착 관계를 인식한다. 이는 영아가 아동 발달의 모든 영역에 필요한 능력을 개발하기 위해 위험과 안전을 이해하고 주변 세계를 탐색할 수 있다고 느끼는 데 도움이 된다 (Lieberman & Van Horn, 2008). 따라서 CPP는 부모-자녀 관계를 치료 환경에서 변화의 주체이자 '내담자'로 여긴다. 이렇게 둘로 구성되는 치료는 부모-영아 관계에 대한 외상의 부정적 영향과 결과적으로 어린 아동의 행동 및 정신건강 문제를 복구하는 데 중점을 둔다. 이는 애착 관계에 대한 안정감과 신뢰를 새롭게 하여 부모-영아 관계를 강화하기 위해 노력한다.

CPP를 활용한 치료는 평가 및 참여, 핵심 개입, 요약 및 종결의 세 단계로 이루어진다. 평가 및 참여 단계의 목적은 부모-영아 관계, 나타나는 증상 및 영아와 부모 모두의 외상 이력에 대해 더 잘 이해하는 것이다. 또한 이 단계의 목표는 위험의 원인을 파악하고, 안전을 증진하며, 희망을 심어주고, 부모-영아 회기를 통해 외상을 다룰 치료 계획을 부모와 함께 세우는 것이다. 이 단계의 핵심 개입은 부모가 영아의 증상과 어려움을 외상 경험과 연결하기 시작하는 '외상 프레임'을 만드는 것이다. 그리고 부모와 영아가 '말할 수 없는 말을 하고' 관계 회복을 위해 어려운 감정을 참을 수 있을 만큼 충분히 안전하다고 느끼는 환경을 조성한다(Lieberman, Ghosh Ippen, & Van Horn, 2015). 핵심 개입 단계에서 외상 프레임이 부모에게 소개되고 치료 목적이 설명된다. 그다음에 말과 행동, 부모와 영아의 개별적인 경험, 그들 사이에 나타나는 자발적인 상호작용을 고려하여 치료사는 개입할 기회를 찾는다. 이러한 기회는 치료사가 CPP 목표 중 하나를 향한 치료적 진전을 이루기 위해 다양한 전략을 활용하는 '시작할 기회'(Lieberman et al., 2015)로 알려져있다. 요약 및 종결의 마지막 단계는 부모와 영아가 회기 전반에 걸쳐 발생한 변화를 인식하도록 돕고, 부모와 영아가 임박한 종결을 준비하고 처리하도록 도우며, 얻은 것을 유지하고, 미래에 문제를 관리하는 방법을 다루는 데 중점을 둔다.

부모-자녀 심리치료는 부모-영아 심리치료에 뿌리를 두고 있기 때문에 이 양자 모델의 독특한 특징 중 하나는 세대 간 병리학의 영향에 대한 인식과 관심 또는 Fraiberg, Adelson과 Shapiro(1975)가 언급했듯이, 부모의 '유치원의 유령'으로서의 관심이다. 부모의 어린 시절 외상 경험은 보살핌과 보호에 대한 영아의 필요를 인식하거나 적절하게 대응하는 능력을 방해할 수 있으며(Lieberman et al., 2015), 종종 영아의 외상적 스트레스 행동은 부모의 억압된 두려움, 무력감을 유발하는 방아쇠 역할을 한다(Fraiberg et al., 1975). 따라서 부모는 자체 보호 메커니즘을 시작한다. 이러한 보호 메커니즘은 종종 부모의 비판, 공격성, 철수 행동을 초래하여 부모를 보호적이지 않고 심지어 위험한 사람으로 보는 영아의 견해를 강화한다. 부모-영아 회기 동안, CPP 치료사는 부모 자신의 과거력이 영아에 대한 행동에 영향을 미칠 수 있는 방식을 조율하며, 개별 회기에서 부모를 참여시켜 이를 더 탐색할 수 있다(Lieberman et al., 2015). CPP는 또한 부모의 '유치원의 천사'에 내한 중요성을 인식한다(Lieberman, Padron, Van Horn, & Harris, 2005). 부모의 어린 시절 관계에서 사랑, 안전, 안정감의 경험 등이다. 이것은 어린 시절의 경험을 전체적으로 볼 수 있는 부모의 능력을 확장하고, 결과적으로 경험은 자존감과 미래에 대한 희망을 증가시켜(Lieberman et al., 2015) 영아에 대한 유사한 긍정적인 부모의 행동을 촉진한다.

CPP는 무작위 통제 연구와 종단 연구 모두에서 효과를 보였고(Ciccehtti, Rogosch, & Toth, 2006; Toth, Rogosch, Manly, & Cicchetti, 2006; Lieberman et al., 2005; Lavi, Gard, Hagen, Van Horn, & Lieberman, 2015; Lieberman, Weston, & Pawl, 1991; Toth, Maughan, Manly, Spagnola, & Cicchetti, 2002) 외상을 경험한 0~5세 아동을 위한 연구 지원 개입으로 간주된다(아동복지를 위한 캘리포니아 증거 기반 정보센터, 2006~2019).

영아 발달에 있어 부모-영아 놀이의 이점

놀이는 아동의 '발달의 주요한 원천'으로 설명되었으며(Vygotsky, 2016/1966) 두뇌 발달 및 실행 기능 증가, 자기 조절, 인지 학습, 읽고 쓰는 능력 및 언어 능력, 신체건강, 사회성 기술, 아동의 행동 문제 감소와 관련이 있다(Brown & Eberle, 2018; Milteer et al., 2012; Whitebread, 2010; Schore, 2012). 부모-아동 관계에서의 놀이는 아동 발달의 다양한 영역에서 이점을 가져올 뿐 아니라 부모-영아 관계 자체를 강화한다(Ginsberg et al., 2007). 부모의 온전한 집중과 관심을 받는 것은 영아에게 자신이 중요하고 사랑받고 있다는 메시지를 제공하여 영아의 자존감, 능력, 관계적 안정감을 증가시킨다. 조율이 중단될 때 놀이는 회복을 강화하는 데 도움이 될 수 있으므로 부모와 영아는 서로의 경험을 이해하고 공유된 즐거움을 통해 연결될 수 있다(Olff et al., 2013). 이 복구 과정은 관계가 어려움을 관리할 수 있다는 영아의 이해에 매우 중요하며, 이는 안전감을 증가시킨다(Rees, 2007). 또한 어머니가 애정을 제공하고 아버지가 자극을 제공하는 부모-영아 놀이는 부모에게 신경생물학적 이점을 제공하여 연결감을 느낄 수 있게 하고 스트레스를 낮추는 옥시토신의 뇌 수치를 증가시킨다(Feldman, Gordon, Schneiderman, Weisman, & Zagoory-Sharon, 2010; Olff et al., 2013).

부모-자녀 심리치료에서 놀이의 활용

Virginia Axline(1974)은 놀이는 영아의 '자연적 매개체'라고 하였으며, 영아에게 감정을 표현하는 방법으로 놀이를 활용할 기회를 제공하기 위해 비지시적 놀이치료의 활용을 인정하였고, 그래서 그것들은 공개, 이해 및 관리를 위해 공개될 수 있다. Axline은 영아가 자유롭게 자신을 완전히 표현하고 생각을 시험해봐야 하며, 영아가 자신의 경험을 더 잘 이해할 수 있도록 성인 참가자가 관찰한 것을 수용하고 이해하고 반영하도록 요구해야 한다고 말하였다.

CPP는 또한 영아의 의사소통이 놀이를 통해 가장 제한되지 않는다는 것을 인식하고 있으므로, 부모-영아 회기 동안 놀이를 주요 양식으로 활용한다. 놀이는 영아가 자신의 이야기를 하고, 현실을 실험하고, 감정을 자유롭게 표현할 수 있는 수단으로 간주된다. 놀이는 영아가 자신의 내적 경험을 표현할 기회를 제공할 뿐만 아니라 영아가 외상적 경험을 조직화하고 다른 결말을 시도함으로써, 또한 한때 무력감을 느꼈던 상황에 대해 통제감을 얻음으로써 이를 복구할 수 있도록 한다(Reyes & Lieberman, 2012). 영아가 놀이하는 동안 치료사는 부모가 영아의 놀이를 목격하고, 펼쳐지는 이야기를 용인하도록 돕는다. 놀이는 치료사가 중재자 역할을 하여 영아의 상징적 표현에 의미를 부여함으로써, 부모에게 외상이 영아에 미치는 영향을 더 잘 이해하고, 인정, 조율 및 공감을 표할 수 있는 기회를 제공한다. CPP의 목표 중 하나는 부모가 외상의 다른 건강한 의미를 공동 구성하기 위해 영아가 놀이에 참여하도록 하는 것이다. 치료사는 이러한 노력을 돕고, 부모-영아 관계가 수립되고, 성찰 및 의미를 만들고, 발달적으로 적절한 활동을 즐기게 되도록 하는 능력을 촉진한다(Lieberman et al., 2015).

영아기의 가정 폭력

어린 아동들은 나이가 많은 아동들에 비해 훨씬 더 많은 가정 폭력에 노출되어 있다(미국 보건복지부, 2010; Fantuzzo & Fusco, 2007. Lieberman et al., 2015에서 인용). 이러한 아동은 신체적 학대(Dong et al., 2004), 외상 후 스트레스 장애(Levendosky, Huth-Bocks, Semel, & Shapiro, 2002), 지적 기능 저하(Huth-Bocks, Levendosky, & Semel, 2001), 발달적 회귀(Gilbert, Bauer, Carroll, & Down, 2013), 성인 관계 형성의 어려움(Osofsky, 2003), 신체건강 합병증(Graham-Berman & Seng, 2005)을 포함한 내면화 및 외현화 어려움(Lewis et al., 2010)을 경험할 위험이 더 높다.

가정 폭력의 경우 영아의 부모는 종종 피해자이거나 가해자가 되며, 보호의 근원은 두려움의 근원이 되기 때문에, 보호를 추구하는 것이 충족되지 않아 영아는 고립된 두려움을 경험하게 된다. 종종 이것은 영아가 부모에게 다가가는 것과 회피하는 것 사이에서 흔들리고, 위로에 대한 절박한 욕구와 동시에 위험을 피하려는 시도 사이에서 갈팡질팡하게 만든다(Lieberman, 2004). 가정 폭력에 노출된 어린 아동들은 종종 양육자를 신뢰할 수 있는 존재로 믿는 것, 특히 안전과 관련된 욕구를 충족할 수 있는 능력에 대한 신뢰를 잃는다(Lieberman et al., 2015). 안전감이 부모-영아 애착의 기반이 되므로 가정 폭력은 이러한 관계를 방해하게 된다. 또한 가정 폭력에 노출된 아동이 나타내는 내면화와 외현화 행동 문제는 부모의 스트레스가 매개하는 것으로 나타났다(Huth-Bocks & Hughes, 2008). 가정 폭력이 부모-자녀 애착에 미치는 영향, 그리고 아동의 기능은 그것이 개입의 초점이 되어야 한다는 것을 필수적으로 만든다.

 CPP는 다양한 형태의 초기 아동기 외상을 경험한 아동에게 이점을 보여주었지만, 특히 유해한 형태의 외상으로 간주되기 때문에 처음에는 가정 폭력에 노출된 어린 아동을 위한 개입으로 설계되었다. 가정 폭력 사례의 경우, 부모와 영아는 무의식적으로 가정 폭력에 연루된 두 부모의 역할을 교대로 수행하고 관계에서 다양한 시기에 피해자와 가해자 모두로 반응하여 공격이나 희생을 예상하기 때문에, 외상에 대한 서로의 반응을 유발하는 방아쇠 역할을 한다. 부모는 이러한 관점에서 자녀의 행동을 볼 때 종종 부정적인 기인을 영아에게 돌리며, 이는 내면화되어 영아가 자신을 이해하는 데 영향을 미칠 수 있다. CPP에서 놀이를 활용하면 가정 폭력에 노출된 부모와 아동이 위험/안전 주제를 탐색하고 외상에 대한 다양한 이해를 공동 구성할 수 있는 기회를 제공하여 서로가 가지고 있는 왜곡된 내부 묘사를 변경하고, 부모의 자아를 향상시키며, 자신과 영아를 보호할 수 있는 능력과 보호적 존재로서의 부모에 대한 영아의 신뢰를 회복시킨다(Lieberman et al., 2015).

브리아나의 사례

제기된 문제 및 가족 배경

브리아나는 미국에서 태어난 8개월 된 아동으로, 20대 초반 히스패닉계 미혼 부모의 외동딸이었다. 그녀의 어머니는 브리아나가 발달 이정표를 적시에 달성했지만 브리아나의 기능에 영향을 미치는 잠재적인 스트레스 요인과 관련된 우려를 나타내었다. 보고된 바에 따르면, 브리아나는 부모 사이의 언어적, 신체적 언쟁을 목격했으며, 남성 형상 근처에서 자주 울었고, 수유 및 수면 시간 동안 까다로워졌다.

평가 및 참여 단계

브리아나의 외상 이력은 그녀가 어머니의 자궁에 있는 동안, 그녀의 부모가 종종 말다툼을 하는 것으로 나타났다. 어머니는 우울감을 느끼며 임신 기간 동안 자주 울었고, 기쁨을 잃고 '아기와의 단절'을 느꼈다고 말하였다. 부모의 말다툼은 치료가 시작될 때까지 계속되었다. 브리아나의 아버지는 종종 벽을 치고 물건을 던졌으며, 때로는 어머니를 향해서도 물건을 던졌다. 어머니 자신의 외상 이력은 어린 시절에 부모 사이의 가정 폭력을 목격했다는 것을 보여준다. 그녀는 또한 어머니의 언어가 폭력적이었고 통제적이었다고 폭로하였다.

브리아나가 생후 7개월쯤 되었을 때, 어머니의 품에 안겨있는 동안 그녀의 부모는 말다툼을 했고, 아버지는 어머니를 벽으로 밀치고 물건을 던지면서 집 밖으로 브리아나와 어머니를 쫓아냈다. 경찰과 아동복지부에 신고가 접수되었다. 브리아나는 그 사건 이후로 그녀의 아버지를 본 적이 없다.

어머니는 브리아나의 외상을 알아차렸고, 그녀가 겪은 일에 대해 걱정하였다. 그녀는 치료에 참여하는 이유 중 일부는 아기가 '괜찮을 것'이라는 확신을 얻기 위한 노력이라고 말하였다. 관찰하는 동안 어머니는 그녀와 함께 먹이기, 기저귀 갈기, 놀기, 서로 미소 짓기, 웃기에 참여하였다. 그러나 어머니가 자신의 어머니와 브리아나의 아버지와의 관계를 생각하는 등 부정적 감정에 대해 이야기하며 화를 내고 동요하게 되면, 브리아나는 울었다. 어머니는 브리아나의 행동에 대한 자신의 영향을 모르고 있는 듯 보였고, 아기가 울면 공갈 젖꼭지를 물려주었다. 작업 모델 인터뷰 동안 어머니는 브리아나를 교묘히 조종하며, 요구가 많고, 시끄럽고, 끈질기고, 불만스럽다고 묘사하였다. 이러한 묘사에도 불구하고, 그들의 상호작용은 부정적 관계를 묘사하지 않았다.

피드백 회기 동안 CPP의 구조와 치료 목표에 대하여 논의하였다. 치료사와 어머니는 브리아나의 증상을 그녀의 외상 이력과 연결하였다. 어머니는 브리아나의 고통을 남성 형상과 관련시키는 통찰력을 보였으며, 무서운 일을 예상하면서 목소리를 높였다. 어머니는 비폭력적인 파트너를 선택하는 것의 중요성을 인정하였고, 당시 브리아나의 아버지를 면접교섭하는 것이 적절하였음을 인정하였다. 어머니는 치료사가 브리아나의 아버지에게 연락하여 치료에 오도록 하는 것에 동의하였다. 어머니는 앞서 언급한 대부분의 통찰력을 가지고 평가 단계에 들어섰지만, 그것에 대해 공식적으로 논의하는 것은 그녀를 조절하도록 돕는 것으로 보였다. 또한 어머니는 자신의 과거와 그것이 그녀의 관계에 대한 자신의 관점을 형성한 방법을 인식하고 자신이 '어머니의 죄'를 반복하지 않을까 하는 두려움을 표현하였다. 어머니는 필요에 따라 이러한 '유치원의 유령'에 대해 공개적으로 논의하기 위해 치료사와 개별 회기에 참여하는 데 동의하였다.

치료사와 어머니는 브리아나에게 외상 이야기를 소개하는 것에 대해 논의하였다. 어머니는 브리아나가 영아였지만, 두 사람의 첫 번째 회기에서 외상이 여전히 다루어질 것이라는 데 동의하였다. 어머니는 외상을 다루는 동안 브리아나가 방의 분위기, 표정, 감정을 알아차릴 수 있다는 것을 이해했으므로, 어머니는 자신이 압도되면 의사소통을 하고 휴식 시간을 가진다는 것에 대해 동의하였다.

치료 목표

- 안전
- 아동에게 CPP를 소개하고 외상을 인정하기
- 외상의 증상을 정상화하고 이해하기
- 아동에 대한 가정 폭력의 영향 다루기
- 현재 관계에 대한 이력 다루기 : 통찰력을 강화하기

평가 후 개입 단계

첫 번째 회기에서 브리아나가 어머니의 무릎에 앉아있는 동안 치료사는 그녀에게 부모님이 싸웠을 때 얼마나 무서운 순간을 겪었는지에 대해 직접 이야기했지만, 지금은 상황이 달라졌고 이제 어머니는 그녀를 안전하게 보호하기를 원한다고 말하였다. 불안한 몸짓과 긴장한 미소에서 알 수 있듯이 어머니는 긴장한 듯 보였지만, 이 소개 후에 그녀는 브리아나를 안고 뽀뽀해주었다.

브리아나는 이 회기 동안 조절되어 있는 것으로 보였다.

회기 중에 어머니는 브리아나의 아버지와 자신의 어머니에 대해 말하면서 흥분하였고, 브리아나는 울고 짜증을 내는 것처럼 보였다. 치료사는 '아기를 대신해 말하기'를 사용하여 과거에 어머니가 화를 냈을 때 큰 싸움이 일어났기 때문에 브리아나에게는 어머니가 화를 내는 것이 얼마나 무서웠는지, 그리고 어머니가 단지 말을 하고 있다는 것, 그녀는 안전하다는 것을 브리아나가 이해하도록 돕는 것이 중요하다고 말하였다. 어머니는 톤을 조절하고 브리아나가 진정될 때까지 안아주었다. 그러자 브리아나는 미소를 지으며 놀이하기 시작하였다.

어머니는 괴롭고 화가 난 채로 두 번째 회기에 왔으며, 브리아나가 밤에 자는 동안에만 자신이 공부를 할 수 있는데 브리아나는 계속 잠을 못 잔다고 하였다. 그녀가 좌절감을 나눌 때 브리아나는 담요 위에서 짜증스럽게 울었다. 치료사는 "당신은 당신과 브리아나에게 도움이 되기 위해 공부를 열심히 하고 있는데 브리아나의 욕구와 시기가 적절하지 않은 것처럼 느껴져 좌절하고 스트레스를 받을 수 있어요."라고 말하며 어머니의 좌절감을 정상적인 것이라고 하였다. "네! 브리아나는 교묘하게 날 조종해요. 나는 하루 종일 그녀와 놀고 그녀가 필요한 모든 것을 제공하는데, 공부 같은 것이 필요한 순간에 그녀는 일부러 울어요!" 치료사는 그녀의 감정을 인정하였다. 어머니의 호흡이 느려지고, 화도 가라앉았으며, 브리아나는 조절이 되어 장난감을 탐색하기 시작하였다.

치료사는 브리아나가 가지고 놀 담요와 장난감을 가지고 있는지 확인하는 것에 어머니가 얼마나 준비되었는지에 대해 언급하였다. 어머니는 미소 지었지만 이내 "제가 모든 일을 제대로 하고 있다는 느낌이 들지 않아요."라고 말하였다. 치료사가 물었을 때 어머니는 다시 수면 문제를 언급하였다. 치료사는 그녀의 노력을 다시 한번 인정하면서 어머니가 그 자신의 양육 능력에 대해 안심할 필요가 있음을 깨달았는데, 그녀의 과거 경험으로부터 충분히 좋지 않다는 느낌이 브리아나와의 관계에 존재하는 것처럼 보였기 때문이다.

두 사람 다 즐거워함으로써 관계에 재충전이 되고 활력을 주는 까꿍놀이를 하면서 회기는 끝났고, 치료사는 그것이 어머니가 부모로서 가지고 있던 왜곡된 관점을 바꾸는 것에 도움이 되기를 바랐다.

핵심 단계

브리아나의 나이로 인해, 기저귀 교체 및 목욕 시간과 같은 일상적인 상호작용 중에 많은 놀이 상호작용이 발생하였다. 이는 브리아나의 과민 반응 중 많은 부분이 그녀의 일상생활 중에 일어났거나 어머니가 소리를 지르거나 그녀가 남자 목소리를 들었을 때 발생했기 때문에 중요하였다. 이러한 사례는 브리아나가 이러한 순간을 위험하다고 해석한 그녀의 과거 경험을 반영한다.

놀이하는 동안 브리아나는 종종 장난감 전화기를 얼굴에 대었다. 치료사는 "어머니, 브리아나와 통화하시겠어요?"라고 말하였다. 어머니는 또 다른 장난감 전화기를 가져와서 브리아나를 바라보며 말하는 척하였다. 브리아나는 웃으면서 더 많은 것을 시작했고, 어머니는 따라갔다. 치료사는 이것을 '시작할 기회'로 사용하여 어머니가 브리아나와 이야기하고 애정 어린 말을 나누도록 격려하였다. 어머니는 그렇게 하였고, 브리아나는 미소를 지으며 어머니를 바라보았다. 어머니는 브리아나가 정말로 그녀의 말을 듣고 있다고 말하였다. 치료사는 브리아나가 어머니처럼 듣고 이야기하기를 원한다고 하였다.

자주 하는 또 다른 놀이는 담요를 가지고 하는 까꿍놀이였다. 이것은 간단하고 재미있다. 치료사는 이것을 사용하여 브리아나가 어머니와 가까이 있고 싶은 욕구와 그들이 서로 즐기고 있는 것을 강조하며, 브리아나에게 어머니는 항상 곁에 있다는 것을 보여주었다. 이것은 브리아나가 어머니를 교묘히 조종하는 것이 아니라 어머니와 함께 있고 싶고 그녀를 닮고 싶어 한다는 것을 이해하는 데 도움이 되었다.

치료가 진행될수록 어머니는 자신의 감정과 브리아나의 감정을 더 잘 조절할 수 있게 되었다. 대부분의 초점은 어머니가 그녀의 결정과 행동을 브리아나에게 미친 영향과 연결하도록 돕는 데 있었다. 어머니는 과거의 '유령'을 많이 살펴보았고 브리아나에 대한 두려움이 자신의 경험에서 비롯된 것임을 인식할 수 있었다. 그녀는 자신이 이미 어머니와 같은 길을 가고 있고, 브리아나가 그녀와 같은 삶을 살게 될 것이라는 두려움을 표현하였다. 치료사는 어머니의 치료 과정을 돕기 위하여 재구성, 격려, 공감 및 희망 세우기를 많이 사용하였다. 그녀는 또한 어머니와의 관계를 변화의 매개체로 사용하였다. 어머니가 들었다고 느꼈을 때, 그녀는 브리아나의 말을 더 잘 들을 수 있었다.

어머니는 자신이 좋은 어머니가 되지 못하고 자기 어머니의 역사를 되풀이할까 봐 계속 걱정하였다. 이 걱정은 그녀가 새로운 파트너와 데이트를 시작할 때 생겼다. 치료사와 어머니는 자신과 어머니 사이의 차이점, 그리고 관계가 심각해지지 않는 한 브리아나를 새로운 파트너에게 소개하지 않음으로써 브리아나를 보호하려는 그녀의 소망과 그녀의 어머니가 그녀를 보호하지 않은 것에 대해 논의하였다. 이 논의 동안 치료사는 어머니에게 브리아나를 계속 확인하며 브리아나에게 관심이 필요한 경우 논의를 잠시 멈추겠다고 언급하였다. 그녀는 화가 났을 때 자신의 어조에 대해 더 의식하게 되었다. 치료사는 이 논의 후에 어머니의 태도가 개선된 것을 관찰했지만, 어머니는 계속 이것에 대해 크게 힘들어하는 것처럼 보였으므로, 치료사는 이러한 주제에 대해 공개적으로 논의하기 위해 개인 치료를 받도록 그녀를 격려하였다.

종결 단계

이 단계에서 초점은 치료 과정과 종결 과정 중 증상의 재발 가능성에 대한 대비에 있었다. 어머니가 브리아나의 욕구를 인식하고 더 이상 부정적 귀인으로 특정 행동을 해석하지 않기 때문에 부모-자녀 관계는 많은 의미 있는 개선을 이루었다. 어머니는 계속해서 브리아나의 아버지와 건강한 관계를 유지했으며 그 또는 그의 가족과 부적응적인 행동을 하지 않았다. 아버지는 회기에 여러 번 초대되었지만 결국 오지 않았다. 종결 시점에서 아버지는 감독 없이 브리아나를 방문하였다. 어머니는 일이 잘 진행되고 있고 공동 양육과 관련하여 신뢰가 재구축되고 있다고 하였다. 그리고 그녀는 새 직장을 구하고 학교를 다니면서 자신감이 생긴 것처럼 보였다. 그러나 그녀는 충분히 좋은 어머니가 되어야 한다는 생각에 계속해서 고심은 했으나, 치료사의 지속적 권고에도 불구하고 개인 치료는 받지 않았다.

마무리 논평

브리아나는 6개월 동안 19회기에 참여하였다. 치료를 받는 동안 브리아나의 어머니는 통찰력이 향상되었고, 받아본 적 없는 방식으로 브리아나를 보살피고자 하는 열망을 나타내었지만, 그녀는 때때로 자신의 어머니처럼 되는 것에 대한 두려움으로 인해 어려움을 겪었다. 브리아나는 남성과 고함 소리에 대한 두려움이 있었는데 이러한 일에 대한 그녀의 경험은 위험 및 예측 불가능성과 관련이 있기 때문이다. 어머니는 이 연결을 만들 수 있었지만, 그녀는 자신의 어려운 관계(예: 브리아나의 아버지와 자신의 어머니)와 관련된 조절의 어려움이 브리아나에게 어떤 영향을 미쳤는지 연결하려고 애썼다. 치료사는 어머니와 함께 공동 조절하는 것에 중점을 두어 그녀가 브리아나와 공동 조절하도록 하였다. 치료사는 주저하지 않고 어머니의 말을 듣고, 어머니가 듣고 이해하고 진정되는 느낌을 받을 수 있도록 공감해주었다. 어머니가 조절되면 치료사는 장점을 강조하고 놀이 과정을 사용하여 부드럽게 브리아나에게 어머니를 안내할 수 있었다. 놀이에서 전화를 사용하는 것은 의사소통을 나타내기 때문에 상징적이었고, 어머니가 필요로 하는 것과 같은 방식으로 듣고 중요하게 느끼려는 브리아나의 욕구를 나타낸다. 브리아나는 무서운 순간을 겪었고, 인정받아야 했고, 안전하고 사랑받고 있음을 확신해야 했다. 까꿍놀이도 브리아나에게 여러 면에서 상징적이었다. 그것은 재미와 불안의 두 요소를 치료사에게 상기시켰고, 브리아나에게 어머니는 두려움의 시간에도 항상 거기에 있다는 것을 보여주기 위해 사용되었다.

토론 질문

1. 종종 치료사들이 CPP로 가족과 함께 작업할 때, 그들은 외상 경험에서 자신의 역할에 대해 부모 또는 양자 관계로의 역전이를 경험합니다. 사례 연구를 읽는 동안 부모, 자녀 및 관계에 대해 어떤 반응이 일어났나요? 이러한 반응은 이 가족과의 작업에 어떤 영향을 미칠 수 있으며 치료 과정을 방해하는 반응을 방지하려면 어떻게 해야 할까요?

2. CPP에서 내담자는 부모와 자녀 사이의 관계로 간주되고, 치료사와 그들의 관계는 변화의 주체입니다. 사례를 다시 생각해보며 이 병렬 과정이 브리아나와 어머니 간 관계에 변화를 불러일으키는 데 어떻게 도움이 되었는지 토론해봅니다.

3. 치료의 첫 번째 단계에서 치료사와 어머니는 외상에 대한 이야기를 만들고 두 번째 치료 단계가 시작될 때 그 이야기를 브리아나와 공유하였습니다. 브리아나는 언어가 발달되기 전의 아기였지만, 이러한 방식으로 이야기를 진술하는 것의 중요성은 무엇이라고 생각합니까? 당신이 치료사라면 이에 대해 어떻게 생각하고 치료 과정을 어떻게 할 것 같나요?

4. 사례 연구 전반에 걸쳐 CPP에서 놀이를 사용하는 것에 대해 생각해봅니다. 브리아나의 놀이는 그녀의 역사와 그녀의 어머니와의 관계에 대해 어떤 의미를 반영했습니까? 브리아나와 그녀의 어머니가 서로에 대한 경험과 인식을 연결하는 데 놀이가 어떻게 사용되었습니까?

참고문헌

Axline, V. M. (1974). *Play therapy*. New York, NY: Ballantine Books.

Bowlby, J. (1982). *Attachment and loss: Vol.* 1 (2nd ed.). New York, NY: Basic Books.

Brown, S., & Eberle, M. (2018). A closer look at play. In T. Marks-Tarlow, M. Solomon, & D. J. Siegel, *Play & creativity in psychotherapy* (pp. 21-38). New York, NY: Norton. https://www.cebc4cw.org/topic/infant-and-toddler-mental-health-0-3/

Center on the Developing Child at Harvard University (2017). https://developingchild. harvard.edu/science/key-concepts/serve-and-return

Cicchetti, D., Rogosch, F. A., & Toth, S. L. (2006). Fostering secure attachment in infants in maltreating families through preventative interventions. *Development and Psychopathology*, 18, 623-649. doi:10.1017S0954579406060329.

Dong, M., Anda, R. F., Felitti, V. J., Dube, S. R., Williamson, D. F., Thompson, T. J., Loo, C. M., & Giles, W. H. (2004). The interrelatedness of multiple forms of child abuse, neglect, and household dysfunction. *Child Abuse & Neglect*, 28, 771-784.

Fantuzzo, J., & Fusco, R. (2007). Children's direct exposure to types of domestic violence crime: A population-based investigation. *Journal of Family Violence*, 22, 543-552.

Feldman, R., Gordon, I., Schneiderman, I., Weisman, O., & Zagoory-Sharon, O. (2010). Natural variations in maternal and paternal care are associated with systematic changes in oxytocin following parent-infant contact. *Psychoneuroendocrinology*, 35, 1133-1141.

doi:10.1016/j.psyneuen.2010. 01. 013.

Felitti, V. (2010). Foreword. In A. Lanius, E. Vermetten & C. Pain (Eds.), *The impact of early life trauma on health and disease: The hidden epidemic*. Cambridge: Cambridge University Press.

Fraiberg, S., Adelson, E., & Shapiro, V. (1975). Ghosts in the nursery: A psychoanalytic approach to the problems of impaired infant-mother relationships. *Journal of the American Academy of Child & Adolescent Psychiatry*, 14(3), 387-421. doi:10.1016/S0002-7138(09)61442-61444.

Gilbert, A. L., Bauer, N. S., Carroll, A. E., & Down, S. M. (2013). Child exposure to parental violence and psychological distress associated with delayed milestones. *Pediatrics*, 132(6), e1577-e1583. Retrieved from: https://www.ncbi.nlm.nih.gov/pmc/articles/PMC3838530/pdf/peds.2013-1020.pdf

Ginsburg, K. R., the American Academy of Pediatrics Committee on Communications, & the American Academy of Pediatrics Committee on Psychological Aspects of Child and Family Health (2007). The importance of play in promoting healthy child development and maintaining strong parent-child bonds. *Pediatrics*, 119, 182-191. doi:10.1542/peds.2006-2697.

Graham-Bermann, S. A., & Seng, J. (2005). Violence exposure and traumatic stress symptoms as additional predictors of health problems in high-risk children. *Journal of Pediatrics*, 146(3), 349-354. doi:10.1016/j.jpeds.2004.10.065.

Huth-Bocks, A. C., & Hughes, H. M. (2008). Parenting stress, parenting behavior, and children's adjustment in families experiencing intimate partner violence. Journal of Family Violence, 23, 243-251. doi:10.1007/s10896-10007-9148-9141.

Huth-Bocks, A. C., Levendosky, A. A., & Semel, M. A. (2001). The direct and indirect effects of domestic violence on young children's intellectual functioning. *Journal of Family Violence*, 16(3), 269-290. doi:10.1023/A:1011138332712.

Lavi, I., Gard, A. M., Hagen, M. J., Van Horn, P., & Lieberman, A. F. (2015). Child-parent psychotherapy examined in a perinatal sample: depression, posttraumatic stress symptoms and child-rearing attitudes. *Journal of Social and Clinical Psychology*, 34(1), 64-82. doi:10.1521/jscp.2015.34.1.64.

Levendosky, A. A., Huth-Bocks, A. C., Semel, M. A., & Shapiro, D. L. (2002). Trauma symptoms in preschool-age children exposed to domestic violence. *Journal of Interpersonal Violence*, 17(2), 150-164. doi:10.1177/0886260502017002003.

Lewis, T., Kotch, J., Thompson, R., Litrownik, A. J., English, D. J., Proctor, L. J., Runyan, D. K., & Dubowitz, H. (2010). Witnessed violence and youth behavior problems: A multi-informant study. *American Journal of Orthopsychiatry*, 80(4), 443-450. doi:10.1111/j.1939-0025.2010.01047.x.

Lieberman, A. F. (2004). Traumatic stress and quality of attachment: Reality and internalization in disorders of infant mental health. *Infant Mental Health Journal*, 25(4),

336–351. doi:10.1002/imhj.20009.

Lieberman, A., & Van Horn, P. (2008). *Psychotherapy with infants and young children: Repairing the effects of stress and trauma on early attachment*. New York, NY: The Guilford Press.

Lieberman, A. F., Ghosh-Ippen, C., & Van Horn, P. (2015). *Don't hit my mommy! A manual for Child-Parent Psychotherapy with young children exposed to violence and other trauma* (2nd ed.). Washington, DC: Zero to Three.

Lieberman, A. F., Padron, E., Van Horn, P., & Harris, W. W. (2005). Angels in the nursery: The intergenerational transmission of benevolent parental influences. *Infant Mental Health Journal*, 26(6), 504–520. doi:10.1002/imhj.20071.

Lieberman, A. F., Van Horn, P., & Gosh Ippen, C. (2005). Toward evidence-based treatment: Child-parent psychotherapy with preschoolers exposed to marital violence. *Journal of the American Academy of Child & Adolescent Psychiatry*, 44 (12), 1241–1248.

Lieberman, A. F., Weston, D. R., & Pawl, J. H. (1991). Preventive intervention and outcome with anxiously attached dyads. *Child Development*, 62(1), 199–209. doi:10.2307/1130715.

Ludy-Dobson, C. R., & Perry, B. D. (2010). The role of healthy relational interactions in buffering the impact of childhood trauma. In Gil, E. (Ed.), *Working with Children to Heal Interpersonal Trauma: The power of play* (pp. 26–43). New York, NY: The Guilford Press.

Milteer, R. M., Ginsburg, K. R., the American Academy of Pediatrics Council on Communication and Media, & the American Academy of Pediatrics Committee on Psychosocial Aspects of Child and Family Health (2012). The importance of play in promoting healthy child development and maintaining strong parent-child bond: Focus on children in poverty. *Pediatrics*, 129(1), e204–213. doi:10.1542/peds.2011–2953.

Olff, M., Frijling, J. L., Kubzansky, L. D., Bradley, B., Ellenbogen, M. A., Cardoso, C., Bartz, J. A., Yee, J. R., & Van Zuiden, M. (2013). The role of oxytocin in social bonding, stress regulation and mental health: An update on the moderating effects of context and inter-individual differences. *Psychoneuroendocrinology*, 38 (9), 1883–1894. doi:10.1016/j.psyneuen.2013.06.019.

Osofsky, J. D. (2003). Prevalence of children's exposure to domestic violence and child maltreatment: Implications for prevention and intervention. *Clinical Child and Family Psychology Review*, 6(3), 161–170. Retrieved from: https://www.researchgate.net/profile/Joy_Osofsky/publication/9005364_Prevalence_of_Children%27s_Exposure_to_Domestic_Violence_and_Child_Maltreatment_Implications_for_Prevention_and_Intervention/links/00b495250bf5f716b8000000.pdf

Rees, C. (2007). Childhood attachment. *British Journal of General Practice*, 57(544), 920–922. Retrieved from: https://bjgp.org/content/57/544/920/tab-pdf

Reyes, V., & Lieberman, A. (2012). Child–parent psychotherapy and traumatic exposure to violence. *Zero to Three* (J), 32(6), 20－25. Retrieved from: https://email.zerotothree. org/acton/attachment/18223/f-0233/1/-/-/-/Child-Parent%20Psychotherapy%20 and%20Traumatic%20Exposure%20to%20Violence.pdf

Romano, E., Babchishin, L., Marquis, R., & Fréchette, S. (2015). Childhood maltreatment and educational outcomes. *Trauma, Violence, & Abuse*, 16(4), 418－437. doi:10.1177/ 1524838014537908.

Schore, A. N. (2012). *The science of the art of psychotherapy*. New York, NY: Norton.

Shaffer, J. (2016). Neuroplasticity and clinical practice: Building brain power for health. *Frontiers in Psychology*, 7(1118). doi:10.3389/fpsyg.2016.01118.

Sroufe, A., & Siegel, D. J. (2011). The verdict is in: The case for attachment theory. *Psychotherapy Networker*, March-April. Retrieved from: http://www2. psychotherapynetworker.org/magazine/recentissues/1271-the-verdict-is-in

The California Evidence-Based Clearinghouse for Child Welfare (2006－2019). www. cebc4cw.org

Toth, S. L., Maughan, A., Manly, J. T., Spagnola, M., & Cicchetti, D. (2002). The relative efficacy of two interventions in altering maltreated preschool children's representational models: Implications for attachment theory. *Development and Psychopathology*, 14, 877－908. doi:10.1017.S095457940200411X.

Toth, S. L., Rogosch, F. A., Manly, J. T., & Cicchetti, D. (2006). The efficacy of toddler -parent psychotherapy to reorganize attachment in the young offspring of mothers with major depressive disorder: A randomized preventive trial. *Journal of Consulting and Clinical Psychology*, 74(6), 1006－1016. doi:10.1037/0022-006X.74.6.1006.

U.S. Department of Health and Human Services, Administration on Children, Youth and Families (2011). *Child maltreatment 2010*. Washington, DC: U.S. Government Printing Office.

Vygotsky, L. (2016). Play and its role in the mental development of the child (trans. N. Veresov & M. Barrs). *International Research in Early Childhood Education*, 7(2), 3－25. (Original work published 1966.) Retrieved from: https://files.eric.ed.gov/fulltext/ EJ1138861.pdf

Whitebread, D. (2010). Play, metacognition and self-regulation. In P. Broadhead, J. Howard & E. Wood (Eds.), *Play and learning in the early years* (pp. 161－172). London: Sage.

제 14장

두 살배기 입양아에 대한 신뢰 기반 관계 개입(TBRI) 사례

입양 사례

Montserrat Casado-Kehoe, Casey Call, David Cross, Henry Milton

소개

텍사스 크리스천대학교 카린 퍼비스 아동발달연구소의 Karyn Purvis 박사 및 David Cross 박사와 전문가 팀은 신뢰 기반 관계 개입(Trust-Based Relational Intervention, TBRI)을 개발했다. 오늘날에는 이 모델이 일부 학교에서 증거 기반 모델로서 모든 계층의 아동에게 성공적으로 사용되고 있으나 처음에는 어려운 상황에 처한 아동에게 사용된 모델이다. 위탁이나 입양 양육자에게 TBRI는 외상 정보 모델을 제시하고, 아동의 두뇌에서 일어나는 가혹 행위, 학대, 방임, 복합 가정과 폭력 노출의 영향에 대하여 가르친다(Purvis, Cross, Dansereau, & Parris, 2013). TBRI는 연결, 임파워링, 원칙 수정에 중점을 두고 있으며, 아동이 그들의 세상에서 치유하고 능력을 발전시키는 데 적용할 수 있는 실재적인 도구를 부모에게 제공한다.

영아 정신건강에서와 같이, TBRI는 생애 첫해의 두뇌 성장, 사회 · 정서 · 신체 발달 영역에서 부모, 위탁 부모 또는 양육자와의 첫 사회적 관계에 대한 중요성을 강조하는 애착 모델이다. 유아의 두뇌는 빠르게 성장하며, 놀이치료에서 부모–자녀 관계를 통합할 때 가장 효과적인 치유를 제공하는 것은 빠른 개입이다. 이 모델은 TBRI 가족 캠프에서 생후 3개월 아기들과 부모들에게 실행되었다. 부모들은 원칙, 전략, 기술, 그리고 그들의 영아와 유아의 애착 요구 충족에 대하여 배웠다. TBRI는 모든 연령의 아동에게 효과적이나, 더 어린 아동과 부모에게 적용하는 것이 더 적합하다.

신뢰 기반 관계 개입(TBRI)

TBRI는 애착 기반, 증거 기반, 외상 정보에 근거한 개입으로, 취약한 아동의 복합적인 요구를 충족시키기 위해 개발되었다. TBRI는 총체적 원칙 세 가지, (1) 애착 이론에 기반하여 아동의 애착 욕구를 충족시키기 위하여 설계된 연결 원칙, (2) 아동의 신체적, 생태적 욕구를 충족시키기 위하여 설계된 임파워링 원칙, (3) 아동의 행동 욕구를 충족하고 두려움을 해소하기 위해 설계된 수정 원칙으로 구성되어 있다.

두 가지 전략으로 구성된 연결 원칙은 다음과 같다.
1. 참여 전략은 아동과의 연결을 촉진하는 구체적인 방법을 열거한다. 다음은 다섯 가지 구체적인 전략이다.
   a. 눈 맞춤 : 아동의 눈을 들여다보는 것은 누군가 그들을 바라보고 있고 그들이 소중하다는 메시지를 그들에게 전달한다. 아동에게 당신의 눈을 바라보라고 요청하는 것은 그들의 완전한 관심을 얻는 데 도움이 된다. 절대 억지로 눈을 맞추지 말고, 단지 격려하라.
   b. 목소리 : 아동과 말할 때 적절한 어조, 억양, 음량을 사용하는 것은, '나는 안전한 사람이야', '재미있게 놀자', 또는 '농담으로 하는 말이 아니야'와 같은 매우 구체적인 메시지를 전달할 수 있다. 장난스럽고 멜로디가 있는 목소리를 사용하는 것은 아동이 두려움을 해소하고 안전감을 느끼는 데 도움이 된다. 목소리는 연결을 위한 강력한 도구이다.
   c. 건강한 접촉 : 한쪽 팔로 어깨를 감싸는 포옹이나 하이파이브와 같이 안전하고 건강한 아동과의 접촉은 연결을 형성하고 적절한 행동을 모델링

하는 것을 돕는다. 절대 억지로 접촉하지 말고, 단지 격려하라.

　d. 행동 조화 : 아동들 사이에서 우뚝 서있는 대신 아동 옆에 앉아서 어울리거나 아동과 같은 색깔의 아이템을 선택하는 것은 당신과 아동 사이에 유사성을 확인함으로써 연결되는 것을 돕는다.

　e. 장난스러운 참여 : 장난스러운 방식으로 아동과 소통하는 것은 아동에게 안전하고 그들과 함께 있고 싶다는 메시지를 보낸다. 놀이는 두려움을 해소하고 위협적이지 않은 방식으로 새로운 기술과 행동을 배울 수 있게 한다(Purvis & Cross, 2015).

2. 마음챙김 전략은 아동과 양육자를 위하여 설계되었다. 양육자는 아동이 그들 자신의 발달사에 기초하여 상호작용에서 나타내는 것이 무엇인지뿐만 아니라, 그들(양육자)의 개인적 이력에 기초하여 상호작용에서 나타나는 것이 무엇인지 잘 알아야 한다.

　a. 자기인식 : 양육자는 그들 자신의 개인적 촉발 사건을 파악함으로써 자기인식을 높이는 데 능동적이어야 한다. 흔한 촉발 사건으로는 지시를 무시하기, 때리기, 발차기, 욕설과 같은 공격적이거나 무례한 행동이 있다. 양육자는 방아쇠를 확인한 후 촉발 사건에 방아쇠가 당겨졌을 때 차분함을 유지하는 방법을 찾고 실천해야만 한다. 어떤 양육자는 심호흡하기, 걷기, 명상, 기도나 일기를 쓰는 것이 도움이 된다고 한다.

　b. 아동의 인식 : 양육자는 아동이 그들 자신의 촉발 사건과 차분해지는 기술을 찾는 것에도 능동적이어야 한다. 아동이 슬프거나 화가 나기 시작할 때 그들의 몸에 주의를 기울이라고 요청하고, 느낌 뒤에 숨겨진 원인을 찾도록 돕는다. 아동은 예를 들어 냄새, 소음, 특정한 달, 날씨, 장소, 얼굴 표정, 계절, 특정한 음식, 색깔 등 많은 방법으로 촉발될 수 있다. 그들의 촉발 사건을 찾는 것을 돕는 일은 힘겨운 작업이지만, 노력할 만한 가치가 있는 일이다.

　c. 유연한 반응과 창조적인 문제 해결 : 양육자가 고통 속에서도 현존하며 차분함을 유지할 수 있을 때, 그들은 반응에 더 유연해질 뿐 아니라 행

동적인 도전에 대한 창조적인 해결책을 생각한다. 양육자는 차분할 때 더 명료한 생각을 할 수 있고 또한 아동을 위한 역할 모델이 되기도 한다.

두 가지 전략으로 구성된 임파워링 원칙은 다음과 같다.

1. 생태학적 전략은 성공적인 아동의 환경을 설정하기 위하여 설계되었다. 양육자는 예측 가능한 일정, 일상과 삶 모두의 구조적인 전환과 일상적인 것과 의식적인 것을 실행하는 데 세심한 주의를 기울여야 한다.
2. 생리학적 전략은 성공적인 아동의 신체를 설정하기 위하여 설계되었다. 양육자는 매 2시간마다 식사와 간식을 먹고, 수분을 유지하고, 감각적 욕구를 충족하고, 적절한 수면을 취하고, 정기적으로 신체 활동에 참여함으로써 혈당을 유지하도록 도와야 한다.

두 가지 전략으로 구성된 수정 원칙은 다음과 같다.

1. 사전예방 전략은 진정시키고 주의를 환기하는 시간 동안 아동에게 적절한 행동을 가르치도록 설계되었다.
   a. 인생 가치 용어는 예상되는 행동을 상기하는 데 사용되는 짧은 구문이다. 인생 가치 용어의 예로는 '온화하고 친절하라', '당신의 언어를 사용하라', '존중하라'가 있다.
   b. 행동 스크립트는 그들의 요구를 협상하도록 양육자와 아동 모두를 존중하며 돕는 방식이다. 행동 스크립트의 예로는 재실행 요청하기, 선택, 타협이 있다.
2. 반응 전략은 도전적인 행동에서 힘든 시간을 보내는 양육자를 돕기 위해 설계되었다.
   a. 아동의 행동에 반응하는 이상적인(IDEAL) 반응

      I (즉시 하기) : 3초 이내에 행동에 반응한다.

      D (직접 하기) : 아동에게 직접 반응한다. 예컨대, 눈을 맞추거나 손을 잡으면서 반응한다.

E (효율적으로 하기) : 가능한 구조와 낮은 수준의 아동에게 반응한다 (반응 수준을 보라).

A (행동 기반으로 하기) : 아동이 바람직한 행동을 수행하도록 한다. 예 컨대, 옳은 행동을 연습하게 한다.

L (아동이 아닌 행동 수준으로 하기) : 아동의 성격이 아닌 아동의 행동 에 반응한다. 예컨대, "너는 나쁜 아이야."가 아니라 "너는 나쁜 선택을 했어."라고 한다.

b. 반응 수준

수준 1 : 장난스러운 참여

i. 질문이나 건방진 말투 대신 이야기하는 것과 같은 낮은 수준의 행동 을 한다.

ii. 양육자의 반응은 장난스럽다. 예컨대, "물어보는 거야? 말하는 거 야?" 또는 "우와, 내 귀를 믿을 수가 없어." 등이다.

iii. 아동은 진정되고 주의가 환기된다.

수준 2 : 구조화된 참여

i. 장난스러운 참여가 효과가 없을 때 또는 선택, 재실행, 타협이 적절 할 때 사용한다.

ii. 양육자의 반응은 차분하고, 그들의 목소리는 다소 느리고 낮다. 예 컨대, "너에게는 두 가지 선택지가 있어. 먼저 간식을 먹고 바닥을 치우거나, 아니면 바닥을 치우고 나서 간식을 먹을 수 있어. 어떤 것 을 선택할래?" 또는, "정중히 다시 해봐." 아니면, "너는 지금 타협 하기를 요청하는 거니?" 등이다.

iii. 아동은 차분하고 기민하다.

수준 3 : 차분한 참여

i. 아동이 조절이 되지 않기 시작할 때 사용한다.

ii. 아동이 조절하도록 돕는다(예 : 심호흡, 걷기, 음악 듣기).

iii. 아동이 차분해졌을 때 수준 1과 수준 2로 돌아간다.

수준 4 : 구조화된 참여

i. 아동이 그들 자신이나 타인에게 위험할 때 사용한다.

ii. 추가 훈련을 찾는다[예 : 위기 예방 개입(CPI), 공격성 관리에 대한 사토리 대안(SAMA)].

iii. 아동이 차분해졌을 때 수준 1과 수준2로 돌아간다.

유아 놀이치료에서 TBRI 개입과 임상 사례

다음 복합적 사례는 두 살배기 아이와 그의 부모에게 부부 및 가족 놀이치료사가 TBRI를 어떻게 적용하는지 보여줄 것이다(본 사례는 이 장의 저자인 Casado-Kehoe가 수행하였다).

가족 배경과 신체/정신건강

브라운 가족(매기와 팀)은 그들이 입양한 2세 아들 앤슨이 걸음마기 행동으로 괴로워하는 것을 도울 방법을 찾기 위해 연락해 왔다. 어머니는 앤슨이 (특히 말하고 걷는 데서) 발달 지연을 보인다고 하였으며 진정하거나 집중하는 데 문제가 있었고, 공격적 감정 폭발, 수면 장애가 있었으며 최근에는 음식 알러지를 진단받았다고 했다. 아동은 온 다리에 심각한 습진을 앓고 있었으며 지난 백신 접종으로 인한 경련을 보이고 있었다. 그의 소아과 의사는 그들을 알러지 전문의에게 소개하였고, 전원하여 진료 전까지 유제품과 글루텐 섭취를 제한하는 식이 조절을 권하였다. 부모는 앤슨의 공격적인 증상을 어떻게 조절해야 할지 몰라 좌절하고 있었다. 그들은 중간중간 휴식 시간을 가지며 일종의 행동 교정을 시도했으나 그는 이 훈육법으로 인해 심지어 더욱 공격적이 되기도 했다. 앤슨이 자신의 감정을 언어로 표현하지 못하는 것은 상황을 더 나쁘게 만들었다. 그들의 소아과 의사는 부모가 이번에는 아이의 정서적 요구가 무엇인지 구분할 수 있기를 희망하며 놀이치료를 권하였다.

앤슨은 매주, 주간 보육 프로그램(어린이집)에 반일씩 주 5회 참여하였고 보육교사는 앤슨이 집중력이 없고 쉽게 좌절하며 가끔 다른 아이에게 공격적으로 대하기도 한다고 보고하였다. 그러나 그는 일반적으로 다른 아이들과 함께하는 것을 좋아하고 담임선생님을 좋아한다는 보고가 있는 사회적인 아이였다. 부모는 또한 그가 사람이 많은 공원 같은 곳에 가면 매우 강한 자극을 받고, "안 돼."라는 말에 매우 부정적으로 반응하며 심각한 감정 폭발로 고통받고 있다고 하였다. 수면 문제 역시 중요한 고려 요소였다. 앤슨이 매우 활동적인 아이였다는 사실에도 불구하고 그는 밤에 잠들기 위해 많은 노력을 해야 했고, 그가 잠드는 것을 한 명 이상의 부모가 도와야 했음에도 불구하고 그는 중간에 여러 번 깨어났다. 그는 혼자 되는 것에 대해 높은 불안을 보였다.

첫 번째 회기 진행

부모와 함께 하는 시작 회기 동안 나(Montserrat)는 앤더슨이 입양 전에 초기 위험 요소를 보였는지에 대해 많은 질문을 하였다. 생모의 고위험 스트레스와 외상으로 인한 난임, 임신 중 알코올 및 약물 사용, 다수의 성관계 파트너 및 가정 폭력을 포함하는 일부 초기 위험 요소가 확인되었다. 생모는 임신 주기를 채우지 못하고 미숙아를 출산하였고 앤슨은 폐 미성숙으로 인해 이틀간 호흡기를 사용하였다. 첫 2주간 앤슨은 생모와 집에 머물렀으나 4주 차에 학대와 방치, 호흡기 감염에서 발전한 폐렴으로 입원하였다. 이 시점에서 생모는 앤슨을 입양 보내기 위해 시설에 맡기기로 동의하였고, 브라운 가족이 입양 가족으로 결정되었다.

　TBRI를 사용하는 놀이치료사로서 나는 부모에게 외상과 위험 요소가 뇌 성장과 발달, 신경전달물질 작용, 애착 형성 및 정서 조절 장애에 미치는 영향을 설명하였다. 나는 그들이 이 작은 앤슨이 자궁에 있던 시기부터 매우 험난한 시작을 하였고 그의 뇌가 외상성 병력으로 인해 깊게 영향을 받았지만, 그들의 부모로서의 사랑과 헌신으로 회복을 경험할 수 있다는 것을 이해하길 바랐다. 나는 내가 알고 있는 뇌의 신경가소성에 대한 모든 지식을 동원하며 희망의 메시지를 담고자 하였다. 나는 그들에게 앞으로 회기에서 추가적인 정보를 제공할 것이지만 앤슨에게는 놀이치료에서 다뤄야 할 발달 지연이 발생할 수 있다고 말했다. 본 부부 및 가족 놀이치료사는 아동을 돕기 위해 부모가 그들의 자녀를 어떻게 돕는지에 대한 교육을 받을수록 아동이 치유되고 성장하는 데 더 도움을 줄 수 있다는 믿음 아래 작업한다. 부모에게는 연결된 아동 : 당신의 입양 가족에게 희망과 치유를 주다(Purvis, Cross, & Lyons Sunshine, 2007)를 읽게 하고 그들이 입양 가정에 대한 치료적 중재로 TBRI와 친숙해지도록 하였다.

먼저 부모와의 초기면담을 한 후 나는 모든 가족(부모와 앤슨)을 대상으로 한 회기를 계획하였다. 나는 부모-자녀 상호작용과 앤슨의 부모에 대한 애착 등과 같은 요소를 통해 아동을 평가하고자 하였다. 처음에 앤슨은 약간 낯을 가리는 듯 어머니의 다리 뒤로 숨었다.

회기 진행 중에 나는 부모와의 분리 상황을 만들기 위해 부모에게 몇 분간 앤슨과 단 둘이 있게 해달라고 하였다. 앤슨은 부모가 방을 나서자마자 울기 시작하였고 부모를 찾기 위해 문으로 돌아가곤 했다. 부모가 돌아오자 그는 그들이 돌아온 것에 활기를 되찾고 기뻐했으며, 곧장 부모에게 가까이 다가가려고 하였다.

이러한 활동 후에 나는 부모에게 교대로 책을 읽어줄 것을 주문하였다. 내가 고른 책은 Sandra Boynton이 지은 강아지 껴안기! 작은 사랑의 노래(*Snuggle Puppy! A little Love Song*, 2002)였다. 나는 부모에게 앤슨을 안고 잠시 쉬면서 앤슨의 눈을 바라보며 책에 나온 메시지를 반복해주도록 독려하였다. 어머니는 곧장 앤슨을 안고 잠시 있다가 그에게 책을 읽어주기 시작하였다. 책의 내용이 그 작은 강아지가 얼마나 특별한지를 강화하기 때문에, 아버지는 그 주제를 선택하여 앤슨에게 "특별히 너는 정말 좋아!"라는 구절을 메아리처럼 반복하였다. 어머니는 가까이 다가와서 책을 읽는 동안 앤슨에게 책을 보여주며 뽀뽀를 하였다. 어느 순간 나는 그녀가 신체접촉과 눈 맞춤을 통해 애착을 강화하고 앤슨이 보다 연결되어 있다고 느끼게 하는 것을 확인하였다. 신체접촉은 공포 반응에서 신경계를 진정시키고 뇌가 치유하는 것을 도와 애착 형성에 결정적인 역할을 한다. 그러나 앤슨이 아마도 진단되지 않은 감각계와 관련되어, 신체접촉을 이용하는 데 힘들어한다는 것은 분명하였다. 나는 이 책을 이용해 앤슨이 얼마나 '소중한' 존재인지에 대한 생각을 강조하고자 하였다. TBRI의 기본 원칙 중 하나는 안정 애착 안에서 각 아동에게 자신이 소중한 존재라는 메시지를 명확하게 표현하는 것이다.

떠나기 전에 나는 부모에게 일반적으로 자기 전이나 낮잠 자기 전에 책을 읽어주는지 물었고, 그들은 그렇지 않다고 하였다. 어머니는 또한 입양 후에 의사의 도움으로 모유 수유를 하였다고 하였다. 나는 어머니에게 모유 수유가 애착이라는 관점에서 앤슨에게 얼마나 도움이 되었을지, 그리고 뇌를 재구성하는 데 얼마나 도움이 되었을지에 대해 이야기하였다. 매기와 팀은 내 설명을 들으며 얼떨떨한 표정을 지었다. 나는 추가적으로 모유 수유가 앤슨의 '행복 호르몬'을 만들어내는 옥시토신 레벨에 긍정적인 영향을 주었을 뿐 아니라, 신체적으로 외부의 나쁜 바이러스와 싸우고 건강한 면역계를 발달시킬 수 있는 항체를 만들어냈다고 설명했다. 또한 모유 수유를 하면서 어머니와 아기는 (서로 눈을 맞추고 아기를 향한 공감과 감수성을 개발하면서) 애착을 맺고 연결되기 때문에 스트레스, 분노 및 공포를 감소시키는 신경 경로를 구축하도록 도와준다. 나는 어머니에게 모유 수유를 통해 뇌를 고칠 수 있는 새로운 신경 경로를 만드는 영구적인 뇌의 변화를 가져왔다고 강조하였다. 이 시점에서 부모는 모두 두 눈에 눈물이 고여 서로 손을 맞잡은 채로 나를 보고 있었다. 나는 모유 수유가 앤슨의 뇌에 영구적인 영향을 주는 선물이었다는 것을 다시 한번 강조하였다. 나는 그녀에게 아직 모유 수유를 하느냐고 물었고, 그녀는 18개월에 단유하였다고 하였다. 현재 그들의 일상은 앤슨을 방에 눕히고 잠들 때까지 기다리는 것이며, 책을 읽어주는 규칙은 없었다. 우리는 책 읽어주는 루틴을 어떻게 사용하는 것이 그들 모두의 유대감에 도움이 될지에 대하여 이야기하였고, 어쩌면 침대에 눕히기 전에 흔들어 재울 때라도 부모가 교대로 책을 읽어줄 수 있을 것이라는 논의를 하였다.

그들이 첫 번째 회기를 마치기 전에 그들에게 작업치료를 위한 몇 가지 제

안을 하였고, 이어지는 회기에 애착 형성을 위해 아동과 함께 올 수 있느냐고
물었다. 또한 나는 부모에게 **아이를 사랑하는 법 : 다섯 가지 양육 방법**(*How We
Love Our Kids : The 5 Love Styles of Parenting*)(Yerkovich & Yerkovich, 1995)을
읽기를 권하였다. 그들에게 이 책을 읽으라고 한 목적은 그들이 각자 부모로
서 자신의 애착 방식과 친숙해지고 앤슨과 안정 애착을 강화하는 방법에 보
다 주의를 기울이기를 바랐기 때문이다. 애착은 입양 과정에서 매우 중요한
역할을 하는데 부모는 종종 그들이 양육하는 데 사용하는 애착 유형(특히 그
들의 부모 애착 유형)에 대해 주의를 기울이지 않는 경우가 있다. 나는 또한
TBRI 연결 원칙(마음챙김 전략과 참여 전략)에 대한 유인물을 주었고 다음
회기까지 집에서 잠잘 때 책을 읽어주거나 수면 루틴으로의 놀이와 같은 개
입 전략에 초점을 두기를 요청하였다. 나는 접촉, 눈 맞춤, 목소리의 질, 행동
일치 및 놀이적 상호작용이 모두 안정 애착을 강화하는 TBRI 개입 전략임을
강조하였다.

앤슨과 함께 하는 2회기

TBRI 임파워링 원칙은 우리가 아동의 신체를 진정시키기 위해 (신체/내부
의) 생리학적 전략을 사용하려는 경향이 있다고 말한다. TBRI 치료사인 나는
열악한 환경에서 온 아동이 감각 신호 유입을 처리하는 데 어려움을 겪고 있
음을 알고 있었기 때문에 감각 처리에 주의를 기울이고 혈당 조절을 관찰한
다. 따라서 나는 아동과 작업할 때 회기 시작 전에 건강하고 알려지 성분이 없
는 간식과 물을 준비한다. 어린 아동은 배가 고프면 혈당이 떨어지거나 탈수
가 생겨 치료에 집중하기가 어렵다. 나는 또한 부모들에게 어린 아동의 행동
에 확실하게 영향을 미치는 혈당 조절 장애를 방지하기 위해서는 두 시간 간
격으로 간식을 먹일 필요가 있다는 것을 명심하라고 조언한다.

  간식을 먹고 나서 우리는 놀이 활동을 하기 위해 독서 코너로 자리를 옮겼
다. 나는 어머니와 아버지에게 **마법의 무지개 포옹**(Courtney, 2013)이라는 이
야기책을 읽는 데 앤슨을 초대해달라고 부탁하였다. 이 책은 배려하고 존중

하는 신체접촉을 통해 애착을 형성하는 데 초점을 두고 있다. 온 가족이 독서 코너 바닥에 앉았다. 아버지는 어머니가 앤슨 뒤에 앉아서 부드럽게 껴안고 접촉하고 있는 동안 앤슨을 바라보고 눈을 마주치며 책을 읽기 시작하였다. 앤슨은 이 이야기에 매료된 것처럼 보였으며, 부모와의 상호작용을 통해 이완하는 행동을 즐기는 듯 보였다.

부모와 함께 하는 3회기

부모와 함께 하는 이번 회기에서 우리는 임파워링 원칙과 생리학적 전략(음식, 수분과 감각적 요구)에 대한 이해에 기반하여 작업하였고, 하루 동안 앤슨과 따라야 하는 루틴을 개발하였다. 부모는 앤슨에게 줄 간식에 대해 훌륭한 아이디어를 가지고 있었고, 우리는 그 목록에 몇 가지를 더 추가하기 위해 브레인스토밍을 하였다. 어머니는 때때로 앤슨이 배고파질 때가 있고 이러한 상황이 그의 정서적 감정 폭발에 기여한다는 것을 이해하였다. 우리는 우리에게 배고픔과 탈수가 발생한 경우에 어떤 일이 일어나고 뇌 기능 조절에 어떠한 영향을 미치는지에 대해 논의하였다.

감각적 욕구/문제는 또한 행동에 영향을 미치기 때문에 각 아동에 대한 감각 조절 및 부조절에 대해 이해하는 것은 중요하다. 앤슨은 작업치료(OT)를 시작해야 한다는 권고에 따라 놀이치료 외에도 작업치료를 시작하였다. 따라서 나는 이번 회기에 부모에게 "아이의 감각적 욕구는 무엇인가요? 무엇이 그를 조절하게 하고(그를 진정시키고) 무엇이 그를 조절할 수 없게(그를 화나게) 만드나요?"라고 물어보았다. 감각적 욕구 측면에서 우리는 집에서 할 수 있는 감각 입력에 도움을 줄 수 있는 다양한 놀이에 대해 논의하였다. 논의한 놀이에는 (모래, 콩, 공 등을 이용한) 감각 상자, (개구리, 기린, 곰 등의) 소리와 함께 하는 동물 걸음, "리, 리, 리 자로 끝나는 말은~" 노래 부르기, 몸으로 하는 샌드위치 게임, 소파 쿠션, 점프, 장애물 코스, 슬라임 만들기, 플레이도우로 만들기, 가든수프 만들기, 스트레스볼 만들기, 페이스페인팅 및 워터트레이가 있었다. TBRI는 부모가 탐정이 되어 아동을 임파워링할 수 있는 방법을 찾아내도록 한다.

앤슨과 함께 하는 4회기

매기, 팀, 앤슨이 히기에 함께 왔다. 앤슨은 어머니의 손을 잡고 있었으며 조금 피곤해 보였다. 나는 부모에게 앤슨에게 간식과 물을 주어도 되겠느냐고 물었다. 나는 다양한 과일 간식을 가져와 그것을 앤슨에게 먹여주겠냐고 부모에게 물었고, 또한 앤슨에게도 부모님께 먹여드리겠냐고 물었다. 이 아이디어는 애착을 형성하는 중에 '주고받는 보살핌'을 만들기 위한 것이었다. 간식을 먹은 후 앤슨은 자동차 놀이 구역으로 이동했다. 나는 아버지에게 몇 분간 내가 앤슨과 상호작용하는 것을 보고 나서 이어받아 주겠느냐고 물었다. 앤슨과 자동차를 가지고 노는 동안 나는 그가 하는 것에 대해 반영해주었고 거기에 좋아하는 차가 있는지 물었다. 그는 파란색 스포츠카를 가져와서 "빛나는 차, 빛나는 차 좋아."라고 하였다. 나는 그 파란색 스포츠카를 묘사하며 그 차의 좋은 점을 부각하였다. 그리고 어머니와 아버지에게 그 차의 좋은 점을 말해줄 수 있느냐고 물었다.

　자동차를 가지고 논 후 앤슨은 인형극 구역으로 이동해서 거울을 잡았다. 나는 앤슨에게 거울을 보고 무엇이 보이는지 어머니와 아버지에게 말해보라고 하였다. 이 시점에서 나는 부모에게, 앤슨에게 보다 가깝게 다가가서 눈을 맞추는 데 집중하고, 가능하다면 신체접촉을 통해 눈 맞춤을 강조하도록 하였다. 어머니는 앤슨에게 매우 가깝게 다가가서 그를 향해 거울을 들고 "오, 강하고 잘생긴 소년이네!"라고 하였고 앤슨은 웃었다. 아버지는 앤슨과 가깝게 있으면서 "와, 엄마가 뭐라고 했지?"라고 묻자 앤슨은 다시 웃으면서 "잘생긴 소년."이라고 말하면서 입이 귀에 걸리게 웃었다.

　거울놀이를 통해 앤슨이 그의 '소중함'을 보고, 어머니, 아버지와 연결되어 있다고 느꼈으며, 우리는 또한 다양한 가족 그림을 작업하였다. 나는 앤슨에게 다양한 동물 가족 세트(엄마곰, 아빠곰, 아기곰과 같은)가 들어있는 바구니 두 개를 주고 현재 가족 그림을 만들어보라고 하였다. 앤슨은 두 살이었기 때문에 가족 장난감을 사용하는 것이 그의 나이를 반영하여 보다 도움이 될 것으로 보였다. 치료사로서 나는 만약에 여러 동물을 사용한다면 어떤 동물을 고를지에 관심을 가졌다. 동물은 많은 의미를 가지고 있고 나는 (내가 아닌) 아동의 시각에서 더 많은 정보를 얻을 수 있다. 나는 "호랑이는 안전해지기 위해서 무엇을 하니?"나 "아기 호랑이가 안전해지기 위해서 무엇이 필요한지 엄마, 아빠에게 보여줄 수 있니?"와 같은 질문까지도 할 수 있었다. 아동(심지어 어린 아동도)이 놀이를 통해 보여주는 정보는 언제나 놀라워서 가끔은 마법 같은 순간이 발생하기도 한다.

부모와 함께 하는 5회기

매기와 팀은 화가 나서 치료실에 왔다. 그들은 앤슨과 힘든 시간을 보냈다. 나는 앤슨이 언제 행동 문제를 더 나타내는지, 감정 폭발 이전에 어떤 일이 있었는지 알기 위해 그들에게 행동 일지를 작성하도록 독려하였다. 나는 그들에게 TBRI에서는 부모가 아동의 행동을 탐색하는 탐정과 같다고 했던 것을 상기시켰다. 이번 회기에서 우리는 마음챙김 전략을 사용하는 방법을 가르쳐서 부모를 돕는 데 집중하였다. 마음챙김을 한다는 것은 현재 순간―신체, 감정, 생각 그리고 호흡―에 집중한다는 것이다. 부모는 아동이 호흡하고 안정하도록 돕는 동안 어떻게 자신이 호흡해야 하는지를 배웠다. 대화는 생각보다 아동을 진정시키는 방법을 찾는 데 중요하지 않다. 부모는 또한 아동에게 특정 상황이 어떻게 방아쇠가 되는지, 그리고 이것이 아동과의 관계에 어떤 의미를 가지는지에 대한 의미를 반영해줄 수 있다.

놀이치료실에서 특정한 장난감을 사용하는 동안 우리는 앤슨을 위해 집에 '차분해지는 코너'를 만드는 것에 대해 논의하였다. 이곳은 앤슨이 감정을 조절하기 어렵거나 화났을 때 가는 장소가 될 것이다. 부모는 앤슨을 그 장소로 데려가서 진정하고 스스로를 달랠 수 있는 특정한 기술을 보여주기 시작할 수 있다. 이 코너에 앤슨을 진정하는 데 사용하는 장난감이 들어있는 상자나 쇼핑백을 둘 수 있다. 나는 부모에게 앤슨을 진정시키는 데 도움이 될 만한 것을 말할 수 있는지 물어보았다. 나는 또한 부모에게 그곳이 벌을 주는 장소가 아니라 앤슨이 부모의 도움으로 자기 조절을 배울 수 있는 공간임을 상기시켰다. 많은 부모가 말썽을 부린 아동은 격리되어야 한다고 생각한다. 사실 대부분의 (말썽을 부린) 아동은 평소보다 많은 연결을 필요로 하며 사랑하는 어른이 "나는 네가 평정심을 되찾을 방법을 찾도록 도와줄 거야."라는 메시지를 주기를 바란다. 부모가 아동의 정서적 조절자임을 명심하는 것은 중요하다. 어떤 아동의 경우에는 화를 진정시키기 위해 부모가 화를 내기보다는 안아주는 것이 필요할 수 있다. 자기 조절하는 법을 배우는 것은 부모가 아동에게 줄 수 있는 중요한 기술 가운데 하나이다. 물론 아동뿐 아니라 부모 또한 자기 조절하는 방법을 배워야 한다. 아동에게 감정이 폭발될 때 부모 또한 조절하기가 어려울 때가 있으며, 이때 부모는 아동이 절대 배우지 않았으면 하는 모습, 즉 조절 장애를 보이게 된다. 치료 과정에서 부모는 자기 조절이 뇌 발달과 연결 강화에 어떻게 영향을 주는지를 배운다.

부모는 아동이 화가 나거나 정서적 감정 폭발을 겪을 때 아동에게 어떤 일이 일어나고 있는지를 설명하고 말해주면 문제 행동이 저절로 교정될 것이라고 잘못 생각하곤 한다. 문제는 아동이 화가 나게 되면 편도체('아래층 뇌')로부터 작용하는 인지하는 뇌('위층 뇌')는 꺼지게 되고 논리적 사고는 불가능해진다(Siegel & Bryson, 2012; Purvis, Cross, & Lyons Sunshine, 2007). 우리가 놀이치료에 TBRI를 적용할 때 우리는 연결과 잘못된 행동에 몰두하는 것을 감소하기 위해 짧은 문장을 사용하는 방법을 부모에게 가르친다. 우리는 아동에게 자기 안정 기술을 제공하고, 부모에게는 이것을 조절 장애, 연결, 행동 변화를 돕기 위해 집에서 어떻게 사용하는지를 교육한다. TBRI는 부모에게 잘못된 행동을 교정하는 동안 연결되어 있으라고 가르친다. 부모가 감정 폭발을 다루기 위해 배우는 세 가지 지침은 다음과 같다.

1. 스스로를 조절하라(아이를 돕기 전에 자신만의 마스크를 착용하라).
2. 자녀는 자기 조절 전략을 이용하여 조절하라(부모는 아이의 정서적 조절

자다).

3. 관계 속에서 다시 연결하라(재연결은 치유의 길이다).

연결은 아동의 뇌를 진정시켜 행동 변화를 일으키고 행동의 변화를 준비하여 새로운 행동을 연습할 수 있게 한다. 이 가족과 함께 한 작업의 일부는 그들에게 앤슨이 문제 행동을 했을 때 신체적, 정서적으로 멀리 밀어내기보다는 해결 방법에 집중하면서, 발달 단계에 맞는 문제 해결 방법을 가르치면서, 비록 일이 제대로 돌아가지는 않더라도 스스로가 얼마나 소중한 존재인지를 볼 수 있도록 가르치며 가깝게 두는 방법으로 'time-in'과 'time-out'을 가르치는 것이다. 아동이 연결되어 있고 소중하다고 느끼게 하는 훌륭한 방법으로는 '장난스러운 참여'가 있다. 아동, 특히 매우 어린 아동은 놀이를 통해 소통한다. 아동에게 놀이는 어른에게 언어와도 같다. 의미는 놀이 중에 표현되지만 TBRI에서 '장난스러운 참여'라고 부르는 기술을 이용하면 연결을 깊게 할 수 있다.

부모-자녀 심리치료 평가

부모에게 성인 애착 면담(Adult Attachment Interview, AAI)을 받으라는 권고가 내려졌다. 아동, 특히 입양 가정과 작업을 할 때는 부모의 애착 역사를 아는 것이 중요하다. 이는 부모가 아동을 양육하고 그들에게 애착하는 것에 영향을 주기 때문에 중요하다. 본 사례에서 앤슨은 입양되었다는 것과 불안정 애착으로 시작하였다는 배경을 가지고 방문하였고 치료의 목표는 앤슨이 부모와 안정 애착을 맺도록 하는 것이다. 우리는 애착 기반 활동을 통해 많은 치유와 가족과의 연결을 제공하는 동시에 아동에게 자기 조절 기술을 가르칠 수 있다는 것을 알고 있다. 치료 중에 부모는 TBRI에 정통한 놀이치료사의 지도하에 아동의 치유 양식이 될 수 있는 능력을 얻었다.

부모에게는 그들과 앤슨의 신경전달물질 검사를 받도록 권유하였다. 앤슨과 부모가 뇌 건강 측면에서 어떠한지를 이해하는 것은 아동이 특정한 행동으로 고통받는 이유를 설명할 수 있다는 이유에서 중요하다. 부모가 아동의 신경전달물질 프로필을 보면 공격성, 분노, 우울, 충동성 등에 영향을 주는 다양한 요소를 볼 수 있다. 이러한 방법으로 그들은 그들의 아동을 보고 '내 아이는 나빠'라고 생각하기보다 아동의 뇌에서 어떤 일이 일어나고 있다는 맥락에서 아동을 이해할 수 있다. 치료 과정에서 우리는 이전의 외상이 그의 신경전달물질 작용과 건강에 얼마나 영향을 줄 수 있었을지에 대해 확인하였다. 결국 부모를 대상으로 아동기 부정적 경험 설문지를 부모가 앤슨을 보는 관점에서 검사하였다. 아동기 부정적 경험 설문지는 외상과 부정적 경험에 대해 이해하고 있고 이러한 경험이 어떤 사람이나 아동의 미래 건강에 어떠한 영향을 미치는지 이해하는 부모에게 도움이 될 수 있다(Nakazawa, 2015).

평가 후 고려사항

매기와 팀이 방문했던 첫 번째 이유는 앤슨의 행동 문제를 해결하기 위함이었지만, 부모가 자신의 애착 유형을 확인하고 앤슨과 연결되고 행동을 교정하는 새로운 방법을 다시 고려할 수 있었던 것은 분명한 소득이었다. 부모가 아동이 문제를 일으키는 것에 집중하면서 자신이 이러한 행동을 하는 데 기여하는 역할을 한다는 것에 대해서는 인식하지 않는 것은 놀이치료에서 상당히 흔한 일이다. 따라서 놀이치료 회기에 부모를 포함하고 TBRI 기술을 제공하여 가정에서 사용할 수 있도록 하는 것은 많은 변화를 보장한다.

치료 중에 우리는 앤슨의 신경전달물질 검사를 시행하였고 그의 외상 이력으로 인한 것으로 보이는 많은 조절 장애가 뇌에서 진행되고 있다는 것을 알 수 있었다. 예를 들면 앤슨의 세로토닌 수치는 낮았고 에피네프린과 글루타메이트 수치는 매우 높았다. 이러한 요소는 분노, 수면 부족 및 공격성에 기여한다. 나는 부모에게 앤슨이 글루타메이트가 많이 포함된 음식을 먹도록 주의를 기울이고 소아과 의사에게 정확한 음식 처방을 받도록 요청하였다. 신경전달물질 검사에서도 이에 대한 몇 가지 권고안을 주었다.

놀이치료에서 감각 문제와 중재

놀이치료 회기 중에 다음을 포함하는 다양한 감각 활동이 전이와 정서 붕괴 문제를 해결하기 위해 통합되었다. 놀이치료 회기 전반에서 앤슨을 돕기 위해 우리는 회기로 이행할 때 의식적인 행동을 사용하기 시작했다. 의식의 첫 번째 부분은 앤슨과 손을 잡고 눈을 맞춤으로써 앤슨과 연결되어 자신이 안전하고 사랑받고 있음을 알게 하는 것을 포함하며, 놀이 회기가 시작됨을 알리는 것이다. 최종적으로 앤슨은 가까운 통에서 앤슨의 감각적 요구에 맞게 설계된 감각놀잇감을 고를 수 있게 되었다. 처음에 감각놀잇감을 고르는 데는 시간이 다소 걸렸지만 두세 회기 후에는 훨씬 쉽게 고를 수 있게 되었다. 치료사는 이러한 놀이 과정을 반영해주었다. 활동 중에는 키네틱 샌드, 플레이도우, 무게감이 있는 물건(동물 인형이나 양말 같은) 등 다양한 놀잇감을 사용할 수 있도록 하였다. 이 모든 놀잇감은 안절부절하고 과도한 감각 추구 행동을 조절하는 데 효과적이었다.

우리는 앤슨이 회기 중에 회기 기간에 대해 이해할 수 있도록 시각 자료를 만들었다. 우리는 놀이치료실에 있던 바늘시계를 (숫자는 그대로 둔 채로) 개조하여 시간별로 계획된 활동을 그림으로 시계 주변에 표시하여 해당 활동이 언제 끝나고 다음에 어떤 활동을 할지를 알 수 있도록 하였다. 만일 앤슨이 치료를 조금 더 하고 싶어 하거나 조절 장애를 다스리는 데 조금 더 도움이 필요한 경우를 위해, 앤슨의 부모에게 앤슨이 자기 조절을 할 수 있도록 하는 공동 조절 방법을 몇 가지 더 알려주었다. 한 가지 예는 베개 샌드위치인데, 이는 많은 작업치료사가 높은 압력을 제공하기 위해 사용하는 감각 통합 기술이다. 또 다른 감각 기술은 음악인데, 음악은 앤슨의 각성 수준을 낮추어 진정시키고 회기 중에 최대로 기능할 수 있도록 해주었다. 우리는 다음 활동으로 넘어가기 전에 호흡하고 진정하는 것을 돕기 위해 세서미 스트리트에 나오는 "Up Goes the Castle"을 사용하였다. 결국 앤슨은 덜 산만한 방에서 잘 해냈고, 모든 것은 그가 탐험하고 만질 수 있는 범위에 있었다. 우리는 치료실이 감각 측면에서 — 간접조명이 설치되었고 회기에 사용한 감각 아이템과 놀잇감이 잘 정리되어 과잉 자극을 예방할 수 있도록 — 균형 잡혀 있는 것을 확인하였다. 회기를 끝내기 위해서 앤슨에게 다음 회기를 위해 감각놀잇감을 통에 넣도록 하였고 (앤슨이 농의하는 경우에는) 안아주거나 하이파이브를 하였다.

사례 발표 결과

첫 다섯 회기 이후에 TBRI의 주요 원리가 포함된 가족 회기가 수차례 이어졌다. 그들은 매주 한 번씩 만나는 치료를 4개월간 지속하였다. 그동안 앤슨은 작업치료도 받았다. 치료가 끝나는 시점에 앤슨 가족은 보다 잘 조절된 아동과 함께 나아지는 징후를 보였고, 부모는 외상을 겪은 걸음마기 아동이 가족에게 가져올 수 있는 많은 문제에 대처할 준비가 잘 되어있었다. 의심할 것 없이 앤슨은 놀이치료와 작업치료를 통해 발달적인 진보를 보여주었다. 이 가족이 치료를 시작하게 했던 앤슨의 초기 행동 문제는 이미 매우 많이 감소하였다.

결론

어린 아동, 특히 걸음마기 아동과 작업할 때, 놀이는 아동의 의사소통, 연결, 애착, 이전의 행동 문제에 대한 해결을 돕는 결정적인 요소이다. 신뢰 기반 관계 개입은 부모가 자녀의 역사와 외상의 영향, 그들의 애착 유형, 부적응적 행동 이면의 감각 문제, 그리고 연결되고 수정하는 새로운 방법에 대한 이해를 얻는 데 도움을 준다. 앞에서 기술된 놀이 회기에서, 부모는 아동의 행동에 영향을 미칠 수 있는 생리적 욕구와 환경적 요소를 주의하면서 그들의 자녀와 장난스럽게 참여하는 방법을 배웠다. 연결에 초점을 둔 접촉을 통하여 아동의 뇌는 치유가 시작되고, 부모는 싸우거나 도망치는 반응을 유발하지 않으며 그들 자신의 반응과 행동을 수정하는 방법을 더 잘 인식하기 시작할 수 있었다. 교육과 지도를 통해, 부모는 두뇌에서 외상의 역할과 아동과 가족에게 치유를 가져다주는 새로운 신경 경로를 만드는 방법을 배운다. 게다가 놀이치료에서 TBRI를 사용하면 신뢰와 유대감이 회복된다. 이 장에서의 예시와 같이, TBRI는 놀이치료에 통합되어 입양 부모들에게 큰 희망을 줄 수 있는 증거 기반 모델이다.

토론 질문

1. 신뢰 기반 관계 개입, 그것의 이론적 뿌리와 이것이 놀이치료에서 어떻게 치료적 양식으로 사용되는지 설명합니다.
2. TBRI를 사용하는 동안 놀이치료에서 감각 문제를 어떻게 설명할 것인지 생각해봅니다.
3. 이 사례의 경우, 뇌 발달에서 외상의 영향을 이해하는 것이 왜 중요한지에 대하여 동료와 논의해봅니다.

참고문헌

Boynton, S. (2002). *Snuggle puppy! A little love song*. New York, NY: Workman Publishing.

Courtney, J. A. (2013). *The magic rainbow hug: A story to help children overcome fear and anxiety through playful relaxation and caring touch*. Boynton Beach, FL: Developmental Play & Attachment Therapies.

Nakazawa, D. J. (2015). *Childhood disrupted: How your biography becomes your biology, and how you can heal*. New York, NY: Atria Paperback.

Purvis, K., & Cross, D. (2015, May 29). Karyn Purvis Institute of Child Development: Playful interaction. Retrieved August 2, 2019 from: https://child.tcu.edu/store/healing-families-dvds/playful-interaction/#sthash.Oh5qyK9s.Yrjb2lUE.dpbs

Purvis, K., Cross, D., & Lyons Sunshine, W. (2007). *The connected child: Bring hope and healing to your adoptive family*. New York, NY: McGraw Hill.

Purvis, K. B., Cross, D. R., Dansereau, D. F., & Parris, S. R. (2013). Trust-based relational intervention (TBRI): A systemic approach to complex developmental trauma. *Child & Youth Services, 34*, 360–386.

Siegel, D., & Bryson, T. P. (2012). *The whole brain child: 12 Revolutionary strategies to nurture your child's developing mind*. New York, NY: Random House.

Yerkovich, M., & Yerkovich, M. (1995). *How we love our kids: The 5 love styles of parenting. One small change in you, one big change in your kids*. Colorado Springs, CO: WaterBrook Press.

제6부

특정 집단에 대한
영아 놀이치료의 적용

제 15 장

약물 중독으로 태어난 아동

증상, 애착 및 놀이치료

Athena A. Drewes

미국 질병통제예방센터(CDC)는 아편 유사제 남용을 모든 지역사회와 연령대에 영향을 미치는 전염병으로 확인하였다(CDC, 2016). 미국의 아편 유사제 사용은 1980년대부터 다시 시작되어 2015~2016년에 21% 증가했으며, 연간 50,000명이 과다복용을 하였다. 200만 명이 넘는 사람들이 아편 유사제에 중독되어 있으며, 2014년 보고에 따르면 약 28,000명의 청소년이 지난 1년 동안 헤로인을 사용한 적이 있고 18,000명의 청소년이 헤로인 사용 장애를 겪었다. 이 전염병은 영아가 아편제에 중독되는 것을 급격히 증가시킬 뿐 아니라 영아를 위탁 가정에 보내게 하므로, 유아와 아동에게 가장 심각한 영향을 미치고 있다(Patrick et al., 2012).

아편 유사제는 중추신경계(CNS)에 작용하여 통증을 완화시키는 약물의 종류를 포괄하는 용어이다. 여기에는 헤로인, 모르핀, 인공 진통제(예 : 코데인) 및 최근에는 옥시코돈과 하이드로코돈과 같은 천연 아편 유사제가 포함된다. 합성 펜타닐은 최근에 개발되었으며 합법적으로도 생산되었고, 암시장에서도 생산되었다. 이 약물은 모르핀보다 50~100배 더 강력하다(Stahl, 2000). 모든 아편 유사제는 중독성이 있다. 통증을 완화할 뿐 아니라 뇌의 쾌락 수용체도 활성화한다. 아편 유사제는 저혈압, 느린 호흡 및 호흡 정지 가능성 또는 혼수상태를 유발할 수 있다(Stahl, 2000).

　CDC(2016)에 따르면 임산부의 4.5%가 불법 약물을 사용한다. 2002년부터 2012년까지 아편 진통제 사용 및 오용의 증가로 인해 아편 사용 장애가 있는 임산부의 치료 승인이 124% 증가하였다(Patrick et al., 2012). 2005년과 2012년 사이에 급격히 감소 후 427,900명 이상의 아동이 위탁 양육에 맡겨졌으며, 이는 대부분 부모의 약물 남용 악화로 인해 3년 동안 증가한 수치이다. 2015년 위탁 양육 사례의 최소 32%는 부모의 아편 유사제 및 메스암페타민 약물 남용 때문이었다. 미국에서 위탁 양육이 가장 크게 증가한 곳은 플로리다, 조지아, 인디애나, 미네소타였다(Patrick et al., 2015).

신생아 금단 증후군

아편류 중독 및 증상으로 고통받는 아기의 수는 2008년 이후 3배 증가하였다. 2012년에 신생아 금단 증후군(NAS)으로 태어난 미국 아기는 21,732명 이상으로 추산되며, 이는 25분마다 한 명의 영아가 태어나는 비율이다(국립 마약남용연구소, 2015). NAS 출생과 관련된 비용은 2009년 출생당 53,400달러로 추산되었으며, 다른 출생의 경우 9,500달러였다(Patrick et al., 2012).

　이 아편 중독 아기는 자궁에 있는 동안 주로 아편 유사제에 장기적으로 노출된 후 치료 가능한 상태인 NAS로 고통받는다. 벤조디아제핀, 바르비투르산염 및 알코올에 대한 반복적 노출은 또한 만성 아편 유사제를 사용하는 경우 NAS의 가장 흔한 원인이 되는 영아 금단 증상과 관련이 있다(Hudak et al., 2012). NAS는 신생아기에 발생하는 영아 신경 행동 조절 장애의 징후 및 증상의 집합을 초래하여 중추 및 자율 신경계 조절 기능 장애를 초래한다(Hudak et al., 2012). 또한 NAS 외에도 임신 중 치료되지 않은 헤로인 의존은 태아 성장 제한, 태반의 조기 분리, 조기 진통 및 태아 사망의 위험을 증가시킬 수 있다(ACOG & ASAM, 2012). 아편 유사제 문제를 복잡하게 하는 것은 조산, 태아 고통 또는 유산을 유발할 수 있는 심각한 위험을 고려할 때 여성의 아편 유사제 약물 사용을 갑자기 중단하는 것이 권장되지 않는다는 것이다(ACOG & ASAM, 2012). 그러나 높은 재발률을 감안할 때 의학적으로 감독된 중단도 권장되지 않는다(ACOG & ASAM, 2012).

NAS는 탯줄이 절단되고 신경전달물질의 생산이 증가할 때 어머니로부터 갑자기 아편 유사제가 중단되기 때문에 출생 1,000명당 거의 11명의 아기에게 영향을 미친다. 아편 유사제는 자율신경계 수용체로서 신경계의 교란과 신체 기능의 과잉 자극을 초래한다. NAS는 아동마다 다르며 표현과 강도 모두 다양하다(Jansson et al., 2010). 임신 후기에 처방약 및 비처방약의 사용은 NAS의 가능성을 높인다. 임신 중 메타돈 또는 기타 중독 방지 약물을 사용하면 영아에게 NAS가 발생할 수도 있다. 종종 아편 유사제에 노출된 영아는 실제로 여러 종류의 마약에 노출되며, 이는 모두 NAS의 가변성과 중증도를 더하는 어머니의 알코올 및 니코틴 사용으로부터 영향을 받는다. 흥미롭게도, 메타돈의 용량은 NAS의 중증도와 상관관계가 없다(Burgos & Burke, 2009).

금단의 정도는 영아에 따라 다르다. 증상은 일반적으로 출생 후 48~72시간 이내에 나타나며 몇 달 동안 지속될 수 있다. NAS의 발병은 임신 중 사용된 아편 유사제에 따라 다르다. 헤로인 사용 NAS는 출생 후 24시간 이내에 나타난다. 메타돈 사용 NAS는 48시간 이내에 나타난다. 벤조디아제핀 또는 바르비투르산염 NAS는 48시간 이후에 나타난다. NAS는 신경계에 심각한 장애를 일으켜 출생 후 최대 6개월까지 지속될 수 있다(Logan, Brown, & Hayes, 2013).

징후 및 증상

증상으로는 CNS의 과민성 및 과잉 자극으로 떨림, 긴장, 움직임, 초조함, 과민성 심부건 반사, 긴장된 근육, 발작, 안절부절, 증가된 각성 및 불면증, 불안, 고음의 울음, 호흡 문제 및 수면 무호흡증의 어려움, 신경 발달 문제가 있을 수 있다. 또한 짧은 주의 지속 시간, 과잉 행동, 12~24개월의 수면 장애,

신체적, 선천적 결함보다는 행동적 결함도 있을 수 있다(Lester & Lagasse, 2010; Logan, Brown, & Hayes, 2013).

위장에서도 증상이 나타날 수 있다. 조화되지 않거나 과도하게 지속되는 빨기, 영상 부족, 구도, 묽은 변, 발수 능이다. 이러한 증상은 섭식 곤란, 체중 감소 또는 성장의 실패로 이어진다. 자율신경계의 증상은 다음과 같다. 발한 증가, 고열, 빈번한 하품 및 재채기, 심박수/혈압 증가, 코막힘, 구역/구토/설사, 빠른 호흡, 딸꾹질 및 피부 반점 등이다(Logan, Brown, & Hayes, 2013).

NAS 아기들은 상태 조절에 어려움을 겪으며 양육자와 상호작용하고 먹고 성장하는 데 필요한 조용한 경계 상태를 유지한다. 이 아기들은 잠에서 깨어난 상태로 원활하게 전환하는 데 어려움이 있으며, 짜증을 내고 자주 운다. 결과적으로 그들은 자극에 대한 어려움을 겪으며, 반응성, 촉각, 소리, 움직임 또는 시각 자극에 대하여 이례적인 반응을 보이고, 과도하게 자극되어 반응이 약하거나 자극을 피하기 위해 심하게 위축될 수 있다(Behnke et al., 2013; Sutter, Leeman, & His, 2014).

이러한 증상의 결과로 NAS 아기는 껴안거나 달래는 것에 대한 저항과 청각 또는 시각 자극에 정상적으로 반응하는 능력이 감소하여 양육자와의 연결 및 애착이 어렵다. 출생 후 위탁 보호 또는 고아원에 맡겨지는 경우 애착의 합병증이 추가되었다(Burgos & Burke, 2009).

입원 및 치료

NAS를 경험하는 대부분의 아기는 평균 25일 동안 신생아 집중치료가 필요하다(Saiki et al., 2010). NAS의 치료에 최고인 병원은 없다. 그 결과, 기관이나 의사의 철학에 따라 편차가 있다. 결과적으로, 국립보건원은 NAS의 증거 기반 치료를 위한 국가 표준의 실제를 식별하기 위해 100만 달러를 보조금으로 배정하였다(Saiki et al., 2010).

진단 테스트

일반적으로 산모와 아기의 혈액 및 소변 약물 검사를 한다. 약물 노출이 최근에 없었다면 검사에서 민감도가 나타나지 않는다. 초기의 태변은 임신 마지막 약 5개월 동안 자궁에 약물을 축적하므로 산모의 소변 검사 및 약물 이력과 함께 진단 검사에 활용하기 적절하다. 또한 Lipsitz 도구(77% 민감도)는 4단계로 상당한 금단 현상을 나타낸다(Lipsitz, 1975). Finnegan 점수 체계는 신생아의 금단 증상을 평가하며 다음 네 가지 영역에서 증상의 등급을 매긴다. 즉 CNS 자극, 호흡 곤란, 위장 장애, 식물인간 상태의 증상이 8보다 높은 점수를 나타내면 임상적으로 의미가 있으며 8시간마다 검사를 권장한다(Finnegan et al., 1975).

NAS에 대한 약물치료

미국소아과학회(AAP)는 NAS가 있는 신생아의 경우 초기에 비약물적 수단을 사용하여 치료받을 것을 권장한다. AAP에 따르면 비약물적 치료가 성공하지 못할 경우, NAS의 더 심각한 증상을 완화하기 위해 약물치료가 지시된다(Hudak et al., 2012). 그러나 약리학적 방법을 사용한 NAS 치료는 매우 다양하며(Sarkar & Donn, 2006) 비약물학적 방법은 초기에 시도되지 않는 경우가 많다. 아편 유사제 중독 영아의 약 절반은 어떤 형태의 약리학적 접근을 필요로 한다. 치료 선택지에는 아편 유사제 용량을 천천히 줄이는 것, 더 오래 지속되는 아편 유사제로 전환하는 것, 또는 아편 유사제 금단 증상을 특별히 치료하는 것이 포함된다. 약물치료가 시작되면 신생아 중환자실(NICU) 입원 기간이 달라진다. 메타돈, 부프레노르핀, 모르핀, 페노바르비탈, 희석된 아편 팅크와 같은 약물이 사용된다(Logan, Brown, & Hayes, 2013). AAP는 처음에 영아 아편 금단의 치료에 우선적으로 선택하는 것으로서 아편 팅크를 권장하였다(Hudak et al., 2012). AAP 가이드라인은 현재 경구 모르핀과 메타돈을 일차 요법으로 권장한다. 또한 클로니딘은 일차 요법 또는 보조 요법으로 제안된다. 가장 일반적으로 사용되는 약물은 메타돈(합성 아편제)이다. 영아의 Finnegan 점수가 8점 이상인 경우 점수를 낮추기 위해 메타돈 요법을 시작한다. 메디돈 요법이 불충분하면 (증상 관리보다 진정을 위해) 페노바르비탈 요법을 동시에 추가한다. 클로니딘의 사용도 시도되었다(Logan, Brown, & Hayes, 2013).

　이러한 약물은 아동과 성인뿐만 아니라 NAS가 있는 영아에게도 부작용이 있다. 클로니딘은 아동과 성인의 고혈압, 불안, 뚜렛, ADHD, 불안, 불면증 및 중독 관련 금단 증상에 사용된다. 부작용으로는 졸음, 현기증, 짜증, 콧물 또는 코막힘, 재채기, 기침, 환각 및 우울증이 있다. 페노바르비탈은 발작에 사용되고, 불면증에 단기로 사용된다. 부작용으로는 흥분, 과민성, 현기증, 메스꺼움, 변비, 두통, 기억력 및 집중력 상실, 구토 및 식욕 감퇴가 있다(Logan, Brown, & Hayes, 2013).

복합 외상과 코르티솔의 영향

아편 유사제 중독으로 태어난 영아는 금단 외상과 생모로부터 분리될 가능성이 있는 입원을 겪을 뿐 아니라 추가적 복합 외상과 외상적 스트레스를 받는다. 부모는 종종 낮은 사회경제적 지위에 있기 때문에 적절한 산전 관리, 적절한 음식과 옷, 안전하고 적절한 주거를 얻는 것이 어렵다. 양육자의 지속적 약물 사용, 부적절한 양육 기술, 가정 폭력 가능성 및 임신 중 부모의 스트레스(자궁 내 코르티솔 수치가 높아져 발달 중인 영아의 뇌에 영향을 미침)는 영아에게 스트레스를 더욱 가중시킨다. NAS 아기는 스트레스를 조절하고 두뇌 발달에 영향을 미치는 높은 코르티솔 수치를 낮출 수 없다(Lester et al., 2002; Logan, Brown, & Hayes, 2013).

　아편 유사제 중독 영아는 만성 스트레스에 대한 코르티솔 반응이 둔해져 HPA 축(Hypothalamin-Pituitary-Adrenal Axis, 시상하부 뇌하수체 부신 축)

이 조절되지 않게 된다. 증가되고 만성이 된 코르티솔은 면역 반응을 손상시키고 수면/각성 주기를 전반적으로 무너뜨린다(Bendersky, Ramsay, & Lewis, 2006; Gunnar & Vazquez, 2015). 심한 만성 스트레스는 독성 수준의 코르티솔을 생성하고 해마의 신경 발달을 억제할 수 있다(Gunnar & Vazquez, 2015). 결과적으로, 영아는 가벼운 스트레스 요인에 과민하게 반응하고 (Gunnar & Vazquez, 2015), 진정이 느리며, 마음이 상한 상태에서 회복되기 어렵다(Bendersky, Ramsay, & Lewis, 2006).

초기 외상과 방임은 빈약한 정서적 애착과 함께 발달 장애 및 비효율적인 안와전두 조절 시스템(Perry, 2009; Schore, 2003)을 초래한다. 결과적으로, 관계적 외상의 가장 광범위한 영향은 정서의 강도를 조절하는 능력을 잃는 것이다(Schore, 2003). 안와전두피질과 피질하 영역을 연결하는 회로의 손상은 아동의 자아감을 감소시켜 다른 사람과의 단절을 초래할 수 있다. 이 신경학적 손상은 과각성 반응을 일으켜 코르티솔 수치를 높이고 감정적 반응을 제대로 조절하지 못하게 한다. 교감 자율신경계는 애착과 관련된 영역인 전두엽피질에 영향을 미치며 사회적 신호를 포착하고 감정적 유대를 형성하는 데 문제를 일으킨다(Perry, 2009).

영아의 뇌는 아래에서 위로(뇌간에서 피질로), 내부에서 외부로 발달하며, 첫해에 뇌 신경 연결의 50%, 두 번째 해에 25%, 세 번째 해에 나머지 25%의 신경이 연결되고 뇌가 형성된다. 즉 발달의 첫 3년은 부정적 환경 신호와 연결에 의해 부정적인 영향을 받을 수 있으므로 뇌 성장에 중요하다. 따라서 아동과 환경 사이의 복잡한 상호작용 감각 '춤(dance)'이 발생하여 영아의 발달 중인 두뇌와 여기에 포함된 정보를 구성하고 형성할 내부 분자 반응을 생성한다(Perry, 2009).

애착

NAS 영아의 부모(또는 양육자)는 영아의 신호에 대한 관심 부족, 상호 조절 및 복구할 기회의 부족(Rutherford, Potenza, & Mayes, 2013), '안전한 기반 (secure base)' 제공의 부족(Bowlby, 1969)으로 인해 안정적 애착을 형성하는 데 어려움을 겪는다. Stephen Porges 박사(2011, 2015)의 다미주신경 이론은 영아 애착을 다룬다. 그는 아동의 애착을 돕는 두 가지 방법을 제시한다. 즉 돌봄 환경을 변화시켜 아동에게 더 안전하고 움직이는 반응과 움직이지 않는 반응을 덜 유발하도록 하는 것이다. 그리고 뇌간 구조의 신경 조절 운동, 사회적 참여 체계의 신경 조절 자극 및 긍정적 행동 장려를 통해 영아(아동)에게 직접 개입한다(Porges, 2011). 스트레스를 받으면 CNS는 신체를 움직이고 심박수를 증가시키는 반면, 복부 미주신경은 심장에 대한 교감신경계의 영향을 억제하며, 이를 Porges(2011)는 '미주신경의 브레이크'라고 한다.

　NAS 아동은 안전하다고 느끼지 않으며, 양육자와의 애착이 손상된다. 그들은 정서적 조절, 사회적 참여 및 생리학적으로 최적의 각성 상태를 돕는 애착을 유지할 수 없다. 종종 양육자는 자신의 불안, 조절 장애 및 어려운 생활 환경으로 인해 필요한 수준의 조율과 공동 조절을 영아에게 제공하는 데 어려움을 겪는다. Porges(2015)는 '다미주신경' 놀이는 상호작용과 타인의 행동에 대한 지속적인 인식이 필요한 신경운동으로 수행되어야 한다고 가정한다. 여기에는 사회적 참여 체계가 교감신경계의 활성화를 효율적으로 하향 조절하는 반복적인 연습 기회를 제공하는 놀이와 함께 상호 움직임, 근접성 및 접촉, 동시에 얼굴을 마주 보는 상호작용이 필요하다. 양육자가 주도하는 아기 놀이를 통해 생리적 상태를 조절하기 위해 사회적 신호를 사용하는 것은 신뢰 관계를 형성하는 데 도움이 된다. 양육자는 영아가 '쉬고 소화하도록' 도와주어 두려움 없이 움직이지 못하도록 한다. 부모(양육자)와 아기는 두려움 없이 움직임을 억제하는 긴밀한 신체접촉을 한다. 부드럽게 마주 보기, 이야기하기, 흔들기, 노래하기 및 수유는 복부 미주신경을 자극하여 옥시토신의 분비를 유발한다. 이것은 차례로 건강, 성장, 회복을 돕고, 휴식, 이완, 수면을 최적화하며, 신뢰, 사랑 및 안전의 느낌을 가능하게 한다(Porges, 2015).

NAS의 장기적인 영향

부정적인 아동기 경험(ACE)은 일반적으로 아동의 심각한 평생 동안의 의료 및 정신 질환의 위험을 증가시키는 외상적이고 부정적인 아동기 경험과 가정 환경 요인을 중복하여 지칭하는 데 사용된다. ACE의 수가 증가함에 따라 부정적인 결과(예 : 정신적, 의학적, 사회적, 재정적)가 차등 방식으로 증가한다. 외상 경험의 수와 성인의 질병 발병 사이에는 투약 의존적 관계가 존재하며, 4개 이상의 외상을 경험한 사람들의 추가적인 어려움의 증가 비율이 높다 (Felitti et al., 1998). 외상을 입은 아동의 65%는 내재화, 외현화 또는 외상 후 스트레스 증상이 임상 수준으로 나타난다(Hagan, Sulik, & Lieberman, 2016). Brazilay와 동료들(2018)은 외상 사건에 더 많이 노출되는 것은 기분/불안 증상, 정신병적 스펙트럼 증상, 외현화 행동 및 최대 21세까지의 청소년의 두려움을 포함하여 평가된 모든 영역에서 정신병리의 증가와 관련이 있다고 보고한다.

종종 아편 유사제 노출과 관련된 환경적 위험 요소에는 만성 빈곤, 영양 부족, 태아기 건강관리의 부적절함이나 관리가 전혀 안 됨, 성병, 가정 폭력, 아동 학대 또는 방임, 알코올 또는 기타 약물 남용(양육자와 대가족 포함), 집이 없는 것, 일시적이고 부적절하거나 열악한 생활 방식/주거, 혼란스러운 가정, 실업, 투옥 이력, 낮은 교육 성취도, 빈약한 양육 기술, 인종, 성별 또는 문화에 따른 차별이 포함된다(Hagan, Sulik, & Lieberman, 2016). 아편 유사제 중독으로 태어난 아동들은 앞서 언급된 많은 것들을 가지고 있으며, 이는 아동들의 발달과 정서적, 심리적 안녕에 직접적으로, 그리고 미래에 영향을 미칠 가능성을 높인다. 이러한 아동들에 대한 ACE의 장기적인 결과는 주요 우울증, 자살, PTSD, 약물 및 알코올 남용, 심장 질환, 암, 만성 폐 질환, 성병 및 학대의 세대 간 전염과 같은 질병 및 장애로 이어질 수 있다. 노숙, 매춘, 범죄 행위, 실업, 육아 문제, 높은 보건 및 사회 서비스 이용, 낮은 교육 및 직업 성취도, 수명 단축과 같은 사회적 문제도 발생할 가능성이 더 높다(Logan,

Brown, & Hayes, 2013). 아동학대 피해자는 아동학대의 피해를 입지 않은 사람에 비해 향후 다시 피해를 입을 위험이 2~7배 더 높다.

ACE의 시너지 효과도 있는데, 두 가지 이상의 불리한 경험이 상호작용하여 시간이 지남에 따라 심리적 장애의 위험이 종종 몇 배나 증가한다. 따라서 두 개 이상 ACE의 상호작용은 개별 효과의 합보다 더 큰 결합 효과를 갖는다. 영아와 아동에게 노출되거나, 이들에게 끼치는 영향의 정도에 관계없이 약물 남용자와 함께 사는 것 자체가 중대한 위험 요소임을 고려하는 것이 중요하다(Hagan, Sulik, & Lieberman, 2016). 결과적으로, 조기 예방 및 개입은 위험 요인에 대한 노출을 줄이거나 이러한 취약한 영아와 아동의 삶에서 사용 가능한 보호 요인의 수를 증가시켜 취약함에서 회복력으로 균형을 전환하는 데 중요하다(Logan, Brown, & Hayes, 2013; Rutherford, Potenza, & Mayes, 2013).

비약물치료

환경적 자극은 너무 많은 자극으로 금단 현상이나 과잉 반응을 보이는 경향이 있는 NAS 아기에게 중요하다. 이상적으로 환경은 조용하고(50데시벨 미만), 어둡고, 부드러운 목소리로 말하고, 전화가 울리지 않고, 대화는 방 밖에서 하고, TV와 전자제품은 사용하지 않는 것이 좋다. 광선 요법은 항염 효과를 일으킬 수 있다. 또한 광선 요법은 영아가 정상적인 생물학적 주기의 리듬을 확립하는 데 도움이 될 수 있다. 밝은 색상을 피하는 것은 과도한 시각적 자극을 방지하는 데 도움이 되며 흑백 음영이 더 진정될 수 있게 한다(Saiki, Hannam, & Greenough, 2010).

영아를 다루는 것은 자극을 줄이기 위해 느리고 온화해야 한다. 영아가 고통스러워 보이기 시작하면 돌보는 일을 잠시 멈춰야 한다(Logan, Brown, & Hayes, 2013; Saiki et al., 2010). 아기를 수평으로 안는 대신 수직으로 똑바로 세워 천천히 부드럽게 흔들어야 한다. NAS 영아를 등이나 옆으로 눕히면 태아의 자세를 모방하는 데 도움이 되며, 영아의 머리와 몸에 압력을 가하면 진정 효과를 볼 수 있다. 꽉 맞는 포대기는 근육의 과도한 긴장과 일정하지 않은 움직임을 억제하는 데 효과적일 수 있으며, 자기 진정 행동을 촉진하는 데 도움이 된다. 몸을 구부리거나 펴는 것은 권장하지 않는다. 이상적으로 포대기는 손을 자유롭게 하거나 팔을 얼굴 쪽으로 구부릴 수 있어야 한다(Logan, Brown, & Hayes, 2013).

물침대와 흔들의자를 사용하면 영아를 진정시키는 데 효과적이다. 필요한 경우, 아동을 재우고 부드럽게 깨울 때 사용한다. 이때 5초 규칙을 지켜야 한다. 양육자는 부드럽게 말하고 다른 보살핌을 시도하기 전에 최소한 5초 동안 영아를 안아준다. 한 사람이 영아를 돕고 다른 사람은 필요한 일을 완료하는 2인 돌봄 전략을 활용한다. 간호사와 부모(양육자)가 함께 일하는 것이 이상적이다(Logan, Brown, & Hayes, 2013). 병원에서는 부모가 영아와 같은 방을 쓰면서 영아를 안아주도록 격려한다. 아기 띠를 사용하면 유대와 진정이 가능하다. NAS 영아는 신체적, 정서적 접촉을 위해 노래 불러주기, 읽어주기와 함께 자주 안아주는 것이 필요하다(Logan, Brown, & Hayes, 2013; Saiki, Hannam, & Greenough, 2010).

공갈 젖꼭지는 NAS 유아가 스스로를 진정시키는 데 도움이 된다. 영양가 없는 빨기는 스트레스를 줄이는 데 도움이 되어 불규칙하고 협응되지 않는 움직임을 덜 만들어 굴곡과 신경 행동 조직을 촉진한다. 소량의 빈번한 수유는 위장 장애를 줄이는 데 도움이 된다. 고열량의 유동식은 체중 증가를 촉진하는 데 도움이 된다. 아기를 쓰다듬는 대신 문지르고 자주 트림을 하게 하면 자극을 줄이고 스트레스를 피하는 데 도움이 될 수 있다. 두드리는 것은 NAS 아기에게 더 큰 고통이 될 수 있으므로 안고 흔들거나 부드럽게 문지르는 것이 가장 좋다.

모유 수유 또는 모유는 어머니가 메타돈을 복용 중이거나 부프레노르핀을 복용 중이더라도 NAS 영아에게 이상적이다. 메타돈은 모유를 통해 전염되지만 그 양은 매우 적다. 부프레노르핀은 입을 통하여 전염되지만 가능성이 낮으므로 모유 수유에 적합하다. 모유 수유는 영아의 유대감 형성에 도움이 되고, 학대 위험(영아 집단에서 좀 더 높게 나타나는)을 감소시키고, 어머니의 스트레스 반응을 감소시키면서 영아와 차분히 상호작용 할 수 있게 한다. 또한 모유는 영아의 입원 기간을 단축시켜 조기 퇴원을 초래할 수 있다. 그러나 금기사항이 없음에도 불구하고 이 집단에서 모유 수유율은 여전히 낮다(Abel-Latif et al., 2006).

신생아 중환자실(NICU)에서 연주되는 클래식 음악과 함께 음악치료는 아기가 동요되는 것을 줄이고 아기의 수면을 돕는다. 아기의 행동 상태에 맞춰 노래하고, 쓰다듬고, 흔드는 것이 유익하다. 음악이 나오는 특수 공갈 젖꼭지도 있다. 양육자는 점차적으로 압력 수준을 조정하여 영아가 빨도록 한다. 빠르고 세게 빨수록 음악이 더 오래 재생된다(Logan, Brown, & Hayes, 2013; Saiki, Hannam, & Greenough, 2010).

라벤더 또는 어머니의 향과 같은 오일을 사용하는 아로마테라피는 울음, 코르티솔 수치 및 잠드는 시간을 줄임으로써 진정에 도움이 될 수 있다. 라벤더 향이 나는 목욕물을 사용하면 아기를 진정시키는 데 도움이 될 뿐 아니라 어머니의 코르티솔 수치도 낮추고, 아기에 대한 주의력을 높인다. 어머니의 냄새를 모방한 바닐린을 사용하면 아기의 울음도 감소한다. 어머니는 아기의 침대에 자신의 체취가 나는 옷을 두어 아기의 동요를 줄이고 유대감을 돕도록 해야 한다(Logan, Brown, & Hayes, 2013; Saiki et al., 2010).

접촉의 치유력

감각 자극, 특히 접촉의 결핍은 아동의 건강과 CNS 발달에 부정적 영향을 미치고(Bendersky, Ramsay, & Lewis, 2006; Bendersky, Bennett, & Lewis, 2006), 신체적 공격성(Bendersky, Ramsay, & Lewis, 2006) 및 정서적 장애(불안, 우울증, ADHD, 감각 통합 기능 장애, 공격성)를 증가시킬 수 있다. 촉각은 지속적인 주의와 함께 감각 통합과 감정 및 행동의 자기 조절을 돕는다

(Morrow et al., 2006).

NAS 아기는 더 많이 안고 있고, 정기적으로 피부와 피부를 접촉하고, 정기적으로 안아주고, 친밀한 순간을 공유하고, 심장 박동 속도를 리드미컬하게 하기 위해 흔들의자를 사용하는 것과 마찬가지로 아기가 양육자의 품에 안겨 있는 것이 익숙해질 때까지 첫 달 동안 가까이 안고 있어야 한다. 접촉은 쓰다듬어 주고 운동 감각을 자극하여 영아의 연령과 욕구에 맞게 부드럽게 조정해야 한다(Spielman et al., 2015). 영아 마사지는 체중 증가, 수면/각성 주기 개선, 통증/스트레스 반응 감소, 신경, 감각운동 및 행동 발달 개선, 근긴장도, 골밀도, 순환, 면역 기능 및 체온의 안정성 개선에 있어 영아에게 많은 이점이 있는 것으로 나타났으며, 수유의 결과를 향상시키고, 변비와 가스를 줄이고, 입원 기간을 단축한다. 느리고 리듬감 있는 움직임으로 영아는 더 긴 시간의 조용한 수면, 과민성 감소, 불안한 움직임 감소, 시각 및 청각 반응 증가, 무호흡, 느린 맥박 및 저산소증의 빈도 감소를 가질 수 있다(Spielman et al., 2015).

영아를 마사지함으로써 분리에 대한 부모의 스트레스를 완화하고, 양육의 역할을 제공하고, 우울증을 감소시키고, 영아의 반응성을 증가시키고, 어머니-영아 상호작용을 최적화하고, 모성 능력의 감각이 증대된다(Renk et al., 2016).

부모의 애착 이력 탐색하기

약물 남용의 치료를 원하는 모든 어머니가 양육에 어려움을 겪는 것은 아니다. 그러나 집단으로 보면, 그들은 아동 방임으로 인해 자녀의 양육권을 잃을 가능성이 두 배가 된다. 그리고 NAS 아기의 부모는 대부분 부적응 양육의 위험이 더 크다. 물질 사용 장애가 있는 어머니는 일반적으로 자신의 불안정한 애착과 관련된 발달 이력이 있기 때문에 최상의 치료 방법을 결정하기 전에 철저한 애착 이력을 확보하는 것이 중요하다(Morrow et al., 2006). 초기 돌봄 경험의 심리적 '표상'에 대한 저장된 기억은 새로 형성된 관계의 원형이 된다. 이것은 차례로 자신과 자녀에 대한 새로운 어머니의 기대에 영향을 미치고 양육 행동에 강한 영향을 미친다(Logan, Brown, & Hayes, 2013). 왜곡과 기부 방어는 어머니가 자녀의 감성 신호(특히 울기, 매달리기, 때리기, 도망치기)를 인식하고 민감하게 반응하는 것을 방해할 수 있으며, 결과적으로 부모의 공격성, 방임 및 부족한 한계 설정을 초래할 수 있다. 또한 중독성 물질을 계속 사용하면 스트레스에 대한 도파민 반응이 급격히 감소하여 어머니가 부정적인 감정에 취약해지고 일반적으로 어린 자녀를 돌보는 것과 관련된 즐거움이나 보상을 느끼지 못한다. 따라서 양육 개입은 행동 관리 기술을 목표로 하기 전에 먼저 개인적으로 충족되지 않은 애착 문제를 해결해야 할 수도 있다. 자녀의 정서적 신호를 인식하고 민감하게 반응하는 부모의 능력을 향상시키지 않으면 어머니-아동의 관계가 거의 개선되지 않을 것이다(Logan, Brown, & Hayes, 2013).

미취학 및 취학 연령 아동의 증상과 치료 옵션

NAS 영아 및 아동을 위한 치료 옵션에는 신경 순차 치료 모델(Perry, 2009)의 사용이 포함된다. 발달 놀이치료(Brody, 1997), 치료놀이(Booth & Jernberg, 2010), 첫 놀이 치료(Courtney & Nolan, 2017; Courtney, Velasquez, & Bakal Toth, 2017), 부모 놀이치료(Guerney & Ryan, 2013)와 부모-자녀 관계 치료(Landreth & Bratton, 2006), 놀이치료 및 놀이 기반 기술(Schaefer & Drewes, 2014)의 치료 능력을 사용하여 부모(양육자)와 영아(아동)의 애착을 강화할 수 있다.

걸음마기의 아동 및 미취학 아동의 증상에는 정신 및 운동 결함, 인지 지연, 과잉 행동, 충동성, 주의력 결핍(ADD), 행동 장애, 공격성, 낮은 사회적 참여, 심지어 또래에 비해 작은 키까지 포함된다(Behnke et al., 2013; Lester & Lagasse, 2010).

신경 강화를 위한 뇌간 활동은 다음과 같다.

- 평정 : 아동이 선호하는 감각 양식으로 하는 진정 활동, 흔들기, 마사지, 머리 빗기, 손톱 칠하기, 흔들기, 껴안기, 노래 부르기, 이야기하기, 먹여주기(Brazilay et al., 2018; Courtney, Velasquez, & Bakal Toth, 2017; Perry, 2009).
- 감각 자극 : 모래와 점토 만지기, 핑거 페인팅, 면도 크림 놀이, 쿠키 또는 바나나 빵 만들기(촉각과 냄새), 재미를 위한 냄새—가정에서 나는 냄새[오렌지, 양파, 계피, 바닐라, 레몬, 아기용 로션, 탈크(talc, 베이비파우더에 사용되는 광물—역자 주) 등], 질감이 있는 물건을 만지는 것(거친, 매끄러운, 부드러운, 단단한 등), 소리 : 노래, 소리 식별(자연, 가정 및 일상의 소리), 식별에 대한 취향(Perry, 2009).
- 발달놀이, 첫 놀이 치료 또는 치료놀이를 사용하는 것은 자극, 상호 관심 및 조율의 감각을 달성하는 데 유용하다. 상호작용은 얼굴을 마주 보고, 눈을 마주치고, 서로 즐거우며, 노래와 동요를 부르고, 신체접촉 놀이와 양육 활동(예 : 미끄러운 손 게임, 언덕과 계곡, 아기 돼지가 시장에 갔어요)을 해야 한다.

학령기의 증상으로는 언어 장애, 읽기, 산수 능력 장애, 정신 및 운동 발달의 어려움, 기억 및 지각 문제, 실행 기능이 약하고, 계획을 세우고 시간과 자료를 조직하고 한 상황에서 다른 상황으로 전환하고, 지난 실수로부터 배우는 것이 어려운 ADHD가 있다(Bendersky, Ramsay, & Lewis, 2006; Brazilay et al., 2018). 추가 증상으로는 발달 지연, 언어 문제(정확한 소리, 유창함, 음성 또는 울림), 언어 장애(다른 사람을 이해하거나 생각, 아이디어, 감정을 공유) 및 자기 조절 장애(Bada et al., 2007)가 있다. 또한 결석 또는 실패, 행동 문제, 호흡 저하 또는 저산소증, 스트레스 상황에 대한 열악한 반응, 과업 수행에 대한 자신감 또는 효율성 발달 부족, 우울 장애 및 물질 사용 장애가 명백할 수 있다(Behnke et al., 2013; Bendersky, Bennett, & Lewis, 2006; Lester & Lagasse, 2010).

교사와 치료사는 먼저 관계를 수립해야 하며, 아동에게 지시하거나 관계를 맺을 때 지발적이고 아동과 접촉해야 한다. 감각 활동은 구조화된 활동 전에 사용되어야 하며, 과도한 자극을 피하고, 진정하고 자기 조절을 도울 수 있는 시간을 허용해야 한다(Lester & Lagasse, 2010).

감각 활동으로는 비누, 로션, 플라스틱 위의 면도 크림, 밀가루가 담긴 봉투나 냄비(무게용) 옮기기, 주변 환경에서 벗어날 수 있는 조용한 장소가 있어야 한다(Bada et al., 2007; Bendersky, Bennett, & Lewis, 2006; Lester & Lagasse, 2010; Kool & Lawver, 2010).

변연계 통합을 돕는 중뇌의 활동에는 이야기, 움직임, 사회적 기술, 표현 예술이 포함되어야 한다.

- 이야기 활동에는 드라마틱한 스토리텔링, 운율과 리듬이 있는 책과 시(Seuss 박사의 이야기 및 동요)가 포함된다.
- 동작 : 음악, 노래, 성가, 운율, 리듬, 행진, 복잡한 춤 동작 또는 동작 활동(예 : 바람에 날리는 나무처럼 물결치기, 비가 내리는 척하기, 장밋빛 주위로 돌기), 정글짐, 기어가기, 판지 상자로 만든 터널/미로, 평균대, 그네, 회전목마, 공, 후프, 다양한 크기의 리본 흔들기.
- 사회적 기술 게임 : 공유하고 협력하고 차례를 지켜야 하는 게임들(Red Rover, Simon Says, Red Light, Green Light).

개나 고양이와 함께 하는 동물 매개 치료는 아동이 부드럽고, 온화하고, 공감하며 쓰다듬는 법을 배우는 데 도움이 된다. 자연의 세계를 발견하기 위한 산책이나 여행은 아동의 감각을 고양하는 데 도움이 된다(Kool & Lawver, 2010; Perry, 2009).

요약

아편 유사제와 불법 약물의 사용은 유행병 수준에 이르렀다. 결과적으로 임산부의 불법 약물 사용은 태아를 위험에 처하게 하여 전례 없는 속도로 자궁에서의 중독 및 산후 신생아 금단 증후군을 초래한다. 이러한 증상의 결과로 NAS 아기는 연결과 애착에 어려움을 겪고, 껴안거나 달래는 것에 저항하고, 청각 또는 시각 자극에 정상적으로 반응하는 능력이 감소한다. 출생 후 위탁보호 또는 고아원에 맡겨지고, 가정 환경에서 외상에 지속적으로 노출되어 애착의 합병증이 추가된다. 다양한 약물치료 및 비약물치료가 산후에 가능하다. 특히 중요한 것은 마사지, 신체접촉, 촉각 사용, 발달놀이, 치료놀이, 첫놀이 치료 및 기타 놀이 기반 접근을 통한 애착 기반 접근 방식을 사용하는 것이다. NAS 아기는 영아 및 취학 연령까지 정서 조절과 학습의 어려움으로 인한 장기적인 어려움에 직면하며, 이를 위해서는 놀이치료를 포함하여 발달적으로 민감하고 순차적인 접근이 필요하다.

토론 질문

1. NAS가 무엇인지에 대해 토론하고, 그것이 양육자와의 유대감과 애착에 미치는 영향에 대해 토론합니다.
2. 병원에 있는 동안 NAS 영아에게 사용할 수 있는 비약물적 치료 접근 방식에 대해 토론합니다.
3. 아편제 중독은 조절 장애에 영향을 미치는 것으로 입증되었는데, 통합적인 치료 접근법을 활용하여 아편제 중독으로 태어난 학령기 아동과의 상담 시 가장 좋은 방법에 대해 토론해 봅니다.

참고문헌

Abel-Latif, M., Pinner, J., Clews, S., Cooke, F., Lui, K. & Oei, J. (2006). Effects of breast milk on the severity and outcome of neonatal abstinence syndrome among infants of drug-dependent mothers. *Pediatrics*, 117(6), 1163–1169. Retrieved July 27, 2019 from: https://pediatrics.aappublications.org/content/121/1/106?download=true

American College of Obstetricians and Gynecologists (ACOG) & American Society of Addiction Medicine (ASAM) (2012). Committee opinion: Opioid abuse, dependence, and addiction in pregnancy. Committee on Health Care for Underserved Women and the American Society of Addiction Medicine, 524, 1-7. Retrieved July 27, 2019 from: https://www.acog.org/Clinical-Guidance-and-Publications/Committee-Opinions/Committee-on-Obstetric-Practice/Opioid-Use-and-Opioid-Use-Disorder-in-Pregnancy?IsMobileSet=false

Bada, H. S., Das, A., Bauer, C. R., Shankaran, S., Lester, B., LaGasse, L., Hammond, L., Wright, L., & Higgins, R. (2007). Impact of prenatal cocaine exposure on child behavior problems through school age. *Pediatrics*, 119(2), 348-359. doi:10.1542/peds.2006-1404.

Behnke, M., Smith, V. C., Committee on Substance Abuse, & Committee on Fetus and Newborn. (2013). Prenatal substance abuse: Short- and long-term effects on the exposed fetus (Technical Report). *Pediatrics*. Retrieved July 27, 2019 from: https://www.mofas.org/wp-content/uploads/2015/01/Prenatal-Substance-Abuse-Short-and-Long-term-Effects-on-the-ExposedFetus2.pdf

Bendersky, M., Bennett, D., & Lewis, M. (2006). Aggression at age 5 as a function of prenatal exposure to cocaine, gender, and environmental risk. *Journal of Pediatric Psychology*, 31(1), 71-84. Retrieved July 27, 2019 from: http://dx.doi.org/10.1093/jpepsy/jsj025

Bendersky, M., Ramsay, D., Lewis, M. (2006). Reactivity and regulation in children prenatally exposed to cocaine. *Developmental Psychology*, 42(4), 688-697. doi:10.1037/0012-1649. 42. 4. 688.

Booth, P. B. & Jernberg, A. M. (2010). *Theraplay: Helping Parents and Child Build Better Relationships Though Attachment-Based Play* (3rd ed.). New York, NY: Wiley & Sons.

Bowlby, J. (1969). *Attachment and loss*. Vol. 1. New York, NY: Random House.

Brazilay, R., Calkins, M. E., Moore, T. M., Wolf, D. H., Satterthwaite, T. D., Scott, J. C., Gur, R. E. (2018). Association between traumatic stress load, psychopathology, and cognition in Philadelphia Neurodevelopmental Cohort. *Psychological Medicine*, 49(2), 325-334. doi:10. 1017/S0033291718000880.

Brody, V. (1997). *Dialogue of touch: Developmental play therapy*. New York, NY: Rowman & Littlefield.

Burgos, A., & Burke, B. (2009). Neonatal abstinence syndrome. *NeoReviews*, 10(5), 222-229. Retrieved July 27, 2019 from: https://www.semanticscholar.org/paper/Neonatal-Resource-Services-Neonatal-Abstinence-(-)/47e713495979c0b6c46641c47b0a5d196ce54bc2

Centers for Disease Control and Prevention (CDC) (2016). *Injury prevention and control: Opioid overdose*. Atlanta, GA: Author. Retrieved from http://www.cdc.gov/drugoverdose/epidemic/index.html

Courtney, J. A., & Nolan, R. D. (2017). *Touch in child counseling and play therapy: An ethical and clinical guide.* New York, NY: Routledge.

Courtney, J. A., Velasquez, M., & Bakal Toth, V. (2017). FirstPlay infant massage storytelling: Facilitating corrective touch experiences with a teenage mother and her abused infant. In J. A. Courtney & R. D. Nolan (Eds.), *Touch in child counseling and play therapy: An ethical and clinical guide* (pp. 48-62). New York, NY: Routledge.

Felitti, V., Anda, R., Nordenberg, D., Williamson, D., Spitz, A., Edwards, V., & Marks, J. (1998). Relationship of childhood abuse and household dysfunction to many of the leading causes of death in adults. The Adverse Childhood Experiences (ACE) Study. *American Journal of Preventive Medicine*, 14(4), 245-258. Retrieved July 27, 2019 from: https://www.ncbi.nlm.nih.gov/pubmed/9635069

Finnegan, L. P., Kron, R. E., Connaughton, J. F., & Emich, J. P. (1975). Assessment and treatment of abstinence in the infant of the drug-dependent mother. *International Journal of Clinical Pharmacological Biopharmacology*, 12, 19-32. Retrieved July 27, 2019 from: http://europepmc.org/abstract/MED/1100537

Guerney, L., & Ryan, V. (2013). *Group Filial Therapy: The Complete Guide to Teaching Parents to Play Therapeutically with Their Children.* London: Jessica Kingsley Publishers.

Gunnar, M., & Vazquez, D. (2015). Stress neurobiology and developmental psychopathology. In D. Cicchetti & D. Cohen (Eds.), *Developmental psychopathology.* Vol. 2: Developmental neuroscience (2nd ed., pp. 533-577). New York, NY: Wiley& Sons.

Hagan, M. J., Sulik, M. J., & Lieberman, A. F. (2016). Traumatic life events and psychopathology in a high risk, ethnically diverse sample of young children: A person-approach. *Abnormal Child Psychology*, 44(5), 833-844. doi:10. 1007/s10802-10015-0078-0078.

Hudak, M. L., Tan, R. C., the Committee on Drugs, & the Committee on Fetus and Newborn (2012). Clinical report: Neonatal drug withdrawal. *Pediatrics*, 129(2), 540-560. doi:10.1542/peds.2011-3212.

Jansson, L. M., DiPietro, J. A., Elko, A., & Velez, M. (2010). Infant autonomic functioning and neonatal abstinence syndrome. *Drug & Alcohol Dependence*, 109 (1-3), 198-204. doi:10. 1016/j.drugalcdep.2010. 01. 004.

Kool, R., & Lawver, T. (2010). *Play therapy: Considerations and applications for the practitioner.* Psychiatry (Edgmont), 7(10), 19-24. Retrieved July 27, 2019 from: https://www.ncbi.nlm.nih.gov/pubmed/21103141

Landreth, G. L., & Bratton, S. C. (2006). *Child parent relationship therapy (CPRT). A 10-session filial therapy model.* New York, NY: Routledge.

Lester, B. M., & Lagasse, L. L. (2010). Children of addicted women. *Journal of Addictive Diseases*, 29(2), 259-276. Retrieved July 27, 2019 from: https://www.ncbi.nim.nih.gov/pubmed/20407981

Lester, B., Tronick, E., LaGasse, L., Seifer, R., Bauer, C., Shankaran, S., Bada, H., Wright, L., Smeriglio, V., Lu, J., Finnegan, L., & Maza, P. (2002). The Maternal Lifestyle Study: Effects of substance exposure during pregnancy on neurodevelopmental outcome in 1-month-old infants. *Pediatrics*, 110(6), 1182-1192. doi:10.1542/peds.110.6.1182.

Lipsitz, P. J. A. (1975). A proposed narcotic withdrawal score for use with newborn infants. A pragmatic evaluation of its efficacy. *Clinical Pediatrics*, 14, 592-594. doi:10.1177/0009922875014006 13.

Logan, B. A., Brown, M. S., & Hayes, M. J. (2013). Neonatal abstinence syndrome: Treatment and pediatric outcomes. *Clinical Obstetrics and Gynecology*, 56(1), 186-192. Retrieved July 27, 2019 from: https://www.ncbi.nim.nih.gov/pmc/articles/PMC3589586/

Morrow, C. E., Culbertson, J. L., Accornero, V. H., Xue, L., Anthony, J. C., & Bandstra, E. S. (2006). Learning disabilities and intellectual functioning in schoolaged children with prenatal cocaine exposure. *Developmental Neuropsychology*, 30(3), 905-931. doi:10.1207/s15326942dn3003_8.

National Institute on Drug Abuse (2015). *Dramatic increases in maternal opioid use and neonatal abstinence syndrome.* Bethesda, MD: Author. Retrieved July 27, 2019 from: https://www.drugabuse.gov/related-topics/trends-statistics/infographics/dramaticincreases-in-maternal-opioid-use-neonatal-abstinence-syndrome?utm_source=external&utm_medium=ap&utm_campaign=infographics-api

Patrick, S. W., Davis, M. M., Lehmann, C. U., & Cooper, W. O. (2015). Increasing incidence and geographic distribution of neonatal abstinence syndrome: United States 2009 to 2012. *Journal of Perinatology*, 35(8), 650-655. Retrieved July 27, 2019 from: https://www.ncbi.nlm.nih.gov/pubmed/25927272

Patrick, S. W., Schumacher, P. E., Benneyworth, B. D., Krans, E. E., McAllister, J. M., & Davis, M. M. (2012) Neonatal abstinence syndrome and associated health care expenditures: United States 2000-2009. *Journal of the American Medical Association*, 307(18), 1934-1940. doi:10.1001/jama.2012.3951.

Perry, B. D. (2009). Examining child maltreatment through a neurodevelopmental lens: Clinical applications of the neurosequential model of therapeutics. *Journal of Loss and Trauma*, 14(4), 240-255. Retrieved July 27, 2019 from: https://childtrauma.org/wp-content/uploads/2013/09/TraumaLoss_BDP_Final_7_09.pdf

Porges, S. W. (2011). *The polyvagal theory: Neurophysiological foundations of emotions, attachment, communication and self-regulation.* New York, NY: W.W. Norton.

Porges, S. W. (2015). Play as neural exercise: Insights form the polyvagal theory. In D. Pearce McCall (Ed.), *The power of play for mind brain health* (pp. 3-7). Global Association for Interpersonal Neurobiology Studies (GAINS). Available from: https://mindgains.org/bonus/GAINS-The-Power-of-Play-for-Mind-Brain-Health.pdf

Renk, K., Boris, N. W., Kolomeyer, E., Lowell, A., Puff, J. Cunningham, A., Khan, M., & McSwiggan, M. (2016). The state of evidence-based parenting interventions for parents who are substance-involved. *Pediatric Research-Nature*, 79(1), 177–183. doi:10.1038/pr.2015.201.

Rutherford, H., Potenza, M. & Mayes, L. (2013). The neurobiology of addiction and attachment. In N. E. Suchman, M. Pajulo, & L. M. Mayes (Eds.), *Parenting and substance abuse* (pp. 3–23). New York, NY: Oxford University Press.

Saiki, T., Lee, S., Hannam, S., & Greenough, A. (2010). Neonatal abstinence syndrome postnatal ward versus neonatal unit management. *European Journal of Pediatrics*, 169, 95–98.

Sarkar, S., & Donn, S. M. (2006). Management of neonatal abstinence syndrome in neonatal intensive care units: A national survey. *Journal of Perinatology*, 26, 15–17. doi:10.1038/sj.jp.7211427.

Schaefer, C. E., & Drewes, A. (2014). *The therapeutic powers of play: 20 core agents of Change* (2nd ed.). New York, NY: Wiley & Sons.

Schore, D. (2003). Early relational trauma, disorganized attachment and the development of a predisposition to violence. In M. F. Solomon & D. J. Siegel (Eds.), *Healing trauma, attachment, mind, body and brain* (pp. 107–168). New York, NY: W. W. Norton.

Spielman, E., Herriott, A., Paris, R., & Sommer, A. (2015). Building a model program for substance exposed newborns and their families: From needs assessment to intervention, evaluation and consultation. *Zero to Three Journal*, 36(1), 47–56. Retrieved July 27, 2019 from: https://eric.ed.gov/?id=EJ1123853

Stahl, M. (2000). *Essential psychopharmacology*. Neuroscientific basis and practical Applications (2nd ed.). Cambridge, UK: Cambridge University Press.

Sutter, M. B., Leeman, L., & His, A. (2014). Neonatal opioid withdrawal syndrome. *Obstetrics and Gynecology Clinics of North America*, 41(2), 317–334. doi:10.1016/j.ogc.2014.02.010.

제 16장

폭풍이 지나간 후의 희망

내재된 애도 과정을 통한 출산 전후의 슬픔이 무지개 아기와의 애착에 미치는 영향

Renee Turner, Christina Villarreal-Davis

유산은 여성의 20~30%가 일생에서 한 번은 겪는 공포스럽고 복잡한 상황이다(Ordóñez, Díaz, Gil, & Manzanares, 2018). 일반적으로 발생하는(높은 발생률을 가지는) 것에 비해 이에 대한 문헌고찰은 유산 혹은 출산 전후의 영아 사망을 경험한 여성에 대한 추적관찰이 미비하다고 보고한다(Ordóñez et al., 2018). 출산 전후의 영아 사망을 경험한 이후에 태어난 건강한 아기는 하늘에 떠있으면서 폭풍 후에 희망을 준다는 의미에서 흔히 무지개 아기(rainbow babies)라고 불린다. 출산 전후의 영아 사망이 여성의 정서적, 영적 건강에 미치는 영향에 대한 연구는 극소수이며, 남성 또는 부부에 미친 영향에 대해 연구한 바는 더 적다. 정보의 투명성을 위해 두 저자 모두 각각 임신 3개월과 6개월에 유산을 경험했다는 사실을 공개한다. 우리가 이 장을 쓰는 것은 추가적인 치료 지식과 실천을 제공함으로써 피폐한 시기를 겪고 있는 여성들이 또다른 치료적인 선택을 찾기를 희망하기 때문이다. 이 장에서 우리는 유산에 대한 정서적 반응, 출산 전후의 건강한 애착에 방해가 되는 것과 유산 후 치료 선택지에 대해 그 예가 되는 임상 사례와 함께 논의하고자 한다.

애착은 문헌에서 광범위하게 논의되고 조사되었으나 최근 몇 년간 연구자들이 애착 구조가 일생에 걸쳐 인간 발달의 다양한 측면과 모든 인간관계에 어떻게 영향을 미치는지를 연구하면서 관심은 기하급수적으로 증가되고 있다(Brandon, Pitts, Denton, Stringer, & Evans, 2009). 어머니와 영아 사이의 감정적인 유대와 연결의 과정인 모성 애착은 어머니가 출산하기 한참 전에 발생한다. 어머니와 자궁 내 태아 사이의 관계적이고 정서적인 애착에 대해 문헌에서는 '산전 애착'이라고 하였다. 그러나 유산을 경험한 어머니가 다시 임신을 하게 되면 그녀는 아직 태어나지 않은 아이와 유대를 맺는 동안 새롭거나 오래된 슬픔과 상실을 마주해야 한다는 힘겨운 과제에 직면하게 된다(O'Leary, 2004).

이 장에서 우리는 유산을 임신 주기와 관계없이 의도하지 않게 일어난 모든 상실로 정의한다. 상실에는 유산, 사산, 미숙아 출생, 난산 또는 초기 영아기 사망(예 : 생후 30일 이내 사망)을 포함할 수 있다. 이 장에서는 태아 기형으로 인한 자발적인 낙태와 임신 중절을 제외하였는데, 이러한 종류의 상실은 독특한 요인과 치료 궤적을 보이기 때문이다(Maguire et al., 2015). 우리는 또한 유산 후 바로 발생한 임신에 대해 후속임신이라고 조작적으로 정의하고 자주 언급하였다. 마지막으로, 영아 정신건강에서 (아기) 아버지와의 관계와 부부 관계가 명백히 중요하고 아버지 또한 유산의 영향을 받음에도 불구하고, 이 장의 간결함으로 인하여 우리는 유산 후 임신 여성의 경험만을 다루었다. 따라서 여기에서 언급하지 않더라도 우리는 치료 제공자가 치료적으로 적절한 경우에는 아기 아버지와 부부를 치료에 포함해야 한다는 것을 강하게 권한다.

유산의 영향

유산은 개인적이고 독특한 과정이며, 따라서 유산을 경험한 여성에게 적절한 정신건강 치료 과정을 구성하는 것은 어려운 일이 될 수 있다. 유산의 파괴적인 영향은 슬픔, 복합비애, 불안, 우울과 같은 심각한 감정이나 외상 후 스트레스 장애(PTSD) 또는 정신 질환 등을 일으킨다(추가적인 문헌고찰은

Diamond & Diamond, 2016을 참고할 것). 게다가 여성이 유산 후 임신을 하게 되면, 그녀는 슬픔을 느끼고 우울 증상을 보이고 스트레스를 받으며 또 다른 유산 가능성에 대한 만성적인 불안의 높은 위험에 직면한다(Gaudet, 2010; Ordóñez et al., 2018). 유산 후 임신 시에는 슬픔, 혼란스러움, 우울, 불안, 수치심, 공포를 포함하는 다양한 감정이 일반적으로 나타나며(Markin, 2018; Ordóñez et al., 2018), 특정 공포증, PTSD 및 건강염려증이 발생할 가능성이 증가한다(Ordóñez et al., 2018). 최근 연구 결과에 따르면 유산을 겪었을 때의 주수와 유산 후 다음 임신까지의 기간이 우울, 불안, PTSD를 포함한 정신건강 문제를 발생시키는 데 가장 중요한 요소라고 한다(Ordóñez et al., 2018). 다음 절에서는 이러한 정신건강 문제를 자세히 설명한다.

불안과 우울

후속임신에서 여성이 유산을 경험한 주수에 다가갈수록 높은 수준의 불안을 경험하는 일은 놀라운 일이 아니다(Hunter, Tussis, & MacBeth, 2017). 구체적인 스트레스 요소에는 정기검진, 복부 초음파 검사와 자신이 태아를 출산까지 잘 키울 수 있을 것인가에 대한 공포가 포함된다(Markin, 2018; Ordóñez et al., 2018). 갑작스러운 유산에 대한 불안과 특정 공포는 '정상'이라는 초음파 결과를 받거나 지난 유산 주수를 넘겼을 때 감소한다는 것을 보호자에게 배우도록 권장할 수 있다(Hunter et al., 2017). 반면 우울은 정체성 상실, 부부 관계의 갈등, 사회적 신분/지원의 변화 또는 상실로 인해 더 오래 지속된다(Jaffe & Diamond, 2011). 한 연구에서는 유산을 경험한 여성 가운데 1/3이 성공적인 출산 후에도 지속되는 우울을 경험했다고 보고하였다(Hunter et al., 2017). 우울과 불안에 대한 추가 연구에서 Blackmore 등(2011)은 어머니 가운데 15%는 그와 같은 증상을 출산 후 3년까지도 경험한다는 것을 확인하였다. 게다가 이러한 발견을 검증하기 위해 2017년에 수행한 한 메타 분석에서는 유산 후 임신한 경우 불안과 우울 정도가 임신 기간 내내 증가했다는 것을 확인할 수 있었다(Hunter et al., 2017). 따라서 보호자는 산모가 출산 전후 상실

이력이 있는 경우, 임신 중 또는 산후 우울증에 대한 선별 검사를 해야 하며 필요한 경우 정신건강을 위해 전원을 요청해야 한다.

외상 후 스트레스 장애

유산에 대한 반응은 외상 후 스트레스 장애의 증상을 포함하여 여성으로 하여금 자신의 건강과 또 다른 유산에 대한 공포에 지나치게 예민해지게 한다. Turton, Hughes, Evans와 Fainman(2001)은 유산으로 인해 PTSD 관련 증상이 나타날 위험이 증가하며, 유산 혹은 사산 후 임신한 여성의 약 21%가 PTSD 진단 기준을 충족한다고 보고하였다. Daugirdaitė, van den Akker와 Purewal(2015)은 유산으로 인해 PTSD 진단을 받은 산모 가운데 2/3는 후속 임신과 출산 이후에도 최대 12개월까지 증상이 이어지는 것을 보고하였다. 연구 결과에 따르면 유산을 경험한 임신 주수보다 이후의 주수에서도(예를 들자면 6주 차에 유산을 했지만 임신 27주 차에서도) PTSD로 진단받을 가능성이 증가한다고 보았다. 다른 연구에서는 유산 후 다음 임신까지의 기간이 짧을수록 PTSD 증상이 증가한다고 하였으며(DeBackere, Hill, & Kavanaugh, 2008), 이는 앞에서 인용한 우울의 증상이 증가한다고 한 것과 일맥상통한다. 보호자는 산모가 유산 경험이 있다면 산전, 산후에 PTSD에 대한 선별 검사를 해야 하며 필요한 경우 정신건강을 위해 전원을 요청해야 한다.

애도

애도 과정은 일반적이며 예상되는 반응이다. 연구에 따르면, 유산 후 애도 증상은 일반적으로 12~18개월 이내에 완화된다(Hutti, Armstrong, Myers, & Hall, 2015). 그러나 일부 보고에 따르면 여성의 25~30% 이상이 복합비애를 경험하는데(Kersting & Wagner, 2012; Ordóñez et al., 2018), 이는 끈질기고도 오래 지속된다(Worden, 2009). Markin(2018)은 유산의 애도가 "건강한 아기의 출산을 넘어, 수년에 걸쳐 나타난다."라고 하였다. 유산의 경우, 종종 지원이 없으므로 복합비애와 박탈된 애도가 함께 가는 것으로 보인다(Worden,

2009).

박탈된 애도는 공개적으로 인정되고 처리되지 않는 상실의 한 유형이다 (Doka, 1989). 유산, 특히 자연유산(의학적으로 임신 20주 이전 사망으로 특정 지어짐)은 서양에서 항상 애도의 정당한 형태로 보이는 것은 아니다 (Markin, 2018). 가족들과 친구들, 목회자, 그리고 의료진들은 종종 자신도 모르게, 특히 그 부부가 젊거나 다른 자녀가 있는 경우 유산의 슬픔을 최소화 한다. "다시 가져봐." 그리고 "그래도 너는 이미 아이가 있잖아."와 같은 말은 애도하는 이가 임상적 지원을 받을 가능성을 더욱 줄여놓는다. 시간이 지나 면서 점차 줄어드는 전형적인 애도의 패턴과는 달리, 박탈된 애도과 복합비 애는 지속되며 죄책감, 수치심, 분노 또는 원망의 감정을 증가시킬 수 있다.

애도는 임신 20주 이상, 불임, 살아있는 자녀, 결혼 만족을 포함하는 몇 가 지 요소들에 영향을 받는 것으로 보인다(Daugirdaitė et al., 2015). 임상가는 복합비애가 증가할 가능성이 있으므로 이러한 주요 요인을 고려해야 한다.

출산 전후 상실 후의 모성 애착

태아 애착에 대한 이해는 태아 상실과 함께 오는 감정적인 고통과 슬픔을 이 해하는 토대가 될 것이다. 산후 애착이 태아 애착과 유의미한 상관관계가 있 기 때문에 유산을 경험한 여성은 산모-영아 애착이 손상될 위험이 더 크다 (Kinsey, Baptist-Roberts, Zhu, & Kjerulff, 2014). Kinsey와 동료들은 또한 유 산 후 어머니와 자녀의 관계를 조사한 여러 연구를 확인하였고 "이 연구들은 모두 유산 후 태어난 부모와 자녀 사이의 정서적 관계의 혼란을 기술한다."라 고 결론지었다. 산후 애착을 더 잘 이해하기 위해서는 애착 유형뿐 아니라 태 아 애착과 유대의 기초에 대한 간략한 설명이 탐색되어야 한다.

태아 애착의 시작

임신 과정에 대한 박사학위 연구를 수행한 간호사인 Reva Rubin은 산모의 임신 중 애착에 대한 개념을 소개하고 공식화한 것으로 인정받았다(Brandon et al., 2009). Rubin(1975)은 그녀의 연구에서 출산 전에 지나가는 네 가지 모성 과업을 발견하였다. (1) 자기와 아기를 위한 안전을 추구하고, (2) 다른 사람들이 아기를 완전히 받아들이는 것에 대해 보장하고, (3) 유대라고 일컬어지는 자기감에 아기를 결합시키고, (4) 그녀 자신을 부양한다. Brandon 등은 Rubin이 임신의 심리적 경험을 기술하면서 애착이라는 용어를 사용하지는 않았으나, 그녀의 연구에서 여성들은 (임신기) 6개월 말경 그들 안에서 자라고 있는 태아에 대한 인식뿐 아니라 태아에게 큰 의미를 부여하면서 의미 있는 기쁨과 자부심을 경험했다고 하였다.

유산 후 태아와의 유대

기술된 연구 결과에서는 슬픔의 영향을 확인하였고, 유산 후 임신을 맞이한 여성에게 태아와의 유대가 압도적인 과제라는 것을 강조하며, 이는 임신 중 태아와의 애착에 어려움을 야기한다고 밝히고 있다. 유산 이력이 있는 여성과 유산 이력이 없는 여성을 비교한 두 개의 연구 집단에서 유산 이력이 있는 여성이 임신 중에 태아에 대한 애착이 더 낮다고 보고되었다(Armstrong & Hutti, 1998; Gaudet, 2010). Côté-Arsenault와 Donato(2011)에 따르면, 출산 전 유산을 경험한 임산부들은 종종 다시 겪을 유산의 상실을 우려하여 태아와의 유대를 피함으로써 자신의 감정을 보호한다. 이 연구자들은 정서를 완충하는 메커니즘에 대하여 설명하였는데, 이것은 임산부가 자신의 감정, 불안의 정도, 다른 유산이 가져올 고통의 가능성으로부터 스스로를 보호하기 위해 사용하는 의식적이거나 잠재의식적인 방법을 말한다. 게다가 그들은 정서 완화의 효과가 어머니와 아기 사이의 미래 관계에 영향을 미칠 수 있는 지연된 애착[Rubin(1975)에 따르면 유대라고 알려진 애착]으로 이어질 수 있다고 강조했으며, 이는 미래에 어머니와 영아 사이의 관계에 영향을 미칠 수 있다.

유산과 관련된 오랜 감정이 수면 위에 다시 떠오를 때 해결되지 않은 슬픔은 태아기의 유대와 애착에 방해될 수 있다. O'Leary(2004)에 따르면 현재의 임신은 과거의 상실과 얽혀있고, 따라서 태아 애착은 과거의 경험, 감정, 그리고 해결되지 않은 슬픔의 맥락 안에서 일어난다. 임상적 실제 경험에 기초하여, 새로운 임신은 상실과 관련된 정서를 촉발하는 감정을 재활성화한다. 이처럼 O'Leary는 애착과 상실이 매우 복잡한 방식으로 함께 합쳐져서 어머니는 다른 아기에 대한 상실을 슬퍼하는 동시에 그들의 태아와 유대감과 애착을 맺는 상황에 직면하게 된다고 가정하였다. 마찬가지로 Markin(2018, p. 285)은 다음과 같이 말했다.

> 혼란 없이, 이러한 주관적인 경험들, 삶과 죽음, 상실과 사랑, 그리고 결코 알 수 없었던 죽은 아기에 대한 환영과 아직 만나지 못한 미래 아기의 이미지를 나란히 마음속에 간직할 수 있는 능력은, 조금도 과장하지 않고 말해도 몹시 힘겨운 과제이다.

그러나 Ordóñez 등(2018)은 그들의 문헌고찰에서 유산의 영향이 광범위한 정신병리로 이어질 수 있고 산모와 태아 사이의 애착의 질에 지장을 줄 수 있지만, 그럼에도 불구하고 심리적 지원은 태아 애착의 장벽을 극복하는 데 긍정적인 결과를 보인다고 하였다.

애착과 유대의 기초

Broderick과 Blewit(2015)에 따르면 애착은 일련의 행동이 아닌 시스템으로서 세 가지 목적을 위한 것으로 설명되었다. 영아와 양육자 간 근접(근접성 유지라 칭함)을 통한 정서적 유대감을 기르고, 지속적인 보호(안전 기지라 칭함)를 위한 능력을 제공하며, 영아가 심란할 때 쉴 곳(안식처라 칭함)을 만든다. 이 저자들은 또한 미소 짓기부터 울기까지 모든 영아들의 다양한 행동이 애착 기능으로서 제공된다고 하였다. 게다가 영아가 울거나 매달리거나 또는 어떤 다른 방식으로 고통스러운 징후를 보일 때, 영아의 애착 시스템은 활성화되고 영아는 고통이 증가하는 것을 멈추기 위해 양육자에게서 안도를 찾고 있

다(Broderick & Blewit, 2015). 양육자가 영아의 행동과 불편함에 대한 징후에
어떻게 반응하는가는 궁극적으로 그의 애착 수준을 이끌고 영향을 미칠 것이
다(Bowlby, 1958; Ainsworth, Blehar, Walters, & Wall, 1978).

애착 유형

Bowlby(1958)는 어머니와 아기 사이의 정서적 애착과 유대에 초점을 맞춤으
로써 영아기 인간 발달의 이해를 심화시키고 논의한 첫 번째 사람이다. 그는
공포에 근거한 영아의 초기 목표는 생존을 위한 유일한 목적으로 그들의 어
머니와 신체적으로 근접하여 있는 것이라고 하였다. Bowlby의 동료인 Mary
Ainsworth는 어머니에 대한 영아의 애착이 생물학적 의미 이상이며, 어머니
의 정서적 반응과 행동에 대한 영아의 감정을 포함한다고 믿었다(Ainsworth
et al., 1978). 그녀의 연구는 안정 애착, 불안-양가적 불안정 애착, 회피 불
안정 애착이라는 애착 유형으로 어머니와 자녀 간 행동의 기초를 과학적
으로 기술하려는 최초의 시도였다. Ainsworth의 연구에 기초하여 Main과
Solomon(1990)은 혼동-혼미 불안정 애착을 구별했다.

　Ainsworth와 동료들(1978)은 그들의 연구에서 대부분의 영아들은 안정적
으로 애착되었다는 것을 발견했으며, 이는 영아가 그들의 어머니로부터 반응
적이고 민감한 돌봄을 경험했을 때, 영아가 안전과 안정감을 느끼고 안정 애
착과 그들의 이용 가능한 안전 기지를 기반으로 주변 세계를 탐색할 수 있는
자신감으로 이끌었다는 것을 의미한다. 그러나 Ainsworth의 연구에서 일부
영아는 불안정 애착 패턴을 보였다. 불안-양가적 불안정 애착 범주에 있는
영아들은 어머니가 존재할 때에도 안정감과 안전을 확인할 수 없는 것처럼
높은 수준의 불안을 드러내는 패턴을 보였다. 그다음 회피 불안정 애착의 범
주에 있는 영아들은 그들의 어머니와 분리되었을 때 울지 못했으며, 어머니
가 돌아왔을 때 움직이거나 외면하는 것으로 어머니를 피하거나 무시하는 모
습을 보였다. 일부 감정적 고통을 보인 다른 범주의 영아들과는 다르게, 이 범
주에 있는 영아들은 어머니와 분리되고 다시 결합하는 동안 감정이 없어 보

였다. 마지막으로 혼동-혼미 불안정 애착 유형의 영아들은 스트레스 상황에서 조직적인 행동 패턴을 보이지 않았고, 이러한 영아들의 행동은 비일관적이고 양가적이었으며, 어색한 움직임, 혼란스러움을 보이고 상당한 시간 동안 자리에서 얼어붙고, 어머니에 대해 걱정하고 불안해하는 모습이었다(Main & Solomon, 1990).

유산 경험 후 산후 애착과 애착 유형

앞서 논의한 바와 같이, 유산과 관련된 해결되지 않은 슬픔, 우울, 불안, PTSD 증상은 출산 후 산모-영아 관계에 깊은 영향을 미칠 수 있다. Markin(2018)은 이전 유산의 애도에 대한 어머니의 정신적 안녕이 후속 아기에 대한 애착 행동과 유대감에 중요한 부분을 담당한다는 것을 여러 연구에서 언급하였다. 게다가 일부 연구에서는 그들의 영아와 어머니의 상호작용 또는 유산 후 그들의 자녀에 대하여 어떻게 인식하고 있는지를 조사한 후 어머니와 자녀 간 관계에 대한 우려를 시사했다(Hunfeld, Taselaar-Kloos, Agterberg, Wladimiroff, & Passchier, 1997; Turton, Badenhorst, Pawlby, White, & Hughes, 2009). 그러나 산모-영아 유대감을 조사한 다른 연구에서는 유산후 유대감의 수준에서 의미 있는 차이를 발견하지 않았다(Kinsey et al., 2014; Price, 2008). Kinsey 등(2014)의 연구에서는 "일부 여성들이 유산 이력과 관련하여 유대감을 손상받을 수 있지만, 대다수의 여성들은 유산 이력에도 불구하고 그들의 영아와 건강한 유대를 형성한다는 사실을 임상가들이 인식하는 것이 중요하다."라고 시사하였다. 그러나 일부 여성들은 우울과 불안의 더 심각한 증상을 경험할 수 있기 때문에, 다음 절에서는 이러한 주제에 대하여 살펴볼 것이다.

산후 우울과 애착

Dubber, Reck, Müller와 Gawlik(2015)에 따르면 산후 우울증은 어머니와 자녀의 관계와 유대감 경험 및 상호작용에 부정적인 영향을 미칠 수 있다.

Dubber와 동료들(2015)은 산모-영아 상호작용에 관한 여러 연구를 검토하였고 우울한 어머니들이 빈번하게 순종적이고 철회되어 있으며 반응이 없거나 침습적인 모습으로 묘사된다고 보고하였다. 또한 Atkinson 등(2000)의 메타 분석에서는 산모의 우울증이 미래 아동의 안정 애착과 안전감에 의미 있는 영향을 미친다는 것을 발견하였다. 이러한 발견은 산후 우울증이 산모-영아 애착에서 중요한 역할을 한다는 것을 시사하며, 그러므로 초기 개입의 필요성을 강조한다.

산후 불안과 애착

문헌에서 산후 불안의 부정적인 영향은 산후 우울의 영향만큼 분명하지 않다(Dubber et al., 2015). 연구에서 Dubber와 동료들은 산후 불안이 어머니의 정서적 유대에 영향을 미친다고 결론 내리지 않았다. 그러나 연구자들은 이전의 연구에서 명시된 "증가된 불안은 … 출산 후에 유대를 위해 자녀와 민감하게 상호작용하는 어머니의 능력을 방해하는 것으로 보였다."(p. 188)에 주목하였다.

치료

유산으로 인한 합병증과 유산을 슬퍼하는 여성의 심리치료에 대한 연구는 거의 없다. 마찬가지로, 유산으로 슬퍼하는 여성이나 임신한 여성을 위해 설계된 증거 기반 치료 양식이나 지침은 없다. 일반적으로 내담자에게 '지금 여기'에 기반하고, 표준화하고, 타당한 개입을 사용하는 것을 추천한다(Diamond & Diamond, 2017). 현재 실시되는 치료에 대해 살펴보자.

출산 이야기 탐색하기

Jaffe와 Diamond(2011)는 그들이 '출산 이야기'라고 부르는 전반적인 슬픔의 서사를 기술한다. 출산 이야기의 목적은 "(a) 출산 이야기가 그들의 정체성에 핵심 요소일지라도 그들 자신의 한 측면이라는 것을 이해하고, (b) 그들의 슬픔과 상실감을 헤쳐나가며, (c) [그] 이야기가 편집되고 다시 쓰일 수 있도록 수용하는 것이다"(Jaffe, 2017, p. 380). 이 무의식적인 이야기는 주로 아동기에 시작되며, 태어나지 않은 아동과의 미래 상호작용에 대한 환상과 함께 가족, 부모, 관계, 물려받은 유산에 대해 내재된 믿음을 가지고 있다. 임신 전이나 임신 과정에서 출산 이야기는 대체로 무의식적으로 남아있다. 그러나 유산으로 인하여 수면 위로 떠올라 범람하게 된다. 만약 어머니(여성)들이 이미 그들의 정체성을 어머니로 옮겨갔다면, 이 혼란으로부터 정체성 상실이 올 수 있다. 출산 이야기는 문화, 종교, 가족, 동료 집단의 영향을 받으므로, 정신건강 종사자가 내담자가 가진 부모가 되어가는 것과 상실을 경험하는 것에 대한 고유한 의미를 탐색하는 것은 매우 중요하다(Jaffe & Diamond, 2011). 출산 이야기에서 상실은 정체성과 자기개념에서의 추가적인 상실을 촉발할 수 있으며(Diamond & Diamond, 2017), 이는 애도와 회복에 더 큰 영향을 미칠 수 있다. 출산 이야기는 치료 과정에서 중요한 역할을 하며 이 장의 '치료' 절에서 논의된다.

인지행동치료

한 연구에서, 인지행동치료(CBT)는 슬픔에 빠진 어머니들이 상실을 수용하는 것을 촉진하고 그들 자신과 건강한 임신을 유지할 수 있는 그들의 신체 능력에 대한 부정적인 믿음을 재구성하는 데 도움이 되는 것으로 나타났다(Wenzel, 2017). 유사한 연구에서, CBT는 슬픔과 외상 후 스트레스 장애 증상의 감소를 보여주었다(Kersting, Kroker, Schlicht, Baust, & Wagner, 2011). 고무적이긴 하나 이러한 결과들은 그 어떤 문헌에서도 다시 반영되지 않았으며, 연구에서도 불안의 신체화나 특성이 의미 있게 감소하였다고 기술되지 않았다. 그러므로 몸과 마음을 결합한 전체적인 접근이 정당할 것이다.

구현된 스토리텔링

Markin(2018)은 임신을 심리적 · 정서적 · 영적 경험으로 보기보다는 단순히 의학적 · 생물학적 사건으로만 보는 문화적 현상을 기술하고 있다. 게슈탈트와 신체 기반 치료를 적용하는 것은 잃어버린 부분을 통합하고 임신으로 잃게 된 신체의 구성 요소를 처리하기 위해[예 : 소파수술(D&C), 임신 후기 태아 출산] 증가된 신체의 인식을 촉진할 수 있다는 이유가 된다.

구현이란 감정과 신체 감각, 그리고 경험에 대한 통합된 인식을 가지고 살아가는 것을 말한다(Herbert & Pollatos, 2012; Piran & Teall, 2012). 구현된 스토리텔링은 온몸을 언어의 도구로서 의도적으로 사용하여 이야기를 들려주는 것을 포함한다. Norrmann-Vigil(2015)은 내담자에게 "그들 자신의 경험을 이해하는 가운데서도 때로는 전형적인 몸짓 너머에 있는 과거의 트라우마를 분명하게 표현할 수 없다."(p. 74)라고 말함으로써 구현된 스토리텔링의 중요성을 강조했다. 외상적 유산 후, 마음은 몸의 경험을 파악하지 못할 수 있다(Norrmann-Vigil, 2015). 그러므로 상징적이고 제스처적인 치료가 필요할 수 있다. 상실의 구현은 'show me' 또는 'act it out'과 같은 게슈탈트 기법을 사용하거나, 무의식적이고 신체적인 것들을 끌어내기 위한 모래 상자 치료를 사용하여 나타날 수 있다.

지속적인 유대 확립

죽은 자들과 지속적인 유대를 유지하는 것은 장기적인 슬픔의 결과를 향상시키는 것으로 사료된다(Worden, 2009). 죽은 자에 대한 의례나 추도식에 참석하는 것은 지속적인 유대를 강화하는 하나의 방법이다(Jaffe & Diamond, 2011; Worden, 2009). 불행하게도, 앞에서 언급된 바와 같이, 임신기의 상실은 종종 최소화되어 지속적인 유대를 갖거나 유지할 기회를 축소한다(Doka, 1989; Markin, 2018; Worden, 2009). 결과적으로 보호자는 슬픔에 빠진 어머니가 자녀(들)에게 어떻게 작별 인사를 했는지 탐색할 수 있다. 불완전한 작별은 미래의 성공적인 임신을 포함하여 미래에 맺는 애착에서 같은 증상을 만들 수 있다(Garcia, 2012). 끝나지 않은 과제의 느낌을 줄이기 위해 보호자는 경험적 개입(예 : 빈 의자, 유도된 심상) 또는 이야기 기반 지원 집단을 찾을 수 있다(Ordóñez et al., 2018).

기억 상자, 콜라주, 추도문 또는 시 쓰기, 저널 쓰기와 같은 표현적 개입은 잃어버린 아이에 대하여 실제하는 표현물을 제공한다(Jaffe & Diamond, 2011). 슬픔의 과정을 촉진하는 데 도움이 되는 다른 의례로는 장례를 치르거나 추도식, 기념나무 심기, 아기 이름으로 기부하기, 아기를 기념하는 재단 설립 등이 있다(Diamond & Diamond, 2017). 보통의 장례식이나 추모 기간이 지났을 때, 저자(제1 저자)는 내담자들에게 작별 인사를 할 수 있었다면 하고 싶었을 마지막 순간을 상상해보라고 권하였다. 마지막으로 우리는 또한 특히 사망증명서가 발급되지 않는(20~24주, 각 주 또는 지역마다 다름) 출산 전후 사망한 아기에게 이름을 지어주는 것이 도움이 된다는 사실을 발견했다.

실제로 유산을 경험하는 모든 여성에게 치료 지원이 필요하거나 요구되는 것은 아니다. 그러나 연구에서는 전문적인 지원을 받지 않는 산모는 부정적이고 장기적인 결과를 경험할 가능성이 높다고 시사한다(Shear, 2012). 그러므로 본 저자들은 유산 과정과 수용에 도움이 될 수 있는 일화적인 정보를 제공한다. 임신기 상실에 대한 치료를 수립하고자 할 때는 문화, 나이, 성적 지향, 결혼 만족도, 정신건강 이력과 같은 개인적인 요소를 고려해야 한다.

사례

에이버리는 독일-페루 혼혈이고 노동자 계급인 30세 여성이다. 그녀는 27주 차에 아들을 조산한 후 사라지지 않는 우울 증상을 치료하기 위해 4주 전에 그녀의 산부인과 의사로부터 정신과 외래로 전원되었다. 그녀의 아들 알렉스는 출생 후 대략 네 시간을 생존했으나 생명을 지속하기에는 너무 미숙하였다. 에이버리가 임신 중 너무 건강하였고 어떠한 임신 합병증도 없었기 때문에 의사는 조산의 이유를 설명하지 못하였다. 그녀는 임신 전 주요 우울 장애로 진단되었고, 알렉스의 출생 이후 PTSD 증상을 보였다. 에이버리에게는 다른 자녀가 없었다. 그녀는 곧 직장으로 돌아가야 했고 직장 동료들을 '대면'할 자신이 없었다. 그녀는 동료 중 몇몇에게 연락을 취했다고 하였으나 "그들은 내가 무슨 일을 겪었는지 전혀 몰라요."라고 하였다.

에이버리와의 첫 번째 회기 동안 그녀는 그녀의 출산 이야기를 분명하게 하지 않았다. 그녀는 어머니와 남편에게 출산 경험에 대해 이야기하였지만, 누구에게도 지지받지 못하였다고 말했다. 그녀의 어머니는 안타까워하였으나 "네가 어떻게 느낄지 알아. 나도 8주 차에 유산한 적이 있어."라고 말함으로써 그녀의 감정을 억눌렀다. 그녀의 남편은 지지적이었으나 '다시 시도'할 준비가 이미 되어있었다. 그녀는 빠르게 임신해야 한다는 압박을 느꼈으며, 알렉스를 잃은 것에 대해 슬퍼하지 않는 남편에게 분개하였다. 처음 두 회기에서 치료사는 슬픔의 진행 과정에 대한 심리교육과 짧은 정서적인 지지를 제공하였고 그녀의 슬픔, 분노 그리고 아들을 그리워하는 마음을 정상화하였다.

치료사가 그녀의 슬픔 과정을 정상화하고 라포를 형성하자 에이버리는 그녀의 출산 이야기를 시작하였다. 이 치료 단계에서는 에이버리가 자신의 가족 구도와 아기를 가져야 하는 데 대한 신념에 대해 설명해야 했기 때문에 회기는 몇 회에 걸쳐 진행되었다. 그녀는 다섯 남매 가운데 첫째였고, 누군가를 돌보는 것은 그녀의 정체성 가운데 하나였다. 그녀는 또한 자신은 "항상 아이를 가지기를 원했고", 알렉스를 임신하는 데 "오랜 시간"이 걸렸다고 하였다.

치료의 다음 단계에서 우리는 유산으로 인한 그녀의 신체적 · 정신적 외상에 대해 탐색하기 시작하였다. 에이버리는 그녀가 출산 시 있었던 특정한 사건을 기억해내지 못하는 것에 대해 어떻게 느꼈는지를 표현하는 데 어려움이 있었다. 치료사(제1 저자)는 그녀의 출산 이야기와 그녀가 겪은 신체의 상실감 사이의 연결을 촉진하기 위하여 촉진적인 신체 질문(예 : "당신이 이런 이야기를 했는데, 몸 어디에서 그렇게 느꼈나요?")을 활용하여 상징적 스토리텔링 기법을 사용하였다. 에이버리는 출산 시 그녀가 분만 준비가 되기 전에 의사가 "힘주세요."라고 강요한 것에 대해 분노감을 가지고 있었다. 그리고 그녀가 출산 후 알렉스를 안아줄 수 있었을 때 그녀는 그를 '보내줄' 준비가 안되었다고 느꼈고, '한 번 더 안아보고 싶다'는 강렬한 신체적 욕구를 느꼈다.

치료의 그다음 단계에서 그녀의 슬픔을 확인하였고 지속되는 유대를 확립하고자 하였다. 유도된 심상과 표현 예술을 통해 에이버리는 알렉스에게 "안녕."이라고 말하였고 추억 상자를 만들었다. 다음 회기 동안 그녀는 초음파 사진과 모자가 함께 찍은 사진을 가져와서 추억 상자에 같이 넣었다. 우리는 다른 유도된 상상으로 모래 상자 치료를 이용하여 에이버리와 알렉스가 함께 있는 이미지를 특별한 공간에 고정시켰다. 몇 주 후 에이버리는 임신 10주 차라고 말했다. 그녀는 당연하게도 또 다른 유산에 대해 공포를 느끼고 있었으며 "내가 알렉스를 이렇게 그리워하고 있는데, 어떻게 이 아이를 사랑할 수 있겠어요? 난 알렉스를 잊고 싶지 않아요."라면서 죄책감을 호소하였다.

치료의 다음 단계는 "또 그런 일이 생기면 어떡해요? 나는 이 아기를 너무 많이 사랑하는 것이 두려워요."라며 그녀가 다른 아이와 유대를 갖는 것에 대한 죄책감과 또 다른 유산에 대한 두려움을 다루는 것에 초점을 두었다. 불안이 증가함에 따라 에이버리는 아기를 '보는' 것에 집착하여 2주에 한 번씩 초음파 검사를 하고 심장박동을 듣기를 요청하고 있었다. 그녀가 두려움을 직시하고 현재에 굳건하도록 CBT, 그라운딩 그리고 안정화 운동을 복합하여 사용하였다. 에이버리가 자신의 새로운 임신에서 애착을 맺는 데 어려움을 겪는 것이 분명했기 때문에 우리는 그녀의 유대를 강화하기 위해 여러 애착 기반 치료 개입을 시행하였다. 우선 에이버리는 두 아기가 모두 포함된 일련의 모래 상자를 만들었다. 그녀는 '두 아기가 모두 나와 함께 있다'는 것을 시각적으로 보는 것이 그녀에게 신체적으로 평온한 느낌을 받게 한다고 보고하였다. 마지막으로 치료사는 상징적 스토리텔링을 활용하여 에이버리에게 자신의 배에 '그림'을 그리면서 그녀의 아기에게 '이야기'를 하는 애착 기반 방법을 가르쳐주었다. 에이버리에게는 이 의식화된 유대 강화를 위해 매일 밤 잠자기 전에 자신의 태아에게 '배꼽 이야기'를 '들려'주도록 격려하였다. 에이버리는 출산 6주 후에 종결 회기를 가졌고, 그동안 그녀의 딸 아비가일에게 배꼽 이야기를 계속하였다. 치료 종결 시 에이버리는 그녀의 결혼 생활 문제를 해결하기 위해 부부상담을 요청했으나 아비가일과는 안정 애착을 맺은 것으로 보였다.

요약

임신의 기쁨과 흥분은 여성이 유산의 상실에 직면할 때 빠르게 사라진다. 애도의 정서적 여파는 박탈된 애도, 복합비애, 해결되지 않은 슬픔, 불안, 우울 및 PTSD로 이어질 수 있는 반면, 또 다른 상실이 가능하다는 사실에 대한 정서적 고통(즉, 정서적 완충), 공포와 불안의 수준, 그리고 해결되지 않은 슬픔은 태아기 유대에 깊은 영향을 미치고 태아 애착에 방해가 될 수 있다. 유산의 영향은 또한 산후 애착에 영향을 미치며 산모–영아 유대 관계에 부정적인 영향을 미칠 수 있다. 연구는 산후 우울이 산모–영아 애착에 중요한 역할을 한다고 나타내고 있으나, 연구자들은 산후 불안이 산모–영아 애착을 방해한다고 시사한다. 긍정적인 관점에서 보면, 출산 전후 상실의 영향을 경험하는 여성들에게 희망이 있으며, 영아 정신건강 종사자뿐 아니라 임상가들도 해결되지 않은 슬픔과 애착 장애의 징후와 증상을 인지해야만 한다. 비록 출산 전후 상실과 관련된 증상을 치료하는 데 사용된 실증적으로 검증된 이론과 양식이 없을지라도 연구자들은 지금 여기에 초점을 맞추고, 여성들의 감정과 경험을 입증하고, 출산 이야기를 탐색하고, CBT를 활용하고, 구현된 이야기를 실행하고, 언어적·표현적 예술 개입을 통해 지속되는 유대 관계를 확립하는 개입 및 방법을 제안하였다.

참고문헌

Ainsworth, M. D. S., Blehar, M. C., Walters, E., & Wall, S. (1978). *Patterns of attachment: A psychological study of the strange situation.* Hillsdale, NJ: Erlbaum.

Armstrong, D., & Hutti, M. (1998). Pregnancy after perinatal loss: The relationship between anxiety and prenatal attachment. *Journal of Obstetric, Gynecologic and Neonatal Nursing*, 27(2), 183-189. https://doi.org/10.1111/j.1552-6909.1998.tb02609.x

Atkinson, L., Paglia, A., Coolbear, J., Niccols, A., Parker, K. C. H., & Guger, S. (2000). Attachment security: A meta-analysis of maternal mental health correlates. *Clinical Psychology Review*, 20(8), 1019-1040. https://doi.org/10.1016/S0272-7358(99)00023-00029

Blackmore, E. R., Côté-Arsenault, D., Tang, W., Glover, V., Evans, J. G., Golding, J., & O'Conner, T. G. (2011). Previous prenatal loss as a predictor of perinatal depression and anxiety. *The British Journal of Psychiatry*, 198, 373-378. http://dx.doi.org/10.1192/blp.bp.110.083105

Bowlby, J. (1958). The nature of the child's tie to his mother. *International Journal of Psycho-Analysis*, 39, 350-373.

Brandon, A. R., Pitts, S., Denton, W. H., Stringer, A., & Evans, H. M. (2009). A history of the theory of prenatal attachment. *Journal of Prenatal and Perinatal Psychology and Health*, 23(4), 201-222.

Broderick, P. C., & Blewit, P. (2015). *The life span: Human development for helping professionals* (4th ed.). Boston, MA: Pearson Education.

Côté-Arsenault, D., & Donato, K. (2011). Emotional cushioning in pregnancy after perinatal loss. *Journal of Reproductive and Infant Psychology*, 29(1), 81-92. http://dx.doi.org/10.1080/02646838.2010.513115

Daugirdaitė, V., van den Akker, O., & Purewal, S. (2015). Posttraumatic stress and posttraumatic stress disorder after termination of pregnancy and reproductive loss: A systematic review. *Journal of Pregnancy*, 2015, 1-14. https://doi.org/10.1155/2015/646345

DeBackere, K. J., Hill, P. D., & Kavanaugh, K. L. (2008). The parental experience of pregnancy after perinatal loss. *Journal of Obstetric, Gynecologic & Neonatal Nursing*, 37(5),

525-537. https://doi.org/10.1111/j.1552-6909.2008.00275.x

Diamond, D. J., & Diamond, M. O. (2016). Understanding and treating the psychosocial consequences of pregnancy loss. In A. Wenzel (Ed.), *Oxford handbook of perinatal psychology* (pp. 487-523). New York, NY: Oxford University Press.

Diamond, D. J., & Diamond, M. O. (2017). Parenthood after reproductive loss: How psychotherapy can help with postpartum adjustment and parent-infant attachment. *Psychotherapy*, 54(4), 373-379. https://doi.org/10.1037/pst0000127

Doka, K. J. (1989). *Disenfranchised grief: Recognizing hidden sorrow*. Lexington, MA: Lexington Books.

Dubber, S., Reck, C., Müller, M., & Gawlik, S. (2015). Postpartum bonding: The role of perinatal depression, anxiety and maternal-fetal bonding during pregnancy. *Archives of Women's Mental Health*, 18(2), 187-195. http://dx.doi.org/10.1007/s00737-014-0445-4

Garcia, F. (2012). Healing good-byes and healthy hellos: Learning and growing from painful endings and transitions. *Transactional Analysis Journal*, 42(1), 53-61. http://dx.doi.org/10.1177%2F036215371204200107

Gaudet, C. (2010). Pregnancy after perinatal loss: Association of grief, anxiety and attachment. *Journal of Reproductive and Infant Psychology*, 28(3), 240-251. http://dx.doi.org/10.1080/02646830903487342

Herbert, B. M., & Pollatos, O. (2012). The body in the mind: On the relationship between introception and embodiment. *Topics in Cognitive Science*, 4, 692-704. doi:10.1111/j.1756-8765.2012.01189.x.

Hunfeld, J. A. M., Taselaar-Kloos, A. K. G., Agterberg, G., Wladimiroff, J. W., & Passchier, J. (1997). Trait anxiety, negative emotions, and the mothers' adaption to an infant born subsequent to late pregnancy loss: A case-control study. *Prenatal Diagnosis*, 17(9), 843-851.

Hunter, A., Tussis, L., & MacBeth, A. (2017). The presence of anxiety, depression and stress in women and their partners during pregnancies following perinatal loss: A meta-analysis. *Journal of Affective Disorders*, 223, 153-164. http://dx.doi.org/10.1016/j.jad.2017.07.004

Hutti, M. H., Armstrong, D. S., Myers, J. A., & Hall, L. A. (2015). Grief intensity, psychological well-being, and the intimate partner relationship in the subsequent pregnancy after a perinatal loss. *Journal of Obstetrics and Gynecological Neonatal Nurses*, 44(1), 42-50. https://dx.doi.org/0.1111/1552-6909.125391

Jaffe, J. (2017). Reproductive trauma: Psychotherapy for pregnancy loss and infertility clients from a reproductive story perspective. *Psychotherapy*, 54(4), 380-385. https://dx.doi.org/10.1037/pst0000125

Jaffe, J., & Diamond, M. O. (2011). *Reproductive trauma: Psychotherapy with infertility and pregnancy loss clients*. Washington, DC: American Psychological Association.

Kersting, A., & Wagner, B. (2012). Complicated grief after perinatal loss. *Dialogues in Clinical Neuroscience*, 14(2), 187–194. Retrieved from https://www.ncbi.nlm.nih.gov/pmc/articles/PMC3384447/

Kersting, A., Kroker, K., Schlicht, S., Baust, K., & Wagner, B. (2011). Efficacy of cognitive behavioral internet-based therapy in parents after the loss of a child during pregnancy: Pilot data from a randomized controlled trial. *Archives of Women's Mental Health*, 14(6), 465–477. https://dx.doi.org/10.1007/s00737-011-0240-4

Kinsey, C. B., Baptiste-Roberts, K., Zhu, J., & Kjerulff, K. (2014). Effect of miscarriage history on maternal-infant bonding during the first year postpartum the first baby study: A longitudinal cohort study. BMC Women's Health, 14, 83–90. http://dx.doi.org/10.1186/1472-6874-14-83

Maguire M., Light A., Kuppermann M., Dalton V. K., Steinauer J. E., & Kerns J. L. (2015). Grief after second-trimester termination for fetal anomaly: A qualitative study. *Contraception*, 91(3), 234–239. https://dx.doi.org/10.1016/j.contraception.2014.11.015

Main, M., & Solomon, J. (1990). Procedures for identifying infants as disorganized/disoriented during the Ainsworth Strange Situation. In M. T. Greenberg, D. Cicchetti, & E. M. Cummings (Eds.), *Attachment in the preschool years* (pp. 121–160). Chicago, IL: University of Chicago Press.

Markin, R. D. (2018). "Ghosts" in the womb: A mentalizing approach to understanding and treating prenatal attachment disturbances during pregnancies after loss. *Psychotherapy*, 55(3), 275–288. http://dx.doi.org/10.1037/pst0000186

Norrmann-Vigil, I. H. (2015). Conceptualizing and articulating pregnancy loss through embodiment in peer interaction. *Language and Communication*, 45(1), 70–82. https://dx.doi.org/10.1016/j.langcom.2015.10.002

O'Leary, J. (2004). Grief and its impact on prenatal attachment in the subsequent pregnancy. *Archives of Women's Health*, 7, 7–18. http://dx.doi.org/10.1007/s00737-003-0037-1

Ordóñez, E. F., Díaz, C. R., Gil, I. M. M., & Manzanares, M. T. L. (2018). Posttraumatic stress and related symptoms in a gestation after a gestational loss: Narrative review. *Salud Mental*, 41(5), 237–243. http://dx.doi.org/10.17711/SM. 0185-3325.2018.035

Piran N., & Teall, T. L. (2012). The developmental theory of embodiment. In G. McVey, M. P. Levine, N. Piran, & H. B. Ferguson (Eds.), *Preventing eating-related and weight-related disorders: Collaborative research, advocacy, and policy change* (pp. 171–199). Waterloo, ON: Wilfred Laurier.

Price, S. K. (2008). Stepping back to gain perspective: Pregnancy loss history, depression, and parenting capacity in the early childhood longitudinal study, birth cohort (ECLS-B). *Death Studies*, 32, 92–122. http://dx/doi.org/10.1080/07481180701801170

Rubin, R. (1975). Maternal tasks in pregnancy. *Maternal Child Nursing Journal*, 4, 143–153.

Shear, M. K. (2012). Grief and mourning gone awry: Pathway and course of complicated grief. *Dialogues in Clinical Neuroscience*, 14(2), 119–128. Retrieved from: https://www.ncbi.nlm.nlh.gov/pmc/articles/PMC3384440/

Turton, P., Badenhorst, W., Pawlby, S., White, S., & Hughes, P. (2009). Psychological vulnerability in children next-born after stillbirth: A case-control follow-up study. *Journal of Child Psychology and Psychiatry*, 50(12), 1451–1458. http://dx/doi.org/10.1111/j.1469-7610.2009.02111.x

Turton, P., Hughes, P., Evans, C. D. H., & Fainman, D. (2001). Incidence, correlates and predictors of post-traumatic stress disorder in the pregnancy after stillbirth. *The British Journal of Psychiatry*, 178, 556–560. http://dx.doi.org/10.1192/bjp.178.6.556

Wenzel, A. (2017). Cognitive behavioral therapy for pregnancy loss. *Psychotherapy*, 54(4), 400–405. https://dx.doi.org/10.1037/pst0000132

Worden, J. W. (2009). *Grief counseling and grief therapy: A handbook for the mental health practitioner* (4th ed.). New York, NY: Springer Publishing Company.

제 17 장

FirstPlay® 운동 감각 스토리텔링을 통한 어린 아동의 반응성 애착 장애의 치유

Janet A. Courtney, Viktoria Bakai Toth, Carmen Jimenez-Pride

이 장의 저자들은 FirstPlay® 운동 감각 스토리텔링(Kinesthetic Storytelling) 경험에 대한 아동들의 강력한 반응을 목격하였다. 공동 저자인 Jimenez-Pride는 다음과 같이 자신의 개인적 경험을 공유한다.

> 부모로서 나는 항상 저녁 이야기 시간을 놀라운 아동 문학 작품을 소개하는 방법으로 활용하였다. 내 아이의 어휘력을 키우기 위해 새로운 단어를 소개하였다. 치료적 스토리텔링과 [은유적 운동 감각(다양한 감각)] 스토리텔링의 힘에 대해 더 많이 알게 된 후, 저녁 시간은 더욱 귀중해졌다. 내 아이들의 표정에 주의를 기울일 때, 치료적 이야기를 읽을 때, 아이들은 책 속 그림에 눈을 두거나, 나와 눈을 맞추는 방식을 유지한다는 것을 나는 알아차린다. 내 목소리가 흥분을 나타내기 위해 커질 때, 나는 그들의 눈이 커지고, 그들이 미소 짓는 것을 알 수 있다. 내가 한 구절을 속삭일 때 그들에게 아마도 '등허리(BACK) 이야기'로 쓰인 작품을 생생하게 전달하는 것만으로도 놀라운 접촉의 힘과 창의적인 스토리텔링이 나타난다. 이러한 단순한 행동은 조화와 애착의 표현이다.

FirstPlay® 운동 감각(다감각) 스토리텔링의 기초

(중복을 줄이기 위해 다음 절에 언급된 대로 이 장과 관련된 FirstPlay®의 기본 이론에 대한 완전한 요약을 보려면 6장을 참조하시오.)

FirstPlay Therapy®의 접근 방식은 두 가지인데, 출생부터 2세까지의 연령을 위한 'FirstPlay® 영아 이야기−마사지'(6장 참조)와 이 장의 초점인 2세 이상의 연령을 위한 'FirstPlay® 운동 감각 스토리텔링'의 두 가지 발달 수준으로 설계되었다(Baldwin, 2019; Courtney & Gray, 2019; Courtney & Nowakowski-Sims, 2019; Courtney, Velasquez, & Bakai Toth, 2017). FirstPlay® 운동 감각 스토리텔링의 기초는 발달 놀이치료, Erickson 학파 놀이치료(StoryPlay®), 부모 놀이치료, 애착 이론, 마음챙김, 접촉에 대한 연구를 포함한 영아 모델에서 발견되는 것과 동일하다(Courtney & Nolan, 2017; Courtney & Siu, 2018). 예외적인 것은 이 모델이 학교 프로그램에서 대인 간 마사지를 아동 및 부모와 함께 실습에 적용하고 통합하는 반면(Palmer & Barlow, 2017), FirstPlay® 의 영아 모델은 영아 마사지 책을 활용한다는 것이다. 또한 FirstPlay® 운동 감각 스토리텔링은 Erickson 학파 기반의 스토리텔링과 Joyce Mills의 작업을 더 많이 활용한다(Courtney & Mills, 2016; Mills & Crowley, 2014). FirstPlay®는 신체에 초점을 둔 접촉 기반의 개입이기 때문에 자연스럽게 신체 또는 몸 치료의 범주에 속한다(Courtney, 2020; Courtney & Nolan, 2017; Derapelian, 2019a, 2019b; Ogden & Fisher, 2015).

임상가들은 부모 놀이치료 접근법(6장 참조)을 활용하여 곰인형 또는 베개 쿠션으로 부모에게 이야기 기술을 보여주고 부모는 아이의 등에 이야기 기술을 그린다. 이에, 아동들은 이 접근 방식을 운동 감각(다감각) 스토리텔링이 아니라 '등허리(BACK) 이야기'(그림 17.1)로 알려진 재미있고 호감이 가는 활동으로 알 수 있다. 'BACK'은 다음을 포함하는 다감각 스토리텔링의 이점을 상기시키는 약어이다.

B(Be Focused) 집중하기

A(Attachment) 애착

C(Calming) 진정

K(Kindness) 친절

FirstPlay® 운동 감각 스토리텔링 부모-자녀 매뉴얼

FirstPlay® 운동 감각 스토리텔링 부모-자녀 매뉴얼은 스토리텔링 과정에서 임상가, 부모, 아동을 안내하는 데 도움이 되는 보충 자료집이다. 이 매뉴얼은 4개의 모듈로 나뉘어있다. 모듈 I은 '시작하기'이며, 어린 아동을 포함하는 입문 유형의 활동이 포함되어 있고, 아동이 새로운 상호작용 경험에 친숙해지도록 돕는다. 모듈 II는 예를 들어, 마법의 무지개 포옹(Courtney, 2013)과 같이 이미 작성된 '만들어져 있는' 이야기를 제공한다. 모듈 III에서는 임상가가 FirstPlay® 아동 면접 기준(FirstPlay® Child Interview Grid)을 사용하여 즉석 이야기를 만드는 단계별 방법을 설명한다. 그리고 모듈 IV에서는 아동이 자

그림 17.1 FirstPlay® 운동 감각 스토리텔링 회기의 촉진 : 어머니 스테파니는 세 살배기 딸 소피아에게 '등허리 이야기'를 들려줄 준비를 하고 있다. 사진은 스테파니, 소피아 및 저자의 허가를 받아 사용한다.

신의 이야기를 쓰거나 그릴 수 있도록 한다. (모듈 I~III의 구현은 이 장의 '사
례 연구'에서 설명된다.)

FirstPlay® 운동 감각 스토리텔링 지침의 원칙

- 운동 감각적인 FirstPlay® 활동이나 '등허리 이야기'를 하기 전에 항상 아
  동의 허락을 먼저 구한다. "아가야, 내가 너에게 등허리 이야기를 들려줄
  까?" 또는 "마법의 무지개 포옹 이야기를 들려줄까?"라고 간단히 말할 수
  있다.
- 운동 감각 활동을 할 때 멍이 들거나 발진이 있는 부위는 피한다.
- 아동은 약간 더 단단하거나 가벼운 접촉, 느리거나 빠른 움직임과 같은 접
  촉 유형과 관련하여 부모를 안내한다.
- 운동 감각 활동을 충분히 했을 때 아동의 지시를 따른다. 아동이 FirstPlay®
  활동이나 등허리 이야기를 할 기분이 아니라면 활동을 중단하고 더 이상
  활동을 추가하지 않은 채 이야기를 계속한다.

반응성 애착 장애

(다음의 고찰은 이 장의 '제기된 문제'를 나타내는 사례 연구에 대한 이해를
돕기 위한 것이다.)

정신 장애 진단 및 통계 편람 5판(DSM-5)(APA, 2013)에 따르면 반응성 애
착 장애(RAD)는 부모 및 양육자에게 부적절한 애착 행동을 하는 영아와 어린
아동의 드문 상태를 말한다. 아동은 5세 이전과 9개월 이후에 증상을 경험하
며, 증상이 12개월 이상 지속되어야 한다(APA, 2013). RAD 아동들은 부모나
양육자가 안락함을 제공하려고 할 때 짜증내거나 울고, 긍정적 정서가 제한
적으로 두려움이 없어 보일 수 있다. 그리고 괴로울 때 위로를 구하지 않을 수
있다(APA, 2013). DSM-5는 사회적 방치를 어린 시절의 적절한 보살핌이 없

었던 것으로 설명한다(APA, 2013). 부적절한 양육은 부모-자녀 상호작용이 부족하거나 양육자로부터의 이른 조율, 긍정적 자극이 부족한 것으로 설명될 수 있다. 아동이 주 양육자와 여러 가지 변화를 경험하면 적절한 애착을 개발할 기회가 낮아질 수 있다(Levy & Orlans, 2014). 여기에는 위탁 양육 장소의 변경 또는 양육자와 아동 간의 상호작용이 적은 환경에 아동이 놓이게 되는 것이 포함된다.

RAD 진단을 받은 아동은 종종 만지거나 안아주는 것을 좋아하지 않거나 잘 반응하지 않아 안아주기와 같은 활동을 하기 어렵다. 아동은 통제의 욕구를 나타낼 수 있으며, 반항적 행동이 나타날 수 있다. 그러한 행동은 적대적 반항 장애 또는 품행 장애를 나타낼 수 있다. 아동들은 또한 양육자가 아닌 사람에게 부적절한 애정을 나타낼 수 있다. 이는 아동의 양육과 안전에 문제를 일으킬 수 있다. 반응성 애착 장애는 DSM-5(APA, 2013)의 외상 및 스트레스 요인 관련 장애로 분류된다. 초기 외상에 노출된 아동은 RAD 증상을 보일 위험이 더 높다. Gil(2017)은 유형 II 외상이 복합적이며 다른 무엇보다도 심각한 방임, 신체적 학대 및 태아 물질 노출로 인한 고통을 유발한다는 것을 발견하였다.

치료

치료를 받지 않는 아동은 위축되고 사회적 상호작용과 놀이에 대한 관심이 부족할 수 있으며, 이러한 행동은 아동발달센터 및 학교 환경과 같은 사회적 환경에서 쉽게 관찰된다. RAD의 증상은 치료와 양육 환경에서 안정성의 조합으로 감소하거나 사라질 수 있다. 치료 목표는 부모 또는 양육자와의 신뢰 수준 구축, 부모-자녀 상호작용 참여, 감정 표현 및 공격적이거나 반항적인 행동에 대처하는 방법을 배우는 것으로 구성된다. Goodyear-Brown(2019)은 화가의 팔레트와 같이 외상치료에 대한 시각적 은유를 제공하는 '놀이치료사의 팔레트'의 중요성을 발견하였다. 팔레트는 은유, 운동 감각적 근거, 유머, 애

착 관계 및 접촉으로 볼 수 있는 주요 포인트로 구성된다. 놀이치료사 팔레트의
핵심 포인트는 FirstPlay® 운동 감각 스토리텔링에서도 찾을 수 있는 개념이다.

하퍼의 사례

제기된 문제

내담 아동인 하퍼는 외조부모(법적으로 양부모이기도 한)와 살고 있는 3세 백
인 여자아이였다. 외할머니는 '특이한 가족 역동'에 대한 치료를 찾고 있다고
말하였다. 초기 평가에서 야뇨증, 공격적 행동, 과민성, 과잉 행동, 반항 행
동, 충동 조절이 잘 안 되는 행동, 좌절할 때 종종 고양이처럼 '다른 사람에게
쉿 소리를 내거나 할퀴기'와 같은 행동을 확인하였다.

아동의 배경과 평가 요약

외할머니는 하퍼가 자궁에서 약물에 노출되었고 산전 고통으로 인해 36주에
조산으로 태어났다고 하였다. 하퍼는 약 1.5킬로그램으로 태어났고, 자궁 내
성장 제한 진단을 받았다. 하퍼의 어머니가 하퍼를 낳을 때 메타돈과 옥시토
돈에 양성 반응을 보임에 따라 아동가족부에 즉시 알려지게 되었다. 하퍼는
신생아 중환자실(NICU)에 5일 동안 있었다. 그 후 그녀는 위탁 보호 가정에
보내졌다. 외할머니는 양육권을 위해 법정에서 싸웠지만 사건을 둘러싼 상당
한 적대감이 있었고, 하퍼가 6개월이 되었을 때 법 집행 기관은 하퍼를 위탁
가정에서 강제로 분리시켜야 했다. 그 후 외할머니는 하퍼를 입양할 수 있었
다. 하퍼의 어머니는 당시 집에 없었다.

외할머니는 하퍼가 6개월이 되었을 때 고개를 들지 않고 자극에 반응하지
않는다고 하였다. 그녀는 위탁 양육 환경에서 적절한 보살핌을 받지 못한 것
으로 나타났다. 2세 6개월부터 제공되는 서비스의 정신건강 기록에 따르면
하퍼는 충동적이고 통제력이 없으며 와해된 사고 패턴과 놀이 패턴으로 조절
이 잘 되지 않으며 강박 행동과 반추로 이어지는 강박적인 생각을 가지고 있

다. 그녀는 좌절을 견디는 힘이 낮고 또래와 성인에게 공격적이었다. 3세 때 작업치료 평가에서 감각 정보의 내성, 조절, 처리에 상당한 결함이 있고, 발달 지연, 약간 낮은 근긴장도 및 모든 감각 체계에서 감각 회피 행동을 보이는 감각 처리 장애가 발견되었다. 그 결과 옷을 입거나 몸단장을 할 때, 헤어드라이어나 진공청소기와 같은 일반적인 가정 소음을 포함하여 '시끄러운' 소음에 대한 반응으로 도피하거나 싸우는 반응 행동이 나타났다.

결국 하퍼의 어머니는 하퍼의 외조부모 집으로 이사했다. 외할머니는 어머니가 하퍼에게 최소한의 관심만 주었다고 하였다. 하퍼는 어머니와 더 많은 관계를 맺길 원했지만 어머니는 연결이 끊긴 채로 있었고 때때로 회피하였는데, 이는 그녀가 분열성 장애, 양극성 유형 및 외상 후 스트레스 장애 진단을 받았기 때문일 수 있다. 외할머니는 하퍼가 자신의 아이가 아니라는 믿음을 포함하여 망상과 씨름하는 어머니의 기능에 지속적인 정신과 치료와 약물 관리가 거의 차도가 없다고 조언하였다.

평가 및 치료 계획

치료 계획은 연령에 적합한 사회적 상호작용 및 의사소통 기술에 대한 목표로 구성되었다. FirstPlay® 운동 감각 스토리텔링은 하퍼의 RAD 진단을 해결하는 데 적절한 것으로 간주되었다. 어머니에게도 참여를 권유하였으나 안타깝게도 그녀의 정신건강이 악화되었다. 개별 회기를 통해 하퍼와 관계가 형성된 후 외할머니는 가족 FirstPlay®에 포함되었다. 하퍼는 처음에 외할머니와 FirstPlay® 상호작용의 소개에 참여하는 것을 거부하였다. 그래서 치료사는 '작고 사랑스러운 벌레'('작은 거미'에서 각색), '저어라, 저어라, 네 보트를 저어라', '아기 돼지'와 같은 활동을 외할머니와 함께 시연했으며, 하퍼는 멀리 떨어져서 신기한 듯 활동을 관찰하였다. 하퍼는 이러한 활동을 하는 동안 조금씩 더 가까워졌고 마침내 외할머니 옆에 앉아 훨씬 더 어린 발달 연령의 메타 커뮤니케이션을 활용하여 '까꿍놀이'를 시작하였다. 외할머니는 치료사의 도움을 받아 하퍼와 함께 이 활동에 참여했으며 회기 사이에 집에서 이러한

FirstPlay® 상호작용을 활용하도록 권장받았다.

다음 회기에서 외할머니는 FirstPlay® 활동이 잘 진행되고 있다고 하였다. 그녀는 "하퍼는 그것을 좋아해요. 그녀는 아기가 되고 싶어 하는 것 같아요! 니도 또한 좋답니다!"라고 행복하게 말하였다. 다음 몇 회기에서 하퍼와 외할머니는 FirstPlay® 활동에 참여했으며 외할머니는 하퍼가 처음으로 더 많은 말과 표현을 하기 시작했다고 하였다. 할머니는 하퍼가 그녀에게 "엄마가 나아서 나에게 애정을 주고 함께 이야기를 나누었으면 좋겠어요."라고 말하였다고 하였다. 그뿐만 아니라, 치료 회기 동안 하퍼는 또한 그녀의 내적 감정 상태와 욕구는 물론 어머니에 대한 감정을 말로 표현하기 시작하였다.

시간이 지남에 따라 치료사는 '미리 만든 이야기'에 통합된 FirstPlay®의 다음 모듈을 소개하기 시작했으며, 복합적인 운동 감각 이야기인 마법의 무지개 포옹을 소개하였다(Courtney, 2013. 또한 Derapelian, 2019a, 2019b; Jimenez-Pride, 2019; Van Hollander, 2018도 참조). 하퍼는 처음에는 주저했지만, 참여하였고 외할머니와 이 상호작용을 하는 것을 즐기는 것 같았다. 치료사는 커다란 동물인형에 이야기-마사지 기법을 시연했고, 외할머니는 하퍼와 함께 '등허리(BACK) 이야기'를 했다. 이야기가 끝날 때 하퍼는 할머니에게 "뒤로 돌아봐."라고 요청했고, 외할머니의 등에 그림을 그렸다. 치료사는 둘 사이의 조화롭고 양육적이며 즐거운 상호작용을 관찰하였다. 다음 약속 동안 외할머니는 집에서 마법의 무지개 포옹 이야기를 계속하고 있으며 하퍼가 매일 그 이야기를 즐기고 요청했다고 하였다.

시간이 지남에 따라, 하퍼는 어머니에 대한 생각을 포함한 내적 감정 상태의 언어화가 증가하였을 뿐 아니라 양육 및 보살핌 주제와 함께 재현하는 놀이에서도 개선을 보이기 시작하였다. 불행하게도, 하퍼가 어머니와의 상호작용을 육성하려는 시도는 거의 반응을 나타내지 않았으며 때로는 어머니가 정신건강 상태로 인해 나타내는 분노에 직면하기도 하였다. 결국 치료사는 FirstPlay® 부모-자녀 매뉴얼의 모듈 III(상처로부터 다감각 이야기를 창조하기)를 소개하였다. 이 회기 동안 치료사는 하퍼와 함께 첫 놀이 다감각 면접 기준을 사용하여 내면의 자원을 끌어냈다. 이야기 인터뷰 회기에서 그녀의 질문에 대한 답변을 고려하면서 치료사는 하퍼가 제시하는 문제와 유사한 은유적 FirstPlay® 운동 감각 이야기를 작성하였다. 다음 회기에서 치료사는 하퍼와 할머니와 함께 '엄마 고양이를 위한 무지개'라는 치료 이야기를 나눴다.

FirstPlay® 운동 감각 이야기 : '엄마 고양이를 위한 무지개'(선택 발췌)

(다음 이야기의 구현을 위해 치료사는 이야기를 읽고 동물인형에 시연하며, 그동안 할머니는 하퍼의 뒤에 앉아 하퍼의 등에 대고 첫 번째 놀이 활동 이야기를 그리고 놀이를 한다. 이야기에서 외할머니는 하퍼와 '진정하고 긴장을 풀고 연결하기' 위해 '무지개 포옹'이라는 간단한 이미지화에 대해 치료사에게 안내받았다. 다음으로, 외할머니는 하퍼에게 '등허리 이야기'를 해도 될지 '허락'을 구하였고 하퍼는 동의하였다. 운동 감각 활동은 **진한 글씨**로 강조되어 있다.)

   옛날 옛적에, 이곳에서 아주 멀리 떨어진 마법의 장소에 피트 고양이, 페니 고양이, 엄마 고양이라는 특별한 고양이 가족이 살고 있었다. 그들의 집은 가장 아늑하고 가정적인 곳이었다. 그 집에 있는 것은 매우 특별하게 여겨졌다. 피트 고양이와 페니 고양이는 학교에서 집으로 돌아와 엄마 고양이에게 그날 일어난 모든 일을 이야기하는 것을 좋아했고, 엄마 고양이는 그들이 가장 좋아하는 흔들의자에 앉아 그들의 이야기를 듣는 것을 좋아했다. (**치료사는 동물인형의 등 오른쪽에서 왼쪽으로 양손을 사용하여 앞뒤로 움직이는 동작을 시연하였다. 치료사는 동물인형과 함께 흔드는 것을 시연하고 할머니는 하퍼를 부드럽게 흔들었다.**)

   어느 날 피트, 페니 고양이, 엄마 고양이가 뒤뜰에서 놀고 있을 때, 얼음처럼 찬 바람이 불기 시작했다. 너무 추워서 새들도 지저귐을 멈추고 마당 전체가 조용해졌다. 엄마 고양이는 피트 고양이와 페니 고양이를 안으로 들여보냈고 마당의 장난감들을 재빨리 챙겼다.

다음 날 아침, 페니 고양이는 잠에서 깨어나 여전히 자고 있는 엄마 고양이를 발견하였다. 엄마 고양이는 한 번도 늦잠을 잔 적이 없었기 때문에 페니 고양이는 걱정이 되었다. 엄마 고양이를 조심스럽게 흔들어 깨울 때, 엄마 고양이의 몸이 뜨거운 것을 느꼈다. 엄마 고양이는 "할머니께 전화해서 바로 오시라고 해."라고 말했다.

할머니 고양이가 곧 도착했다. "엄마가 열이 나. 의사선생님한테 전화해야 해."라고 할머니 고양이가 소리쳤다.

올빼미 올리 박사가 이내 도착했다. "엄마 고양이가 찬 바람을 쐬어서 병이 났어요. 좀 쉴 수 있도록 놔둬야 해요."라고 올리 박사가 말하였다. "엄마에게 무슨 일이 있어요?"라고 피트 고양이가 속삭였다. "엄마는 괜찮을까?"라고 하며 페니 고양이가 한숨을 쉬었다. 둘은 침묵했다. 그들이 자리에 앉자, 눈물이 볼을 타고 그들의 수염 끝까지 흘러내리기 시작했다. 할머니 고양이가 방에 들어왔다.

"할머니, 엄마는 괜찮아요?" 페니 고양이가 크게 걱정하며 물었다. 할머니 고양이는 페니 고양이와 피트 고양이의 옆에 앉아 "올리 박사가 엄마가 많이 아프다고 하셨어."라고 말하며 둘을 껴안았다. "엄마가 언제쯤 내 하루 일과에 대해 묻고 내 이야기에 웃을 수 있을까요? 엄마가 나를 다시 안아주고 뽀뽀해줄 수 있을까요?" 페니 고양이는 할머니의 팔에 얼굴을 파묻으며 물었다. 할머니 고양이는 그녀를 더욱 세게 안아주었다.

"나는 의사는 아니지만, 올리 박사는 많은 사랑과 관심이 누군가가 내면의 힘을 사용하도록 돕는 데 큰 도움이 된다고 하였고, 내가 그 일을 할 수 있다고 했어. 나는 그녀에게 많은 사랑과 관심을 줄 수 있어. 그리고 너도 할 수 있어. 나머지는 우리에게 달려있지 않아." 할머니 고양이가 조심스럽게 말했다. 할머니가 그 말을 마치자 갑자기 하늘에 먹구름이 몰려왔다. (치료사는 동물인형의 등 오른쪽에서 왼쪽으로, 마치 구름을 걷어내듯이 양손으로 쓸어넘기는 동작을 시연하였다. 치료사는 동물인형의 등 위에 구름 모양을 그렸다. 할머니도 하퍼와 함께 똑같이 하였다.) 해가 구름에 가려 집 안이 어두워졌다. 페니 고양이와 피트 고양이는 창문으로 달려갔다. 그들이 밖을 내다보았을 때 그들은 나뭇잎들이 장난스럽게 주위를 소용돌이치기 시작한 것을 알아차렸다. **(낙엽을 흉내 내어 치료사는 작은 원을 그렸다. 동물인형의 등 위쪽에서 시작하여 중간쯤에서 끝나는 두 손가락 접촉을 사용하여 양손으로 작은 원을 그렸다.)**

톡, 톡, 톡 **(치료사는 빗방울을 흉내 내어 동물인형의 등을 위에서부터 부드럽게 두드린 다음 아래로 이동한다.)** 빗방울은 점점 더 빠르게 떨어졌다. **(같은 손 움직임을 계속하면서 치료사는 더 빠르게 두드리기 시작한다.)** 그러다 갑자기 쏟아지기 시작했다. **(치료사는 폭우를 흉내 내어 동물인형의 등 위쪽에서 시작하여 아래쪽으로 선을 그었다. 이것을 몇 번 반복하였다. 하퍼는 이 활동을 즐기는 것처럼 보였다.)**

양치기 개가 초원에서 양 떼를 몰듯 부드러운 따뜻한 바람이 검은 구름을 몰아내자 천둥이 빠르게 지나갔다. **(치료사는 동물인형의 등 오른쪽에서 왼쪽으로, 마치 구름을 걷어내듯이 양손으로 쓸어넘기는 동작을 시연했다.)** 비구름이 하늘을 반쯤 가로지르자, 해가 다시 떴고 **(치료사는 동물인형의 등 한가운데에 해를 그렸다.)** 아름답고 화려한 무지개가 떴다. **(치료사는 한 손으로 느슨한 주먹을 쥐고 아치를 그린 다음, 동물인형의 등을 가로질러 무지개를 그리는 것처럼 다른 손의 손바닥을 벌렸다. 이 동작을 무지개의 각 색깔로 반복했다. 동시에 할머니는 무지개의 모든 움직임을 하퍼의 등에 그렸다.)**

"피트야, 좋은 생각이 떠올랐어," 페니 고양이가 말했다. "엄마를 위해 무지개를 그리자! 엄마를 위해서 라벤더도 따서 꽃병에 담아놓자." 페니 고양이와 피트 고양이는 장엄한 무지개의 아름다운 그림과 작은 라벤더 꽃다발을 엄마 고양이 방으로 가져왔고, 그때 엄마는 자고 있었다. 라벤더를 엄마 고양이 옆에 놓고 보니 엄마 고양이의 코가 조금 찡그려졌다. 그런 다음 엄마는 깊이 숨을 들이쉬고 꿈속에서 미소를 지었다. 할머니 고양이가 말했다. "엄마가 라벤더 향을 맡고 좋아하네. 이제 엄마를 자게 해서 내면의 힘을 찾고 나아질 수 있게 하자. 자, 누가 간식으로 맛있는 막대 사탕을 먹을래?"

사례 요약 및 추후 회기

할머니는 집에서 하퍼와 함께 '엄마 고양이를 위한 무지개' 이야기를 계속했고, 한 스토리텔링 회기에서 하퍼는 할머니의 밀을 가로막고 "흔들어주세요."라고 말하였다. 할머니는 유치원에서의 하루에 대해 물었고 하퍼는 처음으로 유치원에서의 하루에 대해 자세히 말하였다. 할머니와 하퍼는 이 운동감각 이야기를 매일 하였고, FirstPlay® 활동 중 일부와 함께 상호작용을 하였다. 할머니는 하퍼와 대립이 줄었고, 하퍼의 부적절하고 공격적인 행동이 줄었으며, 유치원에서 연령에 적합한 사회적 행동을 하는 것을 포함하여 하퍼의 행동이 개선되고 있다고 하였다. 유치원 교사에 따르면, 하퍼는 학습에 대한 걱정 없이 과제를 수행하고, 열심히 하였으며, 수업 시간에 지시를 따랐다. 할머니는 필요에 따라 하퍼의 운동 감각 이야기를 계속 사용하며 "이야기가 재미있고, 멋지고, 그리고 하퍼에게 매우 도움이 된 복합적인 도구였습니다."라고 하였다.

토론 질문

1. 사례 발표를 반영하여, 치료사가 회기와 가정에서 FirstPlay®의 다양한 모듈을 도입하고 활용하는 것에 대해 토의합니다. 개입에 대한 하퍼와 할머니의 반응에 대해 토의합니다.
2. 운동 감각 이야기 '엄마 고양이를 위한 무지개'에 대한 반응을 나누어봅니다. 이 이야기가 어떤 면에서 하퍼의 문제를 해결하는 데 도움이 되었을 것이라고 생각하나요?
3. 어린 시절 친숙한 동요 또는 어린 아동의 노래를 불러봅니다. 다음으로, 부모-자녀 상호작용 FirstPlay® 유형 활동을 포함하도록 그 노래나 동요를 적용할 수 있는 방법을 생각해봅니다. 마지막으로 파트너와 아이디어를 공유한 다음 새로운 대화형 활동을 함께 해보고 연습합니다.

참고문헌

American Psychiatric Association (2013). *Diagnostic and statistical manual of mental disorders* (5th ed.). Washington, DC: American Psychiatric Association.

Baldwin, K. M. (2020). *An examination of adolescent maternal-infant attachment relationship outcomes following a FirstPlay® therapy infant storytelling-massage intervention: A pilot study*

(IRB approved, doctoral dissertation). Boca Raton, FL: Florida Atlantic University.

Courtney, J. A. (2013). *The magic rainbow hug: Calm & relax*. Palm Beach Gardens, FL: Developmental Play & Attachment Therapies.

Courtney, J. A. (2017). *FirstPlay kinesthetic storytelling parent manual*. Boynton Beach, FL: Developmental Play & Attachment Therapies.

Courtney, J. A. (2020). *Healing child and family trauma through expressive and play therapies: Art, nature, storytelling, body and mindfulness*. New York, NY: Norton.

Courtney, J. A., & Gray, S. W. (2014). A phenomenological inquiry into practitioner experiences of developmental play therapy: Implications for training in touch. *International Journal of Play Therapy*, 23(2), 114-129. http://dx.doi.org/10.1037/a0036366

Courtney, J. A., & Mills, J. C. (2016). Utilizing the metaphor of nature as co-therapist in StoryPlay® Play Therapy. *Play Therapy*, 11(1), 18-21.

Courtney, J. A., & Nolan, R. D. (2017). *Touch in child counseling and play therapy: An ethical and clinical guide*. New York, NY: Routledge.

Courtney, J. A., & Nowakowski-Sims, E. (2019). Technology's impact on the parentinfant attachment relationship: Intervening through FirstPlay® therapy. *International Journal of Play Therapy*, 28(2), 57-68. http://dx.doi.org/10.1037/pla0000090

Courtney, J. A., & Siu, A. F. Y. (2018). Practitioner experiences of touch in working with children in play therapy. *International Journal of Play Therapy*, 27(2), 92-102. http://dx.doi.org/10.1037/pla0000064

Courtney, J. A., Velasquez, M., & Bakai Toth, V. (2017). FirstPlay® infant massage storytelling: Facilitating corrective touch experiences with a teenage mother and her abused infant. In J. A. Courtney & R. D. Nolan (Eds.), *Touch in child counseling and play therapy: An ethical and clinical guide* (pp. 48-62). New York, NY: Routledge.

Derapelian, D. (2019a). *Core attachment therapy: Secure attachment for the adopted child* (3rd Rev.). USA: Author.

Derapelian, D. (2019b). *Letting us into your heart*. USA: Author.

Gil, E. (2017). *Posttraumatic play in children*. New York, NY: The Guilford Press.

Goodyear-Brown, P. (2019). *Trauma and play therapy*. New York, NY: Routledge.

Jimenez-Pride, C. (2019). *Amir's brave adventure*. Augusta, GA: Play Therapy with Carmen Publishing.

Levy, T. M., & Orlans, M. (2014). *Attachment, trauma, and healing: Understanding and treating attachment disorder in children, families and adults* (2nd ed.). Philadelphia, PA: Jessica Kingsley Publishers.

Mills, J. C., & Crowley, R. J. (2014). *Therapeutic metaphors for children and the child within* (2nd ed.). New York, NY: Routledge.

Ogden, P., & Fisher, J. (2015). *Sensorimotor psychotherapy: Interventions for trauma and attachment*. New York, NY: W. W. Norton & Company.

Palmer, D., & Barlow, J. (2017). Teaching positive touch: A child-to-child massage model for the classroom. In J. A. Courtney & R. D. Nolan (Eds.), *Touch in Child Counseling and Play Therapy: An Ethical and Clinical Guide* (pp. 189–201). New York, NY: Routledge.

Van Hollander, T. (2018). *Casey's greatness wings: Teaching mindfulness, connection & courage to children*. Bryn Mawr, PA: Main Line Therapy.

찾아보기

편저자 소개

Janet A. Courtney 박사(LCSW, RPT-S)는 'FirstPlay® Therapy'의 창립자이며, 플로리다 마이애미 베리대학교의 사회 사업 분야에서 APT 놀이치료센터를 조직하는 것을 도왔다. 그녀는 TED 연사이자 2017년부터 2019년까지 놀이치료 실습 및 윤리위원회의 의장이었으며, 플로리다 놀이치료학회의 전 회장이다. 획기적인 책인 아동상담 및 놀이치료에서의 접촉 : 윤리적, 임상적 지침(*Touch in Child Counseling and Play Therapy : An Ethical and Clinical Guide*)의 공동 편집자이며, 표현 놀이치료를 통해 아동과 가족을 치유하기 : 예술, 자연, 스토리텔링, 신체 및 마음챙김(*Healing Child and Family Trauma through Expressive and Play Therapies : Art, Nature, Storytelling, Body, and Mindfulness*)의 저자이다.

Courtney 박사의 접촉과 발달 놀이치료에서의 전문가 경험에 대한 연구는 미국미술치료학회지와 국제놀이치료학회지에 게재되었으며, 그녀는 자폐 스펙트럼 장애가 있는 아동 및 청소년을 위한 놀이 기반 개입이라는 책에 "발달 놀이치료를 통해 자폐에 접촉하기"를 기고하였다. 그녀는 'FirstPlay® Therapy'(FirstPlay® Infant Storytelling-Massage 포함)의 자격증을 제공하며, 접촉, StoryPlay®, 표현치료, 자연 기반 놀이치료의 윤리적 및 임상적 역량에 대한 교육을 제공한다. 그녀는 발리, 케이맨 제도, 영국, 아일랜드, 모로코, 러시아 및 우크라이나를 포함하여 국내외로 초청받아 연설하였다. 그녀는 플로리

다주의 정신건강 마사지 치료, 놀이치료학회를 통해 공인된 제공자이다. 그
녀는 영아 놀이치료/영아 정신건강, 애착, 외상과 관련된 문제를 전문으로 한
다. Courtney 박사의 새로운 형태의 Kinesthetic Storytelling®은 그녀의 아동용
책 마법의 무지개 포옹(The Magic Rainbow Hug)에서 찾을 수 있다. (웹사이트 :
www.FirstPlayTherapy.com)

저자 소개

Becky A. Bailey 박사는 수상 경력에 빛나는 저술가이자 아동 교육 및 발달심리학 분야에서 국제적으로 인정받는 전문가이다. 그녀는 약 1,580만 명의 아동에게 영향을 미치고 있는 Conscious Discipline®의 창시자이며, 베스트셀러인 그녀의 책들은 120만 권 이상이 팔렸다.

Viktoria Bakai Toth(LMHC, RPT)는 공인 정신건강 상담사, 공인 놀이치료사, 공인 FirstPlay® 감독자이자 플로리다 베니스에 있는 개인 심리치료 기관인 From Seedling To Blossom LLC를 운영하고 있다.

Karen Baldwin(DSW, LCSW, RPT-S)은 플로리다주 보카 라톤에 있는 플로리다 애틀랜틱대학교 사회복지학부에서 박사 학위를 받았으며, 이곳에서 쉼터에 있는 10대 어머니와 유아를 대상으로 FirstPlay® 치료에 대한 연구를 수행했다.

Casey Call 박사는 카린 퍼비스 아동발달연구소(KP ICD)의 부소장이다. 그녀는 TBRI®와 관련된 연구, 교육 및 봉사 활동을 포함하여 퍼비스 연구소에서 봉사하고 있다.

Montserrat Casado-Kehoe 박사는 결혼 및 가족치료사(LMFT), 공인 놀이치

료사, TBRI 훈련을 받은 TBRI 교육자이다. 그녀는 팜비치 애틀랜틱대학교와 센트럴플로리다대학교의 부교수였다.

Veronica Castro 박사는 플로리다주 마이애미에 있는 아동 및 가족 건강 연구소의 임상감독자이며 플로리다주 NOVA 사우스이스턴대학교에서 임상심리학 박사 학위를 받았다.

David Cross 박사는 카린 퍼비스 아동발달연구소의 리스존스 소장이자 TCU 심리학과 교수이다.

Bridget Dooley[MCPT, BOccThy(Hons), APPTA RPT]는 디킨대학교의 놀이치료사, 소아 작업치료사 및 학자이다. 그녀는 놀이치료 강사이며 놀이치료의 교육, 연구 및 감독을 담당한다.

Athena A. Drewes 박사(RPT-S)는 놀이치료협회의 전 이사회 이사이자 NYAPT의 창립자이자 명예회장이며 플로리다주 오칼라에 거주하고 있다.

Allison Golden 박사는 FL & NY 심리학자이자 감독자이며 EAGALA 인증을 받았다. 그녀는 영아 정신건강 및 유아기 외상을 전문으로 하며 CPP에 등록되어 있다. 그녀는 전국적으로 훈련, 감독 및 치료 서비스를 제공한다.

Esther Hess 박사는 정신발달센터의 이사이며, 아동, 청소년 및 가족치료/발달 지연 분야에서 일하는 발달소아심리학자이다.

Edward F. Hudspeth 박사(RPT-S)는 뉴햄프셔주 맨체스터에 소재한 서던뉴햄프셔대학교 상담 프로그램의 부학장이며 **국제놀이치료학회지**의 편집자이다.

Harleen Hutchinson 박사는 유아 정신건강 프로그램의 저니 연구소 소장이다. 또한 베리대학교 사회복지학부의 겸임 교수이자 플로리다 유아정신건강협회 브로워드 지부의 의장이다.

Emily Jackson은 리버풀 존무어스대학교에서 신경과학 석사 과정을 밟고 있으며 초기의 촉각 경험을 연구하는 데 관심이 있다.

Carmen Jimenez-Pride(LCSW, RCYT, RYT, RPT-S)는 공인 놀이치료사 감독자이다. 그녀는 공인 FirstPlay® 영아 및 운동 삼각 스토리텔링 치료사이며, 현재 조지아주 오거스타의 가정에서 개인 심리치료 실습을 지도하고 있다.

Chelsea C. Johnson(MS, MT-BC, LMT)은 보드 공인 음악치료사이며 플로리다 웨스트팜비치에 있는 아동치유연구소에서 TEACUP Preemie Program®에 협력하고 있다.

Hanna Lampi는 작업치료사, 공인치료사, 치료사-감독자/트레이너, 가족치료사이다. 그녀는 2002~2010년 동안 헬싱키대학병원의 아동 정신과 진료소에서 근무했으며 2010년에 자체 치료 실습을 시작했다.

Francis McGlone 박사는 리버풀 JM대학교 자연과학 및 심리학부의 체성 감각 및 감각신경과학 그룹의 책임자이다.

Henry Milton은 카린 퍼비스 아동발달연구소의 교육 전문가로 현재 TBRI® 기술에 대한 교육을 수행하기 위해 팀과 협력하고 있다.

Eva Nowakowski-Sims 박사는 베리대학교 사회복지학부 조교수로 MSW 및 PhD 프로그램에서 연구 및 인간 행동 과정을 가르치고 있다.

Judi Parson 박사(RN, APPTA 및 BAPT RPT/S)는 호주 디킨대학교 보건 및 사회 개발 학교의 아동 놀이치료 석사 과정 선임 강사이자 코스 디렉터이다.

Danna Powers(LMHC)는 Child First 프로그램의 영아 정신건강 발달 전문가였으며 현재 플로리다 팜비치 카운티에 있는 재향군인 건강관리국에서 가족과 함께 일하고 있다.

Kate Renshaw(APPTA 및 BAPT RPT/S)는 APPTA 및 BAPT에 등록된 놀이치료사-감독자이며 호주 멜버른에 있는 디킨대학교의 놀이치료 강사이자 박사 과정생이다.

Ken Schwartzenberger(LCSW, RPT-S)는 경험적 놀이치료 전문가이며 샌디 에이고 캘리포니아대학교의 놀이치료 인증 프로그램 강사였다.

Karen Stagnitti 박사는 호주 디킨대학교의 교수이자 개인 의장이며 작업치료 및 아동 놀이치료에 대한 연구를 가르치고 수행했다.

Renee Turner 박사(LPC-S, RPT-S)는 메리하딘베일러대학교의 조교수이다. 그녀는 게슈탈트 놀이치료, 신체 중심 접근 방식, 표현 예술 치료, 외상적 상실, 평생에 걸친 외상을 전문으로 한다.

Meyleen Velasquez(LCSW, PMH-C, RPT-S)는 공인 FirstPlay® 감독자이다. 그녀는 '산후 지원 인터내셔널' 플로리다 지부의 의장을 맡고 있으며 온라인 주산기 정신건강 진료소를 운영하고 있다.

Christina Villarreal-Davis 박사(LPC-S, NCC, RPT-S)는 리버티대학교의 조교수이자 웰스프링 생활상담 및 놀이치료 센터의 임상책임자이다.

역자 소개

유미숙

숙명여자대학교 아동복지학과 명예교수
미국 Fairleigh Dickinson University 놀이치료자과정 이수
前 한국놀이치료학회장
　　한국미술심리치료연구학회장
　　한국상담심리학회 부회장
저서 놀이치료의 이론과 실제
역서 놀이치료 : 치료관계의 기술 외 다수

이영애

숙명여자대학교 심리치료대학원 놀이치료학과 주임교수
미국 The Association for Play Therapist 주관 놀이치료세미나 과정 이수
前 한국놀이치료학회장
　　원광아동상담센터 소장
역서 자폐스펙트럼장애와 발달장애를 위한 놀이치료 가이드북(공역), 놀이프로파일
　　(공역), 보드게임을 활용한 아동의 심리치료(공역) 외 다수

김미경

영국 University of Central Lancashire 인문언어글로벌학부 교수
케임브리지한글학교 교감 및 이사
한국미술심리치료연구학회 슈퍼바이저
前 영국 University of Cambridge 강사
역서   엄마에게 보내는 편지, 이야기 놀이치료(공역), 인터씽킹(공역) 외 다수

이은수

원광대학교 마음인문학연구소 HK연구교수
한국놀이치료학회 공인 놀이심리상담사(1급)
여성가족부 청소년상담사(2급)
보건복지부 임상심리사(2급)
前 숙명여자대학교 상담학연계전공 초빙대우교수
저서   그는 왜 사랑이 아니라 하였나
역서   놀이의 치료적 힘(공역)

류승민

원광아동상담센터 놀이치료사
한국놀이치료학회 공인 놀이심리상담사(1급)
여성가족부 청소년상담사(2급)
前 숙명여자대학교 심리치료대학원 초빙대우교수
역서   사회 정서 발달 : 애착관계와 자기의 발달(공역)